U0451329

中大谦之论丛

现象学视域中的东西方心性思想研究

倪梁康　张任之　编

商务印书馆
创于1897　The Commercial Press

图书在版编目（CIP）数据

现象学视域中的东西方心性思想研究 / 倪梁康，张任之编. — 北京：商务印书馆，2022
（中大谦之论丛）
ISBN 978-7-100-20679-2

Ⅰ. ①现… Ⅱ. ①倪… ②张… Ⅲ. ①现象学—对比研究—东方国家、西方国家 Ⅳ. ①B089

中国版本图书馆CIP数据核字（2022）第023529号

权利保留，侵权必究。

中大谦之论丛
现象学视域中的东西方心性思想研究
倪梁康　张任之　编

商 务 印 书 馆 出 版
（北京王府井大街36号　邮政编码 100710）
商 务 印 书 馆 发 行
三河市尚艺印装有限公司印刷
ISBN 978-7-100-20679-2

2022年7月第1版　　开本 680×960　1/16
2022年7月第1次印刷　印张 25 1/2

定价：128.00元

中大谦之论丛
编委会

主　编　张　伟

编　委（按姓氏笔画排序）

　　　马天俊　方向红　冯达文　朱　刚　吴重庆

　　　陈少明　陈立胜　赵希顺　倪梁康　徐长福

　　　龚　隽　鞠实儿

总　序

中山大学哲学系创办于 1924 年，是中山大学创建之初最早培植的学系之一。1952 年全国高校院系调整撤销建制，1960 年复系，办学至今，先后由黄希声、冯友兰、杨荣国、刘嵘、李锦全、胡景钊、林铭钧、章海山、黎红雷、鞠实儿、张伟教授等担任系主任。

早期的中山大学哲学系名家云集，奠立了极为深厚的学术根基。其中，冯友兰先生的中国哲学研究、吴康先生的西方哲学研究、朱谦之先生的比较哲学研究、李达与何思敬先生的马克思主义哲学研究、陈荣捷先生的朱子学研究、马采先生的美学研究、罗克汀先生的现象学研究等，均在学界产生了重要影响，也奠定了中大哲学系在全国的领先地位。

复系近六十年来，中大哲学系同仁勠力同心，继往开来，各项事业蓬勃发展，取得了长足进步。目前，我系是教育部确定的全国哲学研究与人才培养基地之一，具有一级学科博士学位授予权，拥有"国家重点学科"2 个、"全国高校人文社会科学重点研究基地"2 个。2002 年教育部实行学科评估以来，我系稳居全国高校前列。2017 年 9 月，中大哲学学科成功入选国家"双一流"建设名单，我系迎来了难得的发展良机。

近年来，在中山大学努力建设世界一流大学的号召和指引下，中大哲学学科的人才队伍也不断壮大，而且越来越呈现出年轻化、国际化的特色。哲学系各位同仁研精覃思，深造自得，在各自研究领域均取得了丰硕的成果，不少著述还产生了国际性的影响，中大哲学系已发展成为全国哲学研究的一方重镇。

为向学界集中展示中大哲学学科的教学与科研成果，我系计划推出多种著作系列。已经陆续出版的著作系列有"中大哲学文库"和"中大哲学精品教程"，本套"中大谦之论丛"亦属其一。谦之论丛的基本定位，乃就某一哲学前沿论题，甄选代表性研究论文结为专集，目的是为相关论题之深入研究提供较为全面、较为权威的"学术前史"资料汇编。此种文献，虽非学者个人之专门著述，却具有重要的学术史资料价值。

"中大谦之论丛"之命名，意在藉以纪念中大哲学系前辈学者朱谦之先生（1899—1972）。谦之先生是现代著名哲学家、哲学史家，治学领域广阔，著述等身，被誉为"百科全书式学者"。朱先生不唯曾任中大历史系主任、哲学系主任、文学院院长，更在民族危亡的抗战时期临危受命，担任"研究院文科研究所主任"之职，为中大文科之发展壮大孜孜矻矻，不遗余力。朱先生1932年南下广州，任职中大20余年，又首倡"南方文化运动"，影响颇深。故本套丛书具名"中大谦之论丛"，实有敬重前贤、守先待后之用心。

"中大谦之论丛"的顺利出版，得到百年名社商务印书馆的大力支持，在此谨致诚挚谢意！

中山大学哲学系
2019年6月6日

目　录

倪梁康　代序　以跨文化的眼光重新审视和诠释华夏文化中的心性
　　　　　思想与学说 1

陈立胜　恻隐之心："同感"、"同情"与"在世基调" 13

陈立胜　王阳明龙场悟道新诠 32

陈立胜　王阳明思想中的"独知"概念
　　　　——兼论王阳明与朱子工夫论之异同 67

陈少明　"心外无物"：一个心学命题的扩展研究 95

耿宁（Iso Kern）　人的平等 121

耿宁（Iso Kern）　什么是伦理上的恶？ 158

李明辉　再论牟宗三先生对孟子心性论的诠释 192

李南麟　革新伦理学：胡塞尔和孔子 209

李南麟　论由丁若镛与费希特的对话所展显的道德本能现象学 228

刘海滨　"致"良知与"信"良知
　　　　——良知教的实修方法及其难点 245

马爱德　胡塞尔的发生现象学转向
　　　　——其方法在应用现象学中的可能性与局限性 261

倪梁康　观·物
　　——唯识学与现象学的视角 282

张卫红　良知与自证分
　　——以王阳明良知学为中心的论述 295

张祥龙　良知与孝悌
　　——王阳明悟道中的亲情经验 310

张任之　舍勒与宋明儒者论一体感
　　——一项现象学的与比较宗教学的探究 323

郑辟瑞　熊十力"心"学的两个向度
　　——对熊十力思想的静态现象学与发生现象学解读 353

朱　刚　通往自身意识的伦理之路
　　——列维纳斯自身意识思想研究 368

倪梁康　方向红　代跋　现象学在中国与中国现象学 384

代序
以跨文化的眼光重新审视和诠释华夏文化中的心性思想与学说

倪梁康

（浙江大学哲学系、浙江大学现象学与心性思想研究中心）

我在这里报告的内容与我的工作单位密切相关，也与我和我的同事们的工作计划密切相关。这个报告的内容一方面涉及世界文明与华夏文明之间关系的纵向历史脉络的说明，另一方面涉及在世界文明的视域中对华夏文明的重新审思的横向系统结构的描述。前者主要涉及我们的西学东渐文献馆的工作任务，而后者则代表了我们的现象学研究所的基本计划与努力。

一、从中西方文化会通的角度来看

中国文化史上有两次最为重大的本己文化与陌生文化的交流与会通发生。两次的陌生文化都是来自西方或西域。在这两次经历之后，今天我们比以往更有理由、也应当更有意愿和能力以世界的眼光重思和重审华夏文明。这里所说的"世界眼光"，不仅意味着在全球化时代的更为广阔的精神视域，而且也意味着通过与所有陌生文化进行平等对话交流而最终获得交互文化理解的更为强烈的意愿和能力。

1. 第一阶段的西方概念：佛教以缘起（pratītya-samutpāda）与实相（dharmatā）思想为代表的文化传统。

第一次的文化交流与会通至少用了四百年以上的时间：中国佛教接受史大约开始于公元纪元前后。此后佛教逐步成为华夏文化的一个内在组成部分。而在一千年之后，它曾有过取代本己文化之势态。据南宋志磐《佛祖统纪》卷四十五记载：荆公王安石问文定张方平曰："孔子去世百年而生孟子，后绝无人，或有之而非醇儒。"方平曰："岂为无人，亦有过孟子者。"安石曰："何人？"方平曰："马祖、汾阳、雪峰、岩头、丹霞、云门。"安石意未解。方平曰："儒门淡薄，收拾不住，皆归释氏。"安石欣然叹服，后以语张商英，抚几赏之曰："至哉此论也！"①

姑且不论张方平的这个说法是否有所夸张，即：不论马祖、汾阳等人是否真的是"过孟子者"，也不论孔孟之后直至当时是否真的是"后绝无人"，但儒家当时处在一种或多或少的"淡薄"之境则确是事实。此时的儒家已经需要以一种世界的眼光来看待华夏的文化传统。他们必须面对的是孔孟未曾面对过的世界。他们必须应答的是孔孟未曾应答过的问题。也正是在这一新的世界眼光中，新儒学如精神之花得以盛开。与王安石同时代出生的二程和一百年后出生的朱熹，都是从一开始就处在这样新视域中。宋明之际的新儒学，无论是程朱理学，还是陆王心学，也都是在接受和抵御佛学的背景下形成的。事实上，只有在遭遇外来文化之后，本己文化的边界才可能显露出来。与异己

---

① 类似的记载又见于南宋陈善《扪虱新话》上集卷三：王荆公尝问张文定："孔子去世百年，生孟子亚圣，自后绝无人，何也？"文定言："岂无？只有过孔子上者。"公问："是谁？"文定言："江西马大师，汾阳无业禅师，雪峰、岩头、丹霞、云门是也。儒门淡薄，收拾不住，皆归释氏耳。"荆公欣然叹服。

之物遭遇得越多，本己文化的轮廓也就变得越清晰。因此可以说，没有陌生的、异乡的东西的衬托，本己的东西是不能被理解的。这里便可以领会海德格尔所言：只有看到了一个思想的边界，这个思想才可以说是被理解了的。这个状况也适用于对本己语言、本己信仰、本己心智的理解。

2. 第二阶段的西方概念：欧洲以古希腊论理（logos）与伦理（ethos）学说为代表的思想传统。

第二次的文化会通从 1605 年利玛窦辑著《乾坤体义》开始，至今也有四百多年。现在西方思想文化与佛学一样已经成为中国文化的内在组成部分了吗？这是一个可以讨论的问题。我们在这个意义上对西方思想传统的消化、吸收、融合显然还远远没有完成。但有一点无论如何可以确定，我们现在已经可以用一个较之于第一次会通更为博大的世界眼光来看待自己。

在思想史的研究中，以往我们常常使用"比较研究"的概念。比较研究的概念预设了要以两种或两种以上思想的比较为出发点，但比较研究当然不是我们的目的地。比较研究的概念仅仅表明了一种手段。这里的关键在于，我们需要借助于两个或两个以上的视角去看到从一个视角出发无法看到的东西，以及借助于两种或两种以上的方法去解决从一种方法出发无法解决的问题。比较研究的最终目标导向今天我们谈论更多的"跨文化的理解"或"交互文化的理解"。尼采曾希望有一双"跨欧洲之眼"（trans-europäische Auge）或有一种"纵观欧洲的东方目光"（Morgenländischer Überblick über Europa）。我们今天也应当以"跨华夏之眼"和"跨亚洲之眼"来回顾我们的过去，思考我们的当代，展望我们的未来。这就是我们所主张的世界的眼光，它可以使我们避免狭隘，避免囿于一隅。

这意味着，今天对华夏文明的思考，必须立足于一个可以统览世界文明的制高点。而今天的"国学"研究，无论是在儒家还是道家还是佛家的意义上，都必须有一个"国际学"的眼光和视域，以及相关的意愿与能力。只是在这种国际学的眼光和视域中，我们才可以理解歌德所说："只有民族的，才是世界的。"

二、从当代哲学的任务的角度来看

这里还可以留意当今现象学哲学的最重要代表人物之一、丹麦现象学哲学家丹·扎哈维的一个说法。他将今日哲学或现象学哲学的任务理解为以下三个方面：首先，哲学应当传承思想传统，即哲学家需要扮演传统的传播者的角色。其次，哲学具有批判的功能，即哲学家应当成为批判者。最后，哲学还应该承担建设性的任务，即哲学家是建设者。[①]

我在读到他的观点时首先产生的想法是：第一个任务令人联想到黑格尔、海德格尔；第二个任务令人联想到康德、胡塞尔。对待第三个任务的态度应当不要刻意，因为它是在完成第一、二任务后才随缘而起的。

其次的想法是，哲学在这里与生命感悟和人生智慧没有必然联系，也与形而上学的思辨与逻辑的论证没有必然联系。它们有可能构成哲学的两端，但不再是哲学的核心。

这当然不是所有当代哲学家都认可的哲学观，而只代表今日哲学理解的一个重要趋向，也是我赞同的一个趋向。

在完成对以上文化会通的历史与哲学的当下任务这两个方面的引述之后，我想陈述我对杜维明先生倡导的精神人文主义的一种理解：

---

① 参见林华敏：《哲学的任务及其与科学、外在世界的关系：访丹·扎哈维教授》，《哲学动态》2012年第2期，第97—98页。

它可以是某种意义上的心性现象学。我在这里要讨论的心性现象学意义上的精神人文主义，一方面可以说是我对一种在世界眼光中参与文化会通的自身要求，另一方面也意味着我对上述两重意义上的哲学之任务的认同、理解与施行。

三、心性现象学意义上的精神人文主义

我理解的"精神人文主义"的具体实施方案是"心性现象学"。"心性"是中国传统思想史中经常出现的一个范畴。它也与冠以其他名称的许多范畴一同出现：经常地观察自己心中的意念是善是恶，在儒学中叫作"自省"（"吾日三省吾身"）。它在思孟学派中得到突出的强调和特别的发展，并构成儒家心学的最初源流，无论是在本体论方面，还是在工夫论方面。此后的新儒家在明清两朝尤以"心学"为甚。在此期间，心理甚于物理，心理就是道理。心学就是理学：心理学。这也是我在这里所说的"心性"之学。"性"在这里是指：心的本性、心的习性、心的理性、心的德性。[①]

佛教东来，于中国思想文化影响甚大，最后成为中国思想文化的一个重要部分。佛教对心的关注与探讨超过了人类的任何其他宗教，甚至可以说"佛教去除了心就什么也不剩下"（佛学就是"怫学"或"心/意/识学"），但佛教唯识学的思想又是佛教内部的心识研究之顶峰。因而，它对中国哲学在心性思想的传统方面有很大的加强。"尽心"、"正心"、"修心"、"养心"、"明心"、"涤心"、"存心"、"放心"等等儒家心学的工夫论说法，在佛教那里表现为"观心法门"，而在禅宗那里则叫作"参禅"。

[①] 这里的"性"也可以叫作本性、共性、普遍性或通性。按沈有鼎的说法："一个通性概念所依据的是'性'（Essence）。"（《沈有鼎文集》，北京：人民出版社，1992年，第113页）

自明清之际开始的西学东渐以来，西方思想中的相同思考取向逐渐为人所知，并且通过各种方式作用于当代文化与社会。面对和探究心性的传统从古希腊以来便络绎不绝，从苏格拉底的"认识你自己"的要求，到柏拉图的《斐多篇》和亚里士多德的《论灵魂》，一脉相承。奥古斯丁所言"不要向外走，回到你自身！真理就在你心中"，更清楚地表达了这个意思。它几乎就是对慧能之教训的西文翻译："佛是自性作，莫向身外求"或"菩提只向心觅，何劳向外求玄"。（《坛经·疑问品》）自近代笛卡尔以来，直至康德和胡塞尔，欧洲思想史上的一条超越论的红线清晰可见。"Transzendental"一词在这里主要不是指"先于经验的"（这是对此词的错误中译），而是指"构成认识可能性条件的"；简言之，反思的、自身批判的。笛卡尔的"沉思"（Meditation）、胡塞尔的"反思"（Reflexion）或"自身思义"（Selbstbesinnung）等等，虽然更多具有自身认识的意涵与旨趣，但它们最终都以自身负责为其最终目的。在这点上，在东西方的心学之间可以发现许多的共同点。

欧洲自笛卡尔以来近代哲学的主体性转向，与明清儒学自王阳明开始的心学转向和明末清初的佛教唯识学复兴，在时间上是基本同步的，这三者都代表着一个**心性哲学**或**意识哲学**的维度，一个自反的、内省的、观心的维度。它们各自都有自己的历史发展脉络，以现象学、新心学、新唯识论的形式，至今生机勃勃，绵延不绝。

纵观世界思想史，这个思维的向度始终是反观自身的、内省的、人文主义的，而非外向的、宇宙论的和自然主义的；或者在儒家这里也可以说，是阳明的而非朱熹的；在康德那里则意味着，是内心的道德律而非头顶的星空。

我们可以在此进一步考察一下中国传统思想中的"心性"概念史。

四、古代思想各宗的"心性"概念传统

1．中国古典文学范畴："心性"是指通常所说的：性情、性格，如，晋葛洪《抱朴子·交际》："今先生所交必清澄其行业，所厚必沙汰其心性。"宋柳永《红窗睡》词："二年三岁同鸳寝，表温柔心性。"诸如此类。

2．儒家思想范畴：孟子有"尽心知性"之说。孟子语见《孟子·尽心上》："尽其心者，知其性也，知其性则知天矣。""尽"，扩充；"心"，指所谓天赋的恻隐、羞恶、辞让、是非之心；"知性"，指认识所谓天赋给人的本性，即仁义礼智"四端"。孟子认为，人们要是能扩充和尽量发挥自己的"本心"——四端，就能认识自己的本性——四德，因为"本心"当中就包含着自己的本性，一旦"知性"，进而就可以认识"天命"。

宋儒谈"心性"，各家解说亦不一。如朱熹："已发—未发"或是被解释为："心为已发，性为未发"[①]，或是被解释为："喜怒哀乐之未发谓之中，性也；发而皆中节谓之和，情也"[②]，两者的差别只是术语上的，对"已发"与"未发"的实质区分已经完成：前者被理解为道德意识的现实行为，后者则被理解为道德意识的潜在能力。黄宗羲说："盈天地皆心也，变化不测，不能不万殊。心无本体，工夫所至，即其本体，故穷理者，穷此心之万殊，非穷万物之万殊也。"（《明儒学案·黄梨洲先生原序》）这里表达了他对人的意识与物质宇宙之关系的理解：一方面，每个人在意识上都是万物的中心，另一方面，任何人，甚至人的居住地：地球，在物质上都不构成宇宙万物的中心。前

[①] 朱熹在其1169年"与湖南诸公论中和第一书"中以此口诀来刻画他先前的立场。参见朱杰人、严佐之、刘永翔主编：《朱子全书》第二十三册，上海：上海古籍出版社；合肥：安徽教育出版社，2002年，第3130页。

[②] 《朱子全书》第二十一册，第1403页。

一个出发点，是意识哲学的出发点，也可说是精神人文主义的出发点；后一个出发点，是自然科学的出发点，以往的认识论和自然哲学的出发点。此外，当代心性哲学家牟宗三的《心体与性体》是谈"心与性"的，是孟子意义上的心性哲学。

3. 佛家思想范畴：佛教主谈、甚至只谈"心性（梵语 citta-prakṛti）"，即心之本性，又称自性（svabhāva），谓不变之心体，指心的本性、实性，可以理解为心本来具有、不可变易的性质、实体，或心未被烦恼妄念遮蔽的本来面目。它们也在二种性及其熏习（种熏）的标题下得到讨论。

原始佛教：《阿含经》中便有"心性本净说"。

唯识宗：广义的"心"是统称，佛教各宗"皆是以心的活动为中心而开展其关联"[①]。狭义的心：阿赖耶"法相宗立心意识之三为别体。以此质多心为第八识之特名。其他诸宗以之为诸识之通名）、末那（意）、毗若底（识）之三心"。广义的心："质多（心：citta）"指全部八识。"三界虚伪，唯心所作。"唯识宗主张把握心的永恒不变的本质，即心性："心真如者，即是一法界大总相法门体，所谓：心性不生不灭。"把握到心的本质，也就意味着获得真正的觉悟："以远离微细念故，得见心性，心即常住，名究竟觉。"（《大乘起信论》）

禅宗：将心性称作"父母未生前本来面目"。"心性"是中国化大乘佛学尤其是禅学的核心，探清"心性"在早期印度佛学中的渊源，对于正确认识中国佛学的心性论，以及正确认识禅宗，具有重要意义。"心即是性"是一种说法；"明心见性"也是一种；它们实际上都表明"心"与"性"在禅宗那里所具有的共同向度。此外，禅宗中还有"即心即性"的说法："心性不异，即心即性。"（《黄檗山断际禅师传心法

[①] 水野弘元：《佛教教理研究：水野弘元著作选集（二）》，释惠敏译，台北：法鼓文化事业股份有限公司，2004年，第49页。

要》）或者，"自识本心，自见本性。"（《坛经》）

《佛光大辞典》："本心"即指"本性"，即自己本来之真如心性，又作本身。《六祖坛经》（《大》四八·三四九上）："祖知悟本性，谓惠能曰：'不识本心，学法无益。'"大珠慧海禅师《顿悟入道要门论》卷上（《卍续》一一〇·四二一上）："问：'其心似何物？'答：'其心不青不黄、不赤不白、不长不短、不去不来、非垢非净、不生不灭，湛然常寂，此是本心形相也，亦是本身。本身者，即佛身也。'"①

4. 道家思想范畴：《老子》中无"性"字而有"心"字（10次）；《庄子》内篇中也无"性"字（全篇"心"字188次）。"性"大都指：性命、性情、性格。但从道家思想中也可以找到心性论的脉络，也有对"心性"的本体认知与修养方法两方面的把握和阐述。

五、"心性现象学"之谓

用现代西方哲学的范畴来表达：在"心性"组合词中，"心"是单数，"性"是复数，即本性（天性、生物的根基）与习性（文化的根基）。"本性"（natures）也是复数，"习性"（nurtures）更是复数。② 这里的"心性"，实际上也应当作单一复数解：Mind-Natures。

心性现象学这个名称包含两个方面的基本内容：其一，它以意识及其本质、"心的逻辑"、"心的秩序"或"心之理"为其研究对象，即是说，**在内容上**它是事关"心性"的；其二，它以现象学的本质结构描述和本质发生说明为其基本研究方法，这意味着，**在方法上**它是事

---

① 释慈怡主编：《佛光大辞典》，台北：佛光出版社，1988年，第1950页。
② 参见保罗·R. 埃力克：《人类的天性：基因、文化与人类前景》（*Human Natures: Genes, Cultures, and the Human Prospect*），李向慈、洪佼宜译，北京：金城出版社，2014年，"前言"，第1—3页。美国汉学家江文思和安乐哲著有《孟子心性之学》（*Menciu's Learning of Mental-Nature*），梁溪译，北京：社会科学文献出版社，2005年。

关"现象学"的。易言之,"心性现象学"之谓,"心"为本心,"性"为本质。用胡塞尔现象学的语言来说就是"意识的本质"。这个本质是复数:本性和习性。心性现象学与传统中的心性之学一样,是关乎本心及其本性+习性的学问。更严格地说:"心性"是指"心之性",而非指"心与性"。心性现象学因而是关乎心的本质的学问。这与胡塞尔现象学的两个基本特点或基本要素相符合:(1)反思的基本考察方向以及(2)本质直观的基本方法。前者使现象学有别于一般意义上的逻辑学,后者使现象学有别于一般意义上的心理学。

现象学在这里主要是指在宽泛意义上的、能为现象学运动主要成员共同认可的"对待哲学问题的共同态度和观点",即:"精神观视的一种观点,人们在此观点中获得对某物的直观或体验,而没有这个观点,这个某物便隐而不现,它就是特殊类型的'事实'的王国。"[①]

这个共同的态度和观点在胡塞尔那里主要是指:(1)超越论还原;(2)本质还原(本质直观)。超越论还原使得我们能够将我们的精神目光(**心目**)从外部自然转回内心世界,相当于从朱熹的宇宙论理学转到王阳明的本心论理学。本质还原则将我们的精神目光从繁杂多变的意识事实集中到稳定有序的意识本质关系上,其中包括意识的横向结构和意识的纵向发生:心的发生构造本质和心的静态结构本质。

纵意向性(Längsintentionalität):感觉素材的滞留——意识的统一——自我的属性、人格性、发生、历史;从时间意识现象学到发生现象学和历史现象学,相当于佛教所说的缘起论意义上的意向性。

横意向性(Querintentionalität):感觉材料+意义给予=意向对象的基本意向结构。最初意义上的、静态现象学、结构现象学意义上的意向性,相当于佛教所说的实相论意义上的意向性。

[①] 马克斯·舍勒:《伦理学与认识论》(*Zur Ethik und Erkenntnislehre*),GW 10,波恩,1986年,第380—381页。

儒家心学意义上的"已发和未发"、"先天和后天"、"前、后"、"内、外"、"寂、感"、"静、动"、"本性、习性"也可以做静态结构的分析描述和发生的分析说明。四端、七情、六欲等等心性界定与描述，唯识宗意义上的意识结构的"四分说"、"心王—心所说"（实相论）和意识发生的"三能变说"、"二种性说"（缘起论），与胡塞尔的静态意识结构现象学与意识发生现象学的脉络相一致。

总括起来说：不是直向地面对世界，而是反思地回返人心——这是"心"的意思，也是胡塞尔通过超越论还原所要获得的东西。

不是停留在人心的事实，而是努力地把握人心的本质——这是"性"的意思，也是胡塞尔通过本质还原所要获得的东西。

在本质直观的横向与纵向目光中让"心性"显现出来——这是"现象学"的意思，也是胡塞尔现象学的方法主张与诉求。

这三个层面在佛教唯识学的思想系统中也曾得到概括的描述。对心性的把握和认知在这里表现为一种"对知识的知识"，即佛陀所说的"善知"。它与佛教主张的"觉悟"或"智慧"是基本同义的：觉悟就意味着"转识成智"，意味着"善知六处"：

> 慈氏菩萨复白佛言：世尊，云何修行引发菩萨广大威德？
> 善男子，若诸菩萨善知六处，便能引发菩萨所有广大威德：一者善知心生；二者善知心住；三者善知心出；四者善知心增；五者善知心减；六者善知方便。
> ——《解深密经》

对于"心生"（即心识的变化发生）和"心住"（心识的不变本质）以及"方便"（方法）的"善知"，相当于唯识宗的"唯识之识"，或苏格拉底所说的"自知无知"的"自知"，或孔子所说的"知之为知之，不知为不知，是知也"中的"知"。它们都属于胡塞尔所说"现象学的态度":返回自己,进行反思,把握心识。胡塞尔曾就现象学的观点说:"当一个人获得了现象学的观点后,他就再也不可能真正回转到自然观点中去了。这种回转只能发生在想象之中。"①

这在我们这个语境中就意味着:当一个人获得了世界的眼光之后,他也就不可能真正回转到单纯的华夏眼光中去了,除非是在想象中。

---

① 多芮恩·凯恩斯(Dorion Cairns):《与胡塞尔、芬克的谈话》(*Conversations with Husserl and Fink*),"现象学丛书"(Phaenomenologica),第66卷,海牙,1976年,第35页。

恻隐之心："同感"、"同情"与"在世基调"

陈立胜

（中山大学哲学系）

一、问题的提出

"恻隐之心，人皆有之"（《孟子·告子上》）；"无恻隐之心，非人也"（《孟子·公孙丑上》）：最能体现儒家对人性的理解的一个关键词，莫过于"恻隐之心"。因此，把握"恻隐之心"的深刻内涵，对我们理解儒家的人性论至关重要。究竟何为"恻隐之心"？它与孟子提到的其他三种"心"（羞恶之心、辞让之心/恭敬之心、是非之心）关系如何？近年来，西方学者往往从"同情"（empathy）或"同感"（sympathy）角度去理解、阐发"恻隐之心"。其中，耿宁先生从现象学立场对"恻隐之心"与"同情心"的关系所做的阐述尤为精细。[①] 论者将"恻隐之心"作为一种道德情感而置入情感心理学、情感现象学的光谱之中加以辨析，进一步坐实了孟子"恻隐之心"这一人性论述的普遍性。

---

① 耿宁先生的文章《孟子、斯密与胡塞尔论同情与良知》，由笔者译为中文，刊于《世界哲学》2011 年第 1 期。

不过，笔者认为，仅仅将"恻隐之心"作为一种普通的道德情感加以论述是不够的。在"同感"、"同情"这些心理词汇的背后，有着强烈的个体主义的信念背景。尽管在论者的论述过程之中，这种信念背景并没有浮出水面，但由"同感"、"同情"的角度去阐发"恻隐之心"所导致的问题，会折射出这种背景。这些问题在儒家本身的论说中并不构成问题。换言之，这些问题乃是由"同感"、"同情"术语所属的理论框架生成的。本文首先对这个因诠释框架所带来的问题加以检讨，将"恻隐之心"重置于传统儒家的论说之中，并揭示其不是一种仅仅牵涉道德情感的单面概念（one-dimensional concept），而是一种牵涉到宇宙论、存在论等更深刻、更广阔面向的立体概念。在此基础上，笔者尝试"挪用"海德格尔的生存现象学（existential phenomenology）术语，将"恻隐之心"描述为一种儒家所理解的"现身情态"（Befindlichkeit）与生存"基调"（Grundstimmung）。

二、恻隐与同感、同情

如所周知，"恻隐之心"论主要出自《孟子·公孙丑》篇：

> 所以谓人皆有不忍人之心者，今人乍见孺子将入于井，皆有怵惕恻隐之心，非所以内交于孺子之父母也，非所以要誉于乡党朋友也，非恶其声而然也。由是观之，无恻隐之心非人也，无羞恶之心非人也，无辞让之心非人也，无是非之心非人也。

"乍见"表现了事件发生的突然性。在孺子入井这一事件突然触目的刹那间，作为没有任何心理与思想准备的人会有何反应？我们可以把这个事件看作是孟子为了说明人性而设计的思想实验。他用"怵惕恻隐之心"一词描述任何看到这个场景的人的"第一反应"。"怵"，恐惧，"惕"，惊骇；恻，"伤"，隐，"痛"。人见孺子入井的一刹那，都会感到恐惧、惊骇、伤痛。另外，《孟子·梁惠王》篇中"以羊易牛"的文本亦涉及"恻隐之心"。孟子将国王见衅钟之牛而"不忍其觳觫"这种感受，描述为"君子之于禽兽也，见其生，不忍见其死；闻其声，不忍食其肉"。

这里孟子没有明确说我们为何会感到惊恐、伤痛，也没有明确说我们是替孺子、衅钟之牛惊恐、伤痛，还是因感受到孺子、衅钟之牛的惊恐、伤痛而自己也感受到惊恐、伤痛。在我们怵惕恻隐之际，我们是把孺子的感受、牛的感受"注入"我们自己的心理体验之中，还是将自己"投射"到孺子与牛的"位置"，设身处地感受孺子与牛的体验？现象学家、心理学家不约而同地发问道：这究竟是一种"同感"现象，还是一种"同情"现象？

生活是最好的老师。在日常用语中，人们在涉及道德情感时总是用"同情"一词，而不是用"同感"一词。"同感"是对他人情绪状态的感受或反应，"同情"不仅具有对他人情绪状态的"同感"，而且还含有对他人的积极的关注或关心。因此"我同情你"，要比说"我与你有同感"更含有支持与慈悲的意味。我可以与小说中的人有"同感"，但可能仅仅"同情"其中的正面主人公。在"同情"之中有一种赞成的态度，它是对他人处境的积极与支持性的回应。一般而言，"同感"涉及对他人情感、情绪状态的参与、理解与把握。这种参与、理解与把握通常是不由自主的、自发的、无意向的。而一旦涉及到关爱，人们就会把这种"同感"的情感称为同情。[1] 质言之，在"同情"之中一定要有对他人福祉的关心这一向度，同情是一种"他人福祉的内化"（internalization of another's welfare）。[2]

---

[1] Stephen Darwall, "Empathy, Sympathy, Care", in *Philosophical Studies* 89 (1998), pp. 261-282.

[2] Nicholas Rescher, *Unselfishness: The Role of the Vicarious Affects in Moral Philosophy and Social Theory*, Pittsburgh: University of Pittsburgh Press, 1975, pp. 6-13.

耿宁先生明确指出，在看到孺子入井的例子里，"既不是将感情注入这个儿童，也不是想象这位儿童如何感受这种处境"。他认为怵惕恻隐在根本上是指向另外一个人（在以羊易牛的文本中是指向牛）："我们必须坚持以下的事实：我们这样担惊受怕，不是因为这个处境被体验为对我们是危险的，而是因为它对**另外一个人**而言是危险的，我们是为他者担惊受怕，我们倾向于做某事不是针对自己，而是针对**那另外一个人**而言的危险处境。"① 对耿宁先生的现象学洞察，我们可以从心理学家那里找到有力佐证。研究"同感"问题的心理学专家巴特森（Daniel Batson）教授曾区分出以下八种不同类型的同感现象：（1）了解他人的内心状态（想法与感受），此为"认知性同感"（cognitive empathy）。（2）采取与他人的姿态或表情相匹配的姿态、表情，以回应之。此为"行为模仿"（motor mimicry）或"模拟"（imitation）。（3）感受到他人的感受。（4）里普斯（T. Lipps）审美意义上的设身处地（projecting oneself into another's situation）。（5）想象他人会如何感想（imagine-other perspective）。（6）设想自己在他人位置上会如何感想（imagine-self perspective）。（7）看到他人受苦，自己也感受到痛苦（feeling distress at witnessing another person's suffering）；这种痛苦感受不是针对他人（for the other），而是他人的痛苦状态引起自己的痛苦感受。（8）为受苦者的感受（feeling for another person who is suffering）：这是一种他人取向（other-oriented）的感受，是一种关心他人痛苦的慈悲（compassion）、同情或同感式关爱（empathic concern）。② 显然，巴特森教授的同感（8）即是耿宁先生所阐发的恻

---

① 〔瑞士〕耿宁：《孟子、斯密与胡塞尔论同情与良知》，陈立胜译，《世界哲学》2011 年第 1 期，第 39 页。

② Daniel Batson, "These Things Called Empathy: Eight Related but Distinct Phenomenon", in *The Social Neuroscience of Empathy*, edited by Jean Decety and William Ickes, Cambridge, MA: MIT Press, 2009, pp. 3-16.

隐之心。

同感（em-pathy）、同情（sym-pathy）中的"pathy"源自希腊文"pathos"，本义即受苦。而慈悲（com-passion）中的"passion"源自拉丁文"pati"，其义亦是受苦，[1] 三词均与共同受苦相关，这与"恻隐之心"之字面义确有相关处。然而"同感"一词在现象学之中的复兴却与交互主体性问题有着密切关联。巴特森教授认为同感现象在西方思想中牵涉两个根本问题：一是认知问题，即"我"如何知道他人的心；二是"我"为何会对他人的受苦有所感并进而有所关心。[2] 这两个问题的背后都预设了个体主义的自我观。海德格尔在《存在与时间》之对同感理论的批评，深刻地揭示了这种个体主义的理论预设。[3]

达沃尔（Stephen Darwall）与耿宁先生在阐发孟子"恻隐之心"时均强调指出，在"恻隐之心"中，他人的立场才是焦点。提出同感利他主义假说（Empathy-Altruism Hypothesis）[4] 的巴特森教授也指出，具有道德蕴含的"同感"现象乃是一种他人取向的感受。他将同感（7）与同感（8）加以严格区别，因为同感（7）尽管也可能产生"助人"的动机，但这一动机并不是指向解除他人痛苦这一最终目标，而是指向解除自己痛苦这一自我主义的动机。于是，出于同感（7）而产生的助人行为实际上是自利行为。这种同情心的"自利焦虑"，实可溯源至卢梭《爱弥儿》一书。卢梭认为怜悯心在于"设身处地于他人

---

[1] 见 Marjorrie Garber, "Compassion", in *Compassion: The Culture and Politics of an Emotion*, edited by Lauren Berlant, New York and London: Routledge, 2004, pp. 15-28。刘殿爵的孟子英译本，即是用 compassion 移译恻隐之心。

[2] Daniel Batson, "These Things Called Empathy: Eight Related but Distinct Phenomenon", pp. 3-4.

[3] 在《时间概念史导论》中，海德格尔径直将其论述共在的节次的副标题表述为"对共感论的批判"，并称由主体的体验生活如何与他人的体验产生同感，此类问题为"荒谬的问题"，同感问题与外部世界的实在性问题"同样的荒谬"，根本是一"伪问题"。氏著：《时间概念史导论》，欧东明译，北京：商务印书馆，2009 年，第 337、338 页。

[4] Daniel Batson, *The Altruism Question: Toward a Social-psychological Answer*, Hillsdale, NJ.: Erlbaum, 1991.

痛苦的境遇"。痛苦本不在自己，而在于他人，为何这他人深处的痛苦会进入"我"的内心呢？卢梭诉诸"想象"：在想象之中，"我"把他人的痛苦感受为自己的痛苦，把同类当作自己，在他人那里感受自己。于是，"我"不愿他人受苦，实在不过是"我自己不愿受苦"，"我"关心他人不过是出于"自爱之心"。① 只有指向他人的同感（8）才能够解释我们的利他行为。这种解释符合儒家对"恻隐之心"体验之实事吗？让我们先看一下在中国儒家传统中，儒者是如何进一步刻画孟子"恻隐之心"这一生命体验的。

三、恻隐之心的思想谱系

孟子以怵惕恻隐指示仁心，成为儒家论仁的一个源头活水。在后儒的仁说之中，生命的**痛感体验**一直是儒家"体仁"、"识仁"的一个重要内涵。善发孟子之余韵的当首推程明道及其门人：

> 医书言**手足痿痹为不仁**，此言最善名状。仁者，以天地万物为一体，莫非己也。认得为己，何所不至？若不有诸己，自不与己相干。如手足不仁，气已不贯，皆不属己。
> 人之一肢病，**不知痛痒谓之不仁**，人之不仁亦犹是也。②

"手足痿痹"，指手足丧失了感受痛痒的能力，即所谓"麻木不仁"。"麻木不仁"在今天属于典型的道德话语，但在传统文献里面，它一直是医典里面经常出现的术语。《内经》将经络不通、血脉不畅而导致手脚丧失了感受痛痒的能力，称为"不仁"。程门高足谢上蔡曾说："仁

---

① 对《爱弥儿》一书怜悯心与自爱之心关系的分析见〔法〕于连：《道德奠基：孟子与启蒙哲人的对话》，宋刚译，北京：北京大学出版社，2002年，第19—21页。
② 《河南程氏外书》卷第三，王孝鱼点校：《二程集》，北京：中华书局，2004年，第366页。

是四肢不仁之仁，不仁是不识痛痒，仁是识痛痒。"[1]"识痛痒"就是对痛痒有所觉，"不识痛痒"就是对痛痒无所觉。对痛痒的觉知构成了仁之体验的本质内涵，"识痛痒"一语点出仁之切身性质。这种切身的"觉知"体现的是"生"之意，即宇宙生生不息、息息相关的生力、生机与生趣。由此生之觉而与天地万物感通无碍。

南宋诗人杨万里（1127—1206）在其《孟子论》中对孟子以"痛觉"论恻隐有一番精彩发挥："隐也者，若有所痛也。恻也者，若有所悯也。痛则觉，觉则悯，悯则爱。人之手足痹而木者，则谓之不仁。盖方其痹而木也，搔之而不醒，抶之而不恤，彼其非不爱四体也，无痛痒之可觉也。至于无疾之人，误而拔一发则百骸为之震，何也？觉其痛也，觉其一发之痛则爱心生，不觉四体之痛则爱心息。"[2] 痛感、觉情、悯爱浑然交织，是为"恻隐之心"。"拔一发则百骸为之震"后来成为仁者指点一体相关的生命觉情的一个话头。泰州学派的著名思想家罗汝芳（1515—1588）面对外父不解"浑身自头至足，即一毛一发，无不是此灵体贯彻"之义，遂于其脑背力抽一发，外父连声叫痛，近溪子问："君之心果痛否？"[3] 清末之谭嗣同（1865—1898）仍以牵一发而动全身说仁之感通义："仁之至，自无不知也，牵一发而全身为动，生人知之，死人不知也；伤一指而终日不适，血脉贯通者知之，痿痹麻木者不知也。"[4]

在上述对恻隐之心的生命体验的描述之中，儒者着力强调的是吾人之身与他人之身、天地万物之身的一体相通性。在这种一体相通性之中，"我"对他者的痛苦的体验全然是切己、切身的体验，其中并未

---

[1]《上蔡语录》卷二，文渊阁四库全书本。
[2] 杨万里：《诚斋集》卷第八十六，四部丛刊本。
[3] 罗汝芳著，方祖猷等编校整理：《罗汝芳集》，南京：凤凰出版社，2007年，第287—288页。
[4] 谭嗣同：《仁学》，北京：中华书局，1958年，第8—9、10页。

凸显人我之分别、利他与利己之辨析的旨趣。我们不妨再引王阳明的话："夫人者天地之心，天地万物本吾一体者也。生民之困苦荼毒孰非疾痛之切于吾身者乎？不知吾身之疾痛，无是非之心者也。"[①] 王阳明这里"疾痛切身"的体验乃至"一体不容已"（"盖其天地万物一体之仁，疾痛迫切，虽欲已之而自有所不容已"）的说法，是否意味着儒者对他人痛苦的关心在某种意义上说是迫不得已？因为我们自己已经疾痛切身，于是我们帮助他人，不过是解除我们自身的疾痛，因而这不过是一种变相的利己主义？为了不把儒家这种疾痛切身、虽欲已之而自有所不容已的体验与由此体验而发出的关爱行为，解释为一种变相的利己主义，可否同时将之刻画为同感（7）与同感（8）的混合体？即"我"既是因他人痛苦而痛苦，同时又是为他痛苦而痛苦？不然，"我"为何会情不自禁地要帮助他人（而不是另一个"我"）？

无疑，现象学家与心理学家对恻隐之心与"同情"、"同感"的辨析乃是一种构造性分析；它旨在阐发"恻隐之心"的意向性构造机制，而并不是对质朴的、浑然的"恻隐之心"实际体验过程加以描述。这种构造性分析背后折射出的乃是一种个体主义的自我观。"我"为何对他人的痛苦会有感应？"我"对他人痛苦有所感应时，何种感应仍然只是针对"我"自己的？何种感应才是真正针对他人的？这些问题是情感现象学的重要问题。笔者感兴趣的是，为何传统的儒者不会提出这样的问题？他们那种浑然一体的恻隐感受之描述，就不怕被别人说成是放大或者变相的利己主义之自白？

问题的关键在于，在传统儒者那里，有一种基本的世界观使得这种人我、人物要严加分别的意识成为不可能。因为在宇宙大化、一气贯通的天道生生观的世界图景之中，人我、人物的界限并不是绝然不

[①] 《答聂文蔚》，吴光等点校：《王阳明全集》卷二，上海：上海古籍出版社，1992年，第79页。

可超越的；实际上，正是在"恻隐之心"之中，天地万物一气贯通的生命真相才得以开显。可以说，一气贯通的存在论在根本上抑制了儒者对"恻隐之心"所涉及的"同感"、"同情"的心理学、现象学机制产生兴趣。要理解"恻隐之心"之实事，必得将"恻隐之心"放置于儒家存在论的背景之中；"恻隐之心"不仅仅是"恻隐之心"。

四、不仅仅是恻隐之心

在海外学者讨论"恻隐之心"的时候，少有人注意"恻隐之心"与其他三心的关系问题。孟子之四端说是平铺、并置的？抑或是纵向的、统贯的？换言之，"恻隐之心"仅仅是与其他三心并列的一种道德情感，还是与其他三种情感不同的、更为基本的情感？亦少有人注意"恻隐之心"背后所牵涉的存在论与宇宙论问题。[①] 这些问题在孟子的文本中并未成为显题，但在后来的儒学发展史之中，逐渐成为儒学的一个重要议题。尤其在朱子哲学之中，恻隐之心完全成为一个多向度的立体概念。

> **惟是有恻隐之心，方会动。若无恻隐之心，却不会动。** 惟是先动了，方始有羞恶，方始有恭敬，方始有是非。动处便是恻隐。若不会动，却不成人。若不从动处发出，所谓羞恶者非羞恶，所谓恭敬者非恭敬，所谓是非者非是非。天地生生之理，这些动意未尝止息，看如何梏亡，亦未尝尽消灭，自是有时而动，学者只

[①] 于连是少数注意到恻隐之心之深度层面的思想家，他把儒家的恻隐之心解释为"通个体性"，并称："我们在各自的深处，通过我们所共有的这个生存境遇，不断地在交流着，我们都'通接'其上，我的行动是因为我们这个共同之生存在他人那里遇到了威胁而发起的。生存的这一'通个体性'要比现代西方的'交互主体性'这个概念更能解释怜悯心这一现象。"氏著：《道德奠基：孟子与启蒙哲人的对话》，北京：北京大学出版社，2002年，第26页。

怕间断了。①

恻隐是"头",羞恶、恭敬、是非是"尾";羞恶、辞逊、是非三者皆源于"恻隐之心"。"恻隐之心"作为"源头",是"动"之"端";只有它动了,其他三者才能随之而发。"头子"是"动"的开始。谁在"动"?自然是"性"在动;"性"在何处"动"?自然是在"心"动。这是朱子性体情用、心统性情义理架构之表现。用朱子本人的话说,"动处是心,动底是性"②。

要追问的是:恻隐之心"先动"之"动"何谓?"动"说到底是人我、人物相通的生命的觉情:

问:"明道先生以上蔡面赤为恻隐之心,何也?"曰:"**指其动处而言之,只是羞恶之心。**然恻隐之心必须动,则方有羞恶之心。如肃然恭敬,其中必动。羞恶、恭敬、是非之心,皆自仁中出。故仁,专言则包四者,是个带子。**无仁则麻痹死了,安有羞恶、恭敬、是非之心!仁则有知觉,痒则觉得痒,痛则觉得痛,痒痛虽不同,其觉则一也。**"③

"恻隐之心"显然为其他三心奠定了基础。这种恻隐之心"必动",方有其他三心的发生。"无仁则麻痹死了,安有羞恶恭敬是非之心!"**此可谓吃紧语**,原来朱子所谓"必动"之"动",不过是一体生命的觉情而已。如所周知,朱子对谢良佐以觉训仁颇为不满,学界甚或认为朱子对上蔡之批评实是对程明道之批评,但我们并不能因此而忽略在

---

① 朱熹:《朱子语类》卷五十三,朱杰人等主编:《朱子全书》第14册,上海:上海古籍出版社;合肥:安徽教育出版社,2002年,第1776—1777页。
② 朱熹:《朱子语类》卷五,《朱子全书》第14册,第223页。
③ 朱熹:《朱子语类》卷五十三,《朱子全书》第15册,第1777页。

朱子思想中"仁"与"觉"之间的内在关联。在朱子处，虽不能说觉者必是仁者，但可以说仁者必有觉。仁不过是生生不息之理（仁理），此理贯通"我"身，则"我"身通体即是感应之体，与他人、天地万物之生命共感同振；这种共感同振的表现即是"觉"。之所以有此觉，乃因为"我"身为仁理所充溢，"仁"即是"我"与他人、天地万物感通、同感共振的活水源头。"恻隐之心"先动、必动的真实含义不过是指"我"此身先行通达此活水源头。恻隐之端之为"元端"、"初端"、"首端"，皆点出醒觉在价值开显中的奠基地位："若无一个动底醒底在里面，便也不知羞恶，不知辞逊，不知是非。"①

也就是说，只有在他人、天地万物拨动了"我"的"心弦"（此为感物而动），"我"的"恻隐之心"萌动于其中，"我"之身与他人、天地万物之身发生"同振"、"共鸣"，人之是非、辞逊、羞恶之心才在此同振共鸣所敞开的"感通场"之中得到开展。"因有恻隐后，方有此三者"②，"须是这个先动一动了，方会恁地"③，"皆是此心先拥出来"④。这种说法皆表明"恻隐之心"乃是"我"与他人、天地万物同振共感所得以展开的枢纽，因为"我"此身拥有"恻隐之心"，故在"我"此身浑然处身于他人、天地万物之共在之际，必被拨动心弦，天地万物之生机必对"我"此身有所触动；正是在这一触动之际，"我"之生命与天地万物之生命相通于一感应场之中。

"先动"、"先拥出来"一类的"先"字表达，不应做纯粹时间先后意义的理解，把这种惟有"恻隐之心"动了、其他三心方能动仅仅理解为一种发生次第关系，仿佛"恻隐之心"只是"我"的道德本心发动的某个在先的时间段，其他三心是接着这个在先时间段后续而生发

---

① 朱熹：《朱子语类》卷九十五，《朱子全书》第 17 册，第 3179—3180 页。
② 朱熹：《朱子语类》卷五十三，《朱子全书》第 15 册，第 1758 页。
③ 朱熹：《朱子语类》卷五十三，《朱子全书》第 15 册，第 1766 页。
④ 朱熹：《朱子语类》卷九十五，《朱子全书》第 17 册，第 3183 页。

的。尽管朱子的某些表述会给人这样的印象，但细绎朱子的文本，我们就不难发现朱子本人并不会支持这种看法。当我们说"恻隐之心"为其他三心的发生奠定了基础，只有"恻隐之心"先动，其他三心才能发生时，"恻隐之心"作为根基更像是"素"、"质"，其他三心是"绘"、"文"，没有素、质，任何绘、文都是悬空的，因此，在实际的三心发生过程之中，"恻隐之心"作为"素质"、作为基底**一直是贯通于其中的**。当朱子说"恻隐之心"通贯其他三心时，即是阐发此义：

> 恻隐是个脑子，羞恶、辞逊、是非须从这里发来。若非恻隐，三者俱是死物了。恻隐之心，**通贯**此三者。[1]
>
> 只是谢显道闻明道之言，动一动。为它闻言而动，便是好处，却不可言学者必欲其动。**且如恻隐、羞恶、辞逊、是非，不是四件物，合下都有**。"偏言则一事，总言则包四者"，触其一则心皆随之。**言"恻隐之心"，则羞恶、辞逊、是非在其中矣**。[2]

如无恻隐，其他三者俱是"死物"。试想一个丧失与他人、天地万物感通能力的人，其羞恶、辞逊、是非岂不成为悬空的抽象！实际上，即便在以致良知为自家宗旨的阳明那里，尽管他以"是非之心"（"良知只是个是非之心"）指点道德本心，但他仍然亦强调"不知吾身之疾痛，无是非之心也"，"无诚爱恻怛之心，亦无良知可致矣"。这些说法都可视为对朱子"若非恻隐，三者俱是死物了"说的申发。

这种通贯其他三心的"恻隐之心"、这种"合下都有"的浑融的四心，朱子曾用更富有生机的"生意"一词表示：

---

[1] 朱熹：《朱子语类》卷五十三，《朱子全书》第15册，第1766—1767页。
[2] 朱熹：《朱子语类》卷九十七，《朱子全书》第17册，第3281页。

> 如恻隐、羞恶、辞逊、是非，都是一个生意。当恻隐，若无生意，这里便死了，亦不解恻隐；当羞恶，若无生意，这里便死了，亦不解羞恶。这里无生意，亦不解辞逊，亦不解是非，心都无活底意思。[1]

"性"之生意、"仁理"之生意，犹如"谷种"、"桃仁"、"杏仁"一样，惟其有"生意"，才能自然生发出来。"当恻隐，若无生意，这里便死了，亦不解恻隐"这一说法看似表明，"生意"要比恻隐之心更为基本的东西。其实，仔细体味朱子的语脉，"生意"与"恻隐"只是各有侧重而已："恻隐"凸现了心理感受的一面、觉情的一面，而"春意"、"生意"则强调出"性理"自发的一面。

"通"、"动"、"醒"、"发"、"觉"这一系列指点"恻隐之心"的性状之词，说明"恻隐之心"是人之生存的觉情。这种觉情是透过身体表现出来：怵惕恻隐、面红耳赤、肃然恭敬，均显示出这种"动处"的觉情之身体面向；另外也表示"恻隐之心"是仁理、生理的活动，天地生物之心在人的"恻隐之心"中油然而发，是性理之自发，质言之，这种体现在吾人身上的"通"、"动"、"醒"、"发"、"觉"，并不是我们之"主观意识"、"个人思辨"所营造的境界，不是个人呼风得风、要雨得雨的随意支配的主体感受，而是我们浑然中处于天地万物之中仰观俯察、与天地万物声气相通、共感同振之生存体验。说到底，"恻隐之心"之所以能在吾人此身"先动"乃与吾人特殊的存在论地位相关：

> 天地以生物为心者也，而人物之生，又各得夫天地之心以为心者也。故语心之德，虽其总摄贯通、无所不备，然一言以蔽之，

---

[1] 朱熹：《朱子语类》卷九十五，《朱子全书》第17册，第3180页。

则曰仁而已矣。请试详之。盖天地之心，其德有四，曰元亨利贞，而元无不统。其运行焉，则为春夏秋冬之序，而春生之气无所不通。故人之为心，其德亦有四，曰仁义礼智，而仁无不包。其发用焉，则为爱恭宜别之情，而恻隐之心无所不贯。①

人禀五行之秀以生，故其为心也，未发则具仁义礼智信之性，以为之体；已发则有恻隐、羞恶、恭敬、是非、诚实之情，以为之用。盖木神曰仁，则爱之理也，而其发为恻隐；火神曰礼，则敬之理也，而其发为恭敬；金神曰义，则宜之理也，而其发为羞恶；水神曰智，则别之理也，而其发为是非；土神曰信，则实有之理也，而其发为忠信。是皆天理之固然，人心之所以为妙也。②

人心之"通"、"动"、"醒"、"发"、"觉"，乃是"天地之心"体现于吾人此身之中，而我们此身之所以能体现此"天地之心"，只是因我们此身乃"禀五行之秀"以生。故我们身上之"德"实是"得"，得于天地之心（元亨利贞四德）。此天地之心四德"无所不统"，而其运行又井然有序（春夏秋冬），其在五行则木金火水（土），其在人心则仁义礼智（信）。

朱子将恻隐之心置于宇宙论、存在论的宏观图景之中加以描述，将恻隐之心与元亨利贞、春夏秋冬、金木水火这些关乎传统宇宙观的基本理解统贯互摄、交织纷呈，究竟作何理解？

五、恻隐之心：儒者的一种基本的在世基调

朱子关于"恻隐之心"之宇宙论、存在论的阐述，倘不被简单

---

① 朱熹：《仁说》，《晦庵先生朱文公文集》卷六十七，《朱子全书》第23册，第3279页。
② 朱熹：《四书或问》卷六，《朱子全书》第6册，第612页。

地视为过时的、前现代的世界观,而是给予布尔特曼(Rudolf Karl Bultmann,1884—1976)"解神话"(demythology)式的诠释,那么,我们完全可以进一步追问:朱子关于"恻隐之心"的一系列论说其背后的生存体验是何种体验?笔者认为,"恻隐之心"实际上揭示的是儒者在世的一种基本情调(Stimmung)。海德格尔的生存现象学指出,根源性的情调、情绪乃是此在(Dasein)的"源始存在方式",是为"现身情态"(Befindlichkeit)。现身情态乃是此在置身于周遭物事之中,为之所触、所动而生的基本生存感受。这是一种前反思的(pre-reflective)、前述谓的(pre-predictive)、主客未分的浑然在世的生存论体验。情调不是内在于个体之中的体验,毋宁说,我们本身即在情调之中。但是情调也并不因此就是一种外在的东西,"情调袭来。它既不是从'外',也不是从'内'到来的,而是作为在世的方式从这个在世本身中升起来的"①。世界的开显在根本上是在一种"情调"之中发生的:"情调一向已经把在世界之中作为整体展开了","世界、共同此在和生存是被同样源始地展开的,现身状态是它们的这种同样源始的展开状态的一种生存论上的基本方式"。因此,情调不是一种伴随性的现象,它是我们与他人共在、与天地万物共处之际先行展开的向度。要之,此在在世的存在指向的是一种"由情调先行标画出来的、同世内存在者发生牵连的状态",这是一种"存在者整体的绽出的展开状态",这是一种"基调"(Grundstimmung),具体存在者完全是在这种基调下才会出场。由此"基调",在存在者状态上,我们才是有情绪的、有情调的,是被定调的。

虽然海德格尔并未明言,不同的"基调"自然会有不同的开显性,此在也会以相应的方式觉知到他自己,但毫无疑问,这是题中应有之

---

① 〔德〕海德格尔:《存在与时间》,陈嘉映、王庆节译,北京:生活·读书·新知三联书店,1987年,第168页。

义。海德格尔以"畏"描述这种生存论的情调,反映出现代人在世的生存感受。笔者把"恻隐之心"诠释为儒者的"在世情调",只取海德格尔情调之生存论义,而摒弃其"畏"及其相关一系列实质论说。① 因此严格说,笔者只是"挪用"海德格尔之情调概念。笔者认为,"恻隐之心"实是基于儒者浑然中处于天地之间,仰观俯察、取物取身、天人交感这一源始情调,其此身在他人、天地万物共同卷入一生存的场景之中,举手投足,扬眉注目,所感所触,必兴发人我、人物一体相通之感受。朱子以"春意"、"生意"涵括"恻隐之心",将元亨利贞、春夏秋冬、木金火水与恻隐、羞恶、恭敬、是非四端浑然杂陈,所兴所发不过是儒者身处存在的大链条(the great *chain* of being)之中,与天地万物旁通统贯、合体同流的根基情绪、基调。这是对生生不息的宇宙生命的最基本的生存感受,在这种先行情调之中,"仁德"、"仁理"之生生不息之机得以通过我们此身而"拥出"。也只有在被宇宙的生机与活趣深深触动的此在这里,只有在人我感通、物我合感的情调的定调下,观物者才有"万物静观皆自得","万紫千红总是春",观

---

① 实际上,在我看来海德格尔对现身情态与情调的描述存在着很大问题。这与他对"世界"、"共在"等基础存在论的理解有着很大关系。海德格尔的"共在"特指此在之间的生存论的关联,而非此在的存在者不与焉。海德格尔认为,只有此在才有一个世界、才在世之中存在,包括动物在内的一切非此在的存在者均被视为"用具"(当下上手或现成在手的用具)。在1929—1930年的弗莱堡演讲中,海德格尔存在之思开始涉及动物的存在(animal being),石头是没有世界的,动物比如站在岩石上的蜥蜴,却并不把岩石认作是岩石,它虽有一个世界,但这个世界却是贫乏的(Weltarm)。见 William McNeill, "Life beyond the Organism: Animal Being in Heidegger's Freiburg Lectures, 1929-30", in *Animal Others: On Ethics, Ontology, and Animal Life*, edited by H. Peter Steeves, Albany, NY.: State University of New York Press, 1999, pp. 197-248。动物的世界是贫乏的,这个说法是否折射出人类中心论的倾向,石头是否就根本没有世界,此处不论(罗姆巴赫就专门写过一篇《石头的世界》与海德格尔针锋相对,见氏著:《作为生活结构的世界——结构存在论的问题与解答》,王俊译,上海:上海书店出版社,2009年,第277—281页),至少这个说法跟《存在与时间》惟有此在才有一个世界已有很大不同。由此我们也可以管窥海德格尔在《存在与时间》之中对"共在"概念理解的偏狭以及对现身情态描述的局限。以善观天地生物气象、观鸡雏、观窗前杂草、观游鱼而闻名的理学家在其浑然共处于天地万物之中时,其世界"观"自与海德格尔的世界观不同,其现身情态与生存情调、在世基调亦自有其不同的内涵。

人者才有"见满街都是圣人",诸如此类的在世感受。

我们可以把这种恻隐之心视为一种此在容身世间、受到天地万物的感触而发的"心弦"。天地万物的生命与存在在与此在遭逢之际,触动此心弦,而生一人我、人物相通之感受、一与天地万物共处、共生、共属的生存感受。在此意义上,我们不应把"恻隐之心"简单地视为与其他道德情感并立的一种情感,而应将之视为仁者浑然中处于天地万物之间、与天地万物一体相通的觉情。正是在这一生存论的情调定调下,他人的生命、天地万物的生命进入"我"的生命关怀之中,他人、天地万物作为一个生命主体呈现给"我","我"成了与这个生命主体相关的共同体之中的一员。也只有在一个生命共同体的自觉意识之中,羞恶、辞让、是非等价值才有着落。换言之,没有恻隐所敞开的一体相关的共同体意识与感受,羞恶、辞让、是非便无从发生。"恻隐之心"这一基本情调启示出人之为人的一个基本生存结构,这个生存结构是一共处、共享与共属的结构。"共处",指的是"我"与他人、万物乃"浑然中处"于天地之间。即便在"我"独在的时候,这个他人、天地万物也隐性地与"我"共处一起(一气贯通);"共享",指的是"我"与共在者分享共通的生命情趣,此共享之情趣皆为"天地生物之心"所展现,皆为天地生机、春意之充盈;"共属",指的是民胞物与、休戚与共的一体归属性。恻隐之"通"、"动"、"醒"、"发"正是这种共处、共享、共属的觉情,在此意义上,也可称之为存在论的"共感"。有了这种一体相关的"共感",方有羞恶,方有辞让,方有是非。恻隐为何为首端,原因便在于此。

当我们把"恻隐之心"看作是上述生存论意义上情调,那么由此"恻隐之心"所开显的共处、共享、共属结构,显然就不是理性思辨、观念建构之产物,而是由一种嵌入人身之中的生命一体的觉情所证成的"体知"。我们看到孺子入井的一刹那间会怵惕恻隐,会心头一震。这"心头一震"不是隐喻,我们真的会在自己的身体之中感受到这种震颤,就像我们看到自己的孩子在打针时,自己的肌肉会不由自主地抽搐一样。我们会援手以救,在如此做的时候,我们不是在遵守什么道德律令,或者出于某种道德信念;我们之所以这样感受、这样做,给不出任何道德推理、实践推理上的论证。这里没有理由,我们面对孺子入井,就是如此反应的。这是出于利己还是出于利他?全然不相干,因为这种反应完全是在人我、人物不分,人我、人物共感同振之中做出的。

笔者把"恻隐之心"刻画为仁者在世的生存论的情调,并非孤音少合。在西方倡导敬畏生命的史怀哲（Albert Schweitzer，1875—1965）曾反复强调,人类对其他生命的"天然的感受性"乃是整个生命意识中"最初的、最直接的、恒存的部分";人类意识的基本内容就是"我是为有'生存意志'的生命所环绕的有'生存意志'的生命。当人在默想自己以及周遭世界的每一瞬间,他便能感觉到自己是为许多'生存意志'所环绕的一个'生存意志'"。这是思想的"基本性"之所在。[①] 史怀哲的这一看法与列维纳斯"伦理学是第一哲学"的提法颇可相互发明。当代新儒家杜维明先生在论及识痛痒论仁时曾明确指出:"痛感体验乃是为人之本质特征;无能感受痛苦既被视为是健康方面的一个重要缺陷,而且也被看作是道德方面的一个重要缺陷。人即可以感受到痛苦,无能于此即是有害于我们的仁。这种对痛苦的肯定态度乃是基于具身化（embodiment）与感受性（sensitivity）乃是仁的两个基本特征这一信念推出的。"在宇宙论上人与天地万物皆是大化流行之中的"环节",人作为一种宇宙论的存在（cosmological being）与天地万物乃一气贯通,人因其感受力最为充分,其"情绪之敏感"、"心理之回应"、"智性之感受"皆与"感受性"紧密相关。因此"我们

[①]〔德〕史怀哲:《史怀哲自传:我的生活和思想》,梁祥美译,台北:志文出版社,2004年,第179页。

的感受性让我们不仅在象征的意义上，而且在肉身贯通的意义上'体现着'（embody）不断扩展的宇宙"。正是这种具身感受性使得儒家道德本心在本质上是嵌在肉身之中的"觉情"，是"智性的觉识与道德的觉醒"[①]。李明辉教授在其讨论四端的新著中指出："在相对而言，羞恶、辞让、是非之心虽亦是本心之所发，然非本心之当体呈现，而显曲折与限制之相。就此而论，恻隐之心一方面内在地关联于羞恶、辞让、是非之心，另一方面对于三者具有更为根本的存有论意义。"[②] 笔者把"恻隐之心"诠释为一种仁者在世的生存论基调，不过是将"宇宙论"与"具身感受性"之相关性、将"恻隐之心"的"更为根本的存有论意义"加以进一步申发而已。

[①] Tu Weiming, *The Global Significance of Concrete Humanity: Essays on the Confucian Discourse in Cultural China*, New Delhi: Center for Studies in Civilizations, 2010, pp. 342, 346, 349.

[②] 李明辉：《四端与七情：关于道德情感的比较哲学探讨》，台北：台大出版中心，第116页。

王阳明龙场悟道新诠

陈立胜

（中山大学哲学系）

　　王阳明龙场悟道是其人生与思想发展之中一个最重要的节点，甚至在中国思想史中，"这都是一个划时代的事件"[①]。有此一悟，王阳明终于找到了其成圣的人生路向，而其最重要的致良知思想亦酝酿于此："吾'良知'二字，自龙场以后，便已不出此意，只是点此二字不出。"[②] 可以说龙场悟道是王阳明成为"王阳明"的一个标志性事件。本文拟揭示其悟道的地点与时间之宗教象征意义，阐述其悟道的内容、性质与程度，以期对这一事件有通盘相应之理解。

[①] 杜维明：《宋明儒学思想之旅——青年王阳明（1472—1509）》，《杜维明文集》第3卷，武汉：武汉出版社，2002年，第133页。

[②] 钱德洪：《刻文录叙说》，吴光等编校：《王阳明全集》卷四十一，上海：上海古籍出版社，1992年，第1575页。而在《阳明先生年谱序》之中，钱德洪直接说阳明龙场所悟乃是"良知之旨"："吾师阳明先生出，少有志于圣人之学，求之宋儒不得，穷思物理，卒遇危疾，乃筑室阳明洞天，为养生之术。静摄既久，恍若有悟，禅脱尘盆，有飘飘遐举之意焉。然即之于心若未安也，复出而用世。**谪居龙场，衡困拂郁，万死一生，乃大悟良知之旨。**"见钱明编校：《徐爱 钱德洪 董澐集》，南京：凤凰出版社，2007年，第190页。阳明的另一高足王龙溪亦有"居夷三载，动忍增益，始超然有悟于'良知'之旨"类似说法，见氏著：《阳明先生年谱序》，吴震编校：《王畿集》卷十三，南京：凤凰出版社，2007年，第340页。

悟道的地点与方式：为石椁，端居澄默

关于龙场悟道之过程，今之《年谱》记载如下：

> （正德）三年戊辰（即西元1508年），先生三十七岁，在贵阳。春，至龙场……龙场在贵州西北万山丛棘中，蛇虺魍魉，蛊毒瘴疠，与居夷人鴃舌难语，可通语者，皆中土亡命……时瑾憾未已，自计得失荣辱皆能超脱，**惟生死一念尚觉未化**，乃为**石椁**自誓曰："吾惟俟命而已！"日夜端居澄默，以求静一；久之，胸中洒洒。而从者皆病，自析薪取水作糜饲之；又恐其怀抑郁，则与歌诗；又不悦，复调越曲，杂以诙笑，始能忘其为疾病夷狄患难也。因念："圣人处此，更有何道？"忽**中夜大悟格物致知之旨**，寐寐中若有人语之者，不觉呼跃，从者皆惊。始知圣人之道，吾性自足，向之求理于事物者误也。乃以默记五经之言证之，莫不吻合……①

这段文字首先描述了悟道发生地之恶劣的生存环境，接着是点出王阳明在此环境下的生存感受与心态：得失荣辱皆能超脱。是的，早在22岁进士不第时，王阳明就有"世以不得第为耻，吾以不得第动心为耻"这样的超脱心境。京师当廷受杖之辱，虽说士可杀而不可辱，

---

① 《年谱一》，《王阳明全集》卷三十三，第1228页。以下阳明生平凡引自《年谱》者不再一一加注。另今之《年谱》是阳明门人（钱德洪、薛侃、欧阳德、黄弘纲、何性之、王畿、张元冲、邹守益、罗洪先等）共同编撰、反复修订而成，可谓阳明门人集体智慧之结晶，后人读之，俨然亲游阳明之门。李贽赞曰："此书之妙，千古不容言。"（见李贽：《与方伯雨》，《续焚书》卷一，刘幼生编校：《李贽文集》第1册，北京：社会科学文献出版社，2000年，第10页。按：李贽本人编有两卷本《阳明先生年谱》，这个年谱实是在钱德洪所编年谱基础上"推本并论之"所成，李贽所编阳明年谱收入于浩辑《宋明理学家年谱》第11册，北京：北京图书馆出版社，2005年）笔者认为，《年谱》固然于史实方面偶有失察处，**然作为圣贤传记**则无疑是经典之作。

然阳明亦坦然受之，随后是囹圄生涯，接着从权力中心被贬至边陲万山丛棘之中，得失荣辱这类世味早为阳明所看淡。"惟生死一念尚觉未化"，阳明此时即要立志化此生死一念，问题是阳明为何要做一石棺（石椁），为何又要通过日夜端居于其中而化此一念呢？① 是以此表化此一念的决心，所谓置之死地而后生？

其实，诉诸静坐是宋明儒喜欢的一种处理修身问题的方式。道学祖师周濂溪初从东林总（1025—1091）游，久之无所入，总禅师教之静坐，月余忽有得，以诗呈曰："书堂兀坐万机休，日暖风和草自幽。谁道二千年远事，而今只在眼睛头。"② 后来，明代心学一系诸大儒几乎均有静坐求"入处"之共同修道历程。当初陈白沙虽拜吴与弼为师，且用功至苦，但总觉未有入处，遂返江门故里，杜门独扫一室，日静坐其中，人罕见其面："坐小庐山十余年间，履迹不踰于户阈。"③ 显然白沙子把静坐当成取得最终突破的一种方式。对于白沙子来说，静坐从"负的方面"说，能有助于超脱世俗，"坐来白日心能静，看到浮云世亦轻"④；从"正的方面"说，可以洞见万物一体之意思："窗外竹青青，窗间人独坐。究竟竹与人，原来无两个。"⑤ 静坐更可直接呈现真吾之本体："舍彼之繁，求吾之约，惟在静坐，久之，**然后见吾此心之体隐然呈露，常若有物**。日用间种种应酬，随吾所欲，如马之御衔勒也。体认物理，稽诸圣训，各有头绪来历，如水之有源委也。于是涣

---

① 《年谱》所记"乃为**石椁**"、"日夜端居澄默"，并未明确表明阳明乃日夜端居于石椁之中。倘阳明果未端居于石椁之中，则为石椁一事，只是阳明明志之举。但后世多认为阳明乃于石椁之中悟道，如阳明后学胡直云："曾闻阳明居龙场时，历试诸艰，惟死生心未了，遂制石棺，**卧以自炼**。"见胡直：《与唐仁卿》，沈芝盈点校：《明儒学案》卷二十二，北京：中华书局，1985年，第527页。又如晚明文人卓发之云："新建于龙场**石椁中**，真参实究，忽然大悟……"氏著：《王文成公语录序》，《漉篱集》卷十，《四库禁毁丛刊·集部》第107册，北京：北京出版社，2000年，第439页。
② 陈金生、梁运华点校：《宋元学案》卷十二，北京：中华书局，1986年，第524页。
③ 《龙岗书院记》，孙通海点校：《陈献章集》卷一，北京：中华书局，1987年，第34页。
④ 《游心楼为丁县尹作》，《陈献章集》卷五，第414页。
⑤ 《对竹》，《陈献章集》卷五，第516页。

然自信曰:'作圣之功,其在兹乎!'有学于仆者,辄教之静坐,盖以吾所经历粗有实效者告之,非务为高虚以误人也。"①"有学于仆者,辄教之静坐",白沙不惟自己视静坐为入手之不二法门,亦屡劝弟子静坐,这方面文字甚多,再举一处以证:"为学须从静中坐养出个端倪来,方有商量处。……若未有入处,但只依此下工,不至相误,未可便靠书策也。"②值得指出的是,**静坐→得心之本体(端倪)→后稽诸圣训,皆有印证→遂自信作圣之功**在此,白沙子此处所自述的这一为学历程,实已昭示出后来的阳明龙场悟道过程:**龙场静坐→得格物之旨在心→后以五经印证,一一相合→遂自信成圣之道**在此,并以静坐工夫接人,两者何其相似乃尔!白沙子虽未否定读书亦为闻道之途,但对书策一途总是持谨慎态度。③白沙子论为学次第,总以静坐为首务,"大意只令他静坐寻见端绪,却说上良知良能一节,使之自信,以去驳杂支离之病"④。这种危坐收敛以寻端倪的入学法门,可以说是明代心学一系(自白沙经阳明直至高攀龙、刘蕺山)工夫之共法。阳明端居于石墎之中,实际上也反映了他要通过静坐的方式找到"入处"的初衷,这跟白沙子的工夫实是一脉相传的。⑤只是,石墎要比密室更能隔断耳目与外物之接触,更有助于澄思绝虑,入玄漠而识真面目。顺便指出,

---

① 《复赵提学佥宪 一》,《陈献章集》卷二,第 145 页。
② 《与贺克恭黄门 二》,《陈献章集》卷二,第 133 页。《明儒学案》"为学须从静中坐养出个端倪来"一句为"为学须从静坐中养出个端倪来"。
③ 《与林缉熙书 十五》对"求之书籍而道存"与"求之吾心而道存"两种方式有深入阐述,认为两者虽均为求道之方式,但轻重次第有别,而且"养善端于静坐,而求义理于书册,则书册有时而可废",故书册终究不是可靠之途。见《陈献章诗文续补遗》,《陈献章集》,第 974—975 页。
④ 《与林缉熙书 十》,《陈献章诗文续补遗》,《陈献章集》,第 972 页。
⑤ 明儒喜欢静坐工夫,杨儒宾先生对此有精辟阐述,见氏著《明儒与静坐》,收入钱明主编:《阳明学派研究》,杭州:杭州出版社,2011 年,第 1—35 页。对整个宋明理学静坐问题之研究,可参马渊昌也:《宋明时期儒学对静坐的看法以及三教合一思想的兴起》,收入杨儒宾、马渊昌也、艾皓德编:《东亚的静坐传统》,台北:台大出版中心,2012 年,第 63—102 页。对静坐在儒家修身学之中的地位与作用可参陈立胜:《静坐在儒家修身学中的意义》,王中江、李存山主编:《中国儒学》第 10 辑,北京:中国社会科学出版社,2015 年,第 1—25 页。

《年谱》所说"日夜端居澄默，以求静一"，"静一"二字虽出自《庄子·刻意》(纯粹而不杂，静一而不变，淡而无为，动而以天行，此养神之道也)，但宋儒已开始用之描述心之体段，如杨时"广大静一"、杨慈湖"虚明静一""清明静一"，而白沙子明确提出"为学当求诸心，必得所谓虚明静一者为之主"这一"心学法门"[①]。阳明论学罕提白沙子一直是一学术公案，聚讼不已，但阳明龙场之悟与白沙子为学进路之相似性，则是一不争之事实。

不过，白沙子的静坐以求端绪、端倪与陆象山"闭目养神"(象山曾告其门人"学者能常闭目亦佳"，又曰："**即今自立，正坐拱手，收拾精神，自作主宰**")都还有几分从容淡定的意味，与此微有不同，阳明所寻的"入处"乃是要解决"生死一念"，且是将自己锁身于石椁之中。考虑到当时的条件，阳明有没有工夫制作一副石椁，确实值得质疑，它很可能是一种形象的说法，所谓石椁也许不过是由一个形似棺椁的岩洞略加修饰而成。但决不能因此而忽视石椁与洞穴的象征意义。对道教稍有涉猎的人都知道王重阳活死人墓的故事，立志证道的王重阳，掘一墓穴(称"活死人墓")，终年端居于其中，获得了丰富的悟道体验，观其悟道诗句又多涉生死一念问题，诸如"墓中观透真如理"，"活死人兮活死人，活中得死是良因。墓中闲寂真虚静，隔断凡间世上尘"，"墓中日服真丹药，换了凡躯一点尘"，"墓中常有真空景，悟得空空不作尘"，"人能弘道道亲人，人道从来最上因。若把黑云俱退尽，放开心月照凡尘"[②]。一生深受道教影响的阳明，立志通过石椁而悟生死一念，不能不让人联想到王重阳这一墓中证道的著名经历。"洞穴"往往与"子宫"、"母体"、"大地母亲"等意象联系在一起而富有"重生"之象征意蕴，实际上洞穴一直是道教修炼之中的"宝

---

① 《书自题大塘书屋诗后》，《陈献章集》卷一，第68页。
② 《活死人墓赠宁伯公》，白如祥辑校：《王重阳集》，济南：齐鲁书社，2005年，第33—36页。

地",它是使修炼者回归与道同体的一个重要路径。①

另外,"自计得失荣辱皆能超脱,惟生死一念尚觉未化……日夜端居澄默,以求静一",《年谱》的这种说法,很容易让人联想起《庄子·大宗师》之中"不知说生、不知恶死"的修炼功法:"参日而后能外天下;已外天下矣,吾又守之,七日而后外物;已外物矣,吾又守之,九日而后能外生;已外生矣,而后能朝彻;朝彻而后能见独;见独而后能无古今;无古今而后能入于不死不生。"庄子所描述的一系列"外"之次第显然是一个由外及内的过程,"外天下"、"外物"大致相当于《年谱》所说的"得失荣辱皆能超脱",而"外生"、"朝彻"、"见独"、"无古今"大致相当于"化生死一念"。

如果我们放开眼量,从比较宗教学的角度看,实际上阳明将自身置于石墎之中以期获得悟道体验的举动,颇似宗教界中普遍存在的"入会式"(initiation)、"转变仪式"(rites of passage)。宗教徒生活之中的入会式往往要通过种种磨难、象征性的死亡,以期达到对死亡与重生的超自然体验(supernatural experience of death and resurrection),通过这个仪式而把这些获得的新生体验整合进自己的生命之中,形成一种新的人格。通常要入会的人,须与家人分离开来,并在丛林小屋中过着隐居的生活。这个小屋如同母亲的子宫,他在这里经受一系列独处的考验,以期获得重生。此类考验通常是长久而残酷的,"有时简直就是真正的受刑:不让睡觉,不给东西吃,鞭笞、杖击,棍棒击头,拔光头发,敲掉牙齿,黥身、割礼、再割礼、放血、毒虫咬,用钩子刺进身体钩着吊起来,火考验等等"②。有一些部落的入会式,直接就掘一墓穴,让入会者置身于其中,身上覆盖着树枝,一动不动地像死人一样躺在里面。有时,他在墓中还要受到各种"折磨"。所有这一切

---

① 姜生:《论道教的洞穴信仰》,《文史哲》2003 年第 5 期。
② 〔法〕列维-布留尔:《原始思维》,丁由译,北京:商务印书馆,1981 年,第 344 页。

都象征着死亡，即旧的世俗之我的死亡，也因此意味着新生，即新的神圣自我的诞生。①《年谱》所述龙场之环境"万山丛棘中，蛇虺魍魉，蛊毒瘴厉，与居夷人鴃舌难语，可通语者，皆中土亡命"，已带有强烈的"考验"色彩。在这样一个常人难以忍受的环境下（"从者皆病"），王阳明却偏要端坐于石椁之中，这不正是他个人生命成长过程之中的一种"转变仪式"吗？当然，这种相似性更多地是一种"形式"上的相似性，毕竟王阳明之"转变"乃是伴随着个人"悟道"这一内在而深刻的人生体验发生的。

悟道的时间：中夜，寤寐中

王阳明究竟在石椁之中住了多长时间才有悟道事件的发生，《年谱》无载。只有一点可以确定，悟道乃是发生在夜晚，在寤寐之中，在中夜睡梦之中。这个特殊的时间点确实值得留意，它多少反映了王阳明个人的独特经历与气质，也折射出强烈的心学底色。

他的生与死都与"梦"有关。这一点《年谱》记载颇详。

阳明本人的人生可以说就从一场梦开始，宪宗成化八年（即西元1472年）九月三十日，阳明生母郑氏已妊娠十四月，祖母岑梦神人着绯衣云中鼓吹，送儿授岑，岑警寤，听到啼声。

嘉靖八年（西元1530年），阳明的葬礼在洪溪举行，门人会葬者达千余人，洪溪去越城三十里，入兰亭五里，墓址为阳明生前亲选。"先是前溪入怀，与左溪会，冲啮右麓，术者心嫌，欲弃之。**有山翁梦神人绯袍玉带立于溪上，曰：'吾欲还溪故道。'**明日雷雨大作，溪泛，忽从南岸，明堂周阔数百尺，遂定穴。"阳明终于入土为安，他

---

① 见 Mircea Eliade, *The Sacred and the Profane: The Nature of Religion*, translated by Willard R. Trask, Harcourt Brace Jovanovich, Publishers, 1987, pp. 179-192. 米尔恰·伊利亚德：《神圣与世俗》，王建光译，北京：华夏出版社，2002年，第109—111页。

的传奇人生以一场梦而告终。两则生死之梦都是他人关于阳明的梦，这两个梦都要衬托出阳明生与死之非凡性质，多少让人看到圣人传记（hagiography）与一般人物传记（biography）的区别。

而《年谱》之中所记载阳明本人所做之梦多发生在其人生的关节点上。阳明15岁，出游居庸关，慨然有经略四方之志，在关外了解夷情，学习作战策略，骑马射箭，经月始返。一日，梦见自己参谒伏波将军庙，并在梦中赋诗一首。四十二年后（即嘉靖七年，阳明57岁），王阳明自广西思田返乡途中，经乌蛮滩而巧见伏波庙（今广西横县境内），15岁梦见参谒伏波将军的情景犹历历在目，眼前"宛然如梦中，谓兹行殆非偶然"，遂赋诗两首，中有诗句曰："四十年前梦里诗，此行天定岂人为？"

弘治五年，阳明21岁，在浙江参加乡试，他在考场半夜梦见二巨人，各衣绯绿，自言自语说"三人好作事"。忽不见。结果与孙燧、胡世宁同时中举。其后宸濠之变，胡世宁发其奸，孙燧死其难，阳明平之，咸以为奇验。

弘治十二年，28岁，阳明进士中第。未第时，曾梦见威宁伯王越赠送弓剑。这年秋天王阳明恰奉命督造王越坟。造坟过程之中，阳明将役夫编阵，演练"八阵图"。墓成，威宁家将王越生前所佩宝剑相赠，又是早有梦验。

王阳明每每在人生关节点上产生梦境，且总有出奇验证。知此，阳明在中夜梦境之中悟道的经历，也就变得容易理解了。

实际上在龙场悟道前一年（正德二年，36岁），阳明就做过一个思想意味很浓的梦，他对这个梦肯定有深刻的印象，专门写了三首诗记下了梦的内容，诗的题目很长：《梦与抑之昆季语湛崔皆在焉觉而有感因记以诗三首》。抑之，乃汪俊（字抑之，号石潭）；湛，甘泉；崔，崔铣（字子钟）。在阳明启程赴贵州之际，汪俊、甘泉、崔铣皆有赠诗，阳明也有和诗相答（见《答汪抑之三首》、《答甘泉、崔铣八首》）。

阳明梦后三首诗中第二首尤值得重视："起坐忆所梦，默溯犹历历。**初谈自有形，继论入无极。无极生往来，往来万化出。万化无停机，往来何时息！**来者胡为信？往者胡为屈？微哉屈信间，子午当其屈。非子尽精微，此理谁与测？何当衡庐间，相携玩羲《易》？"这是四人之间论道情景与内容的再现。"**无极生往来，往来万化出。万化无停机，往来何时息！**"这分明是对道体的描述。把这个梦跟龙场悟道的梦联系在一起看，则"寤寐中若有人语之者"分明也是跟人论道，阳明之悟道是在梦中与人论道而发生的，这跟禅宗里面闻声悟道还是有别。[①]唐代香岩智闲禅师参沩山时，被沩山一句问倒（"父母未生时，试道一句看"），归寮将平日看过文字一一搜寻，却找不到答案。翌日，屡求沩山说破，沩山曰："我若说似汝，汝已后骂我去。我说底是我底，终不干汝事。"垂头丧气的香岩遂将平生所藏文字付之一炬。一日，田间芟除草木，偶抛瓦砾，击竹作声，忽然省悟，并有颂"一击忘所知，更不加修持"云云。[②]香岩击竹闻声而悟道，此"声"只是悟道之机缘，与所悟之"道"本无内在的联系。阳明梦中"若有人语之者"，是有实在的内容，这些内容当与长期困扰他的格物致知之旨密切相关。

如果我们将阳明本人所做的梦略加分类，不外两种类型：一是将军梦，一是论道梦。[③]日有所思，夜有所梦。将军梦反映了阳明慨然有

---

① 实际上，署为门人钱德洪编次、后学罗洪先考订的《阳明先生年谱》（嘉靖四十三年刻本）特别摘录了梦中论道诗之第二首，今本《年谱》无载。尤值得指出的是，该版年谱对龙场悟道的描述与今之《年谱》微有差别："因念圣人当之，或有进于此者。忽中夜**思**格物致知之旨，若有语之者。寤寐中不觉叫呼踊跃，从者皆惊，自是始有大悟。"（见于浩辑：《宋明理学家年谱》第10册，北京：北京图书馆出版社，2005年，第320页）这里，阳明之悟发生之前，明显有一思想活动（"忽中夜**思**格物致知之旨"），而恍惚之中与人之对话（"若有语之者"）或许是促成阳明之悟的关键。显然，这是在梦寐之中的思想活动，而与禅宗之闻声悟道迥不相侔。

② 普济著，苏渊雷点校：《五灯会元》卷九，北京：中华书局，1984年，第536—537页。

③ 这里只就《年谱》所载之梦而言。实际上观阳明全集，阳明梦中尚有"文人梦"类型，如弘治十七年七月（即西元1504年，阳明33岁），阳明主考山东乡试，路经彭城（今徐州），友人朱朝章告诉阳明欲重修黄楼，阳明是夜晚上做一长梦，梦见苏东坡邀请自己听黄楼之夜涛。梦醒后，阳明吟《黄楼夜涛赋》，详叙梦中子瞻与客对话情形。此梦可视为阳明"溺于辞章之习"之余波。见《王阳明全集》卷二十九，第1061—1063页。

经略四方之志的内心世界，此可称为"**外王梦**"。论道梦则反映出阳明自童年以来就一直萦绕于怀的"学圣贤"的隐秘渴望，此可称为"**内圣梦**"。这两种类型的梦如放在明儒修行风格上面看，倒是并不罕见。就拿陈白沙的老师吴与弼来说，观其所著自家修行日记（《日录》），多有内圣梦之记载。有梦见孔圣人的：孔子、文王二圣人在南京，崇礼街旧居，官舍之东厢，二圣人在中间，与弼在西间。见孔圣容貌为详，欲问二圣人"生知安行之心如何"而梦醒。有梦见孔子孙（子思）的：五月二十五日，夜梦孔子孙相访，云承孔子命来，两相感泣而觉，至今犹记其形容。有梦见访朱子，又有梦见朱子父子相来枉顾的。甚至他的夫人也做梦梦见孔圣人访问自家夫君：吴与弼新居栽竹，夜归，吴夫人告曰："昨夜梦一老人携二从者相过，止于门。令一从者入问：'与弼在家否？'答云：'不在家。'从者曰：'孔夫子到此相访，教进学也。'"与弼闻后，"为之惕然而惧，跃然而喜，感天地而起敬者再三，脊背为之寒栗。自此以往，敢不放平心气，专志于学德乎？敢吝驽骀之力乎？"[①]有趣的是，王阳明本人亦成为他人内圣梦的主题。与阳明门人钱德洪、刘晴川、周讷溪交游甚密的一代诤臣杨斛山，一夜，"初寝，梦一男子长身少鬚，鬚间白，呼爵相拜曰：'予王阳明也。'数谈论，未尝自言其所学。语未毕，忽警寤。予瞿然曰：'是何先圣先贤来此以教我乎？或慷慨杀身于此地，如刘忠愍之类者，相与邂逅于梦寐乎？明早当焚香拜谢之。'俄而屋脊坠一小砖块于卧傍木板上，声震屋中，守者惊起"[②]。

阳明弟子王艮29岁时那场惊天动地的梦可谓是外王梦的经典之作："一夕梦天堕压身，万人奔号求救，先生举臂起之，视其日月星辰

[①] 以上数梦分别见吴与弼：《日录》，《康斋集》卷十一，《文渊阁四库全书》第1251册，台北：台湾商务印书馆，1983年，第1、34、33、35、19页。

[②] 《明儒学案》卷九，第174页。

失次，复手整之。觉而汗溢如雨，心体洞彻。"① 至于陈白沙，更喜欢赋诗述说梦境，其梦中往往"觉精力倍平时，昂昂增气"，又说自己"平生梦特异者，必有征于事"②，这跟王阳明的人生之梦甚为相似。

见圣梦也好、梦中论学也好、梦中悟道也好，都反映出明儒修身成圣之迫切心态。③ 而梦中见圣、梦中悟道所带来的喜悦，颇类似于基督宗教之"荣福直观"（Beatific Vision）。

其实，陆王心学本身就有一个悟道、甚或梦中悟道的传统。象山弟子詹阜民、傅子渊、杨慈湖，阳明后学钱德洪、王艮、聂双江、罗念庵、万廷言、蒋信、胡直、颜钧、罗近溪乃至东林党人高攀龙、理学殿军刘蕺山等等均有悟道的体验。兹仅举陆、王后学各一例为证，陆门高足杨慈湖在修道过程之中，屡屡有悟道的体验，其中亦不乏夜间、梦中悟道之事为。28 岁时，慈湖于太学，夜静坐，反身自视，忽觉天地内外，森罗万象，幽冥变化，通为一体。又一日，观书未解，遂掩书夜寝，至丁夜四更时，忽有黑幕自上而下，慈湖通身是汗，且而瘳，开眼即洞见万物一体。王门高足王龙溪曾记载麻城赵望云梦中悟道之趣事：赵望云两度梦到王阳明，一次梦到与阳明述平生愿学之志，阳明以手指其脐下曰："县中要没一张纸。"听到阳明这一"庭前柏树子"式的无头话头，赵氏竟然"梦中若有所悟"。另一次，又梦见阳明，"告以学问之道，示以有无相生之机"。在这两个梦境的感召下，赵望云不远千里，拜在王龙溪门下，"盘桓阅岁，虚心求益"④。

学不见道，枉费精神。可以说见道是一切道学家的终极旨趣。然如何见道？在禅宗有顿渐二门，在道学家实亦有顿渐之别：朱子渐，

---

① 《明儒学案》卷三十二，第 709 页。
② 《与林缉熙书 一》，《陈献章集》，第 968 页。
③ 吴与弼梦中痛恨自己进学不切即是最好例证："中夜梦中，痛恨平生不曾进学，即今空老，痛苦而瘳。"见《日录》，《康斋集》卷十一，第 29 页。
④ 王龙溪：《赵望云别言》，《王畿集》卷十六，第 458 页。

陆子顿。观朱子文集，罕有"悟道"体验的记载。相反，朱子对"悟道"一类的说法实际上颇为反感。在他的心目之中，"会禅者多悟道"，"悟道"仿佛是禅宗注册过的招牌，只此一家，别无分店。"江西学者自以为得陆删定之学，便高谈大论，略无忌惮。忽一日自以为悟道，明日与人饮酒，如法骂人。某谓贾谊云秦二世今日即位，而明日射人。今江西学者乃今日悟道而明日骂人。不知所修者果何道哉？"[1] 按：朱子此处所谓江西学者系指陆象山门人傅子渊。朱子对"悟道"的反感，深刻影响着数百年朱子学阵营对待悟道的态度。其得意弟子陈淳曰："象山学全用禅家宗旨，本自佛照传来，教人惟终日静坐，以求本心。而其所以为心者，却错认形体之灵者以为天理之妙。谓此物光辉灿烂，万善皆吾固有，都只是此一物。**只名号不同，但静坐求得之，便为悟道，便安然行将去，更不复作格物一段工夫，去穷究其理**。恐辨说愈纷而愈惑，此正告子生之谓性，佛氏作用是性、蠢动含灵皆有佛性之说。乃即舜之所谓人心者而非道心之谓也，是乃指气为理，指人心为道心，都混杂无别了。"[2] 直到明末广东东莞陈建对陆王梦中悟道现象更是大力鞭挞：

> 杨慈湖《志叶元吉妣张氏墓》谓："元吉自言尝得某子绝四碑一读，知此心明白广大，异乎先儒缴绕回曲之说，自是读书行己，不敢起意。后寐中闻更鼓声而觉，全身流汗，失声叹曰：'此非鼓声也，如还故乡。'终夜不寐。凤兴，见天地万象万变，明暗虚实，皆此一声，皆祐之本体，光明变化，固已无疑，而目前常

---

[1] 郑明等点校：《朱子语类》卷一百二十，《朱子全书》第18册，上海：上海古籍出版社，合肥：安徽教育出版社，2002年，第3806页。另参《答汪长孺》，《晦庵先生朱文公文集》卷五十二，《朱子全书》第22册，第2468—2469页。

[2] 陈淳：《答黄先之》《北溪大全集》卷二十四，四库全书本，第9页。另参《与黄寅仲》中对詹文道悟道一段之批评："今都扫去格物一段工夫，不复辨别，如无星之秤，无寸之尺，只默坐存想在此，稍得髣髴，便云悟道。"《北溪大全集》卷三十一，第5—8页。

若有一物。及一再闻某警诲,此一物方泯然不见。元吉弱冠与贡,孺人不以为喜,闻声而大警悟,孺人始喜。"(《慈湖遗书》)

  按:禅家悟道,必以夜,亦是奇怪。昔六祖传法于五祖也,以三更时;兹慈湖悟法于象山也,以夜集双明阁。他如慈湖太学、山间黑幕诸悟,与叶元吉此悟,一皆是夜,皆夜卧寤寐恍惚之间。罗整庵所说京师之悟,亦然。余不言昼夜者,可类推矣。伊川先生谓:"如人睡初觉时,乍见上下东西,指天说地。"禅家所见,岂只是此模样耶?奈何指此为识心见性,吾斯之未能信。[1]

  陈建已留心到陆门喜夜间、梦中悟道之现象,并指出其闻更鼓声而悟、山间黑幕之悟为禅宗无疑。其实,如放在宗教现象学的视野下,此类黑幕悟道现象亦实是"平常事"。伊利亚德(M. Eliade)在其《二与一》一书之第一章《神秘之光的体验》,开头就陈述19世纪一位年轻美国商人在梦境之中,黑幕降临而悟道之体验。[2] 詹姆斯(W. James)在其名著《宗教经验之种种》中用了两章的篇幅,阐述宗教之皈依体验,其中所描述经典开悟现象亦经常发生在夜幕之中。[3]

  为何心学一系屡有悟道体验之记录而程朱理学则罕见?[4] 这很可能与静坐在两系之中的地位不同不无关系,清儒陆陇其在批评高攀龙"以静坐为主"这一致思路径时指出:"夫静坐之说,虽程朱亦有之,不过欲使学者动静交养,无顷刻之离耳。非如高子《困学记》中所言,

---

[1] 陈建:《学蔀通辨》后编卷上,收入吴长庚主编:《朱陆学术考辨五种》,南昌:江西高校出版社,2000年,第163页。标点略有改动。

[2] Mircea Eliade, *The Two and the One*, translated by J. M. Cohen, Harper & Row Publishers, 1965, pp. 19-20.

[3] 〔美〕詹姆斯:《宗教经验之种种》,唐钺译,北京:商务印书馆,2002年,第190—258页。

[4] 当然北宋五子均有静坐工夫,张载甚至有"异梦"体验。据吕大临所记,张载告ío西归,居于横渠故居,"终日危坐一室",熙宁九年秋,"感异梦","忽以书属门人,乃集所立言,谓之《正蒙》"。事见吕大临:《横渠先生行状》,章锡琛点校:《张载集》附录,北京:中华书局,1978年,第383—384页。但"异梦"内容是否涉及悟道,似不清楚。

必欲澄神默坐，使呈露面目，然后有以为下手之地也。由是观之，则高、顾之学，虽箴砭阳明，多切中其病，至于本源之地，仍不能出其范围。"① 在陆子看来，高攀龙、顾宪成与王阳明一样，都视静坐为"呈露面目"之法门，而程朱之静坐不过是收敛身心的一种方便手段而已，显然"呈露面目"正是心学一系津津乐道的"悟道"体验。

可以说，阳明在龙场中夜寤寐中悟道，既有其个人气质的原因，亦与心学一系证道、悟道方式有关。那么，龙场悟道的内容究竟是什么？

悟道的内容：格物致知之旨

龙场悟道，《年谱》虽对其氛围多有渲染，但就其悟道内容，却又非常平实无奇。"格物致知之旨"就是龙场悟道的核心内容。《年谱》说阳明由于悟此格物致知之旨而始知："圣人之道，吾性自足，向之求理于事物者误也。"而王阳明本人对龙场悟道的内容也有自己的一番表述：

先生曰："众人只说格物要依晦翁。何曾把他的说去用？我着实曾用来。初年与钱友同论做圣贤要格天下之物。如今安得这等大的力量？因指亭前竹子，令去格看。钱子早夜去穷格竹子的道理。竭其心思。至于三日，便致劳神成疾。当初说他这是精力不足。某因自去穷格。早夜不得其理。到七日，亦以劳思致疾。遂相与叹圣贤是做不得的。无他大力量去格物了。**及在夷中三年，颇见得此意思。乃知天下之物，本无可格者。其格物之功，只在身心上做。决然以圣人为人人可到。便自有担当了**。这里意思，

---

① 陆陇其：《学术辨（及其他二种）》，北京：中华书局，1985年，第4页。

却要说与诸公知道。"(《传习录》318:370）①

这里的表述比《年谱》更加丰富细致一些。"乃知天下之物，本无可格者。其格物之功，只在身心上做"，即是《年谱》所述"圣人之道，吾性自足，向之求理于事物者误也"。而"**决然以圣人为人人可到。便自有担当了**"，则进一步说明这个在自家身心上做的工夫进路是可行的（人人可到）。阳明诗歌中"个个人心有仲尼，自将闻见苦遮迷。而今指与真头面，只是良知更莫疑"，"人人自有定盘针，万化根缘总在心。却笑从前颠倒见，枝枝叶叶外头寻"，均可说是对这种悟道体验的生动表述。而在其悟后所撰写的《五经臆说》之中，存有《晋》卦"明出于地上，《晋》，君子以自昭明德"之"臆说"："日之体本无不明也，故谓之大明。有时而不明者，入于地，则不明矣。心之德本无不明也，故谓之明德。有时而不明者，蔽于私也。去其私，无不明矣。日之出地，日自出也，天无与焉。君子之明明德，自明之也，人无所与焉。自昭也者，自去其私欲之蔽而已。"②这里"日之体本无不明"即是《年谱》所说的"圣人之道，吾性自足"；而"君子之明明德，自明之也，人无所与焉"，则可与上述夷中三年所见得的"格物之功，只在身心上做"相互发明。

如所周知，阳明龙场悟后，对"格物致知之旨"另立新解。朱子训"格"为"至"，"格物"重在**格物穷理**以致其知，阳明则训"格"为"正"，"格物"重在**致良知**于事事物物。但无论《年谱》抑或阳明本人事后之回忆，均对当时所悟到的"格物致知之旨"未有清晰之

---

① 按此处《传习录》系陈荣捷著《王阳明传习录详注集评》（台北：台湾学生书局，2006年修订版）之简称，":"前数码为条目，后则为页码。
② 《五经臆说十三条》，《王阳明全集》卷二十六，第980页。《五经臆说》本为阳明龙场悟道后，证诸《五经》莫不吻合，故随所记忆而撰述，该书当有助于我们进一步了解龙场悟道之实质内涵，然阳明曾自陈此书"付秦火久矣"，钱德洪执师丧期间，偶于废稿之中捡出十三条，其中对《晋》卦之"臆说"颇可见出阳明龙场悟道之内容。

描述（这里所谓"清晰"系指对《大学》格、正、诚、修诸环节进行明确阐述，以及与此相关对"心即理"、"知行合一"等一系列相关命题加以揭示）。悟道之内容一直强调格物的方向性，即"只在身心上做"，究其缘由，这个方向性的标举正是阳明格物新解"哥白尼式革命"之所在。阳明格竹子失败是"向外物求"这一方向性错误所导致。而《年谱》弘治十一年还记有阳明"格物"的第二次失败，这次失败同样是方向性错误所导致。是年阳明 27 岁，读到朱子上宋光宗序"循序致精"读书之法，而悔当初无所得实因未能"循序以致精"，遂循序以求，"思得渐渍洽浃，然物理吾心终若判然为二。沉郁既久，旧疾复作。益委圣贤有分"。"格竹"和"格书"两次失败均对阳明成圣之心打击甚大：前者让阳明感叹"圣贤是做不得的"，"自委圣贤有分"，遂"**随世**就辞章之学"；后者是雪上加霜，伤口上加盐，旧伤未愈，又添新痕，"**益委**圣贤有分"，遂有"**遗世**入山之意"。宜乎《年谱》要将"格物致知之旨"之悟渲染为格物方向性之悟！

　　吾性自足，这在本体论上确定了成圣的根据，那个一度让人迷惑的道，那个看来遥不可及的道，原来不在别处，就在自家身上，可谓踏破铁鞋无觅处，得来全不费工夫。原来向外求道，实是"抛却自家无尽藏，沿门持钵效贫儿"。圣人可学而至，且须在自家身心上做工夫，这是阳明通过大悟格物致知之旨所得来的思想，但这些不都是当时道学家的"常识"吗？被奉为道学开山祖师的周敦颐，其《通书》曰"'圣可学乎？'曰：'可。''有要乎？'曰：'有。''请闻焉。'曰：'一为要。一者无欲也……"① 圣人人人可到，且连成圣的路径（无欲）都指示无遗。曾师事周子的大程子明道先生对"道在自家身上"，更是反复申明："道即性也。若道外寻性，性外寻道，便不是。**圣贤论天德，盖谓自家元是天然完全自足之物**，若无所污坏，即当直

---

① 《通书·圣学第二十》，陈克明点校：《周敦颐集》，北京：中华书局，2009 年，第 31 页。

而行之；若小有污坏，即敬以治之，使复如旧。所以能使如旧者，**盖谓自家本质元是完足之物**。"① 故明道告诫门人"不必远求"，成圣、求道"无别途"："近取诸身，**只明人理**，敬而已矣。"② 小程子伊川先生弱冠时游太学，胡安定以《颜子所好何学论》试诸生，伊川即有"颜子所独好者，何学也？**学以至圣人之道也**"这一掷地有声之回答③。伊川又曰："人皆可以至圣人，而君子之学必至于圣人而后已。不至于圣人而后已者，皆自弃也。孝其所当孝，弟其所当弟，自是而推之，则亦圣人而已矣。"④ "**学也者，使人求于内也。不求于内而求于外，非圣人之学也**。"⑤ 横渠先生在京师与二程子游，共论道学，涣然自信曰："吾道自足，何事旁求！"其后，学者有问，多告以"学必如圣人而后已"⑥，又说："学贵心悟。"⑦ 说到底，龙场悟道，实在没有神秘可言，悟道的内涵，一一昭然于目前。"圣人之道，吾性自足"，并无高妙不可言处，这是道学的常识；"圣人为人人可到"，这同样是道学常识。

阳明早年无书不读，且用功至勤，以致染上咳血之疾，对上述道学常识不可能不知道。"常识"在其初固然出自鲜活的生命体验，但在口耳传递的过程之中往往沦为空洞的符号，正所谓熟知非真知。故这些道学常识倘不是由整体生命之浸润所盎然透出，则不免只是一些空"格套"，而对真实的生活体验并无多大帮助。故龙场之悟所得表面看来是道学常识，但这些"常识"却不再是口耳之学意义上"熟知"，而是从悟者生命深处透出、带着鲜活的体验、具有震慑性力量的"觉知"。这种体验确实与日常体验有别，它是异质性的、自成一类的生

---

① 《河南程氏遗书》卷一，王孝鱼点校：《二程集》，北京：中华书局，2004年，第1页。
② 《河南程氏遗书》卷二，《二程集》，第20页。
③ 《河南程氏文集》卷八，《二程集》，第577页。
④ 《河南程氏遗书》卷二十五，《二程集》，第318页。
⑤ 《河南程氏遗书》卷二十五，《二程集》，第319页。
⑥ 吕大临：《横渠先生行状》，《张载集》附录，第382、383页。
⑦ 张载：《经学理窟》，《张载集》，第274页。

命体验。这是一种在思不通、想不开的人生困窘之际,柳暗花明、豁然开朗之体验。这既是一种焦虑之释放,长期思维的纠结、情绪的紧张被解开,心灵从此敞开,自由而活泼;这又是一种内在精神的充实,一种像海潮般的力量不知从何处溢出,生动而有力。《年谱》对阳明悟道之后获得的喜悦心情并无过分渲染,只是说"不觉呼跃",然观雷礼《国朝列卿纪》以及过庭训《本朝分省人物考》所载,阳明悟道当晚通宵不寐,"踊跃若狂者两日夜"[①],这完全是一种亢奋、狂喜的体验,一种马斯洛所说的高峰体验(peak experience)[②]。

《年谱》明确说阳明中夜"大悟"的是"格物致知之旨",看起来这是一个理论问题,一个长期困扰阳明而百思不得其解乃至"劳思致疾"之难题,究其实更是其追求成圣之路所遭遇到的生存问题。阳明一度受困于"众物必有表里精粗,一草一木,皆涵至理"这一格物话头,旁骛于外而不能自拔,端因置身绝地,内息妄念,外弃攀缘,一切放下,故有"胸中洒洒"之心境[③],一切遮蔽良知的"喧哗与骚动"在"静一"、"洒洒"之中平息了,"圣人处此,更有何道"这一反躬自问敞开了一种"沉默氛围",在中夜,这种氛围格外深沉而静谧,心扉一开,压抑已久的良知的呼声终于破关而出,在此意义上,"若有人语之者",亦可被视为隐藏在阳明内心深处的良知"幻化"而成的"语

---

① 过庭训:《本朝分省人物考》卷五十,《续修四库全书·史部》第534册,上海:上海古籍出版社,1995年,第351页。雷礼:《国朝列卿纪》卷五十,《四库全书存目丛书·史部》第93册,济南:齐鲁书社,1996年,第480页。雷礼与阳明弟子多有交往,另撰有《阳明先生传》(《镡墟堂摘稿》卷十二,《续修四库全书·集部》第1342册,第341—349页),其记载之可信性颇高。

② 马斯洛在《高峰体验:强烈的认同体验》、《高峰体验中的存在认知》两文对高峰体验的特征有全面而系统之描述,这些描述可以有助于我们理解王阳明龙场悟道的生存论性质。两文收入氏著:《自我实现的人》,许金声、刘锋等译,北京:生活·读书·新知三联书店,1997年,第255—324页。

③ 《年谱》所记龙场所悟是要化**生死一念**,此一念可放下,则一切皆可放下。而在悟道同年年底所写的《祭刘仁征主事》一文中,阳明云:"君子亦曰:'朝闻道,夕死可矣。'视若夜旦。其生也,奚以喜?其死也,奚以悲乎?"显然,此处生死一念已化矣。见《王阳明全集》卷二十八,第1036页。

声"，是"出窍"的良知呼唤其自己。阳明肯定被这种呼声所震慑，故而有踊跃若狂之举动。"大悟"之为"大"、大悟之为"悟"，当从此生存论上得到理解。

悟道的性质：成圣之道的定向

拆穿龙场悟道的神秘与光景，并不是要把阳明悟道的经历视为家常便饭。从义理上、观念形态上讲"圣人之道，吾性自足"是一回事，从真实的生命历程之中，从求道、觅道的艰难过程之中，突然觉悟到"圣人之道，吾性自足"，则全然是另一回事。"人生如梦"四字从三岁小儿口中吐出，跟饱经沧桑的八十老翁的临终一叹，其内涵自有霄壤之别。孔夫子说"吾欲仁斯仁至矣"，"仁"何其易耶？然而，夫子又说"若圣与仁则吾岂敢"，对其门人则有如下评论："回也，其心三月不违仁，其余则日月至焉而已矣。""仁"又何其难耶？说到底，"吾欲仁斯仁至矣"不是"说"的事情，也不是说对"仁"所生发的片光吉羽、稍纵即逝的愿望，而是整个生命的一个根本定向，是仁之强大生命力在仁者心中的升腾与激荡，故而有沛然莫之能御、一发不可收拾的态势，在这种意义上方可说，"吾欲仁"，斯仁即至矣。同样，阳明之悟"圣人之道，吾性自足"，此不是名相的了悟。名相的了悟，根本解决不了生命之中的真实问题。周敦颐"圣可学"、程明道"道即性"、程伊川"不求于内而求于外，非圣人之学"，此种种名相、观念实不难理解，然而在生命之中，真实无妄地体验到这个道性不二，让这个"自足"之"吾性"成为生命的主宰，则岂是名相、观念的理解所能解决的？

要体验悟道的艰难，不要从名相去揣摩那个"道"是何等玄奥、深不可测、妙不可言。把道说得越玄，就越偏离儒家之道。要知儒家之道不过是生命的常道！悟道之艰难，必须从生存论上去了解，去体贴，方能有真正的实感。什么是生存论的了解？说到底，阳明的悟道，乃是其个己生命的生存过程之中的问题：他儿时即发愿成圣，一路懵懂、一路探索，最终走到一绝地，走到一石椁之中，这时已经无路可走，生命的道路究竟在哪里？如何绝地反击？如何死地重生？圣人处此，更有何道？就是在这种精神的纠结之中，在石椁阴暗的氛围之中，突然出现了一条线索、一道通孔、一缕光线，绝地逢生之"道"由此而开启。这不是名相问题，不是观念问题，更不是没有问题假装有问题，就像是笛卡尔坐在摇椅上，假装怀疑着这个实在世界的一切，一边怀疑着一切，一边坐在摇椅上悠然啜着咖啡。如果他真对这个世界存在的一切都怀疑，他就不该那么安然地坐在摇椅上，要是摇椅是假的，或者摇椅所在的地面已是摇摇欲坠，而其下面则是一无底洞当如何？他也不该悠然啜着咖啡，要是这咖啡不过是散发着咖啡味的毒药当如何？可见笛卡尔的疑问不是真正的生存论的疑问，而只是名相的疑问、观念的疑问而已，难怪皮尔斯要对矫揉造作的笛卡尔式的怀疑讽刺挖苦了。真正的生存论的疑问是这样一种疑问，一人要过索桥，一步踏之，索桥摇摇欲坠，欲前行，索桥很可能断裂；欲后退，后有猛虎正追得紧；欲跳桥而逃，下有万丈深渊，激流湍急。此时，除了脑筋急转弯式的"晕过去"之外，你如何过去？"危栈断我前，猛虎尾我后，倒崖落我左，绝壑临我右。我足复荆棘，雨雪更纷骤。"①这才是真实的问题，才是生存论的问题，你不能不解决。你不解决，你就会被猛虎解决。阳明遭遇到的问题就是此生存论的问题，龙场之悟亦是此生存论之悟。

我们回头看阳明龙场悟道之前人生经历，11岁时曾向塾师请教，"何为第一等事？"塾师曰："惟读书登第耳。"先生疑曰："登第恐未为第一等事，或读书学圣贤耳。""第一等事"的说法在道学家中很流

---

① 《杂诗三首 其一》，《王阳明全集》卷十九，第686页。

行。邵雍《一等吟》曰："欲出第一等言，须有第一等意。欲为第一等人，须作第一等事。"① 程伊川一直呼吁弟子要当第一等人，做第一等事，其言曰："且莫说道，将第一等让与别人，且做第二等。才如此说，便是自弃，虽与不能居仁由义者差等不同，其自小一也。言学便以道为志，言人便以圣为志。"② 王阳明 11 岁时就萌发做第一等事的意识，殆为天纵之圣，生有自来，非常人可及。然而，此第一等事之追求，却极是不顺，充满曲折与艰辛，正应了孟子"天将降大任于斯人"之语。其中之苦劳有五溺之说："初溺于任侠之习，再溺于骑射之习，三溺于辞章之习，四溺于神仙之习，五溺于佛氏之习。"早年"豪迈不羁"，15 岁时出游居庸三关，逐胡儿骑射，以及 26 岁时在京留情武事，兵家秘书，莫不精究，每遇宾宴，则聚果核列阵势为戏，凡此种种可视为前两溺之表现；阳明两次会试不第，归家乡余姚，结诗社于龙泉山寺，纵情山水，驰骋诗文，此为第三溺之表现。至于后两溺显系指阳明出入佛老之经历，二溺中阳明涉道教修炼尤深③，"仆诚生八岁而即好其说"④。《年谱》弘治十五年（阳明 31 岁）的记载，涉及阳明如何出入种种溺态而重返圣学之途，是年：

> 先生渐悟仙、释二氏之非。先是五月复命，京中旧游俱以才名相驰骋，学古诗文。先生叹曰："**吾焉能以有限精神为无用之虚文也！**"遂告病归越，筑室阳明洞中，行导引术。久之，遂先知。一日坐洞中，友人王思舆等四人来访，方出五云门，先生即命仆迎之，且历语其来迹。仆遇诸途，与语良合。众惊异，以为得道。

---

① 郭彧点校：《邵雍集》，北京：中华书局，2010 年，第 503 页。
② 《河南程氏遗书》卷十八，《二程集》，第 189 页。
③ 柳存仁先生对此论证甚详，见《王阳明与道教》，《和风堂文集》，上海：上海古籍出版社，1991 年，第 847—877 页。
④ 《答人问神仙》，《王阳明全集》卷二十一，第 805 页。

久之悟曰："此簸弄精神，非道也。"又屏去。**已而静久，思离世远去**，惟祖母岑与龙山公在念，因循未决。久之，又忽悟曰："此念生于孩提。此念可去，是断灭种性矣。"明年遂移疾钱塘西湖，复思用世。往来南屏、虎跑诸刹，有禅僧坐关三年，不语不视，先生喝之曰："这和尚终日口巴巴说甚么！终日眼睁睁看甚么！"僧惊起，即开视对语。先生问其家。对曰："有母在。"曰："起念否？"对曰："不能不起。"先生即指爱亲本性谕之，僧涕泣谢。明日问之，僧已去矣。

实际上，阳明做第一等事这一童年成圣愿景一直时隐时现地穿插在这"五溺"之间。就在游居庸关之翌年，也即他16岁的时候，发生了著名的格竹子事件。《年谱》载：

> 是年为宋儒格物之学。先生始侍龙山公于京师，遍求考亭遗书读之。一日思先儒谓"众物必有表里精粗，一草一木，皆涵至理"，官署中多竹，即取竹格之；沉思其理不得，遂遇疾。先生自委圣贤有分，乃随世就辞章之学。[①]

格竹子失败，非为朱子格物说误，实阳明之自误。无论如何，阳

[①] 《年谱》将阳明格竹子事件系于21岁，陈来先生认为肯定有误。因为这个时间段，阳明正跟随父亲居姚守丧，故"决不可能在此期间发生京师格竹的事情"。陈来先生又引《阳明先生遗言录》为证，该书载阳明自述曰："某十五六时，便有志圣人之道，但于先儒格致之说若无所入，一向姑放下了，一日寓书斋对数筵竹，要去格他理之所以然。茫然无可得；遂深思数日，卒遇危疾，几至不起，乃疑圣人之道恐非吾分所及，且随时去学科举之业。既后心不自已，略要起思，旧病又发。"故可断定阳明格竹子事件当发生于十五六岁时。（陈来：《中国近世思想史研究》，北京：商务印书馆，2003年，第613页）然《年谱》明确将阳明有志圣人之道系于弘治二年，是年，阳明接夫人归余姚途中，拜谒娄一斋，谈论宋儒格物之学，谓"圣人必可学而至"，阳明深契之，故"始慕圣学"。或许基于此，施邦曜将阳明格竹子年份系于弘治二年（阳明18岁），见氏著：《阳明先生年谱》，收入于浩辑：《宋明理学家年谱》第10册，第677—678页。

明格竹子失败，这对他做第一等事的信心打击甚大。故有随世就辞章之学、随世去学科举之业、随世去就养生之学之类溺举。弘治元年阳明往南昌迎娶夫人诸氏，合卺之日，行入岳父官署附近的铁柱宫，遇道士论养生，"遂相与对坐忘归"，次早乃始还。这当然可以说明阳明溺于神仙之习之深。但不久（弘治二年，阳明18岁）阳明携夫人归余姚，途中，舟过广信，拜谒了娄一斋谅，娄谅向他讲授了宋儒格物之学，并叮咛说："**圣人必可学而至**"，阳明听后，颇有感触，儿时做第一等事的愿望再一次被激活了，"**是年先生始慕圣学**"。翌年阳明父亲龙山公以外艰归姚，阳明一边读书，一边收敛身心。父命从弟冕、阶、宫及妹婿牧，相与阳明讲析经义。阳明白天随众课业，夜间则搜取诸经子史读之，多至夜分。四子见其文字日进，尝愧不及，后知之曰："彼已游心举业外矣，吾何及也！"先生接人故和易善谑，一日悔之，遂端坐省言。四子未信，先生正色曰："吾昔放逸，今知过矣。"而在两次进士不第之后溺情于山水诗文过程之中，阳明又渐生悔意："自念辞章艺能不足以通至道"，他很想再续成圣之路，但却"求师友于天下又数不遇"，"**心持惶惑**"。一日读朱子上宋光宗疏，其中有曰"居敬持志，为读书之本，循序致精，为读书之法"，方得知前日探讨虽博，而未尝循序以致精，宜无所得。"又循其序，思得渐溃洽浃。然物理吾心终若判而为二也。沉郁既久，旧疾复作，益委圣贤有分。偶闻道士谈养生，遂有**遗世入山之意**。"

五溺之中，前"三溺"与后"二溺"尚有区别：前者偏于"有"，后者偏于"无"。而在"五溺"与"作第一等事"之间更是存在着"入世"与"出世"、"遗世"的紧张与纠结。我甚至认为，即便是在他与湛甘泉订交"共以倡明圣学为事"的弘治十八年（这是《年谱》的说法，湛甘泉说是正德元年）——通常人们将此年系为阳明"归正于圣学"之年，阳明内心深处的"惶惑"并未彻底根除。可以说，在龙场悟道之前，阳明的人生一直充满着这样的惶惑。正德元年四十廷杖、随后身系囹圄以及谪赴龙场之途，都不时表现出阳明在入世与遗世之间的紧张与焦虑的心态。这可以通过阳明此时间段的用《易》情况得以说明。阳明就卜筮曾有一番议论："卜筮者，不过求决狐疑，神明吾心而已。《易》是问诸天。人有疑自信不及，故以《易》问天。谓人心尚有所涉。惟天不容伪耳。"（《传习录》247:316）确实，无疑不占、无事不占、无动不占。而在廷杖之后与到达龙场之前这一时期，阳明频繁的占卜与读《易》记录反映出他内心世界的不安、徘徊与漂泊无定。

狱中的环境非常恶劣，阳明诗中有描述：房狭，"窒如穴处"；屋漏，"天光入之"；卫生条件差，"深夜黠鼠时登床"。① 阳明是通过与室友论《易》而打发时光的："正德初，某以武选郎抵逆瑾，逮锦衣狱；而省吾亦以大理评触时讳在系，相与讲《易》于桎梏之间者弥月，盖昼夜不怠，忘其身之为拘囚也。"② 其《读易》诗云："瞑坐玩羲《易》，洗心见微奥。乃知先天翁，画画有至数。……《遯》四获我心，《蛊》上庸自保。俯仰天地间，触目具浩浩。箪瓢有余乐，此意良匪矫。**幽哉阳明麓，可以忘吾老。**"③ 诗中所述两卦值得玩味。《遯》九四爻辞曰："好遯，君子吉，小人否。"整个《遯》卦之卦象，"艮下乾上，二阴生于下，阴长将盛，阳消而退，小人渐盛，君子退而避之，故为遯也"④。"君子虽有所好爱，义苟当遯，则去而不疑，所以克己复礼，以道制欲，是以吉也。"⑤ 整个《蛊》卦之卦象，山下有风，风在山下（巽下艮上），"风遇山而回，物皆扰乱，是为有事之象"，"蛊之大者，济时之艰难险阻也"⑥。《易·蛊》上九爻辞曰："不事王侯，高尚其事。"象曰："不事王侯，志可则也。"程颐曰："如上九之处事外，不

---

① 《有室七章》，《王阳明全集》卷十九，第 674—676 页。
② 《送别省吾林都宪序》，《王阳明全集》卷二十二，第 884 页。
③ 《读易》，《王阳明全集》卷十九，第 675 页。
④ 程颐：《程氏易传》，《二程集》，第 865 页。
⑤ 程颐：《程氏易传》，《二程集》，第 868 页。
⑥ 程颐：《程氏易传》，《二程集》，第 788 页。

累于世务，不臣事于王侯，盖进退以道，用舍随时。"① 总之，这两个卦象都是退避、逃遁的意味。诗中"**幽哉阳明麓，可以忘吾老**"，正反映出此时阳明强烈的避世、遗世情结，这里已经埋伏了赴龙场途中阳明就此退隐山林的强烈冲动。写于是年的《山水画自题》，内有"**安得于素林甘泉间，构一草舍，以老他乡**"之句，亦颇见出阳明之内心世界。

赴谪龙场之路，更是有很多岔口，王阳明临岐徘徊不定的心境愈发沉重。究竟是赴龙场还是就此隐遁山林？阳明本人是犹豫不决的。这段历史，《年谱》记载与阳明本人的回忆皆很飘忽不定，很像是一场梦幻。② 其中真相如何，迄今未有定论。陆相（字良弼）《阳明先生浮海传》记载虽详，然其说"**颇诡诞不经**"，四库馆臣的评语是的当之论。③ 阳明京中好友黄绾《阳明先生行状》与湛甘泉《阳明先生墓志铭》所记亦出入甚大。今姑就《年谱》所载而论：

> 先生至钱塘，瑾遣人随侦。先生度不免，乃托言投江以脱之。因附商船游舟山，偶遇飓风大作，一日夜至闽界。比登岸，奔山径数十里，夜扣一寺求宿，僧故不纳。趋野庙，倚香案卧，盖虎穴也。夜半，虎绕廊大吼，不敢入。黎明，僧意必毙于虎，将收其囊；见先生方熟睡，呼始醒，惊曰："公非常人也！不然，得无

---

① 程颐：《程氏易传》，《二程集》，第 793 页。
② 阳明一生，神异传说甚多，《年谱》之初稿可能收录了不少此类传说，以致引发欧阳崇一之不满，他在答薛中离信中，专门就《年谱》初稿提出修订意见，称"种种神异，似可删去。无已，则别为纪异录乎？然圣人所不语者，何为割舍不得也？"显见，在欧阳崇一看来，这些神异记录属于"怪乱力神"的范围，夫子不语，应当割弃。见《答薛中离 三》，陈永革编校：《欧阳德集》卷二，南京：凤凰出版社，2007 年，第 69 页。
③ 束景南先生对阳明浮海传奇文献（陆相《阳明先生浮海记》、杨仪《高坡异纂》、墨憨斋《皇明大儒王阳明出身靖乱录》）有所考辨（见束景南：《阳明佚文辑考编年》，上海：上海古籍出版社，2012 年，第 237—244 页），但今人王同轨撰《王文成浮海传略》一文却未予辑出。该文以阳明梦见"乌龙大王"开始，情节天马行空、光怪陆离，其神异色彩可谓冠绝同类文献。见《耳谈类增》卷三十，《续修四库全书·子部》第 1268 册，上海：上海古籍出版社，1995 年，第 185—186 页。

恙乎？"邀至寺。寺有异人，尝识于铁柱宫，约二十年相见海上；至是出诗，有"二十年前曾见君，今来消息我先闻"之句。**与论出处，且将远遁**。其人曰："汝有亲在，万一瑾怒逮尔父，诬以北走胡，南走粤，何以应之？"**因为蓍，得《明夷》，遂决策返**。

这里王阳明传奇般地巧遇铁柱宫老相识，且明确表达自己"远遁"的心志。道士虽晓以利害，但阳明仍未确定自己的立场，这跟五六年前他以亲情喝破西湖边坐关僧人一幕甚为相似。不过这一次阳明本人成了思想工作的对象，铁柱宫相识的异人成了思想工作者，教育的方式仍然是诉诸亲情（这出自一位云游四海的异人之口，多少有些吊诡的意味），但阳明并未被说服，故只好卜筮以决。得《明夷》卦后，方立定方向。《明夷》卦象是离下坤上，明入于地中，是昏暗之卦，"暗君在上，明者见伤之时也"，卦辞谓"利艰贞"。程颐谓："君子当明夷之时，利在知艰难而不失其正也。在昏暗艰难之时，而能不失其正，所以为明君子也。"《象辞》谓："明入地中，明夷。内文明而外柔顺，以蒙大难，文王以之。利坚贞，晦其明也。内难而能正其志，箕子以之。"程颐谓："当纣之昏暗，乃明夷之时，而文王内有文明之德，外柔顺以事纣，蒙犯大难，而内不失其明圣，而外足以远祸患，此文王所用之道。""不晦其明，则被祸患；不守其正，则非贤明。""圣人处此，更有何道？"暗君在上，文王、箕子内文明而外柔顺，蒙大难而不失其正。榜样的力量是无穷的，阳明遂返钱塘，而直赴龙场驿。[①] 阳明壁间题诗反映了这时的心情："险夷原不滞胸中，何异浮云过太空？

---

① 杜维明先生对王阳明流放途中的心理活动刻画甚为细腻，他指出阳明在毫无目的地徘徊在钱塘地区之际，"一定体验到多种相互冲突、相互矛盾的力量在冲击着他"，因此"他决定接受流放的考验，视之为有意义的使命。这是一种新的认识状态的征象。对于他来说，这不只是两种可能性之间的选择，这是对恐惧、怨恨和自卑的胜利"。杜维明：《宋明儒学思想之旅——青年王阳明（1472—1509）》，《杜维明文集》第3卷，第122页。

夜静海涛三万里，月明飞锡下天风。"

此后，阳明一路山水，一路玩《易》："羊肠亦坦道，太虚何阴晴？灯窗玩古《易》，欣然获我情。"①"水南昏黑投僧寺，还理羲编坐夜长。"② 显然，此时的心情要比跟铁柱宫道士占卜时轻松多了。在《易》道的指引下，阳明一路走到了龙场。但他的内心世界并没有完全安顿下来。这从其所撰写的《玩易窝记》开头几行文字中可以看出一些端倪："**阳明子之居夷也，穴山麓之窝而读《易》其间。始其未得也，仰而思焉，俯而疑焉，函六合，入无微，茫乎其无所指，孑乎其若株**。其或得之也，沛兮其若决，联兮其若彻，菹淤出焉，精华入焉，若有相者而莫知其所以然。其得而玩之也，优然其休焉，充然其喜焉，油然其春生焉；精粗一，外内翕，视险若夷，而不知其夷之为阨也。于是阳明子抚几而叹曰：'嗟乎！此古之君子所以甘囚奴，忘拘幽，而不知其老之将至也夫！吾知所以终吾身矣。'"③ 而同期诗歌中亦屡屡流露思乡、孤独、无奈的情感："游子望乡国，泪下心如摧。"（《采蕨》）"哀哀鸣索侣，病翼飞未任。"（《南溟》）"人生非木石，别久宁无思！愁来步前庭，仰视行云驰。行云随长风，飘飘去何之？行云有时定，游子无还期。高粱始归雁，鹈鴂已先悲。有生岂不苦，逝者长若斯！"（《山石》）

顺便指出，阳明颇善于卜筮，他自己对此一技之长也颇为自负："我昔明《易》道，故知未来事。时人不我识，遂传耽一技。"④ 好友遇到疑难之事，往往会找他卜上一卦。阳明为兵部主事时，好友李梦阳任户部主事，李欲弹劾寿宁侯张延龄，密撰奏折，藏于袖中，无人知晓。"草具，袖而过边博士（边贡）。会王主事守仁来，王遽目予袖而曰：'有物乎？必谏草耳。'予为此即妻子未之知，不知王何从而疑之

---

① 《杂诗三首 其三》，《王阳明全集》卷十九，第 686 页。
② 《醴陵道中风雨夜宿泗州寺次韵》，《王阳明全集》卷十九，第 688 页。
③ 《玩易窝记》，《王阳明全集》卷二十三，第 897 页。
④ 《纪梦》，《王阳明全集》卷二十，第 778 页。

也。乃出其草示二子。王曰：'疏入必重祸。'又曰：'为若筮可乎？然晦翁行之矣。'于是出而上马并行，诣王氏，筮得田获三狐，得黄矢吉贞。王曰：'行哉！此忠直之繇也。'"① 看来，阳明的这一"技"颇能起到指点迷津的作用，对己、对人皆如此。

要之，龙场悟道实际上是王阳明人生大道的最终定向。因为有此悟道体验，先前困惑阳明多年的入世与遗世、避世的纠结被一劳永逸地解开了。自此，他知道人生的大道只有一条，没有岔口，做第一等事就只能沿着这条道义无反顾地走下去。这是一条坦途，只要你肯走，就一定人人可到。这个大道的路标，自此昭然若揭，它就在每个人当下的本心，明明白白我的心！原来做第一等事就在自己心上用功，何其易耶！"始知圣人之道，吾性自足，向之求理于事物者误也。"对，工夫全在向内用功！

一旦确立道路与用功方向，蓦然回首看，竟然会发现包括所谓"五溺"在内所有的经历都不期而然地向着这个方向聚拢。龙场悟道就像是拼图游戏之中的最为关键的一块，这一块一嵌入，原来看似杂乱无章的局面，突然变得有意义了，整个画面清晰可见了。不是吗？早年的练习书法、学习骑射原来也是在心上学②，而当初的二氏之溺，不也同样是在心上用功（"**已而静久**"）？不也同样是通过静坐向内收敛而获得前知之能吗？为何当初追求做第一等事偏偏却要向外求呢？当初，张旭心常思如何用笔，观公孙大娘舞剑而悟笔法，程伊川评曰：

---

① 李梦阳：《秘录附》，《空同集》卷三十九，四库全书本，第16页；钱明编校：《王阳明全集（新编本）》卷四十，杭州：浙江古籍出版社，2010年，第1624页。
② 《年谱》载，弘治元年阳明17岁，奉父命往洪都（南昌）迎娶江西布政司参议诸养和之女。官署中蓄纸数箧，先生日取学书，比归，数箧皆空。书法大进。先生尝示学者曰："吾始学书，对模古帖，止得字形。后举笔不轻落纸，凝思静虑，拟形于心，久之始通其法。既后读明道先生书曰：'吾作字甚敬，非是要字好，只此是学。'既非要字好，又何学也？**乃知古人随时随事只在心上学**，此心精明，**字好亦在其中矣**。"后与学者论格物，多举此为证。

"然可惜张旭留心于书，若移此心于道，何所不至？"① 阳明留心于书法、骑射、二氏，后终于移心于道，何所不至！而在阳明归正圣学与甘泉订交之后，虽未完全克服内心之惶惑，但实已略窥大道之消息了："阳伯即伯阳，伯阳竟安在？大道即人心，万古未尝改。长生在求仁，金丹非外待。缪矣三十年，于今吾始悔！"② 这里的"大道即人心"之悟，不是已兆示出龙场悟道之内涵了吗？而在赴谪之前的狱中诗中，阳明曾吟出"至道良足悦"之诗句。在离京赴谪告别友人甘泉诗中，既有以道统自任的抱负表白："洙泗流浸微，伊洛仅如线。后来三四公，瑕玉未相掩。嗟余不量力，跛鳖期致远。"亦有悟道的生动描述："浩浩天地内，何物非同春。"（其四）"静虚非虚寂，中有未发中。"（其六）而在《忆昔答乔白岩因寄储柴墟三首》中更是明确表明自己向象山心学一系的靠拢志向："愿君崇德性，问学刊支离。"（其二）"学问功夫，于一切声利嗜好，俱能脱落殆尽。尚有一种生死念头，毫发挂滞，便于全体有未融释处。人于生死念头，本从生身命根上带来。故不易去。若于此处见得破，透得过，此心全体方是流行无碍，方是尽性知命之学。"（《传习录》278:334）这段话可以说是阳明夫子自道，是对龙场参透生死一念之心境描述，这一心境也可以说是先前崇德性、刊支离为学态度的进一步深化之结果。而初至龙场，阳明心情屡有起伏，他亦自觉通过静坐排遣烦恼："坐久尘虑息，澹然与道谋。"（《水滨洞》）可以说，这些心上用工的经验积累与长期的静坐工夫，最终在夜间、在石椁之中凝聚、融摄，而升华为悟道这一高峰体验。

悟道与修道：顿与渐

悟道有深浅。王龙溪谓悟有解、证、彻，三悟固是悟之三个阶段，

---

① 《河南程氏遗书》卷十八，《二程集》，第186页。
② 《赠阳伯》，《王阳明全集》卷十九，第673页。

亦是悟之不同程度。①

朱子所批评的今日悟道、明日醉酒骂人，这一现象确实存在，但这只能说明悟道之浅。悟道之根本所在是超越当下的历史处境与世俗状况，而完全投身于一性质不同的、超越的、神圣世界之中。故悟道标志着人生方向的一个根本改变，悟道意味着旧我的死亡与新我的产生。就此而论，悟道与修道（体现道）乃密不可分。悟道者只有在其实际行动之中，才能体现出其悟道之真切性。脱离开变化气质、体道之实践过程，悟道就不免沦为悬空的隐私，所悟之为何道实值得怀疑。此在宗教现象学家那里是一共识。"一切对超自然的光之体验都呈现出以下共同的特征：任何获得这种体验的人都经历了一场存在的转变（a change of being）：他得到了另一种存在样式，让他能够通达灵性世界。"光之体验意味着"灵性的再生"（a spiritual rebirth）②。伊利亚德的这一观察亦为斯特伦（F. J. Streng）的宗教定义所印证：宗教是自我实现根本转变的一种方式，"所谓的根本转变是指人们从深陷于一般存在的困扰（罪过、无知等）中，彻底地转变为能够在最深刻的层次上，妥善地处理这些困扰的生活境界。这种驾驭生活的能力使人们体验到一种最可信的和最深刻的终极实体"③。故悟道必与悟道者的人格完善联系在一起，而自我完善之路因人而异。悟道之深者，其变化气质、其自我完善也易、也深，悟道之浅者，其变化气质、其自我完善也难、也浅。悟道之深浅取决于个人之悟力。悟力深者（上根之人），一闻千

---

① 龙溪《悟说》云："入悟有三：有从言而入者，有从静坐而入者，有从人情事变联系而入者。得于言者，谓之解悟，触发印证，未离言诠，譬之门外之宝，非己家珍；得于静坐者，谓之证悟，收摄保聚，犹有待于境，譬之浊水初澄，浊根尚在，才遇风波，易于淆动；得于练习者，谓之彻悟，摩苍锻炼，左右逢源，譬之湛体冷然，本来晶莹，愈震荡愈凝寂，不可得而澄淆也。"见《王畿集》卷十七，第494页。

② Mircea Eliade, *The Two and the One*, translated by J. M. Cohen, Harper & Row, Publishers, 1965, p. 21.

③ 斯特伦：《人与神：宗教生活的理解》，金泽、何其敏译，上海：上海人民出版社，1991年，第2页。

悟，一超直入，一了百了，"吾欲仁斯仁至矣"，悟力直达整个人格之底层，扫罗变成"保罗"[1]，此是大根器之人。悟力弱者其悟力虽能穿透重重积习，但已是强弩之末，故其悟道体验只是片光吉羽，灵光乍现，稍纵即逝，微弱而短暂，知及之，仁不能守之，即是此种情形，知及之遂成光景。倘其习心过重，反为积习所用，于是私欲借着悟道灵光的外表，伪装自己，重新登场，师心自用，认欲作理，走火入魔，此之谓也。

如按王龙溪三悟之说，阳明龙场悟道是一证悟（得于静坐），抑或是一彻悟（得于练习）？此亦是一名相问题，观阳明龙场之前一系列求道之经历，皆可以说是"练习"、是精神修炼（spiritual exercises）。然这一系列过程又始终夹杂着静坐这一特殊的修炼方式：二氏之两溺，实已牵涉静坐修炼方式，乃至静久而有前知功能；即便身系牢狱，亦是"兀坐经旬成木石"[2]，赴谪途中，一路颠簸，阳明仍不忘静坐："敛衽复端坐，玄思窥沈溟。"[3]"静坐"与"练习"在阳明悟道过程之中可谓犬牙交错，难以截然分开。

阳明深知龙场悟道只是一个起点，因为体道是一漫长而艰难的过程。可以说，龙场悟道于阳明是其功夫用力处，亦是得力处。阳明龙场悟道之后，一生与弟子论学在注重"头脑"、自信良知这一"顿悟"面向的同时，又总是强调"渐修"的重要性，只有着实用功、循序渐进，才能"愈探愈深"。毕竟功夫无止境，毕竟道体无穷终！文王"望

---

[1] 法利赛人扫罗自称是"希伯来人中的希伯来人"，原是基督徒的狂热迫害者。当他从耶路撒冷到大马士革的路上，突然被天上的大光照耀，而仆倒在地。空中有声音对他说："扫罗，扫罗，你为什么逼迫我？"扫罗问："主啊，你是谁？"声音回答说："我就是你所逼迫的耶稣。起来，进城去，你所当作的事，必有人告诉你。"扫罗从地上起来，眼睛却失明了。三天时间里他不能看见，不吃不喝。此后幡然省悟，摇身一变，成为虔诚的基督徒，改名保罗。事见和合本《圣经》(《使徒行传》9: 3—9)。

[2]《狱中诗十四首·岁暮》，《王阳明全集》卷十九，第 675 页。

[3]《杂诗三首 其三》，《王阳明全集》卷十九，第 686 页。

道未之见"是真见道之语。①《传习录》中此类条目甚多，日人东正纯、近人梁启超在点评相关条目时很是注重顿、渐之别，陈荣捷先生之《王阳明传习录详注集评》均已注明，兹不复一一列举。阳明深知人之私欲与积习乃是层累造成的，扫除廓清之功只能层层剥落，所谓"念念存天理去人欲"是也。阳明天泉桥上对王龙溪叮咛说："利根之人，世亦难遇。本体功夫，一悟尽透。此颜子明道所不敢承当。"（《传习录》315:360）其实这是阳明论学之一贯精神，阳明反复警示门人，圣人亦用亹亹翼翼的功夫，又告诫说："上智绝少。学者无超入圣人之理。一起一伏，一进一退，自是功夫节次。"（《传习录》243:313）弟子钱德洪在回忆乃师《大学问》教诲时指出："学者稍见本体，即好为径超顿悟之说，无复有省身克己之功。谓'一见本体，超圣可以跂足'，视师门诚意格物、为善去恶之旨，皆相鄙以为第二义。简略事为，言行无顾，甚者荡灭礼教，犹自以为得圣门之最上乘。噫！亦已过矣。"②"径超顿悟"之弊，阳明实早有警醒。

实际上，如果我们回首看阳明本人自述其一生修身之过程，同样可以看到其积累保任、精进不已之渐进过程：

> 1. 先生初登第时，上《边务八事》。世艳称之。晚年有以为问者，先生曰，"此吾少时事。有许多**抗厉气**。此气不除，欲以身任天下，其何能济？"或又问平宁藩。先生曰："当时只合如此做。但觉来尚有**挥霍意**。使今日处之，更别也。"（《传习录》拾遗

---

① 阳明的这种态度亦可由其对二程子颜回"未达一间"之说不满之中见出："'颜渊喟然叹曰'，始吾于夫子之道，但觉其高坚前后，无穷尽、无方体之如是也；继而夫子循循善诱，使我由博约而进，至于悦之深而力之尽。'如有所立卓尔'，谓之'如'者，非真有也；谓之'有'者，又非无也；卓然立于有无之间，欲从而求之，则无由也已。**所谓无穷尽、无方体者，曾无异于昔时之见，盖圣道固如是耳**，非是未达一间之说。"见董澐：《从吾道人语录》，《徐爱 钱德洪 董澐集》，第262—263页。

② 《大学问》，《王阳明全集》卷二十六，第973页。

13:397）

2. 筮仕刑曹，言于大司寇，禁狱吏取饭囚之馀豢豕，或以为美谈，晚自悔曰："当时善则归己，不识置堂官同僚于何地？**此不学之过**。"①

3. 升官则已过甚，又加之荫子，若之何其能当之？"负且乘，致寇至。"生非无贪得之心，切惧寇之将至也。②

4. 就如吾所以待诸弟，即其平日外面大概，亦岂便有彰显过恶？然而自反其所以推己尽道、至诚恻怛之处，则其可愧可恨，盖有不可胜言者。究厥所以，皆由平日任性作事，率意行私，自以为是，而不察其已陷于非；自谓仗义，而不觉其已放于利。但见人不如我，而不自见其不如人者已多；但知人不循理，而不自知其不循理者亦有，所谓责人则明，恕己则昏。日来每念及此，辄自疚心汗背，痛自刻责……③

5. 我在南都已前，**尚有些子乡愿的意思在**。我今信得这良知真是真非。信手行去。更不着些覆藏。我今才做得个狂者的胸次。使天下之人都说我行不掩言也罢。(《传习录》312:355）

6. 先师在留都时，曾有人传谤书，见之不觉心动，移时始化。因谓："**终是名根消煞未尽**，譬之浊水澄清，**终有浊在**。"④

7. 荏苒岁月，忽复半百，四十九年之非，不可追复。⑤

---

① 丁明堂辑：《古今长者录》，转引自魏禧：《阳明别录选序》，《魏叔子文集外编》卷八，《魏叔子文集》，北京：中华书局，2003年，第416页。
② 《阳明先生与晋溪书 九》，束景南：《阳明佚文辑考编年》，第470页。
③ 《与诸弟书》，束景南：《阳明佚文辑考编年》，第520页。
④ 王龙溪：《滁阳会语》，《王畿集》卷二，第34页。朱得之的记录更为详尽一些："近斋曰：阳明在南都时，有私怨阳明者，诬奏极其丑诋。始见颇怒，旋自省曰：'此不得放过。'掩卷自反，俟心平气和再展看，又怒，又掩卷自反。久之真如飘风浮霭，略无芥蒂。是后虽有大毁谤，大利害，皆不为动。"黄宗羲：《明儒学案》卷二十五，第590—591页。
⑤ 《寄顾惟贤手札》，束景南：《阳明佚文辑考编年》，第714页。

条目 1 涉及阳明对其人生两个光辉节点（弘治十二年阳明 28 岁与正德十四年阳明 48 岁）的反省，认为自己当时有"抗厉气"与"挥霍意"；条目 2 是阳明对其 30 岁时（弘治十四年）任职刑部经历的反省，认为自己有"不学之过"；条目 3 与 4 出自阳明正德十三年（是年阳明 47 岁）的两封书信，条目 3 说自己有"贪得之心"，虽是对"荫子"（乃至"陞官"）的推辞，但可见出阳明的自省心态，条目 4 则对其"自以为是"之心进行了深刻检讨；条目 5 乃是阳明与门人薛尚谦、邹谦之、马子莘、王汝止的对话，他说自己在**南都之前**"尚有些子乡愿的意思"；条目 6 进一步反省在南都治怒之经历时又说，自己在**南都时**"终有浊在"；条目 7 出自阳明正德十六年的书信，是年阳明 50 岁，已提出致良知宗旨，"四十九年之非"虽是谦辞，但也反映了阳明孜孜以求、永不满足的进取之心。

就以龙场三年修道经历看，阳明在 41 岁时致信王纯甫云："譬之金之在冶，经烈焰，受钳锤，当此之时，为金者甚苦；然自他人视之，方喜金之益精炼，而惟恐火力锤煅之不至。既其出冶，金亦自喜其挫折煅炼之有成矣。某平日亦每有傲视行辈、轻忽世故之心，后虽稍知惩创，亦惟支持抵塞于外而已。**及谪贵州三年，百难备尝，然后能有所见，始信孟氏'生于忧患'之言非欺我也。**"① 然其 48 岁时，阳明再次反思这段经历则曰："往年区区谪官贵州，横逆之加，无月无有。迄今思之，最是动心忍性砥砺切磋之地。**当时亦止搪塞排遣，竟成空过，甚可惜也。**"② 阳明自谓良知二字乃从"万死一生"中"体悟"而得，此实是悟之于体、体之于悟之交互过程，其间，煎销习气、积累保任，功夫之密，惟如人饮水，冷暖自知。

悟道难，体道更难。阳明本人的体道功夫即是最好的例证。其临

---

① 《与王纯甫 一》，《王阳明全集》卷四，第 154 页。
② 《寄希渊 四》，《王阳明全集》卷四，第 159 页。

终遗言曰:"他无所念,平生学问方才见得数分,未能与吾党共成之,亦可恨耳!"①"平生学问"不应理解为当今"学术思想"意义上的学问,而是证道、体道的实学;"方才见得数分"亦不应仅作谦辞理解。这恰是阳明一生"望道未之见"的功夫之写照。这个临终遗言跟《年谱》所记"此心光明,亦复何言"看似差别甚大,其实各有侧重。前者表现出阳明"望道未之见"的一面,后者则表现出阳明心体通透的一面,两者实是一体之两面:唯光明之心方真能对"望道未之见"有实感,唯真实感于"望道未之见"方能有此光明心之呈现。

总之,王阳明龙场悟道就其悟道地点与时间而论,具有浓厚的宗教色彩,而其悟道之内容就名相论,放在道学思想系谱之中并无别出心裁之处,故应从其探索成圣之路这一生存论这一角度加以理解。龙场悟道实是阳明自"五溺"之中彻底脱身,而最终确定自身生命之方向,实现其自我更新之突破性事件。悟道只是阳明"重生"的一个起点,阳明一生艰难而漫长的体道过程还只是刚刚开始。

---

① 黄绾:《阳明先生行状》,《世德纪》,《王阳明全集》卷三十八,第1428页。阳明临终遗言,各种记载多有出入。钱德洪《遇丧于贵溪书哀感》一文,甚至记载,阳明辞世时,周积本人并不在场:"……(十一月)二十九日疾将革,问侍者曰:'至南康几何?'对曰:'距三邮。'曰:'恐不及矣。'侍者曰:'王方伯以寿木随,弗敢告。'夫子时尚衣冠倚童子危坐,乃张目曰:'**渠能是念邪!**'须臾气息,次南安之青田,实十一月二十九日丁卯午时也。是日,赣州兵备张君思聪、太守王君世芳、节推陆君府奔自赣,**节推周君积奔自南安,皆弗及诀**,哭之恸。"见《世德纪》,《王阳明全集》卷三十八,第1446页。此处"皆弗及诀"显然与《年谱》所载周积与阳明临终对话抵牾(又,《年谱》所记阳明辞世时间为"辰时",而非"午时"),两说必有一误。另,前引嘉靖四十三年的毛汝麟刻本《阳明先生年谱》对阳明临终记载亦与今之《年谱》稍有出入。

王阳明思想中的"独知"概念
——兼论王阳明与朱子工夫论之异同

陈立胜

（中山大学哲学系）

一、"独知"：从朱子到阳明

"独知"成为一个修身学的概念，始于朱子慎独说。朱子训《中庸》与《大学》"慎独"之"独"为"人所不知而己所独知之地"，此"己所独知之地"乃是一心理空间概念，专指人心中一念萌发状态。

依朱子，吾人心理活动可划分为两个时段，一者为"念虑未起"时段，此为"未发"；一者为念虑已起时段，此为"已发"。于念之"未发"，吾人当持敬以存养之，此为"戒慎恐惧"的工夫、致中的工夫、静工夫，其目标是"防之于未然，以全其体"；于"已发"（念虑之将萌），吾人当省察，此为"慎独"的工夫、致和的工夫、动工夫，其目标是"察之于将然，以审其几"。

"慎独"即慎此"独知之地"，即对惟吾人独知之意念"正"与"不正"、"实"与"不实"保持高度警觉。工夫由此入手，切己理会，方鞭辟入里，且不落后手。慎独之宗旨即是始终让吾人之心纯粹不杂（"一于理而无所杂"），"杂"即"自欺"，何以言之？吾人之"意"

诚，则如好好色，如恶恶臭，"纯一于善"，但由于习染与物欲之蔽，则"意"作为"心之所发"总有所"掺杂不实"，毕竟一念萌发之隐微之际，他人不及见、不及闻，故往往会为"常情所忽"：吾人自以为可以"欺天罔人"——此处"自以为"之"自"乃是"经验"/"知觉"之"自我"，"以为"亦是经验自我想当然之"以为"，殊不知"吾心之灵，皎如日月，既已知之，则其毫发之间，无所潜遁，又有甚于他人之知矣"①，故任何"意"之伪装与不实皆逃不过"吾心之灵"这一火眼金睛，"欺天罔人"于此明明白白之"独知"而言只是一种"自欺"，"吾心之灵"实不可欺。由此不可欺之"独知"入手，"必使几微之际，无一毫人欲之萌"，即是"慎独"工夫。

朱子讲"独知"，其旨趣一直扣紧在"意"之实与不实、诚与伪这一"善恶关"（"圣凡关"、"人鬼关"）之觉察上面，"吾心之灵"对此"善恶关"洞若观火之精察明觉之能力实际上已预设了此"独知"乃是良知之自知。朱子甚至说"几既动，则己必知之"②，此即是说，在吾心（此处之"吾心"乃是人心、道心杂于方寸之间的"吾心"）萌发一念之际，吾心（此处之"吾心"乃是阳明意义上"良知"之心）则必有所觉察。问题来了，在吾人心灵生活之隐秘处，谁能省察"念"之"正"与"不正"，谁能辨别"意"之"实"与"不实"，此"一念独知处"非"良知"而何？③ 在朱子"独知"处，阳明"良知"之概念已呼之欲出了。

---

① 朱熹：《中庸或问》，朱杰人等主编：《朱子全书》第6册，上海：上海古籍出版社；合肥：安徽教育出版社，2002年，第555页。
② 黎靖德辑，郑明等校点：《朱子语类》卷六十二，《朱子全书》第16册，第2033页。
③ 陈来先生指出：朱子的"独知"概念中隐含了某种是非之心的意义，阳明的思想继承并发展了这一点。见《有无之境：王阳明哲学精神》，北京：人民出版社，1991年，第171页。

二、"独知处"即是"吾心之良知处"

是的，王阳明明确将"独知"称为"良知"，弟子欧阳南野回忆道："先师阳明公阐慎独之训，而为之言曰：'**独知也者，良知也**。戒慎恐惧，毋自欺而求自慊，所以致之也。'"[1] 另一江右弟子黄直记载说："……工夫到诚意始有着落处。然诚意之本又在于致知也。所谓'**人虽不知而己所独知**'者，**此正是吾心良知处**。然知得善，却不依这个良知便做去。知得不善，却不依这个良知便不去做。则这个良知便遮蔽了。是不能致知也。……"（《传习录》317:368—369）[2]

"人虽不知而己独知者"乃朱子对"慎独"之"独"的理解，今阳明视之为"吾心良知处"，"独知处"即是"良知处"，"独知"成了"良知"之别名，独知工夫（慎独、谨独[3]）即是致良知工夫，"独知"遂成为一重要的哲学术语，而其**范围**与**性质**均于朱子之原意有所滑转。

这集中反映于他跟弟子黄洛村与陈明水的两则对话之中：

> 正之问："戒惧是己所不知时工夫。慎独是己所独知时工夫。此说如何？"先生曰："只是一个工夫。无事时固是独知。有事时亦是独知。人若不知于此独知之地用力，只在人所共知处用功，便是作伪，便是'见君子而后厌然'。**此独知处便是诚的萌芽。此处不论善念恶念，更无虚假。一是百是，一错百错**。正是王霸义

---

[1] 欧阳德：《答彭云根》，陈永革编校整理：《欧阳德集》卷三，南京：凤凰出版社，2007年，第112页。据徐阶所记，邹东廓当初就格致、戒惧、慎独之说向阳明请益，阳明直接说："**独即所谓良知也**。慎独者，所以致其良知也；戒谨恐惧，所以慎其独也。"见邹守益：《明故南京国子监祭酒礼部右侍郎谥文庄邹公神道碑铭》，董平编校整理：《邹守益集》卷二七，南京：凤凰出版社，2007年，第1379页。

[2] 按此处《传习录》系陈荣捷著《王阳明传习录详注集评》（台北：台湾学生书局，2006年修订版）之简称，":"前数码为条目，后则为页码。

[3] "谨独"，即"慎独"，朱子因避宋孝宗赵眘（"眘"即古"慎"字）之讳，而称"慎独"为"谨独"，后儒亦往往沿用之。

利诚伪善恶界头。于此一立立定，便是端本澄源，便是立诚。古人许多诚身的工夫，精神命脉，全体只在此处。真是莫见莫显，无时无处，无终无始。只是此个工夫。今若又分戒惧为己所不知。即工夫便支离，亦有间断。既戒惧，即是知。己若不知，是谁戒惧？如此见解，便要流入断灭禅定。"曰："不论善念恶念，更无虚假。则独知之地，更无无念时邪？"曰："戒惧亦是念。戒惧之念，无时可息。若戒惧之心稍有不存，不是昏聩，便已流入恶念。**自朝至暮，自少至老，若要无念，即是己不知。此除是昏睡，除是槁木死灰**。"（《传习录》120：142）

九川问："近年因厌泛滥之学，每要静坐，求屏息念虑。非惟不能，愈觉扰扰。如何？"先生曰："念如何可息？只是要正。"曰："当自有无念时否？"先生曰："**实无无念时**。"曰："如此，却如何言静？"曰："静未尝不动。动未尝不静。戒慎恐惧即是念。何分动静？"曰："周子何以言'定之以中正仁义而主静'？"曰："'无欲故静。'是'静亦定，动亦定'的'定'字，主其体也。**戒惧之念是活泼泼地。此是天机不息处**。所谓'维天之命，于穆不已'。一息便是死。非本体之念即是私念。"（《传习录》202：286）

黄洛村的戒惧慎独两节、两时工夫说，系指朱子，不睹不闻，是指己所不知处，即喜怒哀乐之未发时的心理状态，此时须用戒惧之功；"己所独知"是他人之不睹不闻处，此处、此时须用慎守之功。这是两个节次的工夫：戒惧是无事的工夫、静时的工夫，慎独是"细微之事"、"微动"时（"迹未形而几已动"）的工夫。阳明的看法是，只有一个工夫，即"独知"的工夫，戒慎恐惧也是独知的工夫。在做如此断定的时候，阳明实际上并未改变朱子关于独知乃是己所独知、他人不知这一含义。他跟朱子一样，把独知的对象理解为只限于自己**真切体验到**的心理状态。只是朱子往往强调这种心理状态特指"动而未形、萌而未彰、有无之间"一念萌动,而阳明则认为朱子所谓的已发与未发时的心理状态也同样是只限于自己知道的范围,故亦是独知。喜怒哀乐之已发,又何尝不是独知?他人固可察言观色知我之喜怒哀乐,然惟我自己方真切经历、体验此喜怒哀乐。**更为重要的是,在阳明看来"戒惧"也是"已发",也是一念萌动,戒惧亦是念,故亦是独知工夫。**这样,独知的工夫(慎独/戒惧、诚意)成了贯彻始终(已发/未发、有事/无事、动/静、寂/感)的一元工夫,此工夫便成了致良知工夫之同义词。在跟陈明水的对话中,阳明再次申明心灵生活并无"无念"的状态,戒慎恐惧也是"念",并将戒慎恐惧之念视为"天机不息"之表现。

戒慎恐惧之为"念",实应进一步界定。九川所问之"念"乃是具体的"念头"("善念"或"恶念")。依阳明高足王龙溪,念有二义:"今心为念",是"见在心",是"正念";"二心为念",是"将迎心",是"邪念":"正与邪,本体之明,未尝不知,所谓良知也。"① "戒惧之念"则是让此"良知"(亦即"独知")始终贞定住心灵生活之力量,因此戒惧之念(实即"慎此独知"之别称),心体方能时时贞定其自身,方能物来顺应(是谓"**正念**"),应而中节,过而不留(是谓"**念而无念**")。倘吾人心灵稍偏离此"见在心"而有所将迎意必,吾人良知当下即知之(是谓"独知之"),"戒惧之念"即让此独知不滑落,不稍纵即逝,而当下消弭之。故在严格意义上,"戒惧之念"不应与有善有恶、念起念灭的"意念"混同,它不是具体的念头:"**心体上着不得一念留滞,就如眼着不得些子尘沙。些子能得几多,满眼便昏天黑地了。**"又曰:"这一念不但是私念。便好的念头亦着不得些子。如眼中放些金玉屑,眼亦开不得了。"(《传习录》335:380)可以说,戒惧之念就是这样一种保持"心灵之眼"始终维持在虚灵不昧的能力。阳明

---

① 王畿:《念堂说》,吴震编校整理:《王畿集》卷十七,南京:凤凰出版社,2007年,第501—502页。

后学胡庐山颇善发"独知"范畴涵括吾人心灵生活之整体义。有学者致书请教"中在仁前,仁在独知前",庐山答曰:"此似未尝证验于心,而犹为文义与旧说牵绕故也。来书曰'独知是仁',不识未知时作如何看?此乃专泥于先儒以意念动时为独知,即谓有有知时,又泥于先儒未发前气象一语,而谓有无知时,此大误也。夫心虚而灵者也,即独知是也,此独知者**不论动与静、有念与无念、有事与无事,总之一虚而灵而已,决无有冥顽不知之候,即睡时人固谓冥也,然触而觉,呼而醒,不可得而冥也。**今之学元嘿者,每自谓冥心坐忘,然知冥者又为谁?可知其不可冥者以虚而灵故也。是故当人心静时,纵无一念一事,此虚而灵者,昭乎不昧,未尝遗物。其与应事接物者无减,故曰'未应不是先'。当人心动时,纵有万几、万应,此虚而灵者,昭乎不昧,未尝倚物,其与未应事接物者无增,故曰'已应不是后'。殆如镜之明体,不拘有物无物,总只一明,岂有专属知一边之说?此知即是天之明命,人之明德,亦即是源头,更何别有源头可寻?亦如镜之明,即是源头,又岂另有镜源头耶?若如吾子言有未知前一段,则人心必有冥然不觉,槁木死灰时矣,此安得为源头?亦犹镜子以不明为源头,可乎?今之语静与寂者适近乎此,此在二氏尚斥为静缚顽空,若吾儒宁有此哉?"①即便在睡时,人亦有觉醒之能力,故能一呼而醒,一叫便应;即便习坐忘之人,每谓冥心坐忘,然既自谓冥、忘,则对其冥、忘已有所自知。心灵即"心虚而灵者"(虚灵),一如明镜,昭乎不昧,不拘有物无物,总只一明;独知亦如此,不拘念虑动与不动,总只一知。如此,"独知"与"心灵"之"灵昭不昧"的能力实异名而同指。

在朱子处,"不睹不闻"属"静",为未动念时;"独"属"动",为初动念时。"独知"之**范围**通常仅限于对此初动之念或行迹未彰状态

---

① 胡直:《答人问独知》,《衡庐精舍藏稿》卷二十,《景印文渊阁四库全书》第1287册,台北:台湾商务印书馆,1986年,第488—489页。

的觉察。在阳明这里，戒慎恐惧也属于"念"，于是"独知"之范围遂涵括了整个心灵生活。"朱子于未发之说，其始亦尝疑之，今其集中所与南轩论难辩析者，盖往复数十而后决，其说则今之《中庸注疏》是也。其于此亦非苟矣。独其所谓'自戒惧而约之，以至于至静之中；自谨独而精之，以至于应物之处'者，亦若过于剖析。而**后之读者遂以分为两节**，而疑其别有寂然不动、静而存养之时，不知常存戒慎恐惧之心，则其工夫未始有一息之间，非必自其不睹不闻而存养也。吾兄且于动处加工，勿使间断。动无不和，即静无不中。而所谓寂然不动之体，当自知之矣。未至而揣度之，终不免于对答（'答'当为'塔'之误。——引者）说相轮耳"。① 阳明在此所引朱子《中庸注疏》并不完整，原文为："自戒惧而约之，以至于至静之中无少偏倚，而其守不失，则极其中而天地位矣。自谨独而精之，以至于应物之处无少差谬，而无适不然，则极其和而万物育矣。盖天地万物，本吾一体，吾之心正，则天地之心亦正矣；吾之气顺，则天地之气亦顺矣，故其效验至于如此。此学问之极功、圣人之能事，初非有待于外，而修道之教亦在其中矣。是其一体一用虽有动静之殊，然必其体立而后用有以行，**则其实亦非有两事也**。"② 朱子之原文已明确指出"戒惧之约"与"谨独之精"并非"两事"，明此，则可体阳明信函中"后之读者遂分为两节"表述之谨慎。朱子《中庸注疏》并未明确将戒惧与慎独

---

① 王阳明：《答汪石潭内翰书》，吴光、钱明、董平、姚延福编校：《王阳明全集》卷四，上海：上海古籍出版社，1992 年，第 147 页。《全集》系该书于辛未年，是年阳明四十岁，可以说阳明对朱子以思虑之起（"动"）与未起（"静"）这一时间先后分"未发"与"已发"很早就不以为然。他还引程子"心，一也。有指体而言者，寂然不动是也；有指用而言者，感而遂通是也"，指出汪石潭"自朝至暮，未尝有寂然不动之时"说，只是见其用而不见其体，而未能"**因用而求其体**"，并劝石潭"且于动处加工，勿使间断"。汪石潭尽管与阳明有立场之分歧，但他似乎接受了阳明对朱子的批评，其《中庸说》指出朱子"以动静之时分体用，而以静存为致中，动察为致和"，虽"自无渗漏"，但"非程子之本旨"，又说："自朱子始自立说，**以未发、已发分属动静之时**，学者但当因其时，而各致其力，是与《中庸》之本旨未知其合与否，然非程子之说矣。"见汪俊：《灌旧稿》卷一，《四库全书存目丛书》子部第 83 册，济南：齐鲁书社，1995 年，第 785、786 页。

② 朱熹：《中庸章句》，《朱子全书》第 6 册，第 33 页。

分为两节工夫,"非有两事",言之凿凿,但朱子以"戒惧"为致中工夫,以"慎独"为致和工夫,则又不免给人两节工夫之印象,况《中庸或问》与《朱子语类》中亦不乏两事、两节说,故阳明认为这种表述"过于剖析"。这种剖析太过之病源自朱子以时间先后之"未发"、"已发"范畴刻画心灵生活。**阳明强调戒惧亦是"念",实际上是要颠覆朱子未发、已发范畴之使用方式。**在阳明这里,未发、已发不再是心灵生活的两个时段("静"时与"动"时),"心,无动静者也。其静也者,以言其体也;其动也者,以言其用也"①。未发、已发乃是体用一源、显微无间之关系:未发之中即是良知,而良知乃无分于有事无事、无分于寂感、无分于动静、无分于先后内外而浑然一体者:"未发之中,即良知也。无前后内外,而浑然一体者也。有事无事,可以言动静。而良知无分于有事无事也。寂然感通,可以言动静。而良知无分于寂然感通也。动静者所遇之时。心之本体,固无分于动静也。理无动者也,动即为欲。循理则虽酬酢万变,而未尝动也。从欲则虽槁心一念,而未尝静也。动中有静,静中有动,又何疑乎?有事而感通,固可以言动。然而寂然者未尝有增也。无事而寂然,固可以言静。然而感通者未尝有减也。动而无动,静而无静,又何疑乎?无前后内外,而浑然一体,则至诚有息之疑,不待解矣。未发在已发之中。而已发之中,未尝别有未发者在。已发在未发之中。而未发之中未尝别有已发者存。是未尝无动静。而不可以动静分者也。"(《传习录》157:220)其实,"有事"、"无事"亦是顺着朱子的说法而来。② 倘站在阳明心学

---

① 王阳明:《答伦彦式》,《王阳明全集》卷五,第182页。
② 需要指出的是,朱子未尝不明"必有事焉"之精神,但其工夫论述极喜欢两边之辩证地说而期收到不落于一边之效果,其有事、无事说亦是如此。问:"敬通贯动静而言。然静时少,动时多,恐易得挠乱。"曰:"如何都静得?有事须着应。**人在世间,未有无事时节;要无事,除是死也**。自早至暮,有许多事。不成说事多挠乱,我且去静坐?敬是如此。若事至前,而自家却要主静,顽然不应,便是心都死了。无事时敬在里面,有事时敬在事上。**有事无事,吾之敬未尝间断也**。"(黎靖德辑,郑明等校点:《朱子语类》卷十二,《朱子全书》第14册,第374页。标点略有改动)

之立场，事由心发，而心又必发为事，无心外之事，亦无事外之心，故曰"必有事焉"。用阳明的话说："戒惧克治，即是常提不放之功，即是必有事焉，岂有两事邪？"（《传习录》163:231）[1] 阳明每每强调**"戒慎恐惧"是贯彻动静的工夫**（"无间于动静"）。阳明在致弟子舒国用的信中明确区分出两种"恐惧"，一是《大学》之"恐惧忧患"，一是《中庸》之"戒慎恐惧"："程子常言：'人言无心，只可言无私心，不可言无心。'戒慎不睹，恐惧不闻，是心不可无也。有所恐惧，有所忧患，是私心不可有也。尧舜之兢兢业业，文王之小心翼翼，皆敬畏之谓也，皆出乎其心体之自然也。出乎心体，非有所为而为之者，自然之谓也。**敬畏之功无间于动静**，是所谓'敬以直内，义以方外'也。敬义立而天道达，则不疑其所行矣。"[2] 敬贯动静本是朱子工夫论中浓墨重彩之一笔，阳明今曰**"敬畏之功无间于动静"**，朱子之敬功何尝不是如此？阳明强调敬畏、戒惧乃出乎"心体之自然"，甚至还说戒惧就是本体[3]，朱子以人之气呼便出、吸便入喻敬功，亦未尝忽视此敬之"自然"一面。可以说**戒慎恐惧无间于动静乃两人工夫论之共识**。二人之异同在于：阳明将在朱子那里本只是心之已发的"独知"工夫、一节工夫提升为全体工夫，独知工夫不仅与朱子未发前之"涵养工夫"（即"偏言"之"戒惧工夫"）合并，而且也与朱子"格物穷理"工夫会同：以方问曰："先生之说格物，凡《中庸》之慎独，及集义博约等说，皆为格物之事。"先生曰："非也。格物即慎独，即戒惧。至于集义博约，工夫只一般。不是以那数件都做格物底事。"（《传习录》323:374）

---

[1] 对阳明"心外无事"命题之阐述，可参陈立胜：《作为生活态度的格物之学——王阳明之"心外无事"解》，金泽、赵广明主编：《宗教与哲学》第4辑，北京：社会科学文献出版社，2015年，第246—269页。

[2] 王阳明：《答舒国用》，《王阳明全集》卷五，第190—191页。

[3] 问："'不睹不闻'，是说本体，'戒慎恐惧'，是说功夫否？'先生曰：'此处须信得本体原是不睹不闻的，亦原是戒慎恐惧的。戒慎恐惧，不曾在不睹不闻上加得些子。见得真时，便谓戒慎恐惧是本体，不睹不闻是功夫。'"（《传习录》266:326）又参："不睹不闻是本体，戒慎恐惧是工夫；戒慎恐惧是本体，不睹不闻是工夫。"见《王阳明全集（新编本）》第5册，第1691页。

倘立于朱子立场，当如何看阳明格物即慎独，即戒惧说？朱子作为专言之戒惧工夫（即敬的工夫）自贯通于动静、寂感、有事无事，故有格物时敬以格之，诚意时敬以诚之之说①，则对阳明"格物"即"戒惧"说，朱子自会首肯。而对"格物"即"慎独"说，倘"即"字作"不离"解，则"格物"离不开"慎独"，朱子亦不会对此持异议。只是朱子要强调就工夫之架构而论，"格物"是"明"此心之工夫，"慎独"是"诚"此心之工夫，两者之间自有分际。阳明则注重诚、明一如，两者之间不容区隔。于是，"独知"工夫最终与朱子那里作为"专言"的"戒惧"工夫泯而为一②，成了贯彻始终的一元工夫，未发、已发遂只是一个工夫：或问未发已发。先生曰："只缘后儒将未发已发分说了。只得劈头说个无未发已发，使人自思得之。若说有个已发未发，听者依旧落在后儒见解。若真见得无未发已发，说个有未发已发，原不妨。原有个未发已发在。"问曰："未发未尝不和。已发未尝不中。譬如钟声，未扣不可谓无，既扣不可谓有。毕竟有个扣与不扣，何如？"先生曰："未扣时原是惊天动地。既扣时也只寂天寞地。"（《传习录》307:352）这些看似吊诡之言无非要让弟子体认"即体而言用在体"（未发未尝不和）与"即用而言体在用"（已发未尝不中）之体用不二之真谛，从而彻底超越动静、寂感、有无、先后、内外、有事无事之二见，摆脱朱子戒惧与慎独工夫之分际说（所谓"后儒见解"）。对此，王龙溪曾有精确之观察："晦翁既分存养省察，故以不睹不闻为己所不知，独为人所不知，而以中和分位育。夫既己所不知矣，戒慎

---

① 黎靖德辑，郑明等校点：《朱子语类》卷十三，《朱子全书》第 14 册，第 392 页。阳明认为朱子将格物致知与正心诚意区隔为两节，格物遂有逐外忘内之弊："纵格得草木来，如何反来诚得自家意？"（《传习录》317:368）

② 笔者曾指出，在朱子那里"戒惧"（戒慎恐惧）工夫有"专言"与"偏言"之别：作为"专言"的戒惧工夫（敬的工夫）则普适于整体心灵生活，作为"偏言"的戒惧工夫则专指"念"之未起时的"涵养"工夫。见陈立胜：《作为修身学范畴的"独知"概念之形成：朱子慎独工夫新论》，《复旦学报》2016 年第 4 期。

恐惧孰从而知之？既分中和位育矣，天地万物孰从而二之？此不待知者而辨也。先师则以不睹不闻为**道体**，戒慎恐惧为**修道之功**。不睹不闻即是隐微，即所谓独。存省一事，中和一道，位育一原，皆非有二也。晦翁随处分而为二，先师随处合而为一，此其大较也。"①

而就独知之**性质**论，朱子将"独知"工夫通常限定在一念初动时的警觉上面，而这种警觉在朱子的文字中更多地是提防性的、防御性的（所谓"检防人欲"、所谓"禁止其苟且自欺之萌"、所谓"遏人欲之将萌"，所谓"防意如城"），它有点类似于弗洛伊德意义上的"超我"，在"潜意识"与"意识"之间起到审查官（censor）的作用。而在阳明这里，由于戒慎恐惧也被纳入了"独知"的范畴，于是在朱子那里本是静存的工夫、涵养本原的工夫（"全其体"工夫）也成了独知的工夫。质言之，朱子那里"全其体"与"审其几"两节工夫统摄于阳明之独知工夫（致良知工夫）之中。这就意味着在阳明的"独知"工夫之中除了继续具有朱子的提防性的、防御性的这一消极功能之外，还具有**体认、默识、涵养"心之本"**（"**良知**"）这一积极功能。②

------

① 王畿：《书婺源同志会约》，《王畿集》卷二，第39页。
② 今人多认为跟延平（当然亦跟阳明）通过涵养去体认"中体"不同，朱子之涵养工夫只是"空头的涵养"，只是"保持一常惺惺的态度"，"并没有确定的实质内容"（见刘述先：《朱子哲学思想的发展与完成》，台北：台湾学生书局，1995年增订3版，第114、128页）。实际上，这也不只是今人的看法，王龙溪在论及涵养工夫时曾指出，"涵养工夫贵在精专接续，如鸡抱卵，先正尝有是言。然必卵中原有一点真阳种子方抱得成，若是无阳之卵，抱之虽勤，终成假卵。学者须识得真种子，方不枉费工夫。明道云'学者须先识仁'，吾人心中一点灵明便是真种子，原是生生不息之机。种子全在卵上，全体精神只是保护得，非能以其精神帮助之也"。见王畿：《留都会纪》，《王畿集》卷四，第98—99页。"如鸡抱卵"，语出养生家，朱子曾用于描述涵养工夫，"先正尝有是言"，当指朱子。显然在王龙溪看来，朱子之涵养乃是无真阳种子之空头的涵养。明末清初三大儒之一李二曲在门人请示涵养省察工夫时，亦指出："也须先识头脑。否则，'涵养'是涵养个甚么？'省察'是省察个甚么？若识头脑，'涵养'，涵养乎此也；'省察'，省察乎此也。时时操存，时时提撕，忙时自不至于逐物，闲时自不至于着空。"而头脑即是"良知"。见李颙撰，陈俊民点校：《二曲集》卷三，北京：中华书局，1996年，第26页。朱子之涵养、主敬是否真如论者所谓只是一"空头的涵养"？鄙人认为此须再做检讨，概言之，朱子之涵养持敬固起到收摄保任之功能，所涵养、保任之"心之本"固亦只是一"**虚灵知觉**"之心，而具体的性理内涵则须由"致知格物"的穷理、明理工夫提供，但此只是一静态性的、结构性之说法，倘吾人将朱子之"明

要之，朱子之"独知"概念已经蕴含着向阳明"良知"概念过渡之契机，就二人使用"独知"一词，其异同可从独知范畴之"外延"（范围）与"内涵"（性质）两方面见出。（1）就外延论，朱子之"独知"范畴乃用于刻画心灵生活"念之将萌"乃至"已起"时段，故慎独的工夫亦特指"诚意"一节。阳明将戒惧亦视为"念"，于是"独知"成为普适于整体心灵生活之范畴，"独知"范畴为全副的心灵生活之自知、自证领域。阳明之所以要做出如此改动，与世人不善会朱子戒惧、独知工夫之两轮一体性，而误为不相干之两截，致使工夫有换手间断之虞有关，故有纠偏之用意。（2）由于"独知"外延之扩大（即涵括了朱子所谓的"未发"时段的戒惧工夫、涵养本原的工夫、静存的工夫），故在阳明那里独知的性质与朱子相比亦有所不同。朱子之独知工夫侧重于提防性的、防御性一面，阳明之独知工夫则兼静存动察于一身，立体端本与省察克治乃独知工夫之一体两面。

两人在"独知"上的理解之异同还集中体现在"几"之观念的阐释上面。朱子之"几"乃是有善有恶的**意念之几**，阳明之"几"乃**天理流行、良知萌动之几**。在朱子处，几微之间，因人心道心杂然共在于方寸之间，故极易使人陷溺而不自知，故于此"发而未发之际"须"慎上加慎"，免得落入后着，**一发而不可收拾**。在阳明，"几"乃良知之萌动，吾人心体（良知、天理、明德、性体）实乃一生生不息之体，在待人接物之生存活动之中，此生生不息之体当"机"而发，是为"几"，知此"几"、体此"几"则自有端本澄源之功。这一区别尤其体现在二人对《系辞》"几者，动之微，吉之先见者也"之不同理解上面：朱子常常将"独知"与"几微之际"并提，并反复强调"几"乃

（接上页）明德"说、"顾諟天之明命"说、涵养与省察说、居敬与致知穷理关系说类聚而观，亦不难发现涵养之中自有"端倪"（义理）可体、可养。涵养与省察实是**一层累递进、交互渗透的动态的、发生的关系**。限于本文之主题与篇幅，本文无法深入讨论朱子戒慎恐惧工夫（涵养、敬）与格物致知工夫之关系，亦无法就此议题而论阳明跟朱子工夫之异同。

"已发之端"，乃善恶萌生之端，故"几"严格意义上乃是一经验性的、善恶混杂的意念初生态，并坚持说《系辞》中"吉之先见者"吉字下面漏一"凶"字（《汉书》引《系辞》即云："几者，动之微，吉凶之先见者也。"），"几自是有善有恶"①，"几者，动之微。微，动之初，是非善恶于此可见；一念之生，不是善，便是恶"②，"'几者动之微'，是欲动未动之间便有善恶，便须就这处理会。若到发出处，更怎生奈何得？所以圣贤说'谨独'，便是要就几微处理会"③。"几是动之微，是欲动未动之间，便有善恶，便须就这处理会。若至于发著之甚，则亦不济事矣，更怎生理会？所以圣贤说'戒慎乎其所不睹，恐惧乎其所不闻'。盖几微之际，大是要切。"④这些关于"几"（"几微"）的说法，均着重指出"几"之"凶"之一面，故须惺觉、审察、理会，一毫不谨，便会流于恶、流于自欺。而阳明则明确视"几"为良知之萌动处：或问至诚前知。先生曰："诚是实理。只是一个良知。实理之妙用流行就是神。其萌动处就是几。诚神几曰圣人。圣人不贵前知。祸福之来，虽圣人有所不免。圣人只是知几遇变而通耳。良知无前后。只知得见在的几，便是一了百了。"（《传习录》281:335—336）良知、实理之萌动曰几，则"几"自是"吉"而无"凶"，其积极的意涵甚为昭明。

三、"独知处"究竟如何用功？

就独知工夫之"入手处"而论，朱子论独知工夫时，尤其注重对"意"之亏欠现象（亦即"自欺"现象）的察觉，"独知"也因此构成了"诚意"关口至为关键的一环，意之"实"（"实"即"诚"）与

---

① 黎靖德辑，郑明等校点：《朱子语类》卷七十六，《朱子全书》第 16 册，第 2589 页。
② 黎靖德辑，郑明等校点：《朱子语类》卷九十四，《朱子全书》第 17 册，第 3149 页。
③ 黎靖德辑，郑明等校点：《朱子语类》卷七十六，《朱子全书》第 16 册，第 2588 页。
④ 黎靖德辑，郑明等校点：《朱子语类》卷九十四，《朱子全书》第 17 册，第 3150 页。

"不实"("不实"即"欠",即"自欺"),无有不自知者,故独知亦是"自知"。如所周知,朱子《大学》八目之中,尤重"格物"(致知)与"诚意"(正心),前者是"知之始",后者是"行之始"。就正心诚意一环,朱子更明确点出诚意是"紧要工夫":

> 问:"心,本也。意,特心之所发耳。今欲正其心,先诚其意,似倒说了。"曰:"心无形影,教人如何撑拄。须是从心之所发处下手,先须去了许多恶根。如人家里有贼,先去了贼,方得家中宁。如人种田,不先去了草,如何下种。须去了自欺之意,意诚则心正。**诚意最是一段中紧要工夫。下面一节轻一节。**"
>
> 问:"心者,身之主;意者,心之发。意发于心,则意当听命于心。今曰'意诚而后心正',则是意反为心之管束矣。何也?"曰:"**心之本体何尝不正**。所以不得其正者,盖由邪恶之念勃勃而兴,有以动其心也。譬之水焉,本自莹净宁息,盖因波涛汹涌,水遂为其所激而动也。更是大学次序,**诚意最要**。学者苟于此一节分别得善恶、是非、取舍分明,则自此以后,凡有忿懥、好乐、亲爱、畏敬等类,皆是好事。大学之道,始不可胜用矣。"①

段落一所言工夫须从"心之所发处下手",而下手方式即是类似于"去贼"、"去草"之"拔去恶根法",这个方法也就是阳明所说的"**省察克治法**"②。段落二中"心之本体何尝不正"更是阳明"必就心之发动

---

① 黎靖德辑,郑明等校点:《朱子语类》卷十五,《朱子全书》第14册,第488、490页。

② "一日论为学工夫。先生曰:'教人为学不可执一偏。初学时心猿意马,拴缚不定。其所思虑多是人欲一边。故且教之静坐息思虑。久之,俟其心意稍定。只悬空静守,如槁木死灰,亦无用。须教他省察克治。省察克治之功,则无时而可间。如去盗贼,须有个扫除廓清之意。无事时,将好色好货好名等私,逐一追究搜寻出来。定要拔去病根,永不复起,方始为快。**常如猫之捕鼠。一眼看着,一耳听着。才有一念萌动,即与克去。斩钉截铁,不可姑容与他方便。不可窝藏。不可放他出路。方是真实用功。方能扫除廓清**。到得无私可克,自有端拱时在。虽曰"何思

处方可着力"所诉诸之根据（详下）。阳明就"正心"与"诚意"关系所发之议论大致皆未越出朱子之矩矱：

> 工夫难处，全在格物致知上。此即诚意之事。**意既诚，大段心亦自正，**身亦自修。(《传习录》88:111)
>
> 守衡问："《大学》工夫只是诚意。诚意工夫只是格物修齐治平。只诚意尽矣。又有正心之功。有所忿懥好乐，则不得其正。何也？"先生曰："此要自思得之。知此则知未发之中矣。"守衡再三请。曰："为学工夫有浅深。初时若不着实用意去好善恶恶，如何能为善去恶？这着实用意，便是诚意。然不知心之本体原无一物，一向着意去好善恶恶，便又多了这分意思，便不是廓然大公。《书》所谓'无有作好作恶'，方是本体。所以说有所忿懥好乐，则不得其正。**正心只是诚意工夫里面，体当自家心体，**常要鉴空衡平，这便是未发之中。"(《传习录》119:140—141，标点略有改动)

这两段文字皆清楚表明正心工夫亦由诚意入手。通观阳明讲"正心"工夫的文字，其要均扣在**就诚意中体当自己心体**这一向度上。具体言，正心工夫即是常令自家心体"廓然大公，无有些子不正处"，"不可滞于有，有不可堕于无"（所谓"鉴空衡平"），然而，"至善者心之本体也"，心之本体哪有不善？故如要正心，本体上却又无可用工，"必就心之发动处才可着力也"，而就心之发动处着力，则恰是诚意工夫之所在。

不过，在朱子那里，诚意工夫固然关键，但必与格物致知对举而

（接上页）何虑"，非初学时事。初学必须思省察克治。即是思诚。只思一个天理。到得天理纯全，便是何思何虑矣。'"(《传习录》39:75—76)阳明这里以"去盗贼"、"捕鼠"之喻来阐明省察克治之功，与朱子诚意说如出一辙。另阳明亦用"伐树拔根"之喻摹状省察克治法，见《传习录》19:58—59。

成**两轮一体工夫**方平正无弊，无格物致知之功，则义理无由明，"此心愦愦，何事于操存也"①。阳明之异于朱子处在于：

（1）将"格物"工夫归结为"诚意"。观龙场悟道后至致良知教提出之前，"诚意"无疑是阳明工夫论之中心。蔡希渊问："文公《大学》新本，先格致而后诚意工夫。似与首章次第相合。若如先生从旧本之说，即诚意反在格致之前。于此尚未释然。"先生曰："《大学》工夫即是明明德。明明德只是个诚意。诚意的工夫只是格物致知。若以诚意为主，去用格物致知工夫，即工夫始有下落。即为善去恶，无非是诚意的事。如新本先去穷格事物之理。即茫茫荡荡，都无着落处。须用添个敬字，方才牵扯得向身心上来。然终是没根源。若须用添个敬字，缘何孔门倒将一个最紧要的字落了，直待千余年后要人来补出？正谓以诚意为主，即不须添敬字。所以举出个诚意来说。正是学问的大头脑处。于此不察，真所谓毫厘之差，千里之谬。大抵《中庸》工夫只是诚身。诚身之极即是至诚。《大学》工夫只是诚意。诚意之极便是至善。工夫总是一般。今说这里补个敬字，那里补个诚字，未免画蛇添足。"（《传习录》129：154—155）《大学》工夫只是诚意，《中庸》工夫只是诚身，阳明更有"诚是心之本体"的说法（《传习录》121：144）。他反复强调"诚意"是"《大学》之要"，"工夫到诚意始有着落处"，又说圣人之学"只是一诚而已"②。早在跟徐曰仁论学时，

---

① 黎靖德辑，郑明等校点：《朱子语类》卷十五，《朱子全书》第14册，第481页。在朱子那里，《大学》修身八目有两大关口，一是"致知关"，一是"诚意关"：致知是梦觉关，诚意是恶善关。透得致知关则觉，不然则梦。透过诚意之关则善，不然则恶。透过致知所觉之义理，诚意则不会陷入盲目，两者之关系是知行之关系：知之愈明，则意愈诚，行愈力。然两关工夫不可固化为两个不相干的阶段：舜功问："致知、诚意是如何先后？"曰："此是初一发同时做底工夫，及到成时，知至而后意诚耳。不是方其致知，则脱空妄语，猖狂妄行，及到诚意方始旋收拾也。"（见黎靖德辑，郑明等校点：《朱子语类》卷十五，《朱子全书》第14册，第485页）故鄙人以"**两轮一体工夫**"概括朱子工夫论之特色。

② 先生尝谓人但得好善如好好色，恶恶如恶恶臭，便是圣人。直初时闻之，觉甚易。后体验得来此个功夫着实是难。如一念虽知好善恶恶，然不知不觉又夹杂去了。才有夹杂，便不是好善如好色，恶恶如恶恶臭的心。善能实实的好，是无念不善矣。恶能实实的恶，是无念及恶矣。

阳明即指出"**格物是诚意功夫**"①。正德八年癸酉（42岁），阳明更是标举"立诚"二字接引弟子："仆近时与朋友论学，惟说'立诚'二字。杀人须就咽喉上著刀，吾人为学当从心髓入微处用力，自然笃实光辉。虽私欲之萌，真是洪炉点雪，天下之大本立矣。若就标末妆缀比拟，凡平日所谓学问思辩者，适足以为长傲遂非之资，自以为进于高明光大，而不知陷于狠戾险嫉，亦诚可哀也已！"②即便在滁州教门人习静坐，阳明亦是从省察与诚意一环指点。孟源问"静坐中思虑纷杂，不能强禁绝"，阳明答曰："纷杂思虑，亦强禁绝不得；只就思虑萌动处省察克治，到天理精明后，有个物各付物的意思，自然精专无纷杂之念；《大学》所谓'知止而后有定'也。"在甲戌（43岁）《答王天宇》的信中，王阳明亦说："君子之学以诚意为主，格物致知者，诚意之功也。"同年还致书王纯甫，叮嘱说"只兀兀守此昏昧杂扰之心，却是坐禅入定，非所谓'必有事焉'者也"③。可以说，阳明早期工夫论"诚意"是最关键的一环，此与朱子诚意、格致对举之做法自然不同。

（2）进一步由"诚意"而溯至"致知"。因对朱子致知与诚意两关说颇为熟稔，故弟子每每就阳明单举"诚意"一元工夫而生疑惑："天理人欲知之未尽"，如何可用诚意工夫？（《传习录》65:95—96）专一涵养而不务讲求义理，如何可避免认欲作理？（《传习录》96:116—

（接上页）如何不是圣人？**故圣人之学，只是一诚而已**。（《传习录》229:305）先生曰："人但一念善，便实实是好。一念恶，便实实是恶。如此才是学。不然，便是作伪。尝问门人圣人说'知之为知'二句，是何意思？二友不能答。先生曰：**要晓得圣人之学，只是一诚**。"（《传习录》拾遗23:402）

① 徐曰仁自叙云："爱因旧说汩没，始闻先生之教，实是骇愕不定，无入头处。其后闻之既久，渐知反身实践。然后始信先生之学，为孔门嫡传。舍是皆傍蹊小径，断港绝河矣。如说格物是诚意的工夫。明善是诚身的工夫。穷理是尽性的工夫。道问学是尊德性的工夫。博文是约礼的工夫。惟精是惟一的工夫。诸如此类，始皆落落难合。其后思之既久，不觉手舞足蹈。"

② 王阳明：《与黄宗贤》，《王阳明全集》卷四，第152页。阳明以"立诚"二字接引弟子，亦见《赠林典卿归省序》，《王阳明全集》卷七，第235页。《赠周以善归省序》，《王阳明全集》卷七，第237页。对"诚"之强调一直见于阳明晚年思想，作于丙戌年（阳明55岁）《南冈说》有语："夫天地之道，诚焉而已耳；圣人之学，诚焉而已耳。"《王阳明全集》卷二十四，第908页。

③ 王阳明：《与王纯甫 三》，《王阳明全集》卷四，第157页。

117）无穷理之工夫，何由居敬？（《传习录》117：137—138）……诸如此类的疑惑其均源自上引朱子"此心愦愦，何事于操存也"之问题意识。这一类疑问或成为阳明由"诚意为本"转向"致知为本"的一个重要因缘。何以言此？吾人对比两个《大学古本序》与《大学问》对"工夫次第"之阐述（见下表），稍加辨析，便一目了然。

《大学古本序》 （正德十三年）	《大学古本序》 （嘉靖二年）	《大学问》 （嘉靖六年）
《大学》之要，诚意而已矣。诚意之功，格物而已矣。**诚意之极，止至善而已矣**。正心，复其体也；修身，著其用也。以言乎己，谓之明德；以言乎人，谓之亲民；以言乎天地之间，则备焉。是故至善也者，心之本体也；动而后有不善。意者，其动也；物者，其事也。**格物以诚意，复其不善之动而已矣。不善复而体正，体正而无不善之动矣**，是之谓止至善。 圣人惧人之求之于外也，而反覆其辞。旧本析，而圣人之意亡矣！是故不务于诚意，而徒以格物者，谓之支；不事于格物，而徒以诚意者，谓之虚；支与虚，其于至善也远矣！合之以敬而益缀，补之以传而益离。吾惧学之日远于至善也，去分章而复旧本，傍为之什以引其义，庶几复见圣人之心，而求之者有其要。噫！**罪我者，其亦以是矣**。	大学之要，诚意而已矣。诚意之功，格物而已矣。诚意之极，止至善而已矣。**止至善之则，致知而已矣**。正心，复其体也。修身，著其用也。以言乎己，谓之明德；以言乎人，谓之亲民；以言乎天地之间，则备矣。是故至善也者，心之本体也。动而后有不善。**而本体之知，未尝不知也**。意者，其动也；物者，其事也。**致其本体之知，而动无不善。然非即其事而格之，则亦无以致其知。故致知者，诚意之本也；格物者，致知之实也。物格则知致意诚。而有以复其本体**，是之谓止至善。 圣人惧人之求之于外也，而反覆其辞。旧本析，而圣人之意亡矣！是故不务于诚意，而徒以格物者，谓之支；不事于格物而徒以诚意者，谓之虚；**不本于致知而徒以格物诚意者，谓之妄**。支与虚与妄，其于至善也远矣！合之以敬而益缀，补之以传而益离。吾惧学之日远于至善也，去分章而复旧本，傍为之什以引其义，庶几复见圣人之心，而求之者有其要。噫！**乃若致知，则存乎心悟。致知焉，尽矣**。	盖身、心、意、知、物者，是其工夫所用之条理，虽亦各有其所，而其实只是一物。格、致、诚、正、修者，是其条理所用之工夫，虽亦皆有其名，而其实只是一事……故欲修其身者，必在于先正其心也……盖心之本体本无不正，自其意念发动，而后有不正。故欲正其心者，必就其意念之所发而正之……然意之所发，有善有恶，不有以明其善恶之分，亦将真妄错杂，虽欲诚之，不可得而诚矣。故欲诚其意者，必在于致知焉……今欲别善恶以诚其意，惟在致其良知之所知焉尔。何则？**意念之发，吾心之良知既知其为善矣，使其不能诚有以好之，而复背而去之，则是以善为恶，而自昧其知善之良知矣。意念之所发，吾心之良知既知其为不善矣，使其不能诚有以恶之，而复蹈而为之，则是以恶为善，而自昧其知恶之良知矣**。……然欲致其良知，亦岂影响恍惚而悬空无实之谓乎？是必实有其事矣。故致知必在于格物……

原序工夫之中心在于诚意："……不**本于**诚意，而徒以格物者，谓之支；不事于格物，而徒以诚意者，谓之虚。"修身工夫以诚意为本，离此本而格物，则为支离；舍格物而徒空头诚意，则既缺乏事上磨炼之功，又流于枯槁虚寂之偏，是谓"虚"。嘉靖二年①新序最重要的改动是在"诚意"外又标出"诚意之本又在于致知"："诚意之极，止至善而已矣"句后补以"止至善之则，致知而已矣"，"心之本体也，动而后有不善"句后补以"而本体之知，未尝不知也"，而原来较为笼统的"格物以诚意，复其不之动而已矣"被修订为"至其本体之知，而动无不善，然非即其事而格之，则亦无以致其知。故致知者，诚意之本也；格物者，致知之实也……"，"本于诚意"则被易为"务于诚意"，并补以"**本于致知**"这一关键环节，"……不**务于**诚意，而徒以格物者，谓之支；不事于格物，而徒以诚意者，谓之虚；**不本于致知而徒以格物诚意者，谓之妄。……噫！乃若致知，则存乎心悟。致知焉，尽矣。**"由此数语之改可观阳明工夫论之转进。毫无疑问，这些改动的核心在于加入了"致知"一环，并因此而重新调整了诚意、致知、格物之关系。前此之"诚意为本"与今之"致知为本"有何异同？前文所引"工夫到诚意始有着落处。然诚意之本又在于致知也"，"诚意"与"致知"之关系究竟如何理解？**"不本于致知而徒以格物诚意者，谓之妄"**又作何解？这在新序之中只是点到为止，而在旁释之正文亦未有正面之阐述②，以致当今学者有"未及深究"之感慨。其实，新序

---

① 《王阳明全集》将新序系为嘉靖二年，亦有学者认为是正德十六年（见束景南：《阳明佚文辑考编年》下，上海：上海古籍出版社，2012 年，第 678—679 页），但阳明本人短序三易其稿的说法，让学界怀疑束说有武断之嫌（见邓国元：《王阳明〈大学古本旁释〉献疑与辨证》，《中国哲学史》2014 年第 1 期，第 95—103 页），今之系年仍从《王阳明全集》。

② 改定的《大学古本傍释》也只有稍许变动，即在"古之明明德于天下……致知在格物"论工夫次第一章，增加了一段"致知"跟诚意、正心关系之文字："如意用于事亲，即事亲之事格之，必尽夫天理，则吾事亲之良知无私欲之间而得以致其极。知致，则意无所欺而可诚矣；意可诚，则心无所放而可正矣。"

在"动而后有不善"所补**"而本体之知，未尝不知也"**一句是问题之关键：动后有善念有恶念，而作为本体之良知对此善念、恶念当下即有觉察，没有这种良知"未尝不知"之觉察，"诚意"便会陷入盲目，故阳明才会说**"不本于致知而徒以格物诚意者，谓之妄"**，这也正是朱子"此心愦愦，何事于操存也"之意思。到《大学问》，新序"事于格物"、"务于诚意"、"本于致知"的说法不见了，代之而来的是"身、心、意、知、物"只是"一物"、"格、致、诚、正、修"也只是者"一事"说，这就从根本上杜绝了工夫多歧之误解。而"致知"与"诚意"关系则有进一步之论述：性无不善，心之本体本无不正，故本体上无可用功，而"意"为心之"所发"，"正"与"不正"只有在"一念发动处"表现出来，故诚意只能在"发处"用功①，正心之工夫也必就此心之发动处，方可着力。一念而善，则好之如好好色；一念而恶，则恶之如恶恶臭，此亦即是"诚意"。然而"诚意"之所以可能，"心之发动处"之所以能够成为工夫之"着落处"，必有一预设，即吾人对此一念发动处当下即有觉察而能"明其善恶之分"，如茫然无察，事后方觉，则着力、用功均成为空谈："真妄错杂，虽欲诚之，不可得而诚矣"，此显系以《中庸》"不明乎善，不诚乎身"阐释《大学》"致知"（明乎善）与"诚意"（诚乎身）之关系。"诚意"工夫只能由此"明此善恶之分"的"明"处入手，知其为善，则诚善之，知其为恶，则诚恶之，而丝毫不昧其知善知恶之良知，此即是"致知"。

《大学问》与新序相比，还有另一个重大变化，即新序中的**"乃若致知，则存乎心悟"**一语不再出现，这确实耐人寻味。罗念庵曾对新

---

① 另参："然至善者心之本体也。心之本体那有不善？**如今要正心，本体上何处用得工？必就心之发动处才可着力也。**心之发动不能无善。故须就此处着力，便是在诚意。如一念发在好善上，便实实落落去好善。一念发在恶恶上，便实实落落去恶恶。意之所发既无不诚，则其本体如何有不正的？故欲正其心在诚意，工夫到诚意始有着落处。然诚意之本又在于致知也。**所谓'人虽不知而己所独知'者。此正是吾心良知处。**然知得善，却不依这个良知便做去。知得不善，却不依这个良知便不去做。则这个良知便遮蔽了。是不能致知也。"（《传习录》317：368—369）

序出现这句"心悟"之语颇感诧异,谓"似与初本若两人然"①,然而此语究作何解?为何到《大学问》阳明又不复提出?阳明后学之中不乏将此语理解为"一悟本体即是功夫"之人。倘如此解,则"诚意"成为"以功夫合本体",这难免启人"诚意"非究竟功夫之遐思。此钱德洪观察最为细致,他曾指出阳明立教揭"诚意"为《大学》之要,致知格物是诚意之功,门弟子闻此言"皆得入门用力之地",但阳明没后,门弟子于"本体提揭过重","闻者遂谓诚意不足以尽道,必先有悟而意自不生",又谓"格物非所以言功,必先归寂而物自化"。德洪对这种"**不事诚意而求寂与悟**"之功法斥为"不入门而思见宗庙百官"②。钱子之告诫并未得到广泛认同,阳明后学多认为阳明此处"引而不发,待人自悟"之"致知存乎心悟"说乃是其见解高明处,是"**尽泄底蕴以俟后学**"之语。撇开钱子此处暗中所批评的龙溪(龙溪"先天正心"与"后天诚意"之区别,即德洪所谓不事诚意而求悟之典型)与双江("致虚守寂"、"格物无工夫",即德洪所谓"不事诚意而求寂")不论,刘师泉悟性修命、立体致用之性命兼修说实亦有将此"悟"专门视为一种修身法门之倾向,至其弟子王塘南则明确援引阳明"存乎心悟"说来证成其"性贵悟而后天贵修"之立论,并声称"**致知主悟,诚意主修**",阳明致知诚意的一元工夫遂被分为先天与后天两种工夫。凡此种种议论已说明阳明新序之中"致知存乎心悟"一语的确可称"险语"。鄙人以为阳明对**一悟透体**一门始终持谨慎态度,故面临龙溪所谓"四无"之请,阳明答曰:"汝中所见,我久欲发,恐人信不及,徒增躐等之病,故含蓄到今。此是传心秘藏,颜子、明道所不敢言者。今既已说破,亦是天机该发泄时,岂容复秘?"这里阳明明确说"一悟本体即是功夫"之教虽"久欲发",但"含蓄到今"。天

---

① 钱德洪编次,罗洪先考订:《阳明先生年谱》中卷,明嘉靖四十三年毛汝麒刻本。
② 钱明编校整理:《徐爱 钱德洪 董沄集》,南京:凤凰出版社,2007年,第123页。

泉证道发生于嘉靖丁亥九月，而《大学问》作为"师门教典"，"学者初及门，必先以此意授"，开始是口口相传，及阳明起征思、田，即天泉证道同年之八月，阳明方同意刻录成书。也就是说，《大学问》在时间上要早于天泉证道，这就意味着"致知存乎心悟"一语不应被理解为"**尽泄底蕴以俟后学**"之语，不然何来"久欲发"但"含蓄到今"之言？在鄙人看来，"致知存乎心悟"只不过是说"格、致、诚、正、修"之一元工夫最终必人实体而得之，别无他途，此同于《孟子》"梓匠轮舆，能与人规矩，不能使人巧"一语之所谓（朱子说规矩法度可告可传，巧则在其人之自悟，"盖下学可以言传，上达必由心悟"。见其《孟子章句》）。在此意义上，可以说钱德洪对此语的解读还是平实可信的："灵通妙觉，不离于人伦事物之中，在人实体而得之耳，是之为心悟。世之学者，谓斯道神奇秘密，藏机隐窍，使人渺茫恍惚，无入头处，固非真性之悟。若一闻良知，遂影响承受，不思极深研几，以究透真体，是又得为心悟乎？"[①]

阳明因不善会朱子格物说而致格竹子失败[②]，这一惨痛教训使得其工夫论之问题意识始终扣紧在**心髓入微**这一向度（所谓"工夫只在一念入微处"），而朱子"独知"之说恰恰彰显了修身工夫最为隐秘、最为切己的一面。阳明标举"**此独知处便是诚的萌芽**"，是诚身立命的工夫所在，并将"独知"范畴之外延与内涵均加以改变，其工夫之一元性、切己性由此而得以显豁，要之，"格致"与"诚正"收摄为"明

---

① 钱明编校整理：《徐爱 钱德洪 董澐集》，第 121—122 页。
② 阳明格亭前竹子七日劳思致疾而无所得，其后遂认定朱子格物说有忘内逐外之支离之弊。其实，朱子虽有上而无极、太极，下而至于一草、一木、一昆虫之微，亦各有理，故须要格，一物不格，则阙了一物道理之说，但他亦反复强调格物先从身上格去，又说一物格而万理通，虽颜子不能。在《答陈齐仲书》书中，朱子更是说："格物之论，伊川意虽谓眼前无非是物，然其格之也，亦须有**缓急先后之序，岂遽以为存心于一草木器用之间而忽然悬悟也哉**？且如今为此学而不穷天理、明人伦、讲圣言、通世故，乃兀然存心于一草木、一器用之间，此是何学问？如此而望有所得，是炊沙而欲其成饭也。"（刘永翔、朱幼文校点：《晦庵朱先生文公文集》卷三十九，《朱子全书》第 22 册，第 1756 页）阳明格竹子可谓存心于一草一木也，亦诚宜为朱子所嗤矣。故阳明格竹子失败非为朱子格物说误，实为误会朱子格物说所误。

诚"一如、知行合一之工夫。阳明再传弟子查铎云:"戒惧原是本体:觉悟而不戒惧,则所悟者犹是虚见;戒惧而非觉悟,则戒惧者犹是强制。殊不知戒惧即觉悟,觉悟不息则戒惧自不息矣。非觉悟之后,复有戒惧。亦非觉悟之后无复有所谓戒惧也。不知戒惧即本性自然之不息,则所谓觉悟者亦非本性自然之觉悟矣。"① 觉是觉非(知是知非),同时即是"是是非非"(是者,是之;非者,非之),明诚一如、知行合一之工夫就是此种即觉悟即戒惧的本体工夫。

四、由"独知"而知"独"

在"发处"、"发时"用功,绝不是在经验层面上打转,亦不仅仅是提防性地、防御性地审查意念初发时之真伪性质,而是由此"发时"、"发处",体证、体认、涵养、默识良知之本体、心之本体,悟得良知真头面。故阳明在强调"发时"、"发处"用功的同时,亦往往指出为学要有"本原"、须"得个头脑工夫"(《传习录》102:126);要养"喜怒哀乐未发之中"(《传习录》30:68;《传习录》67:97);"只要在性上用功"(《传习录》38:74);"但要识得心体"、"只要成就自家心体"(《传习录》44:82;《传习录》67:97);"要此心纯是天理,须就理之发见处用功。……随他发见处,即就那上面学个存天理"(《传习录》9:41);要"在自心上体当"(《传习录》31:69);"就己心之动处,辨别出天理来"(《传习录》拾遗26:404);"只在此心纯天理上用功"、"就自己心地良知良能上体认扩充"(《传习录》107:129);要做"立命的功夫"②;要存养、凝聚,"结圣胎",而此存养、凝聚之功亦不外是"念念存天理",亦"只从此一念存养扩充去耳"(《传习录》

---

① 查铎:《会语》,《毅斋查先生阐道集》卷四,《四库未收书辑刊》第7辑,第16册,北京:北京出版社,2000年,第482页。
② 一友自叹私意萌时,分明自心知得,只是不能使他即去。先生曰:"你萌时这一知处便是你的命根。当下即去消磨,便是立命功夫。"(《传习录》333:379)

16:57）；"须常常保守着这个真己的本体"（《传习录》122:146）；要"在良知上体认"、"只要在良知上用功"（《传习录》169:241,《传习录》238:310），"透得这个真机"（《传习录》264:325），在动处"真见得良知本体"（《传习录》拾遗38:411），"体认得自己良知明白"（《传习录》146:205）。这些贯彻阳明不同时段的工夫指点语，固出于不同的语脉，亦各有其不同的侧重，但却有一不变的基调，即**"发见处"用功既是省察的工夫（诚意的工夫），同时又是涵养的工夫（体认、涵养、默识本体的工夫）**，"省察是有事时涵养，涵养是无事时省察"（《传习录》36:72），即此之谓也。

在"发处"、"发时"用功，在根本上是要体认、挺立"未发"者。"未发"与"已发"只是一体用关系，而非先后关系，故工夫不再具有朱子意义上的时间性上的差异（用阳明本人的话说是"无先后内外"）。也正基于此，阳明甚至明确否定了朱子所谓的戒慎恐惧是针对"未发"而言的"致中"工夫，而持"因用以求其体"、"致和正所以致中"之立场，直问："戒慎恐惧是致和，还是致中？"先生曰："是和上用功。"曰："《中庸》言致中和。如何不致中？却来和上用功？"先生曰："中和一也。内无所偏倚。少间发出，便自无乖戾。**本体上如何用功？必就他发处，才着得力。**致和便是致中。万物育，便是天地位。"直未能释然。先生曰："不消去文义上泥。中和是离不得底。如面前火之本体是中。火之照物处便是和。举着火，其光便自照物。火与照如何离得？故中和一也。近儒亦有以戒惧即是慎独非两事者。然不知此以致和即便以致中也。"他日崇一谓直曰："未发是本体。本体自是不发底。如人可怒。我虽怒他，然怒不过当，却也是此本体未发。"后以崇一之说问先生。先生曰："如此却是说成功。**子思说发与未发，正要在发时用功。**"（《传习录》拾遗24:403）在"发处"、"发时"用功，正是"未发"工夫之所在，被朱子系于"未发"时的"戒慎恐惧"工夫，在阳明这里被明确系于"已发"时工夫（可谓**"未发工夫已发上**

用"），于是，在朱子那里因时间（未发时/静时、已发时/动时）而有分际的致中、致和工夫遂被合并为一个工夫（可谓"**致和即是致中**"）。王龙溪对乃师"中和一也"之工夫说有进一步之阐述："吾儒喜怒哀乐未发之中一言，乃是千圣之的，范围三教之宗，非用戒惧慎独切实功夫，则不可得而有。有未发之中，而后有发而中节之和，工夫只在喜怒哀乐发处体当，致和正所以致中也。内外合一，动静无端，原是千圣学脉。世之学者口谈未发之中，而未尝实用戒惧慎独之功，故放心无从收，而使夜气无所养。若是实用其功，不从见解言说抹过，由戒惧慎独以出中和，正是养夜气、收放心实际理地，正是动静合一真脉路。"① 只有在"事上"、"发上"不断省察而获得对良知本体主宰力量之积极的体认、体证与默识，所谓的"未发之中"才得到有效之存养。故对于弟子单纯靠静坐存心之工夫，阳明往往不予认可，并屡屡指出：宁静存心只是"定得气"，私心杂念仍"潜伏"在心灵深处，遇事必会"依旧滋长"（《传习录》28:66—67），故不能"徒知养静"，而不用"克己工夫"，"须在事上磨"（《传习录》23:62；《传习录》39:75），"随事事物物精察此心之天理"（《传习录》137:176）。②

---

① 王畿：《书陈中阁卷》，《王畿集》卷十六，第 478 页。
② "或问未发已发。先生曰：'只缘后儒将未发已发分说了。只得劈头说个无未发已发，使人自思得之。若说有个已发未发，听者依旧落在后儒见解。若真见得无未发已发，说个有未发已发，原不妨。原有个未发已发在。'问曰：'未发未尝不和。已发未尝不中。譬如钟声，未扣不可谓无，既扣不可谓有。毕竟有个扣与不扣，何如？'先生曰：'未扣时原是惊天动地。既扣时也只是寂天寞地。'"（《传习录》307:352）"动静只是一个。那三更时分空空静静的，只是存天理。即是如今应事接物的心。如今应事接物的心，亦是循此天理。便是那三更时分空空静静的心。故动静只是一个，分别不得。"（《传习录》231:307）显然，在阳明看来，人之心灵生活虽因所处遇而流动不居，但作为心灵生活的主宰（未发之中、良知）却并不因境遇异而变迁。宁静存心也罢，事上磨炼也罢，均是要培养此心之"主宰"能力。倘弟子明于此理，阳明亦不反对静坐存心之工夫："刘君亮要在山中静坐。先生曰：'汝若以厌外物之心去求之静，是反养成一个骄惰之气了。汝若不厌外物，复于静处涵养，却好。'"（《传习录》256:320）"一友静坐有见，驰问先生。答曰：'吾昔居滁时，见诸生多务知解口耳异同，无益于得。姑教之静坐。一时窥见光景，颇收近效。久之，渐有喜静厌动，流入枯槁之病。或务为玄解妙觉，动人听闻。故迩来只说致良知。良知明白。随你去静处体悟也好。随你去事上磨炼也好。良知本体，原是无动无静的。此便是学问头脑。'"（《传习录》262:324）

在阳明体用一元论思维架构下①，并不存在一个寡头的本体，任何针对本体的工夫必在发用上面入手。本体作为天理、良知、性体本身，即是一生生不息的力量，无时无刻不处在"发用流行"之中。"天地气机，元无一息之停。""人心自是不息。虽在睡梦，此心亦是流动。如天地之化，本无一息之停。"（《传习录》拾遗23：402）阳明标举一元的独知工夫自是基于此心体流行不息之实事（用"见在的几"描述良知正是彰显其生生不息的性质），同时又是出于工夫动静一如之考量。阳明认为，朱子将"独知"仅限于一念萌动之觉察上面，并将"戒惧"区隔为"己所不知"之做法，势必造成工夫上的"支离"与"间断"。此处所谓"支离"，即"歧出为二"，本是一元工夫而人为区隔成两节；既为"两节"，则两节之间必有"换手"一环、必有"歇手"之时，有换手一环、歇手之时，则必致工夫有"间断"之弊，便非"致一"之道。如非要就朱子所区隔的"戒惧"与"独知"二节而论不可，阳明则会说未起经验性意念之前的"戒惧之念"与跟经验性意念同起的"省察之念"皆是"独知"工夫之所在，在"发处"、"发时"用功，即在"独知处"用功。说到底，"戒惧之念"与"省察之念"均是扣紧"独知"不让之滑落、不让之堕入泯然无觉状态之努力。说到底，在阳明处，"独知"在本质上乃是心灵生活之中一直为而不有、潜行默运的自身贞定之向度，因为心之所发有善有不善，而吾心之良知无有不自知者。这种对"善"与"不善"之"知"即是"独知"，此种"独知"人人本具，但惟因常人受私欲遮蔽，往往让这种"独知"漫忽而过，遂流于自欺，而"戒慎恐惧"无非是慎此"独知"之工夫，亦即是致

---

① 就思维方式论，由于朱子中和新说将未发已发视为心灵生活先后相续的两个时段，而阳明则全然视未发已发是一体用范畴，由此，朱子认为"致中"（专言之"戒惧"）乃是未发之工夫（静工夫），"致和"（独知）乃已发之工夫（动工夫），两者不应漫然无别看待。阳明则坚持省一事，中和一道，动静一如。关乎阳明之思维方式，可参林月惠：《王阳明的体用观》，氏著：《诠释与工夫》，台北："中央研究院"中国文哲研究所，2008年，第147—180页。

良知工夫："**独知之知，至静而神，无不良者**。吾人顺其自然之知，知善知恶为良知，因其所知，而为善去恶为致良知。"[①]

五、结语

综上所述，我们可将阳明"独知"概念疏通如下：

（1）"独知"之"独"具有独立无待的**绝对义、超越义、独一无二义**。独知之为"独"，乃在于这种"知"跟"意念"、"见闻之知"不同。后者随境而有起灭，杂而无统，故属于情识流转之范畴，《易》之"憧憧往来"是也。"独知"则始终如一，此"一"乃是统摄"杂多"（"意念"、"见闻之知"）之"一"（"良知即是独知时，此知之外更无知"），此"一"即是"良知"在"意识流"中始终贞定其自身的力量。良知作为心灵生活之主宰者一定是一"独体"（"良知无有不独，独知无有不良"，"独即所谓良知也"），一独立无待、独一无二的主宰力量，正因为它是一种超然独存、与物无对的"独立"力量，故能不为情迁，不为境异，而在意识的大海之中始终起到"定海神针"的作用（"人人自有定盘针，万化根原总在心"）。

（2）这种绝对无待、超然独立的力量又普遍而恒在于吾人意识生活之中，故又可说"独知"具有**内在义**。"普遍"系指吾人一念之发之同时，其善恶与否，吾人之良知无有不自知者，这种对"意念"的即时的省察能力[②]乃是人人本具的，阳明说："良知者心之本体。即前所谓**恒照**者也。心之本体无起无不起。虽妄念之发，而良知未尝不在。但人不知存，则有时而或放耳。虽昏塞之极，而良知**未尝不明**。但人

[①] 吴光、钱明、董平、姚延福编校：《王阳明全集（新编本）》第5册，杭州：浙江古籍出版社，2010年，第1691页。

[②] 耿宁称之为"内意识"，见氏著：《人生第一等事》第二章"王阳明的第二个良知概念：对本己意向中的伦理价值的直接意识（本原意识、良心）"，倪梁康译，北京：商务印书馆，2014年。

不知察，则有时而或蔽耳。"（《传习录》152:214）又说："良知在人。随你如何，不能泯灭。虽盗贼亦**自知**不当为盗。唤他做贼，他还忸怩。"（《传习录》207:293）可见，这种"自知"、"省察"的活动乃内在于**所有人**（即便是昏塞之极之人、即便是盗贼亦不例外）之心灵生活中；"恒在"系指这种"独知"的力量乃统摄整个心灵生活之始终，"亘万古，塞宇宙，而无不周"，可以说，哪里有意念，哪里就有省察/独知的力量。故"独知"之"内在义"不外是说，独知乃普遍地存在于所有人的、整体的心灵生活之中。

（3）"独知"之"独"实是一"既超越又内在"之"独"："无声无臭独知时，此是乾坤万有基"，独知作为"超越"之"独体"，一"寂寞中的独体"（"无声无臭"）恰亦是"乾坤万有基"，故是一种即寂即感、"超越而内在"（所谓"无而未尝无"）的力量；"不离日用常行内，直造先天未画前"，独知在日用常行之中，为而不有，故亦是一即感即寂、"内在而超越"（"所谓有而未尝有"）的力量。

（4）"独知"之"独"亦意味着"独"为"己"所知的"**唯独**"义，即现象学意义上的本己意识。以"独知"指点"良知"更能显豁良知之心髓入微的切己性、不可让渡性（"知得良知却是谁，自家痛痒自家知"），故工夫只能在此隐微向度上用，否则，在"共知"、"共见"处用功，只能流于肤浅、装点与作伪。

一言以蔽之，在王阳明思想中，"**独知**"概念就是指这样一种先天的、人人本具的（普遍的）、自知自证的贞定吾人心灵生活之寂而常感、感而常寂的力量。

"心外无物"：一个心学命题的扩展研究

陈少明

（中山大学哲学系）

引言：从"南镇观花"说起

"心外无物"，一个表面上不合常理的命题，居然历几个世纪而聚讼不断，这意味着它的内涵不会如其字面所表达的那样简单。同时，一种观点的价值，不仅在于它提出或触及思想史上的重大问题，还在于其从自身的主张出发，有力量参与对传统的塑造。因此，重提这一经典论题，是我们步入与传统对话的一种途径。

王阳明南镇观花的公案，是理解问题的一个机缘：

> 先生游南镇，一友指岩中花树问曰："天下无心外之物，如此花树，在深山中自开自落，于我心亦何相关？"先生曰："你未看此花时，此花与汝心同归于寂。你来看此花时，则此花颜色一时明白起来。便知此花不在你的心外。"（《传习录下》，第275条）[1]

---

[1] 引自陈荣捷：《王阳明传习录详注集评》，台北：台湾学生书局，2006年。

这是一个思想史事件①，其独特之处，不在其文字与图景，而在于它的观念。文中对话再次涉及阳明心学的重要命题"心外无物"。同时，阳明的解答与其平日的说法相比，留下值得推敲的差异。通常的说法，心外无物的"物"是指事或者理，也可称"心外无事"或"心外无理"。而这则对话所面对的"物"，则是作为自然现象的物体本身。即"心外无物"并非是心外无事或心外无理的隐喻，它有自身的命题意义。然而，新的说法，究竟能否与以往的见解相协调，是问题的焦点。如果前后表达的实质是一致的，便有需要通过在更深层次上的思考、沟通，才能有效弥合直观上的差别。倘若两者实在存在无法调和的矛盾，则需要提出进一步的问题，即站在心学的立场上，如何处理接纳自在之物的存在这一经验事实？

这是富于诱惑力的任务。本文的问题是心学的，线索来自记载阳明学说的《传习录》，而引申的论说，则期望通向更广阔的哲学视域。

一、问题症结：物与非物

让问题从追溯阳明平日的说法开始。翻检《传习录》即知，王阳明不止一次在答问中把"心外无物"之"物"界定为事或理。当弟子徐爱提出"格物的'物'字，即是'事'字，皆从心上说"时，阳明肯定地说："身之主宰便是心，心之所发便是意，意之本体便是知，意之所在便是物。如意在于事亲，即事亲便是一物。意在于事君，即事君便是一物。意在于仁民爱物，即仁民爱物便是一物。意在于视听言动，即视听言动便是一物。所以某说无心外之理，无心外之物。"（《传习录上》，第6条）"意之所在便是物"是"四联句"的焦点，这个物

---

① 参拙作：《什么是思想史事件？》，载《经典世界中的人、事、物》，上海：上海三联书店，2008年。

不是意识的外部对象，而是受意识所支配的行为，如事亲事君或仁民爱物，所以叫作事。事在人为，不存在没有意图而产生行为的现象。由于所举之事均属伦理行为（区别于技术工作），而面对同一对象，如亲或君，不是所有的人的行为态度都必然一致规范，可见相关的规范或伦理之理，如"孝之理"或"忠之理"，并非具体行为对象的属性。

从而，阳明继续断定："夫物理不外于吾心。外吾心而求物理，无物理矣。遗物理而求吾心，吾心又何物邪？心之体，性也。性即理也。故有孝亲之心，即有孝之理，无孝亲之心，即无孝之理矣。有忠君之心，即有忠之理，无忠君之心，即无忠之理矣。理岂外于吾心邪？"（《传习录中答顾东桥书》，第133条）这种理或规范只存在行为者的心中，有心才有理，理即系本然状态——性，或称良知的组成部分。这个"物理"实际是事理，也即涉及人伦关系之伦理。故心外无理与心外无事，意义可相通，但这个"事"必须限制在正当的事上。这是心学的基本思路，大多数学者对此看法一致。

问题在于，为何阳明不限于直截了当说"心外无事"或"心外无理"，偏要继续使用易生歧义的"心外无物"呢？这与他的问题意识有关。就宋明儒学内部而言，心学的兴起与发展，同理学的思想矛盾相关。身处明代的王阳明，洞悉程朱理学存在的问题，其争辩的内容之一，是争夺对《大学》的解释权。前文引述的"身之主宰便是心……"四联句中，身、心、意、知、物几个关键词所对应的，正是《大学》"古之欲明明德于天下者……"中的经典论题："欲修其身者，先正其心；欲正其心者，先诚其意；欲诚其意者，先致其知；致知在格物。"阳明同朱子的对立是多层次的，对"格物"理解的不同是分歧之一。他认为朱子"即物穷理，是就事事物物上求其所谓定理者也。是以吾心而求理于事事物物之中，析心与理而为二矣"。只有"致吾心良知之天理于事事物物，则事事物物皆得其理矣。致吾心之良知者，致知也。事事物物皆得其理者，格物也。是合心与理而为一者也"（《传习录中答顾东桥书》，第135条）。这是针对朱子格物补传所作的批评。

在阳明看来，朱子的物，包括一草一木，是外在于心的事事物物。但"纵格得草木来，如何反来诚得自家意？"这条外求格物的思路，是无法达成正心诚意的修身目标的。他"解格作'正'，物作'事'"，正是拨乱反正，循其所指，会有立竿见影之功效。"故欲修身，在于体当自家心体。常令廓然大公，无有些子不正处。"（《传习录下》，第317条）朱子欲格的事事物物中的"物"，至少包含着原本与心无直接关联的自然物。阳明原先也是这样理解并追随朱子的，所以他有过"格竹"失败的经验。据其所述，这个经验对他日后改变对"物"的理解，起了关键的作用：

> 先生曰："众人只说格物要依晦翁，何曾把他的说去用？我着实曾用来。初年与钱友同论做圣贤要格天下之物，如今安得这等大的力量？因指亭前竹子，令去格看。钱子早夜去穷格竹子的道理。竭其心思，至于三日，便致劳神成疾。当初说他这是精力不足，某因自去穷格。早夜不得其理。到七日，亦以劳思致疾。遂相与叹圣贤是做不得的，无他大力量去格物了。及在夷中三年，颇见得此意思，乃知天下之物，本无可格者，其格物之功，只在身心上做。决然以圣人为人人可到，便自有担当了。这里意思，却要说与诸公知道。"（《传习录下》，第318条）

故事表明，年轻的王阳明，曾试图通过对外物的静观获致成贤成圣的道德力量，没有成功。这一现身说法很重要，它提供了阳明日后坚持以事（或理）解物的原因与理由。伦理之理不能从自然之物中获致，必须反求自心才能证知。阳明的觉悟，把"物"理解为非物，导致其扭转理解经典文本与修身经验联系的方向，开启了新的意义之门。但是，当他"心外无物"的教义得以传播之时，"天下万物"，包括一石一木，离开心（不管个人的还是人类的）是否也能独立存在，这一问题并未得到明确的处理。同时，物与事是否真的没任何区别，也未见有真正的澄清。此外，儒家视天下万物为一体，万物当中并非同类的人与物如何成一体，也是需要进一步阐述的课题。对此，不惟前人有惑，今人也有疑。所以，这个以"心外无物"为标识的思想体系，在心、物对立的现代哲学潮流中，也存在定位的困扰。

二、在心、物对立的谱系中

其实，"心外无物"这一命题，单就其既挑战权威（朱子），又挑战经验的态度，就注定它从问世之日始就充满争议。不仅论敌抵制，就是自家阵营，也疑问不断。物在心外，本系常识，如何否定得了？是故弟子疑曰："物在外，如何与身心意知是一件？"（《传习录下》，第201条）友人也问："天下无心外之物，如此花树，在深山中自开自落，于我心亦何相关？"（《传习录下》，第275条）问题都是一致的，就是疑心阳明的主张否认经验，背弃常理。

因此，20世纪的唯物论者将王学当作唯心论的经典标本，是持之有故的。普通教科书的一般论断是：王阳明"不但断言'心外无理'，而且硬说'心外无物'、'心外无事'，荒谬地否认客观世界的存在。他认为，离开人天赋的'良知'，就无所谓万物"。"他企图从人们认识事物的存在必须通过感觉来论证事物的存在依靠于感觉，这完全是诡辩。他的这个回答和英国主教贝克莱的'存在即被感知'的主观唯心主义命题相类似。"他甚至认为，"'我的灵明'是天地万物的'主宰'，天地万物都依靠我的知觉而存在"。这是明显的唯我论。[①]

平心而论，在心、物对立的潮流中，把阳明心学划归"唯心主义"

---

① 北京大学哲学系编：《中国哲学史》下册，北京：人民出版社，1980年，第116—117页。

并无不妥。问题在于,"否认客观世界的存在"或者"唯我论"这些论断的确切意义是什么?以及主观唯心主义是否都是一种类型,例如是否都若贝克莱?这些都有讨论的余地。因此澄清阳明心学在一般唯心主义谱系中的位置,对我们发掘"心外无物"命题的潜在意义,是必要的工作。这里,乔治·摩尔关于唯心主义的界定,可以为分析提供方便。摩尔是早期分析哲学的代表,极具常识感的哲学家,他评论某些哲学家让他惊异之处,在于持有与常识不相容的观点。这些哲学家,有时候对常识承认其存在的事物,采取否认其存在的态度;有时候又对常识不承认它存在的事物,采取肯定它存在的立场。[1] 前者如否认自然世界的实在性,后者则是肯定超自然的神灵的存在。这类背离常识的哲学家,在唯物主义者看来,自然是唯心主义的。不过,在《对唯心主义的驳斥》中,摩尔对唯心主义有更直接的揭示:"现代唯心主义如果对宇宙有任何一般结论的话,就是断言宇宙根本上是精神性的。"这种主张大致包含两个观点:"(1)宇宙非常不同于它看起来的样子,以及(2)它有相当大数目的内容并不像它被看到的那样。椅子、桌子和山川看起来非常不同于我们,但当整个宇宙被宣称是精神性的时候,它肯定是断言,它们远比我们所预想的更像我们。"所谓更像我们(具有意识的人类),指的是"当整个宇宙被宣称是精神性的,不仅意味着在某些方面它是有意识的,而且是被我们自己承认为更高的意识形式"[2]。简言之,宇宙有"更高的意识形式",指的就是它具有超越于自然和人类之上超验的精神力量。摩尔对唯心主义的这种描述,即是上述"对常识不承认它存在的事物,采取肯定其存在的立场"的哲学观的一种具体说明。他对唯心主义的看法,与我们哲学教科书上的界定

---

[1] George Edward Moore, *Some Main Problems of Philosophy*, London: George Allen & Unwin Ltd., 1953, p. 2.

[2] George Edward Moore, *Philosophical Studies*, Totowa, New Jersey: Littlefield, Adams & Co., 1968, pp. 1-2.

角度略有不同，但指向的对象是相通的。教科书从意识与存在的关系入手，把断定意识决定存在者定义为唯心主义，同时还区分出两种不同的类型，一种为主观唯心主义，另一种为客观唯心主义。而这种划分与摩尔描述的"对常识承认其存在的事物，采取否认其存在的态度"与"对常识不承认它存在的事物，采取肯定它存在的立场"。两种唯心主义的表现，恰好对应。

摩尔如何反驳唯心主义，不是本文的问题，我们的兴趣在于如何理解阳明观点的性质。如前所述，至少就"心外无事"或"心外无理"而言，其内涵并不断定任何与常识相冲突的立场。虽然，"心外无物"的说法，表面上有类于"对常识承认其存在的事物，采取否认其存在的态度"，然而，对南镇观花的重新解读，可能扭转对问题理解的方向。

回到南镇观花的场景上来，当友人指岩中花树发问"天下无心外之物，如此花树，在深山中自开自落，于我心亦何相关？"时，实际是在质疑"心外无物"违背常识。在这一意义上，岩中花树与庭前竹子性质是一样的。当年格竹失败后，阳明观点已经有了脱胎换骨的变化。他把物置换成事或理，"格物"变成"正心"，外物自然被排除在理论的视野之外。然而常识是顽固的，思想还得面对。这一次，他再没有说物就是事，而是提供新的思路："你未看此花时，此花与汝心同归于寂。你来看此花时，则此花颜色一时明白起来。便知此花不在你的心外。"对此，现代批判家认为，这是贝克莱式的观点，"存在即是感知"。阳明面对问题，给出的只是极端主观主义的答案而已。然而，问题更可能是，阳明答非所问，默认了心外之物的存在。他的答案不是针对花树是否能离开心而存在，而是赋予"心外无物"新的含义。即被观看与不被观看的物，本质上不同，把存有论变成意义论问题。[①]

[①] 20世纪90年代以来，中文有关王学的重要著作，在现象学的影响下，对阳明观花树的议论都有观点上的变化。如陈来的《有无之境——王阳明哲学的精神》(北京：人民出版社，1991年，第58—61页)，与杨国荣的《心学之思——王阳明哲学的阐释》(北京：生活·读书·新知

友人提问的对象是整棵的树，由于其想通过描述树花来强调树的自在性，却让阳明顺水推舟，把它转换成花景的显现问题。观树花是一种审美经验，它与基于实用的目标（取木材或清除障碍）而打量对象眼光不一样。同样的花，不同观赏者可以有不同的评价，它依不同的素养、品位、心情而变化。陶潜咏菊与黛玉葬花，思绪就很不一样。审美系趣味判断，没有可争辩的标准。当阳明得出赏花时"此花不在你的心外"，是一种经验之谈。而说"花归于寂"时，指的是花作为审美对象的姿态没有在心灵中呈现出来，并非指作为物体的花树在三度空间中消失。审美是人对对象的一种体验，体验的过程也是评价的过程。对事物的评价，不只限于审美，更包括道德。两者均与主体的态度或立场相关。阳明的辩解，客观上是对理的含义的重要补充。心外无理的理，既可以是（伦理）规范，也可以是（审美）趣味。区别在于，伦理涉及人的行为，它对对象会产生经验因果效应；但审美只是在意识状态中，并不对对象构成经验的触动，如果是行为也只是意识行为。所谓欣赏或评价就是赋予对象以意义，没被评价的对象，意义就不会显示出来。依此，不仅事、理不在心外，物能否被欣赏评价，也与心相关。依此，"心外无物"更确切的含义便是，任何事物离开人心的关照，意义得不到确认，或者它与人的价值关系无法确立。换句话说，心不是万物存在的前提，而是其意义呈现的条件，甚至根源。如果还要保留唯心论这个词，心学便是意义论上的唯心论。

事实上，阳明罕有从物理意义上论及"心外无物"，更谈不上对其作如对"心外无事"与"心外无理"那样细致的阐释。究竟是因为他更关注人的伦理意识，无暇旁顾，还是思考不充分而留下空当，我们

（接上页）三联书店，1997年，第100—103页）。前者着眼于审美经验的分析，后者则引申出意义世界的建构问题。另外，杨著对阳明与贝克莱的区别也进行恰当的辨析（第106—107页）。

暂不推测。人类在物理世界生存，没有物的观点的世界观是不完整的，幸好阳明留下可让我们继续弥补充实的思想空间。下文将沿着心学的方向，扩展对心、物关系的论述。它将遵循两个前提，一是肯定物的独立存在，二是心为物之意义的条件或根源。前者承认经验的事实，后者接受心学的宗旨，两者均为心学扩展的条件。

三、以心为本，纳物入心

既要承认物之独立存在，又得肯定心为物之意义呈现的条件或根源，成为新的论述的关键。从心外之物与心中之物的对比入手，将是我们确定心、物关系的重要途径。心、物相对而论，物的界定依据常识，即不系于心的起灭而存在的对象，其主要特征是在三度空间占据一定的位置。就此而言，不仅无生命者、生物，还有人（包括他人以及自身），均有物的特征。虽然不同质的物，与心的关系应有区别，但本节先以抽象的物为对象。

对心的界定比对物的界定复杂。循王阳明的说法："心不是一块血肉，凡知觉处便是心，如耳目之知视听，手足之知痛痒，此知觉便是心也。"（《传习录下》，第332条）"所谓汝心，亦不专是那一团血肉。若是那一团血肉，如今已死的人那一团血肉还在。缘何不能视听言动？所谓汝心，却是那能视听言动的，这个便是性，便是天理。"（《传习录上》，第122条）不是一团血肉，便既非心脏，也非大脑，而是知觉能力。它既感知外部，如"耳目之知视听"；也感知自身，"手足之知痛痒"。而更为完整的说法是：

> 心者身之主也，而心之虚灵明觉，即所谓本然之良知也。其虚灵明觉之良知，应感而动者谓之意。有知而后有意，无知亦无意矣。知非意之体乎？意之所用，必有其物，物即事也。（《传习

录中·答顾东桥书》，第137条）

分析一下，心是意识或精神现象，它是身体的主宰，所谓"虚灵明觉"是其存在状态。"虚灵"是非封闭，而具内在活力的情状，它有别于其他无心之物，但不是空无。"明觉"则是其对身体、事物感应思虑的能力。这样，它才能容纳或应对无限多的理、事、物。所以也用"天渊"喻心灵之无比宽广："人心是天渊。心之本体，无所不该，原是一个天。……心之理无穷尽，原是一个渊。"（《传习录下》，第222条）依王阳明，它也就是人人生而有之的良知。心或良知不仅有知觉的作用，还能起意，即具备支配行为的能力，所以它才是身之主宰。意"应感而动"，是应激性行为，这意味着承认外物即感应源的存在。所以说："目无体，以万物之色为体。耳无体，以万物之声为体。鼻无体，以万物之臭为体。口无体，以万物之味为体。心无体，以天地万物感应之是非为体。"（《传习录下》，第277条）而意之所用之"物"，则非外物，而是实践行为。当然，意也可以只是意识的内部行为，如"一念发动处便是行"[①]。

当我们把"心"界定为一般的意识活动，即感应思虑能力时，它包含但不特别强调其涉事意向的道德性质。与之相应，这里的"物"也非阳明常说的事，而是作为感知对象的普通物体。必须强调，这样的"物"并非阳明关心的对象，但阳明承认或默认它的存在。实际上，接受物的存在，不但与阳明思想不冲突，而且应是心学作为完整的世界观的重要组成部分。当然，意识有复杂的层次或类型，一般如感觉与知觉，判断与信念，记忆与回忆，想象与情绪，等等。具体的意识现象并非单一类型的活动，不同意识行为中结构的复杂程度不一样。

---

① 朱熹在阳明之先，从佛家引"虚灵"一词描述心的状态，着眼于其能集理的功能。阳明则用之说明心的本体地位。参阅吴震《〈传习录〉精读》（上海：复旦大学出版社，2011年，第10—15页）的论述。

当我们谈心中之物时，泛指不同意识活动中包括的事物，它区别于纯粹观念的思考，是具有某种感性特征的现象。某物进入人的感知或知觉，或者人对之有情绪反应，甚至纳入固有的认知图式，都是纳物入心不同程度的表现。

心外之物与心中之物的结构关系，呈现为下列若干层次：

首先，心外之物，无关于心。当友人问阳明"如此花树，在深山中自开自落，于我心亦何相关"时，指的就是树未被他们看到时的状态。当然，世界上某些人没看到或不知道的事物，未必其他人也没看到或不知道。因此，虽然这棵树或其他类似现象，对不知道者没有直接的意义，但可能有间接的作用。如某种元素的发现，未必人人知道，但它可能已经进入技术实践，影响我们的生活。然而，从有人发现以往未知的事物这一事实，我们还可推知，世界上（不用说宇宙间）仍存在很多人类未知的现象。我们甚至还可以断定，未知之物远比已知之物多，而且永远有未知之物的存在。由此可见，心外之物既包括无人知道之物，也包括部分人不知道之物。此外，还有一种情形，大家面对过同样的物，但有人铭记于心，有人熟视无睹。对后者来说，它也是心外之物。这三种"心外之物"分别可以概括为未发现之物、无知之物与不入心之物。这种区分意味着，所有心外之物都有进入心中的可能，但能否入心与如何入心则与本体之心相关。

其次，心外之物，进入心中。岩前观花时，花树就从原本自开自落的心外之物进入友人与阳明的心中，它就不同于其他更美、更稀奇或更珍贵然而他们并没见识过的树。反映论者最重视类似的现象。不过，"进入"的情况远比能想到的复杂。它不是展品移入橱窗那种原原本本的展示。心外之物进入意识，在不同的心灵中表现有所不同。依格式塔心理学所示，同样的图案，就会有人看成鸭子，有人看成兔子。同一个人，不同的时间面对同一景象，注意的焦点也会变化。同样，物也非仅是自然的，同时也是文化的。风景不只具有静态的外观，而是蕴含着生活情景的图像。背景的转换，焦点的变化，均会导致获致的图像不一样。虽然存在不同程度的变形，但由于不同的观察者在捕捉相关现象时，意向对象是共同的，并且可以对之进行交流，所以依然可肯定相关的心中之物有心外对应的源头。[①] 故即使是一个被静观的对象，它同其自在的状态相比，意义也有本质的不同。只是所获意象存在差别这一事实，意味着意识对世界的把握，不是照镜子般的行为，它更像是艺术摄影，包含大量的加工在内，同一对象可以创造不同的作品。摄影可储存，对象消失了，作品依然存在，甚至还可以进行编辑、改造。这种能力，导出下面新的关系。

再次，毁于心外，活在心中。外在之物不系于心的起灭而存亡，只有人心为其所动，而非相反，所以它被看成客观对象。但客观事物本身也有它的生成毁灭，有的因自然过程，有的因人为因素。这就可能导致本来存于心外之物，后来只能存在心中。被阳明及友人品谈过的岩中花树，虽然事后可能被人砍掉了，可阳明及其友人则记住了它。留于心中之物，不会因其外在原型的消失而失去意义。阳明格竹失败的那丛竹，是其思想转折的标志，多年以后他还念念不忘将其作为思想的教训提起。原来那竹子哪去了，对心学的发展毫无影响。不惟此，有些原型的消失，会让留于心中之物，意义更加彰显。如果你亲眼见过的珍贵物品，后来得知被毁坏，会感到无比惋惜。孟子说："乍见孺子将入于井，人皆有怵惕恻隐之心。"(《孟子·公孙丑上》)如果你也见过那井边的孩子，事后得知其落水身亡，你便会努力去回忆那情景、那形象，就会难过甚至自责。或许因此而一辈子记住这本来陌生的孩子。这个曾经进入心中的形象，就会因毁灭而强化你的良知。重要的事物，存在心中的意义，不仅仅是档案存储，供需要时查阅，而是参

---

① 关于观察及谈论同一对象可能性的简明分析，参〔美〕罗伯特·索科拉夫斯基（Robert Sokolowski）：《现象学导论》，高秉江、张建华译，武汉：武汉大学出版社，2009年，第150—151页。

与塑造你人格的精神因素。所以它不是存在心中，是活在心中，它获得了自身的精神生命。

最后，创自心中，用之生活。不是所有的心中之物都来自心外，或者说不是都与某一特定的个体或种类有摹拟关系，相当部分是心里自生的。它包括对可能性事物的想象，对某种不存在的对象的迷幻，对文字阅读的情景呈现。这些心灵造物通常都把从经验世界摄入的元素作不同方式或程度的组合，移花接木或改头换面。其中有比较离奇的，也有相对自然的。想象与迷幻的对象都是虚构的，差别在于，前者以假拟真，后者则信以为真。想象的最重要产物，当然是艺术。随着现代电子技术的发展，艺术想象的内容足以以假乱真。技术产品也一样，须先构思于心中，然后才上图纸进入制造过程，它的要求主要不在离奇，而在实用。无论艺术还是技术，都是先生于心中，再造于心外。迷幻是指经验中没法证明其存在，却幻想其为真实存在的内容，其最具代表性的标本应是神或鬼，而最时髦的则为外星人。迷幻之物既非艺术更非技术，但它也是心造之物。是心中之物，就有其意义。信神者虔诚，信有鬼者会担心半夜听到敲门声。文字阅读的情景呈现，与直接经验不一样，也是心灵的创造。不仅创作靠想象，接受也靠想象。靠这种想象的传递，阳明的"竹"与"花"在后世读者心目中，也能栩栩如生。它是心灵沟通、文化传递的基本途径。

上述四个层次，分开来看，描述相对粗疏，无法全面深入阐述每个层次的内涵，但组合起来，按其排列程序形成的结构关系，则能够揭示问题的实质。除去无关于心的自在之物，从物由心外进入心中，到毁于心外而活在心中，再到心造之物用于生活，都可看作物因心而在的不同表现。从实到虚，再从里到外，通过心物关系变换的分析，显示物因心而获得意义。越靠后面，心的作用越重要。虽然后者总是奠基于前者之上，但最后一层，类于"无中生有"，是人类意识创作性最重要的体现。这种创作性并非借助神秘的意念行为，而是通过自觉的物质活动，改造环境，从而创造更好的人类生活。只有与心无关之物，其意义才不彰显。或者说，它的意义对心是潜在的。知道心外无物，知道心外可能有物，与知道有物但不知为何物，三者的意义均不一样。虽然其意义均不能与上述不同层次的心中之物相比，但它对心来说，存在不同程度的关联，故其意义并非一片虚无。简言之，在这里，"心外无物"的关键字眼不是"物"，而是"无"。这个"无"不是不存在，而是缺乏有意义的存在。心对所有可能的物的意义均敞开着。这一分析，与王阳明南镇观花的观点是一致的。

四、从心—身到伦理

从心外之物到心中之物的分析，是心为万物意义显现的条件或根源的一般把握，但它仍不是对心之意义的完整理解。要达成这种理解，还须借现象学的视角，对万物之灵——人自身的心物关系再行分析。这种分析的作用不仅在于揭示这种心物关系的独特性，而且有助于理解儒家伦理的起源。这对王阳明用心外无事或心外无理诠释"心外无物"的思路，是一种补充论证。

依前文界定，物指不系于心的起灭而存在的现象，故无论对你还是对我而言，任何其他人都具备物的特性，就如地球上的其他动物一样。故前文论物时，偶尔也举人或仿人的例子，如鬼怪或外星人。但人们不会把自己的同类同其他物种混为一谈，原因在于人是有心之物。而心的意义，正是通过对物的对比来把握的。故对有心之物的理解，与对其他无心之物的理解方式大不一样，它需要对心的自我理解。如果按心、物因素比重变化分析，从非生物、生物、到他人及自身的排列，体现物的特性依次减弱的倾向；反之，则是心的能量表现出从无到有、从小到大的趋势。故心、物关系的分析，从外物开始后，按顺序应是他人，然后才是自身。但他人是有心之物，对他人的完整理解，得包括对他人之心的领会。而心对心的领会，实际是从自心的理解开始的。所以论述的次序，是从自身看他人，而非相反。

人类不论自我还是他人，任何一个活生生的个体，其意识与身体的关系，就是每个自我的心、物关系。这里，视角需要转向第一人称。我意识到我的存在，相当大的原因，是意识到自己身体的存在。这种身体意识可分三个层次：首先，我可像打量他人的身体一样来打量自己。我可以自然地看到我身体的一部分，如果借助镜子相机之类的工具，我可以观察我身体的全貌，特别是我的脸。我还能听到我的声音，能用手触摸自己身体的其他部分。这与我打量他人或他人打量我是一样的。其次，在关闭外部感官的情况下，我也能意识到自己的存在。我听不到自己大声说话，但却能在心中对自己说心里话。我看不到自己的脸，即使我的脸被人换过，我也能保持对换脸前的我的认同。这种内部感觉还包括痛感与快感等等。盲人或聋人，或失去四肢者，也能意识到自己。这种现象应称作内感知还是内在视角无关紧要。第三，我还能据自己的意图支配自己的身体动作，视听言动，意起身随。它既感知自身，也感知世界。同时对外物或外人施加作用，与世界互动。[①] 这三者，都是身在心中的不同表现，不过，意义有所不同。第一点意味着，人身是肉身，与动物有共同的生物特性。第二点表明身心一体，不可分离。身在心中，但心也在身中。自我既是我的意识，也是我的身体。第三点则触及身心关系的本质，即心对身的主导性。

心学系修身之学。在身心或心身问题上，王阳明也肯定两者一体："耳目口鼻四肢，身也。非心安能视听言动？心欲视听言动，无耳目

---

① 在胡塞尔那里，身体的给予区分为"内在性"（interiority）和"外在性"（exteriority）两方面。内在性是对心灵对自身的内在知觉，外在性则是指能够被触摸和观看的身体，它与物有某些共同的属性。两者构成身体"主体—客体"的独特地位，同时也显示"自我性"（ipseity）和"他者性"（alterity）的双重感觉，是识别和经验其他主体的基础。参见〔丹〕丹·扎哈维（D. Zahavi）《胡塞尔的现象学》（李忠伟译，上海：上海世纪出版集团，2007年，第106—111页）的讨论。

口鼻四肢,亦不能。故无心则无身,无身则无心。"(《传习录上》,第201条)① 身在心中与物在心中,有本质上不同。心物可以分离,而身心不可分离。意识不是身体,但它是生命的机能,一刻也不能离开身体而存在。当心、物在物理意义上相分离的条件下,心对物的关注,是有选择的,可变换的。观花是观花,格竹为格竹,物的意义,随心的注意力的调整而变化。但不论注意力如何变化,即使是在朝向外物的情况下,心对身的掌控却是不间断的、是随时的。即便在睡眠做梦也然,梦中也有我的存在,差别是当演员还是当观众而已。而睡眠时能被唤醒或者惊醒,意味着心没有完全停止关联于身的活动。② 因此,这身心之间也不是平行互动的关系,而是心支配身,用阳明的话叫"主宰":

> 所谓汝心,却是那能视听言动的,这个便是性,便是天理。有这个性才能生。这性之生理便谓之仁。这性之生理,发在目便会视,发在耳便会听,发在口便会言,发在四肢便会动,都只是那天理发生,以其主宰一身,故谓之心。这心之本体,原只是个天理,原无非礼,这个便是汝之真己。这个真己是躯壳的主宰。(《传习录上》,第122条)

所谓性即天理,就是天生而具的能力,人人一样。心不仅主宰身,

---

① 对王阳明及宋明儒家身体观的全面讨论,参见陈立胜:《王阳明"万物一体"论——从"身—体"的立场看》(台北:台湾大学出版中心,2005年),《"身体"与"诠释"——宋明儒学论集》(台北:台湾大学出版社中心,2011年)。

② 现象学家耿宁(Iso Kern)说:"我们的自我意识显然还包含得更广:我不仅意识到我的(过去的、将来的、可能的)体验,而且我还意识到我的品质、我的权能或无能、我的爱好、习性以及信念等等。我的身体当然也包含在其中,在其主体性的经验中,它首先是一种权能的系统('我**能够**坐下来,我**能够**离开,我**能够**抓住,我**能够**摸,等等')。"([瑞士]耿宁:《心的现象——耿宁心性现象学研究文集》,倪梁康编,倪梁康、张庆熊、王庆节等译,北京:商务印书馆,2012年,第233页)这"权能的系统"就是心对身持续不间断的支配关系。

同时还通过意向作用指挥身的行为，同身外之物发生联系，把世界纳入心中："故无心则无身，无身则无心。但指其充塞处言之谓之身，指其主宰处言之谓之心，指心之发动处谓之意，指意之灵明处谓之知，指意之涉着处谓之物：只是一件。意未有悬空的，必着事物。"(《传习录下》，第201条)

如果套用"心外无物"的说法说"心外无身"，不仅是多余的，而且没把身的真实价值表达出来。每个自我，或者说每个独立的人格，都是心一身或身一心的统一体。自我保护是生命的本能，尽己之性，自然要自爱。爱自己的生命与爱自己的人格是一致的，这个生命自然是活生生的身体。儒家伦理的核心范畴为仁，而仁的根源为孝亲，也即亲亲为仁。为什么要从亲开始？须有分说。亲的意思，一般都指向双亲、亲属。但《广雅·释亲》的内容，既包括与婚姻及血缘相关的社会关系即亲属关系的介绍，也包括人从结胎、诞生到身体各个部位包括外部构造与内部器官的说明。其中亲属名目31条，而身体名目则有42条。这意味着，在古代，己身是亲的重要含义。今日讲亲身、亲自、亲眼、亲口、亲手，均沿此而来。但亲身如何演变为亲属，寻《说文》解释的线索是："亲，至也。从见，亲声。"段玉裁注为："至部曰：到者至也。到其地曰至，情意恳到曰至，父母者，情之最至者也，故谓之亲。"准此，造字的原意取眼光所向，视线与目标相切之义。其引申义便是主体与对象无距离、无中介，直接相即的意思。亲密、亲热、亲近、亲切，义由此来。相反之义，则是疏离、疏远。心身关系即无中介无距离，对自我而言，最无距离者当是身体，故己身为亲。《庄子·齐物论》有"百骸、九窍、六藏，赅而存焉，吾谁与为亲？"之说，也是佐证。亲身之外，亲原本所指涉的对象，均是身体可密切接触者。接吻叫作亲。结婚称为成亲，就是把本来非亲非故的俩人，确定为能相亲相爱的生命伴侣。而亲身之外，与我关系最亲密者，自然莫过于父母，故为"双亲"。所有亲属关系，均从血亲、姻亲衍生而来。"子生三年，然后免于父母之怀。"(《论语·阳货》)父母是我生命的来源，是我成长的养育者，与之最亲，近乎是本能。父母对子女之爱，特别是母爱，也源于子女是自己身体的派生物，是其生命的延伸。因此，亲子之爱，是人性的正常表现，也即良知：

> 惟乾问："知如何是心之本体？"先生曰："知是理之灵处。就其主宰处说，便谓之心，就其禀赋处说，便谓之性。孩提之童，无不知爱其亲，无不知敬其兄，只是这个灵能不为私欲遮隔，充拓得尽，便完。完是他本体，便与天地合德。自圣人以下不能无蔽，故须格物以致其知。"(《传习录上》，第118条)

儒家讲亲亲，就是把自爱移至对父母之爱，即把亲己的感情倾注于父母双亲，否则就是"私欲遮隔"。"人须有为己之心，方能克己。能克己，方能成己。"(《传习录上》，第122条)私欲的根源，就在于肉身。它占据空间，消耗资源，有排他性，放任其习性，会导致丧失伦理。因此要克制私欲，通过正心来修身，充拓良知："心者身之主宰，目虽视，而所以视者心也；耳虽听，而所以听者心也；口与四肢虽言动，而所以言动者心也。故欲修身在于体当自家心体，常令廓然大公，无有些子不正处。……此便是修身在正其心。"(《传习录下》，第317条)

儒家伦理始于此，但并不止于此。一旦眼光从自身转向双亲，便意味着我们还有面对其他人的处境或问题。就我的身体界限而言，他人也系我的身外之物。我没有能力如支配自己的身体那样支配他人，不能一闪念就让他人举起他的手。不惟此，任何人都无法完全体验他人的内在经验。就如回忆疼痛同体验疼痛有区别一样，得知他人疼痛也不等于与他人一起感受疼痛。就此而言，他人是外在于我的存在。

但他人并非石头一般的物,而是有心之物,与我是同类。[①] 我从我自己的经验了解到感情或动机同表情或动作之间的联系的,从而透过他人的表情或动作了解他人的感情或动机。理解表情与观看脸上肌肉运动并不一样,因为我们是同类。心智的成熟是一个成长的过程,那生命中未能"免于父母之怀"的前三年,就是人生经验的开始。故至亲之人往往是最早与我互动、让我了解的对象。这个过程伴随着挫折、失败而逐渐变得成熟。儒家以这种生命—生活经验为依据,揭示道德发展的基础,以及基本的伦理行为原则——推己及人,即设身处地为他人着想。只有感受过被关怀的快乐,才懂得关心别人的意义,并且从中也感受到快乐。为什么仁以孝悌为本?王阳明作如是说:

> 譬之木,其始抽芽,便是木之生意发端处。抽芽然后发干,发干然后生枝生叶,然后是生生不息。若无芽,何以有干有枝叶?能抽芽,必是下面有个根在。有根方生,无根便死。无根何从抽芽?父子兄弟之爱,便是人心生意发端处,如木之抽芽。自此而仁民,而爱物,便是发干生枝生叶。墨氏兼爱无差等,将自家父子兄弟与途人一般看,便自没了发端处,不抽芽,便知得他无根,便不是生生不息,安得谓之仁?孝弟为仁之本,却是仁理从里面发生出来。(《传习录上》,第93条)

由此可知,讲爱有差等,着眼点不应是给感情分等级,而是在不

[①] 梅洛-庞蒂(Maurice Merleau-Ponty)说:"有两种存在方式,也只有两种存在方式:自在的存在,也就是展现在空间里的物体的存在,和自为的存在,也就是意识的存在。然而,他人或许是我面前的一个自在,不过,他人或许自为存在,为了能被感知,他人需要我的矛盾活动,因为我既应该把他人和我区分开来,把他人放在物体的世界中,也应该把他人设想为意识,也就是设想为没有外面和没有部分的这种存在,仅仅因为这种存在就是我,因为思者和被思者在这种存在中合在一起,我才能进入这种存在。"(〔法〕莫里斯·梅洛-庞蒂:《知觉现象学》,姜志辉译,北京:商务印书馆,2001年,第440页)

愿把爱抽象化的情况下,从根源上着手培养人伦感情。心虽无限,但身是有限的,道德必须从落实对亲人的基本责任开始。倒过来说,身虽有限,但心是无限的,因此,道德责任又不仅仅限于对亲人的照顾。关心的对象需要扩展至他人以至他物。老吾老以及人之老,幼吾幼以及人之幼。而在关心他人的诸道德情感中,最根本者莫过于恻隐。依孟子对"乍见孺子将入于井"的分析,恻隐的对象必须能够施及于陌生人。当然不是任何陌生人,只是处于危难之中的人。对危难中的人存在同情心,尽管你未必具有拯危扶弱的实际能力,但它就是人性未泯的表现。① 因此,亲亲为仁,恻隐亦仁。"须能尽人之性,然后能尽物之性。"(《传习录上》,第117条)"仁者以天地万物为一体。使有一物失所,便是吾仁有未尽处。"(《传习录上》,第89条)② 这与孟子的亲亲、仁民、爱物,张载的"民胞物与",在推爱的逻辑上是一脉相承的。人性不是与物性断裂,而是物性的升华。就此而论,"心外无物",即是心外无事、心外无理。

五、心灵塑造文明

从物的意义到人的伦理,接下来,便是文明的精神。每个领域或层次的探讨,都是心的作用或意识的力量的展示。道德无疑是文明的内核。道德中人与人的关系,会投射到文明的发展中。不过,它以与物的实践关系为中介,渗透到生活与生产的整个过程。这一过程中,心的作用并不局限于仁爱的伦理意识。虽然,亲子关系的经验是人类的普遍经验,哪种文化丧失这种经验,哪个民族就得消亡。人类如果

---

① 参见拙作《想象的逻辑——来自中国哲学的经典例证》(《哲学动态》2012年第3期)第一节的讨论。
② 王阳明"万物一体"中仁者对人及物的各层次所体现的情感与区别,参见陈立胜《王阳明"万物一体"论——从"身—体"的立场看》(第134—141页)的分析。

没有这种经验，历史就没法产生及延续。但它不是人类实际关系的全部，自然也非大多数人的唯一经验。除了关爱、同情、施舍外，历史也充满争斗、掠夺、残害。这与人的物性一面有关。身体需要物质的供养，而被消耗的物质资源是有限的。开始是基本生存资源的有限，技术发展后便是优质生活资源的有限，它是欲望不断提高要求所导致的后果。在处理社会关系上，人类心智的力量，不仅表现为爱的伦理的创造，同时也表现为协作的秩序的建立。这种协作的秩序，推广开来，就是社会制度的建设。它与"物"相关，不过不是指具体的物质生产与分配过程，而是指行为规则的建立与执行，包含对规则的物化的集体想象。心力或者意识的合力推动着文明。

在《社会实在的建构》中，塞尔请读者一起想象这样的场景：

> 如果一个原始部落最初在其领地四周建造了一堵墙。这堵墙是通过纯粹的物理手段赋予功能的一个实例。我们假定，这堵墙很高很大，足以把侵犯者挡在外面而把该部落的成员围在里面。但是，假定这堵墙从一道物质的有形屏障演变成一道象征性的屏障。我们可以想象，这堵墙逐渐剥蚀损毁，以致只留下一条石头组成的线。但是让我们设想一下，这些居民和他们的邻居仍然承认这条石头线是标志着领地的边界，以至于能够影响他们的行为。例如，这些居民只有在特定的条件下才通过这条线，而外边的人，只有当这些居民认为可以接纳的，才能通过这条界线而进入领地。现在这条石头线具有仅靠单纯的物理方法不可能实现的，而只有通过集体的意向性才能实现的功能。这堵残留下来的墙不可能像高墙和壕沟那样由于其物理性构造就能把人们挡在外边。这在非常原始的意义上是象征性的。由于一组物理性对象现在执行着某种超出自身以外的功能，那就是，作为这块领地的界线。石头线实现了与物理性的障碍物同样的功能，但石头线起这样的作用并

不是由于它的物理性的构造，而是由于它被集体地规定了一种新的地位，即边界标志。①

这是一个堪称"众志成城"的故事。它是塞尔用其"集体意向性"观点，论述社会制度的形成过程，需要以公众形成某种共同的信念为前提的虚拟案例。置于本文的脉络中，它也是心、物关系对文明发展作用的有趣例证。回到心、物关系上，图式二"心外之物，进入心中"告诉我们，尽管在不同的条件下，或者不同的人，把某物移置心中时会产生不同程度的变形，但这不妨碍，一个人在不同的条件下所认定或谈论的，或不同的人意指或交谈的可以是同一事物。因此，大家都能意识到作为屏障的那堵石墙的存在及其意义。问题的另一层面是，不仅进入心中的物会变形，留在心外的物也可能变形。例如这堵墙，最极端的情况是整个崩坏，原初的模样几乎难以辨认，但它已经根深蒂固地留在大家的心目中。这是图式三所描述的"毁于心外，活在心中"的模式。当然，具体的情形对于不同的人，后果并不一样。离家多年以后，找不到孩提时代常聚集喧闹的城脚，会充满怅然；而天天面对那堵墙，看着它不知不觉地变了模样，直至近乎消失，则可能始终把墙留在心中，观念丝毫不受影响。

进一步的问题是，一面作为界线的墙，在没遭受激烈破坏的情况下，彻底崩坏需要漫长的时间。在这一过程，界墙内外的居民可能已经经历世代的更替，年轻一代并没有目睹它当初具有物理屏障功能时的原貌，那么，他们心中的墙是从哪来的？答案自然是前人传达下来的。也就是说，心中之物是可以在不同的心灵之间传递的。借助于语言以及由听觉转化为视觉形象的文字，进入某人心中的事物，可以传

---

① 〔美〕约翰·R. 塞尔（John R. Searle）：《社会实在的建构》，李步楼译，上海：上海世纪出版集团，2008年，第36页。

达给其他没直接经验的人。文字是图式四所示的"创自心中，用于生活"的事物。毫无疑问，它是人类最伟大的精神产品。即便今天音像技术极致发展，也无法代替文字的作用。文字也是外部事物的符号，是公共记忆的载体，并且是集体图像形成的途径。心中之物没有被分享，它就是个人的意识，只能在孤立的精神空间中起作用。一旦传播分享，它就属于公共意识。公共意识一旦形成，精神的力量就会转化为集体行动的意志。

回到界线问题上来。既然界线不一定靠现实的障碍来塑造，它仅靠心中虚拟就能起作用，那么，社会生活中的其他行为规则，也可以依此设立。实际上，社会生活的规则既有物理的，也有心理的。有许多物理的保护或限制装置，伴之以军队、警察、保安、监察仪、边境线、监狱甚至电网、地雷，等等，这类设置不管人们是否同意它的存在，本身就具有阻止任何人越雷池一步的作用。当然，有些装置，虽然也借助于物理材料，但只是提示性的。如交通管制采取的黄白线或红绿灯，它并非实在的物理障碍，而是提示通行者一条虚拟的界线存在。通行者心目中有此规则，它才能生效。虽然，无视它的存在者事后会受到惩罚，而惩罚的力量是具威慑性的，但它与直接被物理意义上限制不一样。或者说，它是硬限制与软限制联合作用。人类社会大量的制度性规则，属于这种类型。在此之外，人类更多的行为，既无法借物理限制，也无法用制度约束，而是靠自律。因为大量的行为并不在法律限制的范围，但这些行为在道德上仍然有优劣之别，或者说有可以接受、不能接受，以及值得倡导、赞扬的区分。自律就是自己在心中为行为画线，这就是伦理领域。推己及人是道德的原则，但它没法规则化，不能描述为具体的行为指标，得靠内心的自觉。儒家强调修身功夫，就是要求守住自己的线，努力做到不是因外在的压力而靠良知指引行事。这些线是心中虚拟的，但要赋予它切实的规则性质。所谓切实，就是心中要诚，"不诚无物"，信念不确立或不牢固就没有意义。

　　文明是什么？文明就是建设起来的良好社会秩序。秩序以制度化的规则出现，但它包含有强制性的，有引导性的，还有内在性的，诸成分复合起作用。一个社会文明程度的高低，甚至可以从对不同成分依赖的不同比重来衡量。如果一个社会的秩序主要靠警察与监狱来维护，其文明程度必然较低。反之，靠大家发自内心的自觉行动，则程度较高。一个社会共同体是否牢固或有力量，与此类似。即其中成员不仅应当拥有关于行为方式的共同诉求，还应拥有共同体历史来源的共同想象。集体的意向性，不仅是共时态的，就如在构筑界墙那个时刻，部落成员达成的共识。它还有历时态的，即这个部落的后代接力般传颂的先辈建墙庇护儿孙的故事。通过类似的故事，相关的人物事迹就进入听者的心中，跨世代的共同体成员可以不断追寻它的根源，从而强化其向心力。不管它是英雄主义的还是道德主义的，都能起激励后人团结奋斗的作用。汉民族能自称炎黄子孙，一部《史记》，功不可没。多少不同世代互不谋面的同一经典阅读者，有可能在想象中回溯相同的人物与场景，从而分享生于其中的文化。这就是心中之物传递与传播的结果。① 所有的文化包括宗教或意识形态，都在争夺历史的解释权，原因在此。传播就是共识的促进，就是心力的凝聚，它不仅推动共同体的形成或者文化的诞生，它也维护文明的延续。一旦这种传播停止，文明就会中断。地球上有很多文明，玛雅文明、吴哥文明，其遗址显示它们曾经的辉煌并不亚于许多传世的文明。但遗物犹存，后人何在？其实不一定是他们生物意义上的后代绝种，而是心中装着自身文明故事的传人无踪可寻。中断的文明，根本的原因可能就在于没有文字信息的存留，受口耳相传的限制。一旦横祸来临，种族

---

　　① 参见拙作《怀旧与怀古——从心理到文化》(《哲学研究》2011 年第 10 期) 对历史意向性的初步论述。

毁灭，其曾有的成果，无法在世上传递，一切就烟消云散。反之，只要信息存留，人心对之再造，文明就可续建。

众志成城，文明存在心中。它不只是存在少数天才心中，而是也存在成千上万的享受者和传承者心中。至此，"心外无物"的心，绝非只是个体之心。于伦理，它需要推己及人，将心比心；于文明，则得薪火相传，心心相印。阳明的心外无物，最终要导向万物一体。因此不是将物排除出心外，而是纳万物于一心。"盖其心学纯明而有以全其万物一体之仁，故其精神流贯，志气通达，而无有乎人己之分、物我之间。"(《传习录中答顾东桥书》，第142条)这个心自然不是个我之心，而是大心，万众一心之心。

余言：哲学的在场感

本文是对心学命题的一次解读，也是对阳明哲学的一种引申。阳明心学是内涵深厚的学说，"心外无物"既非其核心观念，更不是其唯一的命题。略知阳明思想的读者，对诸如心即理、致良知、知行合一、万物一体之类表述，也多数耳熟能详。这些观点的集合，构成阳明心学的全貌。然而，阳明观点的表达，仍然带着古典哲学论说的基本特点。它不是现代学说赖以建立的理论方式，即把相关观念安排成基础与派生的概念关系，划分不同的逻辑层次，同时这些概念形成能完整覆盖其谈论领域的理论结构。而是意味着，其中任何一种观点都可以切入对其基本思想的思考。不同观点虽然特征有所不同，但在阐述时又能互相联系，在说理的推导过程中，常是循环传递的。这种论说方式与古典哲学尤其是道德哲学的实践性格相关，而给现代阅读和思考带来一定的张力，因此，经典文本的哲学解读，实质注定是诠释性的。它以诠释者对文本整体意义的理解为前提，具体的阐述方案则可以是多样的。选择"心外无物"这一命题，试图进入阳明的思想内核，基于同样的理解。与一般诠释不同，本文是对阳明心学的现代扩展。新的论述努力以论证的形式出现，它遵循两个前提，即肯定物的独立存在与心为物之意义的根源。前者着眼于同现代经验思潮的联系，后者致力于延续心学的内在精神。对古典的诠释不能以格义为满足，论证是现代哲学的生命所在。当然，本文的目标也有自己的限制，例如，没有加入追随形上学的潮流，没有对心的形上意义作精心的推演。这种思路虽然不像本体论那样具有高屋建瓴的气派，但立足于意识经验的探讨，可以更具沟通经典与生活的作用。应该让哲学论述体现经验的在场感。一方面，是经典哲学诠释中经验生活的在场感；另一方面，则是现代哲学建构中古典文化经验的在场感。保持这种双重的在场感，是一种哲学的姿态，也系本文的努力所在。当然，没有哪种诠释的途径是唯一的，不同的努力都可以是为共同的论题所作的贡献。

人的平等

耿宁（Iso Kern）

（瑞士伯尔尼大学哲学系）

人的平等与人性于我是根本性的共同体。与品德端正之人、亦即真正爱着的人的友谊于我是最美的共同体。

一、引论：关于作为根本性共同体的人性和人的平等的基本思考

伦理学具有人类学的基础，这一基础是存在论上的，因为人类学关乎人的存在。所以哲学人类学是人的存在论。人的平等首先是一个人类学或者存在论的命题。所有人都作为人生而平等。但是这种存在论上的平等在人类的实际生活中并非总是被承认。故而人的平等变成了伦理要求。人性的共同体同时具有存在论和伦理学的面向。它是自有人类以来始终在孕育和生长之中，同时也应该不断变成伦理准则。

一方面人人平等和人类共同体是伦理学的一个重要基础。另一方面我与其他人的关系各不相同[①]：对我来说，我的妻子不同于其他的女

[①] 德文名词 Gleichheit 和形容词 gleich 兼有平等、相同之意，故作者继而作为对照，强调各种社会关系的不同（verschieden）。——译者

性，我的家庭不同于别的家庭，我的朋友不同于别的朋友，我的国家不同于别的国家；他们各不相同。我与道德高尚、也考虑他人利益和需求之人的关系及与品行败坏、自我中心之人的关系也各不相同。我与我的妻子、我的家庭、我的朋友、我的同胞的共同体也不同于与别的女性、别的家庭、陌生人、外国人的共同体。我与道德高尚之人和与品行败坏之人的共同体也不相同。

关于人人平等首先我想说，我首先是一个人。这一点比我是一个男人、不是一个女人重要，比我是白种人、欧洲人和瑞士人重要。尽我所能想象的，倘若我是一个中国人、印度人、一个非洲黑人，我也乐意如此，虽然我无法很好地想象我是一个非洲黑人，因为我习惯了做一个欧洲人。所以更好来说，对我而言最重要的是我和其他人一样是一个人。但我不想是个动物，即便我乐意有个动物，它在跟前让我高兴，只要它们不像臭虫和苍蝇一样烦恼我。

由此立刻产生哲学人类学的一个存在论问题：人是什么？人是否是一种特别的动物？与其他所有动物学上的种类相比人是否如此特别？即便动物也有尊严。人是否有高于动物的尊严？这种特别的尊严又在于何处？

在犹太《托拉经》的第一卷——《创世记》中写道："神就照着自己的形像造人，乃是照着他的形像造男造女。"从宗教的角度来看，人拥有某些神性。如何从哲学上思考这种神性的尊严？人们会说，人的神性尊严在精神和心当中，准确地说，是人的共情能力，是顾及他人利益和需求的能力，是良知。斯多亚哲人和之后的基督徒均视良知为神在自身之内的声音。人们也会说，人的神性在于人的道德天性。动物没有道德，它们跟从直觉而生。说动物道德上好或坏没有意义，向动物教授伦理学没有意义。但在我看来人的神性超出了道德领域。道德上好的行为不仅以对正义和善良的追求为前提，也以对真和美的追求为前提。对真的追求不仅包括说出真理的追求，也包括按照真理以及关于现实的真知识行动的追求，无论这些知识是自己追求而得，还是对通过听说、出版、广播、电视、网络而从别处获取的信息的细心验证。我在道德上好的行为也以为了自己和别人美化周围环境为前提，这种美化是比如为我的房间或房子选择美好的器物，悉心布置花朵或画像等等。不过对真与美的追求会超出道德行动的范畴，比如会进入科学或哲学知识，进入艺术活动的领域。这些也是人之中的某种神性。不过我想，伦理是最重要的。一个人并不必然需要从事科学或哲学，但人必须有道德。一个人并不一定要成为一个艺术家，但必须有道德。一个从事科学或哲学或者想要成为艺术家的人，如果品行败坏，就不是一个真正的人，而是一个丑陋的人。

人无法实现完满的正义、完满的善和美，但能够接近它们。耶稣说："所以你们要完全，像你们的天父一样。"（《马太福音》，5: 48）但他知道，我们达不到这样的完满："有一个官问耶稣说：'良善的夫子，我该作什么事，才可以承受永生？'耶稣对他说：'你为什么称我是良善的？除了神一位之外，再没有良善的。'"（《路加福音》，18: 18-19）我们越完善，就越成为真正的人，也就越接近神；越不完善，就越不是人，越远离神。人性于我故而是世上最珍贵的东西，联系着我的亲属、友人直到远方未知民族的陌生人。当我听说远方的陌生人遭遇了巨大不幸，这也与我相关，我应该尽己所能靠捐款或其他方法施以援手，就像我遭遇巨大不幸时也寻求人们的帮助。

我们作为人不仅在尊严上平等，而且也是一个共同体。文化上而言我是个西欧人，更愿意碰上意大利人、法国人、比利时人、英国人、西班牙人、说英语的斯堪的纳维亚人、德国人，跟他们一起相处融洽。我热爱很多西欧人在学术、艺术和哲学上的创造。这样子我会觉得亲近，因为在文化上有家的感觉。不过即使是东欧人，比如希腊人、俄罗斯人和他们伟大的哲人、诗人、音乐家、圣像画家的文化成就，我也十分喜爱，如果能和一个俄国人、一个希腊人用任何一种我懂的语言相互理解我会十分高兴。借助古希腊语我可以懂一些新希腊语，尤其是写下来的时候。在我停留俄国期间我学了一些俄文单词，还有和希腊语相近的西里尔文。靠这些我感到自己是个欧洲人。不过即使来自陌生文化的人也吸引着我，比如中国人，在他们那我会继续有家的感觉。我有一位可爱的中国夫人，一些善良忠诚的中国朋友，也喜爱他们的传统文化和哲学。我的妻子说我是一个中国人，和她一起生活时我常常忘了她是一个中国人。不过在许多方面我都清楚意识到，我是欧洲人，她是中国人。

在大约 60 年的时间里我和一位来自卢旺达的非洲朋友关系密切。他是胡图人。我们曾一起在比利时鲁汶大学学习哲学。我们常常互通信函，在欧洲相见。我们都说法语，他比我说的还好。他富有教养，善良高尚。他常常邀请我去卢旺达，可是我在中国身上花了太多功夫，从来没有时间接受他的邀请。2016 年他 80 岁时去世了。70 多岁时他就觉得自己老了，他认识的所有同辈人都已去世。

最近我和一位波斯穆斯林——一位哲学家成了朋友。我很乐意去他的国家，通过他了解当地的人和文化，尤其是现在，哈桑·鲁哈尼开始改革，对外开放。和印度人在一起、在印度我也觉得和他们是一样的人，至少可以和那里的知识分子用英语、和其他人用手势交流，为他们丰富的文化激动，为他们民主的奇迹惊讶。所有人的不同文化和生活方式都让我兴致盎然。这些不同造就了人性的丰富财富，扩展着自己的精神生活，这意味着，当和陌生文化的人相遇时吸收他们文化中的某些东西，逐渐和他们熟悉，并在这个意义上也多少成了他们的一分子。这表明，我们人类本来就共属一体，是一个巨大的共同体。将自己和陌生文化隔离是多么愚蠢的事情。

我们在由所有国家和几乎所有国家参与的国际组织中在制度上实现了人类作为一个共同体的理念，比如位于纽约的联合国和为了整个人性的人权公约，还有所有属于联合国的下级组织，比如位于罗马的粮食与农业署，位于巴黎的联合国教科文组织，位于日内瓦的人权委员会，位于海牙的国际刑事法庭。其他一些机构也体现了人性，比如国际红十字会，在穆斯林社会则称为国际新月会，或者是罗马教皇领导下的天主教——教徒数量持续增长，如今已超过 14 亿信徒（与世界上人口最多的国家——中国的人口一样多），遍布世界上所有国家和文化。我作为瑞士人或者以其他方式属于这些国际机构，它们对我而言和瑞士联邦的政治机构、与瑞士相连的欧盟以及其他本地组织一样重要。尽管所有人的平等、联合、统一等思想拥有悠久历史，但直到 20 世纪才通过技术对交流的推进和流动可能性的提升得到了实现。

在这一人的平等、联合和统一中个人并非对所有人负有同样义务。人对自己的妻子或丈夫，对自己的孩子、父母、亲属、即便可能是外国人的朋友比对陌生人有更多的责任和义务；人对自己的国家共同体比对陌生国家有更多责任和义务。反过来在自己的一生中人们也会从自己的父母、妻子或丈夫和其他亲人与近邻那里，从自己的国家那里比从陌生人那里得到更多支持与承担。但在邻近之人中切不可忘记陌生人，切不可在夫妻间、在家庭中行自我中心主义，或者鼓吹民族主义，反过来在陌生处、在陌生人中也不可忘了自己的家里人。最美的共同体是相互熟悉、品行端正的忠信之人间的友谊。无论人们和自己的伴侣或朋友有着多少意见和兴趣差异，一旦在对他人的道德之善上相互信任，在基本的道德态度上达成一致，这一共同体便能持续终生。属于人性和人的共同体的还有过去的人性和未来的人性，我们的孩子、孩子的孩子的人性。我们有所作为时要怀着谢意怀念我们的祖先，几乎我们的一切都归功于他们。而为了我们子孙后代的世界着想，我们应该像人们说的那样，"可持续地"活动，这样，当有朝一日离开这个世界后，地球不会比我们活着时更糟糕。

二、人人平等与人人一体的理念诞生史

人的平等理念有三个方面：（一）所有民族与种族的平等，（二）男女平等，（三）一个社会内部成员间的平等。与一个社会内部平等相矛盾的是附庸关系，是奴隶制，是社会升迁亦即社会流动机会的不平等，是金融收益和财产上的巨大差异等等等等。尽管联合国通过了人权宣言，但在今日世界上述三种平等没有一个得到完全实现。我在此将讨论第一和第三种平等。

（一）佛祖释迦牟尼（约公元前 500 年）

早在佛祖释迦牟尼出生之前很久，在印度就存在延续至今的种姓制度，这一制度造成了人与人间巨大的不平等，这是一个封闭严密、依出生划定种群的等级体系。最大的不平等存在于属于四大种姓之一的群体和无种姓者即贱民之间。后来的佛祖悉达多姓乔达摩，生于释迦一族，属于刹帝利种姓，当时在东印度尚是最高的种姓（在古印度的西部，当时的钵罗耶伽（Prayag）、今日的安拉阿巴德（Allahabad）以西婆罗门已经被确立为最高的种姓）。

刹帝利构成了武士，或者更准确地说，官僚贵族阶层，致力于对或大或小的公侯领地加以管理、维持秩序，并从他们当中选出新王（Raja，邦主）。悉达多是位于印度和尼泊尔边界处的小小释迦邦国的王子。在佛祖的时代，婆罗门即祭司和学者种姓在整个古印度都占据了最高的地位。在刹帝利和婆罗门之下是吠舍，商人、地主和农场主的阶层，再之下是普陀罗，手工匠人、包租农、雇佣农的阶层。

佛祖的社会革命在于，他教导的普度之道宣告了种姓的无效，他平等接纳所有有意并经他试炼之人进入他的僧伽教团，包括各个种姓

之人和贱民。起初只是僧侣，一段时间后是低于僧侣的女尼[1]，最后低于僧侣和女尼的平信徒都得以加入。僧侣与女尼，男女平信徒可以同样方式迈入求超度的八正道。佛祖的普度之道没有区分自己的、在某些方面优先和更好、更适于解救的民族和不太适合或者完全不适合的外邦"野蛮人"，如是，佛教远布东北印度之外，成为世界最古老的三大宗教之一。在他的普度之道中佛祖彻底地以同等方式面对众生。

然而在佛祖释迦牟尼时代之后，某些佛教教派中产生了对两类人的区分，从佛教角度看此二类人有根本不同的天性，一类有佛性或说善根，佛性是因，具其他因缘，如聆听佛理（Dharma，达摩，正法之谓），修行八正道，方能明见，方能使佛性得圆满显现，另一类为一阐提迦（Icchantika），无信无愿于成佛，不具成佛之因性，故不得入圆满解脱之道。大乘佛教之瑜伽行派或谓唯识学派主张有一阐提迦（意为"甚欲"），其他教派拒绝之，并以《大般涅槃经》等经文为根据，《大般涅槃经》否认永坠轮回之可能。中国各佛教教派中最接近印度之宗派——唯识宗或曰法相宗溯源瑜伽唯识学派，其最卓著之代表即玄奘法师（约公元600—664年），乃当时最精通印度佛教之宗师。唯识宗即认为一阐提迦存在。这一主张可以在许多其他佛教经典中找到依据，但它首先源于这一普遍经验：某些人出于理性的理由拒绝佛教解脱之道，或者全无兴趣，或者汲汲于满足自我欲求。但这一观点很长时间在中国无人追随，它与自唐代晚期（9—10世纪）影响日益深远的孟子学说相对，孟子主张人性本善，准确地说，人有善之端。这一学说是孟子推恩思想的基础，我们下面会专门讨论。

---

[1] 参见 Hans Wolfgang Schumann, *Der historische Buddha*, Eugen Diederichs Verlag, Köln 1982, S. 136-138。

（二）墨翟（墨子，约公元前 470—前 390 年）和墨家。天下兼相爱，爱人若爱其身，诸侯爱人之国如爱其国，家主爱人之家如爱其家（兼爱[①]）

1. 导论

中国史家常说，自西周末年后中国便无奴隶制（公元前 770 年），远早于欧洲。在我看来原因有二：其一，自此时起中国人便视自己为一个民族，在这一个民族之内已普遍禁止互掳为奴。其二，自此时起中国人便已甚少发起对外战争。西周末年之后中国散为诸侯之国，互相攻伐侵占，但这些诸侯国并未与外邦交战。许多奴隶均为与外邦交战后的战俘或其子裔，和在古希腊人和古罗马人那里一样。墨翟所处的中国已不再有奴隶和奴隶贸易。在这个意义上彼时之中国人已然人人平等。

墨翟生于何处、生于何时、其寿几何我们俱无所知。他当生活于孔子（公元前 551—前 479 年）与孟子（约公元前 372—前 289 年）之间的年代。因为《论语》中不见其人，而《孟子》中其弟子后人之

[①] "兼爱"有多种西文翻译。Hedwig Schmidt-Glintzer 在其《墨子》相关段落的翻译中译为"allgemeine Menschenliebe"（普遍的对人之爱）（见 *Solidarität und Menschenliebe*, Diedrichs Gelbe Reihe 1975）。Hubert Schleichert 在他的《中国古典哲学》（*Klassischen chinesischen Philosophie. Eine Einführung*, Klostermann, 1. Auflage 1980, 2. vollkommen neu bearbeitete Auflage 1990）中采纳了这一翻译。Ralf Moritz 在其著作《中国古代哲学》（*Die Philosophie im alten China*, Deutscher Verlag der Wissenschaften (DDR) 1990）中用了"allgemeine Liebe"（普世之爱）。这些翻译在我看来均有误导，因为《墨子》所谈只是"一国"之内的相互之爱。W. Rüdenberg 在其 1936 年出版的《华德辞典》（*Chinesisch-deutschen Wörterbuch*, Hamburg 1936）中所用"umfassende Liebe"（整全之爱）较好。梅贻宝 1927 年出版的《墨子的伦理和政治著作》（*Ethical and Political Works of Motse*）中译为"universal love"，同理亦不合适。R. H. Mathews 在 1931 年出版的《汉英大辞典》（*Chinese-English Dictionary*）中所用"love without distinction"（无等差之爱）在我看来更为贴切。Derk Bodde 在他 1952 年翻译的冯友兰第一版《中国哲学史》（*History of Chinese Philosophy*）中和梅贻宝一样用了"universal love"。冯友兰在自己译为英文、由 Derk Bodde 编辑出版的《中国哲学简史》（*A Short History of Chinese Philosophy*, 1948）中与 Rüdenberg 相似用了"all-umbracing love"。和除了 Rüdenberg 之外的德文翻译一样，利氏学社（Institut Ricci）1976 年出版的《汉法辞典》（*Dictionnare français de la langue chinoise*）和程艾兰（Anne Cheng）所著《中国思想史》（*Histoire de la pensée chinoise*, Seuil, Paris 1997）中用的"amour universel"在我看来同样有问题。我会在下文论述《兼爱·下篇》的相应段落说明用"gleiche Liebe"（同等之爱）加以翻译的理由。

说当时已多遭谴责。他生活在战国时代（公元前475—前221年），中华帝国分裂为互不从属、相互征战的许多小国。墨翟和墨家学说经《墨子》一书传世，此书由其弟子后人收集编纂。《墨子》凡十三卷，文字多有重复，当缘于其弟子后人又别为诸派、作者杂多之故。与本文最相关者乃第四卷，此卷复分三篇，均冠以"兼爱"之名。此三篇似源出三个不同的墨家派别。《墨子》全书即来自不同墨家传统的合集。《兼爱》中篇几乎是上篇的两倍，而下篇又是中篇的两倍。这显示上篇时间最早，下篇时间最后，因为随着时间流逝对同一主题的讨论往往有越写越长的倾向。这一点可藉此证明：上篇仅仅在最后才引用了"子墨子"之言，由此可猜测，开头与此后并无多少论据的段落均为其弟子后人肯认的"子墨子"之言。中篇与下篇则以墨子的同一句话起首，此后分别以墨子的五句话和八句话为论据，如此可以假定，引文间更长的段落源自不同的墨家派别。此三篇并非仅仅成文于不同时期，而且可归于三个不同的墨家派别，因为除了很多一致外也有诸多不同。

战国时代的墨家诸派影响甚大，在诸子百家中组织最为精良。墨子学说立论起点即一政治学说，伦理学对于他们是政治之工具。除了政治学他们还发展了逻辑学以及与技术（尤其是城防建造之术）相联系的自然科学[1]，与古代欧洲的斯多亚学派类似将哲学根本上分为三部分（逻辑、物理学、伦理学），而我在第四节会谈论斯多亚学派。与当时中国除了法家外的其他哲学学派一样，墨家未得善终，为秦始皇（公元前221—前210年）所罢黜。

秦始皇（此前只有"王"）不仅用暴力从政治上统一了中国，而且试图从各个方面统一中国：车同轨，书同文，统一货币，统一学说。学说的统一靠焚书坑儒进行。视王法为一国秩序之根基的法家唯一合

---

[1] 参见 A. C. Graham, *Later Mohist Logic, Ethics and Science*。

始皇心意。王法之前人人平等，唯有皇帝高高在上，因为只有皇帝一人可以作法改制。儒家和拒绝国家强力干涉、却在政治幕后运作的道家在秦始皇的暴力下得以幸存，而墨家再也未能重建。法家也消失了，或者说被视其为劲敌的儒家消灭。儒家通过在实践上吸收法家而消灭了法家，虽然原则上并未将实定法条而是将道德伦理置为第一位，因为仅仅通过道德教育统治一个国家断无可能。宇宙论层面上的阴阳家也消失了，同样，主要是通过儒家的吸纳而消失。公元前2世纪富有政治影响力的儒家董仲舒（约公元前179—前104年）接受了该学派的基本理念，从而也赋予最初只有伦理—政治兴趣的儒家以宇宙论的维度。

2.《墨子》卷四《兼爱》三篇

卷四的三篇以同一个政治问题开始，即圣人何以除天下之害而兴天下之利，并主张，圣人唯有认识无序或说众害本原方可治天下。《兼爱》三篇都欲传达这一知识，这种知识有伦理意涵。

1)《兼爱》上篇论爱人

上篇首句可追溯至墨子："圣人以治天下为事者也，必知乱之所自起。"

在对上句一些可能不是出自墨子的论述后文章作答，就此我再次猜测，这个回答是墨子本人的话："当察乱何自起？起不相爱。"随后是一系列不相爱的例证："子自爱，不爱父，故亏父而自利……臣自爱，不爱君，故亏君而自利。"我猜测，这些例证并非传自墨子之言。

这些例证之后提出这一问题："若使天下兼相爱，爱人若爱其身，犹有不孝者乎？"以及用类似问题对上述所有缺乏相爱的例证的探问，而答案是，若使天下兼相爱，则乱无从起。文章最后是子墨子之言："故子墨子曰：'不可以不劝爱人者，此也。'"

令人注意的是，作为三篇标题的"兼爱"在上篇中并未出现，出现的是"兼相爱"。所以，很可能是最久远的这篇文章并未要求兼爱天下人，而是要求所有人平等相爱，易言之，"爱人若爱其身"①。我想，墨子的学说根本上在于，使天下人兼相爱，圣人方能除乱而治天下。"爱人若爱其身"一句是让前一句"若是天下兼相爱"表达更准确的同位语，故由此句无以确定它出自墨子，而很可能留下了撰写第一篇的墨家门派的印记。这一句听起来很像《旧约·利未记》（19:18）中的"爱人如己"和《新约》中的"爱你的邻人如爱自己"。在论述拿撒勒的耶稣的一节我会尝试指出，第一个墨家门派的这句话在实践上与《利未记》中的爱的戒条有同等意义，但与耶稣所说的爱的戒条含义不同。

2）卷四中篇论爱人

中篇首句云："子墨子言曰：'仁人之所以为事者，必兴天下之利，除去天下之害，以此为事者也。'然则天下之利何也？天下之害何也？"

随后首先谈论天下之害何起："子墨子言：'以不相爱生。'今诸侯独知爱其国，不爱人之国，……今家主独知爱其家，而不爱人之家，……今人独知爱其身，不爱人之身，……"

据子墨子引言，上述三句虽未使用"兼爱"之辞，但表达的正是在第二篇中首次出现、第一篇文本并未言及的"兼爱"思想。天下之害起自诸侯爱其国不爱人之国，家主爱其家不爱人之家，人爱其身不爱人之身。此篇稍后又重复了这一思想，但似乎仍旧并非子墨子之言。

文章随后说："子墨子言曰：'以兼相爱、交相利之法易之。'"紧接着又问这如何可能："然则兼相爱、交相利之法，将奈何哉？"

回答是一段很长的文本，进一步解释了兼相爱之法如何施行，而在这段开头注明了"子墨子言曰"，但不清楚的是墨子的引言在何处结束："子墨子言：'视人之国，若视其国；视人之家，若视其家；视人之身，若视其身。'"需要强调的是，子墨子这里没有说"爱"，而是说

---

① 按照作者的德文翻译，此句被他理解为爱外人如爱家人。——译者

"视"。这意味着，在子墨子看来，人不可仅仅从自己的视角看待人之国、人之家和他人，而是要置换到他人的视角，从而在心里理解他人的视角，不仅仅从自己的视角，而是也从他人的视角"视"其与他人共处之情境。但这不必然意味着同等地爱他人如爱其国、其家、其身。我猜，子墨子的引言仅仅到此为止，因为墨子自己和孔子一样述而不作，因此由他的弟子后人记录的他的原话仅是只言片语。

这些话影响了墨子的弟子，又由他们口传给自己的弟子，这些后人为免遗忘将其加以记录。文章随后说："是故诸侯相爱，则不野战；家主相爱，则不相篡；人与人相爱，则不相贼；君臣相爱，则惠忠；父子相爱，则慈孝；兄弟相爱，则和调。天下之人皆相爱，强不执弱，众不劫寡，富不侮贫，贵不敖贱，诈不欺愚。凡天下祸篡怨恨，可使毋起者，以相爱生也，是以仁者誉之。"

对兼相爱有如下反驳："然而今天下之士君子曰：'然！乃若兼则善矣；虽然，不可行之物也。譬若挈太山越河、济① 也。'"对此反驳的回答首先指出了爱人唤起对方之爱的力量，这在下篇中也是墨家兼相爱学说的一个重要论证（见下文）："夫爱人者，人必从而爱之；利人者，人必从而利之；……此何难之有？"②

中篇此后关于相爱思想的论述与第一篇和此前段落相比再未陈述新说，故我们到此为止。

3）卷四下篇论爱人

下篇起首是与中篇相同的子墨子引言，但加上了如下两个问题："然当今之时，天下之害孰为大？"以及"此胡自生？"答案中的前两个例证关系第一个问题："若大国之攻小国也，大家之乱小家也，……从恶人而贼人生。"

---

① 泰山、济河位于今山东省，孔孟之乡。故此处士君子也许指儒家。
② 此处作者有误，这段回答出现在泰山济河作譬喻的反驳之前一段，上一段开头的反驳是："然而今天下之士君子曰：'然！乃若兼则善矣；虽然，天下之难物于故也。'"——译者

易言之，这源于"强之劫弱，众之暴寡"。文本随即回答了第二个问题，亦即"害天下"的最后一个也是决定性的原因："'分名乎天下，恶人而贼人者，兼与？别与？'即必曰：'别也。'然即之交别者，果生天下之大害者与？是故别非也。"

与兼相对的概念是别。既然"别"作为动词意思是区别、分别、分开，那么兼作为动词则意思相反，指"视之相同、同等对待"。因此我将兼爱译为同等之爱而非普世之爱或者整全之爱，而 Mathews 在 1931 年的译文"love without distinction"在我看来至今仍是最好。① 没错，这是一个好翻译，用德语人们也可以说"nicht diskriminierende Liebe"，或者用英语说"love without discrimination"。

下篇稍后又用墨翟的话强调了兼别之分："是故子墨子曰：'兼以易别。'"我怀疑作为下篇根本的这句话并非墨翟原话，因为这句在概念和思想上都如此重要的话倘若真出自他口，那至少必须在上篇或中篇有所体现。随后，文章分别在天下诸国、诸国之都、国中之家的层面上展示了兼以易别对于"天下之利"的效果："藉为人之国，若为其国，夫谁独举其国，以攻人之国者哉？为彼者，由为己也。"之后用相类的论证显示出，视人之都为其都，则无从伐人之都，视人之家为其家，则无从乱人之家。"即必曰天下之利也。"

这一论证以如下句子作结："且乡吾本言曰：'仁人之事者，必务求兴天下之利，除天下之害。'今吾本原兼之所生，天下之大利者也；吾本原别之所生，天下之大害者也。"

之后是对这一学说的反驳，但比中篇更多。几乎所有反驳都根据不同理由指出这一学说实践上无法实现。对这些反驳的回答是与中篇相同的论证，即"夫爱人者，人必从而爱之；利人者，人必从而利之"。

---

① 参见上文关于兼爱翻译的脚注。

此处的反证援引了被孔子视作五经之一的《诗经》[①],《诗经》直到唐朝（618—907）末年都在儒家经典中具有最高权威。文中如是引用："《大雅》之所道曰：'无言而不雠，无德而不报，投我以桃，报之以李。'[②] 即此言爱人者必见爱也，而恶人者必见恶也。"

3. 对《兼爱》三篇的五个批判性思考

1）墨家政治学说非伦理学。可视为功利主义伦理学，而非关于善行的伦理学

墨家要求的爱人、利人、勿害人，所有这些都是重建分裂的天下秩序的工具。这一学说中的道德意涵在于致力于善好的政治目的，可视为功利主义。但真实的道德上的爱并非为了其他东西的有利工具，而是目的在自身之内。道德的目的并非像享乐主义教导的是促成幸福，也并非像墨家功利主义教导的是建立良好运转的国家。不过毫无疑问，爱人之人不害人而利人，有幸福生活，尽管他们不将这些视为其爱人之行的目标或目的——他们所思所想不是变得幸福，而是爱人本身——同样毫无疑问，歧视他人、害人而只求一己私利之人是不幸福的，尽管他们虚弱无力地追求自己幸福。毫无疑问，爱人而行的政治家、家主和个人追求一个为了所有国民良好运作的国家，而不爱人者导致的是国家的衰落。

2）关于中篇和下篇的论证：爱人利人者，人必爱之利之

这一论证部分正确。它只对品德好的人成立：如一人真的爱一个好人，为此人着想，此人亦会自发爱他，尽一切可能为他着想。但对于那些品德败坏之人这一论证并不成立，正如我们的经验告诉我们的：若一人出于爱与善意做对此类人好的事，他们会理所当然视其为自己

[①] 《诗经》是上古不同时期的诗歌总集。按照瑞典杰出的《诗经》翻译者和研究者 Bernhard Karlgren 的观点，《诗经》中所有作品都源自西周（公元前 1046—前 771 年）。

[②] 按照 Karlgren 的编码，这是《诗经》作品 256 号。参见 Bernhard Karlgren, *The Book of Odes*, Stockholm 1950, S. 217.

应得，反对那人做坏的事，仅仅利己而害人。

而且，以爱与善行逼迫他人反过来必须爱他、对他好，这根本不可能。这与人的道德自由或说责任相矛盾，任何自然和社会对人的限制都不能将其排除。16世纪的儒家王艮（1498—1583）①，儒家一代宗师王阳明（1472—1529）的弟子之一，仍旧主张，通过对人的爱与善意人必爱人而向善。②

3) 墨家政治学理性而无情感：以同等方式爱人、利人不可能

也许有少数例外，但基本上没有哪个母亲跟爱自己的孩子一样爱别人的孩子，跟照顾自己的孩子一样照顾别人的孩子，没有哪个家长跟爱自己的孩子一样爱别人的孩子，跟照顾自己的孩子一样照顾别人的孩子，也没有哪个孩子爱他人父母如爱自己父母，当他们老去时像照顾自己父母一样照顾别人父母，没有哪个丈夫爱别的女性像爱自己的妻子一样，像照顾自己妻子一样照顾她（否则真心真意地将自己的妻子换成别的女性，也就是让别的女性成为自己的妻子对他才好）。没有这样的事，因为毫无可能，因为人在最深层次上是感觉的存在者。靠同等之爱建立一个运作良好的社会的要求看起来理性，实际上并不合理，因为没有考虑人不仅仅是理性的，而且是有感觉的存在者。

尽管从感情上说不可能兼爱众人，但我们应当承认所有人有同等的权利、同等的尊严。

4) 墨家政治学在道德上是糟糕的：同等地爱人、同样方式利人在道德上是糟糕的

我想，一个成人要想关心自己，就必须关心他的亲属、他的孩子、他的生活伴侣、他的朋友、他的"城市"和他的"国家"。因为和他

---

① 原文标注的生卒年为1498—1583，查方克立主编《中国哲学大辞典》（北京：中国社会科学出版社，1994年），王艮生卒年为1483—1541。——译注

② 参见 Iso Kern, *Das Wichtigste im Leben. Wang Yangming und seine Schüler über die „Verwirklichung des ursprünglichen Wissens"*, Schwabe Verlag, Basel 2010, S. 324-331。

们一起、也在他们之中，他生活于一个比其他联系和社会更紧密的联系中，与别的联系和社会相比也更依赖他们、多亏他们，他了解他们也胜于了解别的共同体。但他不应该仅止于此！他应该显示出与他人的共情，尽自己可能关心别的孩子、别的人，鼓励、支持、帮助他们，只要他有能力，而别人又有迫切需求且愿意接受。这个批评实际上是孟子对他那个时代的墨家的批评。

5）只有在同一个人际关系中同等之爱才值得欲求、必不可缺；不同的人际关系中有不同的爱；将一个人际关系中的爱牵扯进另一个人际关系之中是不公正的

原初儒家区分了五种人际关系（五伦）：君臣、父子、夫妇、兄弟、朋友。

将其应用于当今社会我们可以首先谈论统治者与被统治者，或者国家行政部门长官与僚属，或者国有企业经理与雇员之间的关系，其次是夫妇，然后是父母与子女，第四是亲属之间，最后是朋友之间。

一个国家部门长官作为长官应该一样地爱（一样对待）处于同等级别的官员，一个经理作为经理在作为上司的人际关系中应该一样地爱（一样对待）他的下属。对于具有同等资质的某个职位的候选人也应该一样对待。候选人的选拔标准在所有人那里都应该以同样方式仅仅是他们相应于竞聘职位的资质或能力。这要求公正。部门长官或者经理作为长官或经理不可在公开职位竞聘中爱（优待）他的妻子、子女或者其他亲属胜过其他雇员或者其他应聘者，虽然作为丈夫、父亲或者叔父他更爱他们。他不可让一种人际关系中更多的爱凌驾于另一种人际关系之中。这不公正。这种道德错误可称为任人唯亲、裙带关系。在中国这种道德缺陷非常普遍，被叫作"拉关系"。父母应该同样地爱他们的孩子，爱他们的孩子胜过别的孩子，但不可一样地爱他们想要巴结奉承的上司经理的孩子。子女应该爱自己的父母胜于别人的父母，同等地爱自己的父母，但不可跟爱自己的兄弟姐妹一样。一个

朋友爱他的朋友胜过旁人，也应该更爱他的朋友，但他应该一样地爱所有朋友，即便有些朋友他相识很久，与他们关系更紧密，而有些朋友只是在几年前才有了诚挚的友谊。因为真切、真实的友爱没有量度，没有界限，所以真的友爱总是一样且没有界限，夫妇之间也是如此。但如果一个朋友是国有企业的领导，作为这个企业的领导他不可在公开职位的选聘中爱（优待）他的朋友或他朋友的孩子胜过爱别的雇员或竞聘者，而是必须像对其他雇员或竞聘者一样同等地爱他们（同等对待）。若不同等对待，便不公正。

（三）孟子（约公元前372—前289年）。他对墨子兼爱人学说的批评和将亲人之爱推及他人之说

孟子的伦理学我在别处已有专论，此处只阐述如下两点：一、他对墨家"兼爱"说的批评，二、将对亲人的自然之爱渐推及他人。

1. 孟子对墨子兼爱人之说的批评

《孟子·滕文公上》讲了如下故事："墨者夷之，因徐辟而求见孟子。……孟子曰：'夫夷子，信以为人之亲其兄之子为若亲其邻之赤子乎？……且天之生物也，使之一本（意为父），而夷子二本故也。'"

要理解这一故事必须注意自公元前二千年起中国传统社会即一父权社会，就像欧洲的古希腊人和其他文化里一样，人们认为父亲靠其精子生育子女，母亲如供给营养的大地一样只是接受精子，将其孕育成形。故而子女出自父亲的精子，这是他们的本，通过他们的自然他们唯一与父亲相连。如果一个人爱邻人之子如爱与他同根的兄长之子，他就让邻人之子如有二本、二父。

2. 将对亲人的爱与恩情渐推及他人

此说见于孟子与齐宣王的长篇对话之中（《孟子·梁惠王上》）。对话论及成为好的君主的条件。孟子告诉齐宣王他曾听说齐宣王对堂下待作牺牲之牛有同情之心，在他看来这种同情是成为好君主的出发

点和基本条件，成为好君主则意味着可以保民。

因为对孟子而言这一同情心是儒家基本德性之端，是人性或谓仁之端，而仁即善与爱。在探讨了通过善行实现这一同情之后孟子对齐宣王说："老吾老，以及人之老；幼吾幼，以及人之幼。天下可运于掌。……言举斯心加诸彼而已。故推恩足以保四海，不推恩无以保妻子。古之人所以大过人者无他焉，善推其所为而已矣。"

孟子教导说，从心中自然良好的激发（首先是同情，即便只是对动物的同情）和对亲人的自发之爱开始，在行动中持续地将其扩展、传布以至于对整个民族。他拒绝了墨子的学说，在他看来从一开始就爱他人之亲属如爱自家之亲人不合人之天性。孩子在能够爱他人之前首先爱的是自己的父母，尤其是母亲，但也有父亲，首先爱的是自己的孩子，这合乎我们的经验。如果孩子没有一个真正爱他、他也能够爱的母亲，在他往后的生活中真正地去爱他人就会成为他巨大的负担。如果他在家庭中没有学会在积极的爱中与兄弟姐妹或者父母去分享，往后与他人分享而不将一切独占就会成为他的困难。

孟子没有考虑对其他民族的爱和善意，不是因为他会拒绝将爱扩充、传布至其他民族，而是因为这不在他的视野之内。帝国对于他就如对墨子，与"天下"等同。汉代时中国人刚对西方印度的疆域有所了解，而在此之前中国人除了分裂为各个邦国的帝国之外，对其他民族鲜有认知。

当耶稣会传教士利玛窦（1552—1610）在 16 世纪末来到中国后，首次出版了他的世界地图（以《万国舆图》为名出版于 1584 年）。他想藉此显示，他从欧洲经非洲南部到达中国的海路何其遥远，并让中国有教养之士意识到，他们的帝国与当时在欧洲已熟知的有人居住的地球相比何其小。古代中国的政治几乎只对内，对外几乎完全封闭（这是说，对于东海、南海之外，对南部和西南部群山之外，对塔克拉玛干沙漠和西北戈壁之外，对中国西北防御来犯蛮族的长城之外的地域几乎完全封闭）。中国人此前从未想到，中华帝国只占据有人居住的地球如此微小的一部分。

孟子"推恩"之说在很多方面与大约同时的古希腊斯多亚派的οἰκείωσις之说相应，此说意为亲近自有，是关于如何"使陌生人渐成亲近之人"，也就是说如何能赋予陌生人和自己人同等地位。这一学说下文会加以论述。

（四）古希腊与古罗马斯多亚学派论人的平等（公元前4世纪末至公元后2世纪）。斯多亚哲人希洛克勒斯（Hierokles，公元后2世纪）与塞涅卡（公元前4年至公元65年）

1. 斯多亚哲学与希腊化

希腊化时期（公元前4世纪下半叶至前1世纪）的斯多亚哲学对人人平等理念的构想尤为令人瞩目。来自今天分属希腊和土耳其的塞浦路斯的希腊人芝诺（公元前262年逝世）被视为斯多亚派的创始者。他在约公元前300年建立了他的学派。希腊化时期产生了他的两位杰出继承者，来自阿索斯的克利恩忒斯（Kleanthes aus Assos，公元前233年逝世）和来自索罗伊的克里希波（Chrysippos aus Soloi，公元前208年逝世）。这三位哲人被视为所谓老斯多亚派的主要代表，他们的思想权威一直延续。罗马帝国时期最著名的斯多亚哲人既有拉丁人也有希腊人。以拉丁语写作的有尼禄的老师塞涅卡，他留下了许多伟大著作，关于他与奴隶制的关系我会在下文探讨。希腊人里有起初是罗马人奴隶、后被释放并在罗马以希腊语教授的爱比克泰德（约50—138年）。还有161—180年在位的罗马皇帝马可·奥勒留。爱比克泰德的同时代人是希洛克勒斯（可能是马其顿人），他生活于2世纪。我会在下一节探讨他的伦理学的基础。古希腊和古罗马斯多亚派将哲学定义为关于属神和属人之事的知识，并将其分为逻辑学、物理学（自然学说）和伦理学。直到早期文艺复兴时期斯多亚哲学才在Francesco

Petrarca（1304—1374）的书信和著作中再次出现，其拉丁传统在15和16世纪的人文主义学者中经历了一次兴盛。

在蒙田（1533—1592）的三卷本《散文》第一卷中可以看到斯多亚伦理学的影响。当时的斯多亚学派的一位知名代表是在今天的布鲁塞尔和鲁汶之间出生、用拉丁语教授和写作的 Justus Lipsius（Jost Lips，1547—1606），他也是当时鲁汶大学的一位教授。他写了一本书名为《论恒心》(*De constantia*)，而塞涅卡有一本同名著作。

从公元前5世纪直到斯多亚哲学诞生之前的时代希腊人从未将非希腊人看作与他们同样之人。此前他们就被称为 barbaroi（一个拟声词），野蛮人，意思是无法说出让人理解的语言，只能像小孩子或者鸟一样发出 babara、babara 之类无法理解的声音的人。不过这个词最初并无贬义，而是表达了第一次突然遇到些说着自己完全不懂的语言的人的印象。公元前5世纪初希腊人主要遭遇的野蛮人是强大的阿契美尼德王朝（公元前685—前330年）统治下的波斯人，并与他们发生了战争。年轻的波斯王薛西斯带领庞大的陆军和海军发动三次进攻，意图攻占希腊，史称三次波斯战争（公元前500—前479年）。希腊在军事上同时也是文化上的领导者即城邦雅典。第二次波斯战争中，希腊人于公元前490年的马拉松战役击败了波斯陆军。具有决定性意义的是第三次波斯战争：公元前480年9月底发生在萨拉米岛与雅典比雷埃夫斯港之间的萨龙湾上的萨拉米海战让波斯舰队受挫，而公元前479年在雅典西北约100公里发生的普拉提亚战役中波斯陆军再次战败。按照参加了萨拉米海战的悲剧诗人埃斯库罗斯的叙述，此次战役中希腊舰队共有300艘普通战舰和10艘精锐战舰，而波斯共有1207艘海船。[①] 相对弱小的雅典城邦及其希腊盟友从水上和陆上战胜了庞大

---

① 当代的研究认为希腊舰队的数量可信，而波斯舰队的数量夸大许多。波斯舰队的战船数量最多500艘。

的波斯帝国，这深深影响了公元前5世纪到前4世纪希腊人意识及其优越感的形成。彼时阿契美尼德波斯帝国，东从西巴基斯坦和阿富汗穿越今天整个乌兹别克斯坦，北邻咸海，中部囊括今天的伊朗和伊拉克，西南从今天的叙利亚和巴勒斯坦直抵今天里海边的阿塞拜疆，西则包括土耳其和希腊的哈尔基季基半岛，是印欧之间的庞大国家。

伟大的希腊悲剧诗人中的第一位、上面提到的埃斯库罗斯（公元前525—前456年），不仅参加过萨拉米海战，而且也在马拉松和普拉提亚两场战役中浴血奋战。在希腊人取得对波斯人的最终胜利之后他谱写了悲剧《波斯人》，讲述了亲帅波斯舰队、后被击败的薛西斯（前486—前465年）返国之前，薛西斯的母亲阿托萨和她的随从在王宫中从信使口中听说了波斯舰队在萨拉米岛战败的消息。这出悲剧于海战结束后八年即公元前472年上演，拔得头筹。它的伟大之处在于从当时希腊人的劲敌波斯人的角度和情感看待可怕的战败。

我引用下如下诗行：

就像埃斯库罗斯自己一样，波斯信使作为战争的亲历者上台，告诉波斯王薛西斯的母亲阿托萨和她的随从：

> 我却是身临其境，非道听途说。
> 波斯人啊，我可以向你们诉说这灾难。
> ……
> 听见萨拉米这名字便恨满心头，
> 啊，想起雅典城便不禁悲伤哭泣。

歌队：

> 雅典城真令人痛恨啊，
> 人们会记住它，

>   它使许多波斯人，
>   变成孤儿，成为孤孀。

信使解释，照波斯舰船的数量本可取胜，然而

>   但神明却毁灭了军队，
>   使命运的天秤变沉重失去了平衡。

稍后信使告诉波斯王薛西斯的母亲阿托萨：

>   尊贵的王太后，是由于出现了报仇神
>   或某个恶魔而开始了整个灾难。

阿托萨承认，女神和主宰者雅典娜的城邦雅典被诸神福佑：

>   诸神赐福雅典，这主宰者的城邦。
>   ……
>   噢，残忍的恶魔，你竟迷惑了波斯人的心智。

之后，五年前死去的波斯王大流士一世（前521—前485年统治），阿托萨的丈夫、薛西斯的父亲的幽灵上台，他悲叹道：

>   我儿子年轻气盛，糊涂地干了蠢事。
>   ……
>   他作为一个凡人，却狂妄地想同众神明
>   和波塞冬争高低，我儿子岂不是神经癫狂……？

作为母亲的阿托萨有些袒护她年轻的儿子,但也没为他的行为辩护:

> 爆裂的薛西斯与那些奸邪之人往来,
> 干出了这些事;他们说,……他只胆怯地,
> 在家里逞英雄,丝毫未增加先辈的财富。

大流士过后说:

> 你们看见了对高傲行为的惩罚,
> 现在请你们记住雅典人和希腊……
> 宙斯是无情的惩罚者,严厉的判官,
> 他无情地惩罚心灵傲慢的人。

悲剧结尾,薛西斯带着"残兵败将"回到王宫,见到母亲和他身旁的朝臣。在歌队演唱之后他哀叹:

> 啊,天哪,天哪,我真不幸
> 遭受了如此沉重可怕的打击。
> 这是残酷的天神无情地惩罚
> 波斯种族。我还需怎样忍受?
> ……
> 啊,你们悲惨地呼喊吧
> 你们凄怆、哀戚地呼喊吧,
> 这是神明报复我。[①]

[①] 据张竹明、王焕生译本。参见《古希腊悲剧喜剧全集》第一卷《埃斯库罗斯悲剧》,张竹明、王焕生译,南京:译林出版社,2007 年,第 71—138 页。个别地方略有改动。——译注

在公元前 572 年观看、听到这出悲剧的雅典人必然会想：波斯人是跟我们一样的人。他们和我们一样有感情，一样思考、说话和行动。即使在希腊人中也会有"狂妄的"、"癫狂的"年轻将领，被"奸邪之人"误导发动一场糟糕的战争，让无数同胞遭受灾难、丧失性命，让无数孩子和妇女"变成孤儿，成为孤孀"！

埃斯库罗斯是一个更多受自己的情感和直觉而非严厉、干瘪的理智引导的诗人，所以他从感觉上洞察到，波斯人在听到悲惨的战败消息时，会像雅典人或者所有希腊人听到类似消息时那样反应。

百年后在理性的哲学家那里不是这样。今天最著名的古希腊哲学家柏拉图（公元前 427—前 347 年）和亚里士多德（公元前 384—前 322/321 年）那里，在本族人和外族人一样是人这个意义上的人人平等理念不见诸他们的著作。

在《国家篇》（Politeia）第五卷柏拉图在探究战争权（469b-471c）时写到，希腊城邦之间不可争战，但可对野蛮人宣战。他还写到，希腊人不可使希腊人成为受奴役的人（doûloi）①，但可奴役野蛮人（469b/c）。亚里士多德在《政治学》第一卷评论说，希腊人天生当为主宰，而野蛮人天生当受统治。

希腊人故而有权主宰野蛮人（1252b，1255a，1256b）。亚里士多德在此还写到，野蛮人按天性就缺乏管治，故而按天性就是奴隶。"诗人们就此说：'希腊人主宰野蛮人，理所应当。'这是为了说明野蛮人和奴隶就天性而言是一回事。"（1252b）这个时代的希腊人中流行着这样的观点：希腊人是自由人，不仅在自己的民主城邦之中如此，面

---

① 奴隶（Sklave）一词在古希腊和古罗马时期并不存在，而是到中世纪才产生，源自日耳曼（德意志）战争中被囚禁和奴役的斯拉夫人（Slaven）。不过今天的希腊人和罗马人也说"奴隶制"。拉丁文的奴隶一词 servus 与动词 servare（保存）词根相同，会让人联想到，servi（奴隶）是那些战胜了一个陌生民族的胜利者没有杀死而是"保留"下来的人，也就是留了命给他们，将他们作为仆人据为己有。这对双方都有好处。

对野蛮人也如此，而野蛮人在他们庞大的帝国内始终受专制君主统治，是君主的奴才，因此必然天生就有着奴隶的、卑下的心性，所以可以被希腊人征服，当作仆人或者奴隶对待。

在希腊化①时代，从希腊向南到埃及、向东到今天巴基斯坦和埃及边界的拉合尔、向北到今天哈萨克斯坦的雅克萨特河（今天的锡尔河）的整个希腊化世界的精神状况已然改观。希腊化开始于亚里士多德的学生、马其顿亚历山大大帝（公元前356—前323年）的连番征战，他占领了广袤领土。亚历山大认为这些征战是对阿契美尼德波斯王朝的惩罚，因为波斯在上面说的波斯战争中徒劳地试图攻占希腊。公元前330年亚历山大大帝在伊索斯战役中战胜了大流士三世（公元前336—前300年）的军队，终结了延续了345年的阿契美尼德王朝。在亚历山大的"继业者"（Diadochen）——大部分是亚历山大的将军们，他们瓜分了亚历山大的巨大疆土——时代和他们的后继者（Epigonen）时代希腊化继续进行，直到他们的西部领土被并入罗马帝国。

希腊化在东地中海到亚细亚的地域表现为对希腊文化的接受，另一方面也表现为希腊文化对东方元素的吸收。希腊化催生了有持续影响的艺术形式，不仅在罗马帝国，也表现在从健驮逻国（今巴基斯坦）直到中国、朝鲜和日本的佛教艺术中。对释迦牟尼佛第一次的人性表现就是在希腊化的精神氛围下产生于健驮逻国。对于西部的罗马人希腊化也产生了很大的文化影响。罗马人由此接受了希腊文化并在帝国时代酝酿了一种文化和政治上都崭新的风格。在不同民族、不同语言、不同宗教的人们通过同一种思考方式相互融合的希腊化时代，斯多亚哲学得以发展了人的平等理念。我不了解这一发展史的细节，在这里仅仅想援引希洛克勒斯的相关思想，我对此感到格外有趣和重要。

---

① Hellenismus（希腊化）一词源自希腊语 hellenizein，意为说希腊语，有希腊人的思考方式。

2. 斯多亚哲人希洛克勒斯《论义务》中《伦理学概要》一章中的 oikeiosis（"自我保存"、"亲近自有"）学说

希洛克勒斯的现存大量残篇很可能都出自他的唯一一部伦理学巨著[①]：出自希洛克勒斯时代亦即 2 世纪的一部手稿中的《伦理学概要》中的最大篇幅残篇（约原文的三分之二）[②]，构成了这部著作第一章基础理论论证的部分，还有 5 世纪初的约翰·斯托比亚斯的《辑录》中的大量摘抄，统一命名为《论义务》，大部分出自后续章节[③]。这一章节探讨了人在不同社会关系中的义务。我猜测，"论义务"是全书的标题。下面我会同时援引 Hans von Arnim 编辑的《伦理学概要》中的一部分和约翰·斯托比亚斯的《辑录》中的一个片段，这个片段我认为也出自第一章。

在谈论了人类的胎儿后，希洛克勒斯教导说，人类小孩从出生起就开始感受自己。斯多亚派伦理学的基本命题是生物灵魂的基本倾向是在合乎自然的状态中保存自身以及对于自我保存必要的自爱，在他看来上述事实是这一命题的基础。这一最原初的、和人的自然一同给予的倾向被他称为"最初的 oikeiosis"。Oikeiosis 是动词 oikeioein 的名词化，后者意为"使某物成为自己的"，同时中间态和被动态动词 oikeioesthai 作为中间态意为"占有，据为己有"，作为被动态意为"与某人熟悉、友好"。希洛克勒斯写道："通过获得最初的自身感知，

[①] 认为希洛克勒斯的所有文本都源自唯一一部著作的观点借鉴自 Hans von Arnim，参见他给下书写的导论：*Hierokles, Ethische Elementarlehre* (Payrus 9780), unter Mitwirkung von W. Schubart bearbeitet und herausgegeben von Hans von Arnim, Berliner Klassiker Texte, Heft IV, Berlin, Weidmannsche Buchhandlung 1906, S. XIII, XIV.

[②] *Hierokles, Ethische Elementarlehre* (Payrus 9780), unter Mitwirkung von W. Schubart bearbeitet und herausgegeben von Hans von Arnim, Berliner Klassiker Texte, Heft IV, Berlin, Weidmannsche Buchhandlung 1906. 这一纸草文本的新版本见 Guido Bastiani und Anthony Long, „Jerokle: Elementi di Ethica ", in *Corpus di papyri filosofici greci e latini*, Band I. 1.2, S. 296-362, Firenze, L.S. Olschki 1992.

[③] Johannes Stobaios（公元 5 世纪早期）编纂了一本古希腊哲学文本的摘录（希腊文 *Eklogaia*，拉丁文 *Florilegia*）。Hans von Arnim 将这段出自这部辑录、令我们感兴趣的文本收入了他编辑的《哲学基要》（第 61—62 页）。

生物为了自身、为了自己的整全（为了自己的自我保存）而占有自身（与自身相亲熟）。"因此他作为斯多亚派与伊壁鸠鲁派相对，后者认为快乐是最原初的自然欲求的对象。

保存了希洛克勒斯这本论义务之书的基础章节的纸草文本在这段论述之后腐坏不可辨认。按照 Hans von Arnim 所说，这部分腐坏的文本（第9—10段）中处理了大多翻译成"自我保存"的"最初的 oikeiosis"之后的 oikeiosis 的各种形式。在这个语境中这些形式被翻译成"接纳"或者"据为己有"。幸运的是约翰·斯托比亚斯的"摘录"中保留了一段文本[1]，部分弥补了 Hans von Arnim 编辑的纸草文本中的空缺。我相信，这段文本是这部著作基础章节中的一段摘抄。[2] 其中谈论了从"自我保存"出发的"接纳"或"据为己有"的大约十种扩展，几乎遍及人性的各个部分。

依我之见被翻译为"自我保存"的最初的 oikeiosis 也可以被理解为一种接纳，如上面引用的，它是"为了自己的整全的接纳"，就如紧随之后的接纳的形式也可以被理解为自我保存，因为通过每一种"接纳"自我变得更充实，从而要在这一更充实的形态中加以保存。

下面我给出自己对斯托比亚斯《辑录》中这段文本的翻译[3]，在我看来这段文本就内容而言必然出自这部著作的基础章节。斯托比亚斯给它的标题是"依希洛克勒斯之见当如何与亲属相处"[4]。

这段文本首先描述了层层扩展的社会关系圈："在说过与父母、兄弟、妻子和自己的孩子如何相处之后，要来探讨亲属，这与之前说过

---

[1] 出自斯托比亚斯《辑录》的这段文本和其他一些同样出自此书的段落被 Hans von Arnim 收入了他编辑的希洛克勒斯《论义务》的基础章节。不过他在导论中并未言明此点。

[2] 我不同意 Hans von Arnim 的观点：斯托比亚斯仅仅从希洛克勒斯这部著作的义务相关章节中摘录了这些文本。

[3] Hans von Arnim 在他编辑的纸草文本中并未翻译，只是在导论中抄录了部分段落。

[4] Richard A. H. King 的文章 "Mencius and the Stoics – tui and oikeiôsis"（*The Good Life and Conceptions of Life in Early China and Gaeco-Roman Antiquitiy*, De Gruyter, Berlin 2015, S. 344）中提供了这段文本的一个英文翻译。

"因此两者可以结合起来加以陈述。因为我们每一个人整体上都被许多圈子围绕，小圈子又被大圈子围绕，依照不同的、不相对等的社会位置（pros allelous scheseis）。最初的和最切近的圈子是每个人仿佛围绕中心而写入他所意识到的之中的（ten heaoutou gegraptai dianoian）。在这个圈子中包含着自己的身体和那些为了自己的身体而被接纳的东西（tou somatos heneka pareilemmena）。这个圈子必然是几乎最内在、最触碰到核心自身的圈子。在此之后的第二个圈子完全脱离了（aphestos）中心，但又包含着第一个圈子，在其中是父母、兄弟、妻子和孩子。第三个圈子中是叔伯姑婶、祖父祖母、侄子和其他血缘近亲。然后是第四个圈子，包含了剩余的亲属。紧挨着这个圈子的第五个是社区（demos）里的人，第六个是同一个地区（phyle）[①]的人，第七个是同一个城邦的公民群体，第八个是邻近城邦的公民，然后第九个要么是邻近民族要么是同一个民族的人。而最外围也最广大、包含了所有圈子的第十个是整个人类种族的圈子（ho tou pantos anthropon genos）。"[②]

按照这个描述提出了如下伦理要求："根据（对这些从中心到外围的圈子序列的）考察，从每一个被包含的（圈子）（kata ton tetàmenon）出发，就对于身处其中之人（伦理上）要求的行为来看，就仿佛是要包含着的圈子向中心牵引（episynàgein pôos tous kyklous hôos epi to kentron），努力将外部圈子之人转变为内里圈子之人。就这样将自己的亲属向着自己的父母和儿子……（此处斯托比亚斯的《辑录》中的希腊文文本和 Hans von Arnim 编辑版一样中断了）。"[③] 实际上接着的文本肯定会是：就这样将自己的父母和儿子向着"自己的身体和那些为

[①] 在古希腊一个地区包含若干社区，多个地区共同构成城邦。
[②] Hans von Arnim, *Hierokles, Ethische Elementarlehre*, 1906, Anhang S. 61.
[③] Hans von Arnim, *Hierokles, Ethische Elementarlehre*, 1906, Anhang S. 61.

了自己的身体而接纳的东西"牵引，也就是引向处于第一个圈子的我自身，直接围绕着圈子中心。亦即像对待自己、爱自己一样对待自己的父母和儿子，像对待自己、自己的父母和儿子一样对待自己的亲属。接下来斯托比亚斯短暂中断的文本继续了下去："必须像对待父辈或者对待叔婶一样对待亲属中的年长男性和女性；像对待堂表兄弟的孩子一样对待年轻人。就如之前在我们教导了该如何对待自己，自己的父母、兄弟、妻子和孩子之后，在总结中清楚说明了，人们必须如何处理亲戚关系（chre prospheresthai syngenesin）。"①

这一 oikeiosis——接纳从最切近处开始，亦即从自身开始，逐步扩展到最远、到最陌生的人，以求将他们引入朝向自我的中心。在这个文本语境中可以清楚看到"人的平等"何意。通过"切近自我"（oikeiosis）我首先让我的父母和兄弟，然后是我的妻子和孩子，最后是让所有人与我平等：所有人对于我都是平等的，我对于他们也是如此；他们于我并不比我自己轻微，我也并不比别的每个人更重要。这主要是一个理论上的主张。但这一人人平等理念在实践上、伦理上又有何含义？

斯托比亚斯的摘录继续道："故而我们有责任像对待那些人（即与亲属最靠近的长辈、同龄和年轻人）一样尊敬第三个圈子的人，然后像对待亲属一样尊敬那些更外围的人（长辈、同龄和年轻人）。也就是说，通过完全的血缘上的亲疏远近我们某种程度上遗失了自然的倾向（eunoia）。但我们必须努力达到平衡（相近：exomoiosin）。当我们通过自己的改观（生活的安排）缩短对待每个人的距离（pros hekaston to pròsoopon）时，就可以达到正确的尺度（eis to metrion）。"②

希洛克勒斯在此承认，我们与所有人的关系不可能一样。只有对

---

① Hans von Arnim, *Hierokles, Ethische Elementarlehre*, 1906, Anhang S. 61-62.
② Hans von Arnim, *Hierokles, Ethische Elementarlehre*, 1906, Anhang S. 61.

与我们最亲近和较亲近的人自然的倾向和爱才可能。但我们能够也必须同样尊敬所有人，就像我们应该自我尊重一样同等尊重所有人。希洛克勒斯在此谈了我们的亲属关系、政治群体、国家，最后是大地上的所有民族。但是这也适用于一个社会的纵向结构：我们必须像尊重和尊敬一位部长一样尊重和尊敬平凡的劳动者，尊重和尊敬百货商店收银台的女职员。所有人都是人，没有尊卑贵贱。

前面我引用了斯托比亚斯的《辑录》，以替换 Hans von Arnim 编辑的保存希洛克勒斯系统著作中基础章节的纸草文本里不可辨认的段落。不过纸草文本的第 11 段可读，给我们关于基础章节的思路进一步如何展开一些启发。我在我的论述里会依照 Hans von Arnim 在其所编版本导论中的内容。在第 11 段开头部分首先解释了人分割为相互敌对斗争的民族和国家违背自然，然后为人相互联合的自然欲求做了三个证明：

（1）人有构建政治共同体的倾向，因为每个人天性上就注定是国家的一员。"没有人不是国家的一部分"（oudeis anthropos, hos ouchi poleos esti meros）。不过人不是像亚里士多德描述的那样是"政治动物"（zoon politikòn），而是"相互聚集的动物"（zoon synagelastikon）。

（2）人总是倾向于相互缔结友谊，即便出于最微不足道的动机，比如共进晚餐或者在剧院相遇。

（3）即便敌对的士兵也愿意结成兄弟，克服不自然的敌意。

3. 对希洛克勒斯人的平等构想的两个批评性评论

斯多亚哲学从公元前 4 世纪起发展了这一人的平等和联合倾向的思想，在希洛克勒斯那里得到系统化的论述，在我看来这非常重要，不过在此想对他阐述的人的平等的实现做两个基本的批判性评论。

（1）对人的平等事实上的重视不能藉由从我们每个人的主观中心出发将不同"圈子"之人牵引向我们并与我们相称来实现。其他人对于我们不仅是同等的，而且他们也应该并且可以是不同的。别的人从不同的视角看待世界，他们的经验、情感、观点、信念、兴趣与我不同，他们不想做跟我一样的事情，也确实没有做跟我一样的事情。即便有这样的不同我也应该尊敬和尊重他们。如果所有人都有一样的观点，一个人就无法从别的人那里学到什么。不能让别人的意愿与我的意愿一致，这事实上意味着让别人的意愿屈从于我的意愿。我们必须不仅在他们与我们的一样中，也必须在他们与我们的差异中尊重和尊敬他们。观点不同绝不会伤害一段婚姻或友谊，反会使其丰富。如果夫妇必须共同活动，却想做不同的事或者通过不同途径做同样的事，他们能够靠交流相互谅解。如果自己的孩子长大了，应该让他们走自己的路，不能将自己的意见和信念强加于他们。这一由希洛克勒斯以及此前由芝诺、克利恩忒斯和克里希波的老斯多亚派教导过的"亲近自有"（oikeìoosis）和"近似、平衡"（exomoìoosis）思想只能就人的尊严来说使他人与自己等同，每个人作为人都拥有尊严，必须对此"尊敬和尊重"。

（2）如上所述，希洛克勒斯探究了各个对于个人亲疏远近不同的圈子如何产生。一开始谈论了胎儿，然后是"初始圈子"以及"最初的 Okeiosis"，在这个圈子中，"包含自己的身体和那些为了身体而被占有的东西（tou somatos heneka pareilemmena）"。我想，如果我们从起源谈起，那么在第一个圈子中不仅必定有希洛克勒斯提到的，而且也有孩子的母亲，详细地说，有像新生儿那样感受到的母亲。母亲赐予我们乳汁的乳房尚可算作那些"为了我们的身体而被占有"的东西。但对婴儿来说，从很早开始，与母亲的目光接触和母亲的温柔对于婴儿作为人"合乎自然"的自我保存及其之后接纳其他人圈子的能力来说就是必需的，甚至母亲的目光和温柔比母亲饱含乳汁的乳房更重要，乳汁还可以被其他类似东西替代。人从一出生开始依其自然就是关系的存在者，在他的追求、感知、情感和对他的母亲的反应以及可能的对其他朝向孩子的人的反应中他与之相关。对于希洛克勒斯在"伦理学概要"的基本章节中对其他社会圈子的论述我没有什么要批评的。

4. 斯多亚哲人塞涅卡（1世纪）论主奴平等

在他"与卢库里乌斯论伦理学通信"的第47封①中，塞涅卡写道："我很高兴从打你那来的人处听说你与自己的奴隶（servi）②友好相处。'他们是奴隶。'——不，是人。……'他们是奴隶。'——不，同为奴隶（conservi），你想一想，命运同样支配着奴隶和主人（si cogitaveris tantumdem in utrosque licere fortunae）。所以我笑话那些以为与奴隶共同进餐不体面的人。"③

"还有人同样骄横地以这样的谚语自夸，'我的敌人和我的奴隶一样多'。不，不是我们的奴隶像敌人一样，而是我们自己把他们变成了敌人。我略过那些别的残忍不谈，比如我们不是像对待人，而是像对待牲口一样对待他们。……"④ "另一个（被叫作奴隶的）人，一个司酒官，被打扮得像个女人。……他不脱童稚，尽管已能服兵役。留着光头，头发被拔光或剃光。他整夜看守，因为必须伺候纵酒淫乐的主人。……"⑤

"想一想，你叫作奴隶的那个人和你一样都从精子孕育（ex isdem seminibus ortus est），共享同一片天空，同呼吸，与你一样活着并死去。你可以视他为生而自由，你也可以把他看作奴隶！……我不想涉及庞大的主题，不想谈论与被我们凌辱、残暴、充满蔑视地对待的奴

---

① Seneca. Philosophische Schriften, 3. Band, S. 360-375.

② 我再重复一遍上一节说过的内容：奴隶（Sklave）一词在古希腊和古罗马时期并不存在，而是到中世纪才产生，源自日耳曼（德意志）战争中被囚禁和奴役的斯拉夫人（Slaven）。不过今天的希腊人和罗马人也说"奴隶制"。拉丁文的奴隶一词 servus 与动词 servare（保存）词根相同，会让人联想到，servi（奴隶）是那些战胜了一个陌生民族的胜利者没有杀死而是"保留"下来的人，也就是留了命给他们，将他们作为仆人据为己有。这对双方都有好处。

③ Seneca. Philosophische Schriften, 3. Band, S. 360.

④ Seneca. Philosophische Schriften, 3. Band, S. 362.

⑤ Seneca. Philosophische Schriften, 3. Band, S. 362-364.

隶的相处。我的中心主题如下：就像一个高等人应该如你所愿的那样与你相处，你也应该与那些低等人同样相处。"①"每一个人都有他的道德品性，只是纯属偶然地具有不同社会职务（Sibi quisque dat mores, ministeria casus adsignat）。买马者不看马却看鞍辔是为蠢，最蠢的是以貌取人、以社会地位取人，社会地位不过也就像衣着一样附在我们身上而已。……"

"'他是奴隶。'——但他也许有自由的精神（liber animo）。'他是奴隶。这会对他造成伤害。'——指给我看，谁不是奴隶？有人是他感官快乐的奴隶，有人是贪婪的奴隶，有人是野心的奴隶，而所有人都是恐惧的奴隶。"②

对塞涅卡来说一个社会中人人平等。他们不同的社会等级有如外物，不能决定他们自己真正是谁。他们真正所是的是他们的道德品性，由他们自己给与自己，而社会等级，"他的社会职务"都是偶然（casus）而定，奴隶制不过其中一种。人的道德品性各不相同，但所有人都有一样的能力，让自己拥有好的德性。

每个人都只是他在自己能力范围内自己给与自己的，也就是他的道德品性（但也有他的知识和能力，他的心智），而他的社会等级只是偶然地由外在决定。塞涅卡的这一学说是斯多亚派的一般主张。在他的著作《论智者的恒心》中塞涅卡写到，芝诺的老师、斯多亚的创建者斯提尔波，在攻占了他的家乡麦加拉的马其顿德米特里一世亲王问他是否因家乡被侵占而失去什么时，回答说："我什么都没失去，一切我所有的都在我这里。"塞涅卡继而说，"其实他的财产成了战利品，敌人诱拐了他的几个女儿，他的城市被占领。而他真正的（亦即道德的）善好在自身之内，无人能够染指。散失的、被掳夺的在他看

---

① *Seneca. Philosophische Schriften*, 3. Band, S. 366.
② *Seneca. Philosophische Schriften*, 3. Band, S. 370.

来均非自己的，不过偶得（adventicia），受命运（fortuna）的意旨摆布……所以他从未将其当作本有之物来喜爱。因为所有外来之物都不牢固，摇摆不定、难以把握"[1]。

（五）拿撒勒的耶稣和大数的使徒保罗

1. 拿撒勒的耶稣（1世纪前三十年）

犹太人耶稣反对他的犹太传统，他将所有人都一样看待，认为我们对所有人都亏欠邻人之爱，无论他是谁，即便是我们的敌人，就如罗马人是犹太人的敌人，或者犹太人是撒玛利亚人的敌人。我在这援引《路加福音》中关于耶稣言行的一段记录，可以清楚表明这一点。

首先要注意一下撒玛利亚人的比喻。《路加福音》中耶稣向一个律法教师讲授邻人之爱的戒条，后者问他："谁是我的邻人？"耶稣答他："有一个人从耶路撒冷下耶利哥去，落在强盗手中，他们剥去他的衣裳，把他打个半死，就丢下他走了。偶然有一个祭司，从这条路下来。看见他就从那边过去了。又有一个利未人，来到这地方，看见他，也照样从那边过去了。惟有一个撒玛利亚人，行路来到那里。看见他就动了慈心，上前用油和酒倒在他的伤处，包裹好了，扶他骑上自己的牲口，带到店里去照应他。第二天拿出二钱银子来，交给店主说，你且照应他。此外所费用的，我回来必还你。你想这三个人，哪一个是落在强盗手中的邻舍呢。他说，是怜悯他的。"（《路加福音》，10:29-37）犹太《托拉经》中"爱人如己"（《摩西五书》第三卷，《利未记》，19:18）的戒条里的邻人指的只是一族同胞，耶稣说的邻人却指每个需要我们帮助，也能帮助我们的人，与他属于哪个民族无关。

要显示耶稣即便对于当时犹太民族的政治上的统治者、不信神的罗马人也表示出他的邻人之爱，可以引用他治疗驻扎在迦百农加利利

---

[1] *De constantia sapientis*，见 *Seneca. Philosophische Schriften*, Bd. 1, S. 56.

的拿撒勒湖旁的巴勒斯坦异教徒守军军官的奴仆的故事。这个故事里引人注目的是，罗马守军中这位异教的、或许是罗马人的现任军官并不蔑视，反而爱他的奴隶。路加在他的福音书中如此报道："有一个百夫长所宝贵的仆人，害病快要死了。百夫长风闻耶稣的事，就托犹太人的几个长老，去求耶稣来救他的仆人。他们到了耶稣那里，就切切的求他说，你给他行这事，是他所配得的。因为他爱我们的百姓，给我们建造会堂。耶稣就和他们同去。离那家不远，百夫长托几个朋友去见耶稣，对他说，主啊，不要劳动。因你到我舍下，我不敢当。我也自以为不配去见你，只要你说一句话，我的仆人就必好了。因为我在人的权下，也有兵在我以下，对这个说去，他就去。对那个说来，他就来。对我的仆人说，你作这事，他就去作。耶稣听见这话，就希奇他，转身对跟随的众人说，我告诉你们，这么大的信心，就是在以色列中我也没有遇见过。那托来的人回到百夫长家里，看见仆人已经好了。"（《路加福音》，7: 2—10）

2. 大数的保罗（1世纪）

生在基利家的大数、后来的基督徒保罗，他在52—55年、耶稣死后约20年时写给希腊城市哥林多的基督教教团的第一封信中这样写："……向犹太人，我就作犹太人，为要得犹太人。向律法以下的人，我虽不在律法以下，还是作律法以下的人，为要得律法以下的人。向没有律法的人，我就作没有律法的人，为要得没有律法的人。其实我在神面前，不是没有律法，在基督面前，正在律法之下。"（《哥林多前书》，9: 20—21）保罗让自己面对不同族的人，为他们同样地布基督的道。稍后他又写道："向罗马人我就作罗马人。"

在另一封也写于52—55年（当时塞涅卡大约50岁）、给基督徒腓利门的书信中，也表现出保罗对当时遍布罗马帝国的奴隶制的态度。腓利门有一奴隶叫阿尼西母，在与腓利门争吵后逃跑。保罗试图居中调解。他让阿尼西母皈依了基督，让他带着给腓利门的书信返家。

在信中他写道:"不再是奴仆,乃是高过奴仆,是亲爱的兄弟,在我实在是如此,何况在你呢。这也不拘是按肉体说,是按主说,你若以我为同伴,就收纳他,如同收纳我一样。"(《腓利门书》,15—19)

跟塞涅卡一样保罗没有质疑作为一种制度的奴隶制。但他要求将基督徒的奴隶像兄弟和自己一样对待,比释放奴隶意义更重大。在罗马帝国被释放的奴隶仍然有人身依附,必须为主人继续服务。在城市中家奴一般勤勉工作30年后都会被释放,所以奴隶制对于保罗并未成问题。他要求如兄弟般对待基督徒奴隶对应着法国大革命"自由、平等、博爱"口号中的第三个词——博爱。博爱胜过平等,因为它包含着爱。保罗写给腓利门,阿尼西母"按肉体说、按主说"是他的兄弟。这意思很可能是,阿尼西母不仅作为基督徒是兄弟(按主说的兄弟),也在通常尘世生活中作为一般的人是兄弟(按肉身说的兄弟)。很可能保罗在一定程度上了解斯多亚哲学,他关于良知的教义也表明他接受了斯多亚学说。他不是在巴勒斯坦,而是在大数(今土耳其南部)出生、成长、学习古希腊语,获得古希腊斯多亚哲学的知识。

(六)通向法国大革命"自由、平等、博爱"口号的启蒙运动和联合国《人权宣言》。为联合国宪章所承认的民族自决权

早在1776年的《弗吉尼亚权利法案》中就载入了"人人生而平等"。《弗吉尼亚权利法案》直接催生了同一年的美国《独立宣言》。1779年诞生的法国大革命口号"自由、平等、博爱"和1789年8月26日法国国民议会通过的《人权宣言》以法国启蒙哲学为基础推进了这一理念。

对《人权宣言》更准确的细化和扩展包括1948年12月10日在巴黎夏乐宫召开的联合国大会通过的《世界人权宣言》。这一宣言包含30条,它的序言如此开始:"鉴于对人类家庭所有成员的固有尊严及其平等的和不移的权利的承认,乃是世界自由、正义与和平的基

础,……大会,发布这一世界人权宣言,作为所有人民和所有国家努力实现的共同标准,……:第一条、人人生而自由,在尊严和权利上一律平等。他们赋有理性和良心,并应以兄弟关系的精神相对待。"

对于人的平等而言重要的不仅是个体的平等,还有民族的平等,尤其是宣布自己是自主、独立的国家并被其他国家承认的平等权利。这一自决权作为联合国宪章一般人民权利的一部分被承认。宪章于1945年10月24日由安理会五个常任理事国英国、法国、苏联(1991年起俄罗斯联邦)、中国(1971年起中华人民共和国)和美国以及联合国成员国多数成员签字后生效。宪章中写入了:"联合国之宗旨为:……第一章、第一条,发展国际间以尊重人民平等权利及自决原则为根据之友好关系,并采取其他适当办法,以增强普遍和平。"

(杨小刚　译)

什么是伦理上的恶？

耿宁（Iso Kern）

（瑞士伯尔尼大学哲学系）

一、导言

当我们观察人类历史中所发生的事情，不论在其直接境遇中，还是在广大国际舞台上，人们容易得到这样的印象：这里存在善恶之争，并且能问哪一方强一些。人们这样说并非没有理由：有些人一贯**自私自利**，是伦理上的恶者；有些人总是**顾及他人利益**，是伦理上的好人。什么是利己主义呢？一个自爱的人，不能说他就是利己主义者；甚至还可以说，人应该自爱。利己主义不能简单地等同于自爱。只有当自爱不与仁爱，不与对亲人和邻人的爱，相关联或相统一时，才成其为利己主义。当自爱与仁爱，与对亲人和邻人的爱，相关联或相统一时，就是利他主义，即顾及他人利益。尽管世界上并不存在单一的伦理上的恶和伦理上的善，单一的自私行为和利他行为，但是还是能够见到这样的区别：有些人利他从善，有些人自私作恶。并且根据我的观察，有的人一旦走上利己主义之路，在其一生中就越来越自私自利；而有的人正好相反，走在利他主义之路上，越来越多做好事。确实，在此甚至存在一种内在的必然性。除非发生一种伦理上的逆转，才能打破这种趋势，但这样的情形并不多见。

根据一种称之为科学的统计心理学的研究，半数以上的人是利己者。我不知道，科学上是否真的证明了这一结论。但是我所认识的人告诉我，我自己也这样觉得，这一说法大致符合实际情况。而且，有关这一点，在男女性别和不同文化中，也大致如此。当然利己主义在不同文化中有不同的表现形式，但却有一种共同的虚伪性。在我们通常的经验中，很难看到一贯表现为自私自利的人。我认识一些人5年、10年、20年，乃至40年，他们显得很友好，有时也帮助我和其他的人，直至某一特定处境中我突然清晰地意识到其行为具有自私自利的特征。并且，我也有这样的经验，我以前交往或听说过的一些人，后来发现其有自私自利的动机，但我此前并没有觉察到。我此前不把他们的行为视为自私自利的，因为我通常认为人是善良的。哪一面有更多的力量呢？是善（利他）还是恶（利己）呢？

阿尔伯特·施瓦泽（Albert Schweitzer）说："在认知中我是悲观主义者，在意愿中我是乐观主义者。"凡是熟知政治和军事上暴力对抗的人，难以否认，斗争的双方不免都有伦理上之善和伦理上之恶的行为；如果一个人只是从悲观角度去观察，他就会倾向于悲观主义，即便当今时代也是这样。然而，如果谁像阿尔伯特·施瓦泽那样积极地在其行为和意愿中支持正义和善良，那么他在这种支持中已经相信正义和善良一方的力量占据上风，并在这种信念中加以见证。他支持正义和仁爱之国，即拿撒勒的耶稣所说的"上帝之国"。在我所知的伟大思想家中，还没有看到过谁比歌德在其文学巨著《浮士德》悲剧中更不屑谈伦理上的恶或坏的危险的。在这一悲剧中，他把魔鬼靡菲斯特（即恶或坏的力量）视为那种总是想作恶却总是造成善的力量的一部分；这也就是说，他不是把恶（坏）视为让人不堪承受的压力，而是视为引发人办好事的动力。①

二、摩尼教

（一）摩尼教的历史

摩尼（约 215/16 至 273 或 276/77）把世界历史理解为一种善的力量和一种恶（坏）的力量之间的斗争。按照他的看法，恶有形而上学的、本源的实在性，以二元的方式与形而上学的善的实在性相对立。他生活在当时的萨珊王朝（波斯）。他视自己为一长串先知系列中最后一位先知（慧明使）。其中三位对他而言尤其重要：波斯人查拉图斯特拉，佛释迦牟尼，拿撒勒的耶稣。查拉图斯特拉的生存年代很难确定，可能他生存于纪元前 7 世纪；佛陀生存于纪元前 500 年左右，他的学说传播到波斯东部地区；拿撒勒的耶稣生活在纪元 1 世纪前半期，他的宗教也曾传播至当时属于罗马帝国的波斯西部地区。摩尼的生平广为人知晓。他成长于基督教的一个浸礼教派中，后来离开那里传布他自己的学说。据传，他在 228/229 年间和 240/241 年间曾两度受到神启，是神的"双生子"（Zwilling）的传道者。② 这样的说法可与穆罕默德相比拟。摩尼认为自己既是佛教徒所期待的将来佛弥勒，又是琐罗亚斯德为将来所许诺的胡希达尔先知（Usetar bamik），也是耶稣在临终前对他的门徒宣告的保惠师（圣灵）。摩尼因在他最后一次布道之旅中鼓动改革波斯（萨珊）国教，被以施魔法之罪监禁于该王朝新的国都贡德沙普尔（Gondeschapur），死于重链酷刑之下。这一事件以及摩

---

① 可参见我在用荷兰语出版的《纪念鲁道夫·波姆论集》（*Ereschrift voor Rudolf Boehm*）中发表的文章：《鲁道夫·波姆对歌德〈浮士德〉的解释——回忆鲁道夫·波姆，附他的一封信和我的回信》，Gent 2017。

② 在 1945 年发现的、被称之为［埃及］哈马迪诺斯替图书馆的莎草纸文献中，发现一本火柴盒一般尺寸的书，它是用希腊文写的摩尼传。该书曾于 1969 年在科隆展出。（Walter Burkert：《来自古典学界的新闻》，《苏黎世大学传讯》Nr. 5，1990，S. 5）

尼教文本中有关亵渎他尸体的各种自相矛盾的传说，使人联想到拿撒勒的耶稣的十字架受难记。

在西方称之为摩尼教（Manichäismus）的摩尼的学说，从波斯出发广泛传播：往东到达中亚和中国，往西到达罗马帝国。在中亚，回鹘首领于纪元763年皈依摩尼教，并立其为国教。纪元840年回鹘国亡后，摩尼的学说在中国的新疆一带依然流传，直至13世纪蒙古入侵为止。在中国唐代，纪元768年准许摩尼教传布，从此有摩尼教信众生活在那里，直至14世纪，尽管时而遭到迫害。摩尼教曾是从西到东横贯欧亚并传播至当时属于罗马帝国的北非的世界性宗教。但是在今天，就我所知，它已经消亡了，但它的许多宗教观念继续存活。

中国南方福建省的泉州是10—14世纪宋元时期重要海港城市。离泉州不远，有一个名为草庵的村庄，村里小庙内有座元代（13/14世纪）的花岗岩的摩尼雕像，这证明那时泉州有摩尼教的信徒。现在当地人称它为摩尼佛。[①]

在阿弥陀佛的形象中，可能隐藏摩尼的影响。阿弥陀佛被认为是位于西方（波斯位于印度和中国西部）净土的"无限光明"之佛，而摩尼的学说（下面我就要介绍）以净土和光明为总体概念，它作为善的一方与以黑暗为总体概念的恶的一方相对立。在中国，和尚道安（312或314至385）最先宣讲在阿弥陀佛净土再生的学说。摩尼大约一百年前（215/16至273或276/77）生活在那时的波斯（萨珊王朝），并也去过印度。

[①] 1980年2月4日我到过这个庙，看到这座如今被当作佛崇拜的摩尼雕像，还听到有个普通的佛教信徒在这座雕像下念佛经。这是一个依崖凿的很大圆形浮雕，摩尼雕像位于中央，背有毫光刻纹饰，好似从他身上散发出来的许多光轮。他颔下留二条分开的长须，头发梳理成左右各两条很长的辫子，下垂到胸部。他像佛陀一样端坐莲坛，双手相叠平放在盘腿之上，显出禅思姿态。在他服饰的双肩下部位有两个汉字"中"（表达中心之意），胸襟前挂有十分显眼的蝴蝶形的结带。

在波斯西面的罗马帝国，摩尼教与基督教竞相传教，在一个半世纪内差不多势均力敌，旗鼓相当。在罗马帝国西部的拉丁语区，后来有很大影响力的奥古斯丁写道："在近乎九年之中［从374至383］，我的思想彷徨不定，我听信摩尼信徒的话。"[①] "奥古斯丁那时觉得，用他自己的话来说，比起任何其他事实来，更确信摩尼教所宣称的他们能够对世上一切现象予以理性的说明。以此，摩尼教批评基督教有关基督徒必须首先让自己信，然后才能用自己理性的观点。"[②] 在经历了摩尼教阶段之后，奥古斯丁有三年时间是个怀疑论者[③]，直至纪元386年经历一次特殊体验后信奉基督教。[④] 奥古斯丁承认，作为一个基督教的信奉者，他的思想与柏罗丁（Plotin，205—270）的新柏拉图主义哲学有着密切关系，正如他在约纪元400年写作的《忏悔录》中所写："恶是没有实体的（没有本质）(ullam substantiam malum esse)"，并且他也认识到，在摩尼教眼中的善的东西，即在我们那里视为与普遍的神圣精神相统一的精神力量，"不是最高的和不变的善（nec ipsam mentem nostram summum atque immutabile bonum）"[⑤]。奥古斯丁认为不能同时承认善神和恶神，他在也是创作于纪元400年左右的《关于自由意志决断》(De libero arbitrio)对话的第二卷中写到恶是"缺乏善"

---

① Augustinus, *Confessiones -Bekenntnisse*, lateinisch-deutsch, Fünftes Buch (《忏悔录》，拉丁语—德语对照本，第五卷), Kösel, München 1955, S. 204, 205.

② Geo Widengren, *Mani und der Manichäismus* (《摩尼和摩尼教》), Urban-Bücher 57, Stuttgart, Kohlhammer, 1961。该书第九章 "作为人格的摩尼" (Mani als Persönlichkeit) (S. 136-145) 后又收录于 Geo Widengren 编的 *Manichäismus* (《摩尼教》), Wissenschaftliche Buchgesellschaft, Darmstadt 1977；我的引文来自该书第 487 页。

③ Augustinus, *Confessiones -Bekenntnisse*, lateinisch-deutsch, Fünftes Buch, Kösel, München 1955, S. 224, 225.

④ Augustinus, *Confessiones -Bekenntnisse*, lateinisch-deutsch, Achtes Buch, Kösel, München 1955, S. 412-419.

⑤ Augustinus, *Confessiones -Bekenntnisse*, lateinisch-deutsch, Fünftes Buch, Kösel, München 1955, S. 176, 177.

（privatio boni）[①]，正如黑暗没有自己的本质，而是缺乏光明一样。

奥古斯丁是拉丁教会四大教父之一。他并不把神学与哲学区分开来，而是把基督教的学说称为"我们的哲学"（nostra philosophia）。在很大程度上应归功于奥古斯丁哲学的影响，摩尼教自纪元6世纪起在罗马帝国西部衰弱下去了。在随后的中世纪直至现代，奥古斯丁在西欧的影响与托马斯·阿奎那（1225/1227至1274）并驾齐驱。

与奥古斯丁相比，托马斯·阿奎那严格区分哲学和神学，区分理性的思想和上帝的启示，并把基督教神学与亚里士多德哲学相关联。我将谈到，如同奥古斯丁一样，托马斯·阿奎那也与摩尼教的观念作了深入的斗争，尽管他从来不是摩尼的信徒，甚至在他那个时代连摩尼信徒的名称也销声匿迹了。然而，在他那个时代，与摩尼教相类似的运动依然存在，否则的话，他做的这些论辩就没有必要了。

卡塔尔派（Katharer）（字面意思为"清洁者"、"干净者"）就是一种这样的运动。他们随着商人和十字军战士从巴尔干半岛传入，于1143年首先到达科隆，并迅速传播至英格兰、西班牙以及法国南部和意大利北部，在后两地势力尤盛。他们主张一种形而上学的善恶二元论。在图卢兹（法国南部城市）附近还召开过一次卡塔尔派的会议，正式宣布两个上帝（善神和恶神）的学说。其成员区分为完善者（perfecti）和信奉者（credentes）两部分。法国南部的卡塔尔派团体，即阿尔比派（这是按照其根据地为法国南部城市阿尔比所起的名称），还在政治上和军事上卷入了一场图卢兹伯爵领地反对法国国王的斗争。

[①] 拉丁词"privatio"（缺乏、被剥夺）相当于希腊词"steresis"。"steresis"作为哲学概念出自亚里士多德的《物理学》（*Physik*）（自然哲学）：根据这一著作，生存是通过对质料赋予某种形式而发生的，确切地说，生存是一系列作为底基的质料（hyle）之形式的缺场（apousia）和出场（parousia）的过程（*Phys*. I, 7, 191a 7, 190b 16f., 24; 192a 31）。对于"缺场"，亚里士多德在《物理学》中也引入"缺陷"（steresis）这个术语表达"构型的缺陷"（aschemosyne）、"形式的缺陷"（amorphia）、"秩序的缺陷"（Unordnung）诸概念（*Phys*. 190b 27）。参见 J. Fritsche, *Historisches Wörterbuch der Philosophie*（《历史的哲学词典》），Bd. 7, S. 1379a。

这场斗争在13世纪前10年的阿尔比战争中达到顶峰。大约自1250年，卡塔尔派已失去广泛影响力，但其在法国南部的小团体直至1330年还存在，其在西西里岛和意大利西北部的小团体直至1412年还存在，此后在宗教法庭的审判下被清除。

托马斯·阿奎那生活在13世纪。摩尼教是此前一千年时所建立的。他所卷入的与摩尼教争论的真实背景很可能是与他同时代的卡塔尔派的形而上学的二元论。

（二）摩尼的学说

在我讨论托马斯·阿奎那有关道德上的善恶关系与其著作的第二部分的第14章的问题之前，我需要进一步说明摩尼的学说。摩尼的许多著作被保存下来①，文献依据可靠。②

首先我想指出，摩尼有关善恶的学说，不仅是伦理的，而且首先是形而上学的和宇宙论的。但它也是一种伦理的学说。它的形而上学和宇宙论包含很多神话。摩尼的许多思想起源于伊朗（波斯）的神话和神学。按照摩尼的看法，世界有两种来源：光明和黑暗。光明是善，

---

① 摩尼用以写作的语言是阿拉姆语，即拿撒勒的耶稣所说的语言。尽管耶稣用阿拉姆语传道，但他的话没有用该语言保存下来。保存耶稣所说过的话的三个对观福音（《马太福音》、《马可福音》、《路加福音》）都是用希腊语写的。希腊语是那时罗马帝国境内最广泛流通的语言。参见 Mark Lidzbarski: "为什么摩尼用阿拉姆语写作？"，载于《摩尼教》(*Der Manichäismus*)，Geo Widengren 编，Wissenschaftliche Buchgesellschaft, Darmstadt 1977, S. 249-254。

② 我以下所做的简短解说依据 C. Colpe 的文章"摩尼教"（Manichäismus），载于《历史上的和当今的宗教》卷四（*Religion in Geschichte und Gegenwart*, IV. Bd., Mohr, Tübingen 1960），S. 714b-722 b；以及依据 H.-CH. Puech 所写的"摩尼"和"摩尼教"的条目，见《神学与教会词典》第六卷（*Lexikon für Theologie und Kirche*, Bd. 6, Herder, Feiburg 1961），栏位 1351-1355；还依据收录于 Geo Widengren 编的论著集《摩尼教》(*Der Manichäismus*, Wissenschaftlichen Buchgesellschaft, Darmstadt 1977）中的3篇学术论文：Francis Crawford Burkitt 撰写的"摩尼教体系中的恶的原则及其与基督教的调和"（Die Auffassung von dem Bösen Prinzip im manichäischen System und von seiner Übereinstimmung mit dem Christentum）(1925), S. 31-36；Hans Jakob Polotzky 撰写的"摩尼教"（Manichäismus）, S. 101-144；Leo Widengren 撰写的"作为人格的摩尼"（Mani als Persönlichkeit）(1961), S. 487-497。

黑暗是恶。世界原初就有恶，因为世界是两种根本不同来源的混合，即精神或理性与物质（希腊文：hyle）的混合。物质是肉身和世界中的物体。世界被黑暗统治，被失控的欲望统治，并将越来越黑暗下去。但是摩尼相信，光明的力量强于黑暗的力量。他相信，所有的善，即所有来到这个世界之中的精神的、理性的东西，将在纯粹光明的领域中聚集起来，过一种在善自身中的，即纯粹精神的和纯粹理性的生活。"这个领域完全由这五种力量来治理：理性、明察、理解、善的思想和善的意愿。"[1] 摩尼划分了三个时代：早期时代（初际）：在那时两种原理（精神和物质的世界）还完全分开；中期时代或当下时代（中际），发生了混合并处于这样的延续中；将来的时代（后际），将完全恢复本来的分离，即所有精神的东西（理性的本质和光明的成分）将再次成为清洁的、干净的，不再与物质的东西相混合（不再被晦暗）。伦理的任务在于认识到自己作为精神（理性）的东西，以摆脱所有物质的东西。这是一种精神的自己解脱。在此解脱者与被解脱者是同一者。

在早期时代，从无量远古起，一方面是由"光明之父"或"伟大之父"统辖的、处于高高上方的善的领域，另一方面是由黑暗之主（基督教所说的魔鬼）统辖的处于深渊之中的恶的领域。那个在善的领域中的最高之神由理性、明察、理解、善的思想和善的意愿这五个维度思辨地加以把握。这五个方面统辖光明的领域。那黑暗之主也有五个维度：烟雾、黑暗、火、水、风。随着黑暗之主向善的领域发起进攻，开始了一个混合的中期时代，即当下的时代。

按照摩尼的看法，伦理上的好的行为在于精神（希腊文：nous）在其五个方面意识到自身。由此，它自己的神圣精神性得到开悟。与此同时，它摆脱属于物质的身体及其物欲的束缚，并保持这种清洁的、

---

[1] Francis Crawford Burkitt, „Die Auffassung von dem Bösen Prinzip im manichäischen System und von seiner Übereinstimmung mit dem Christentum" (1925), a.a.O., S. 33.

干净的状况。

人的这样的一种"洗选的"(electus)或"完善的"(perfectus)灵魂在死后将进入"光明之净土"。那些还没有完成从身体和欲望中解脱出来的灵魂将再次回到与物质的东西混合的状态中去。摩尼教伦理学的基本特征是对所有身体方面的物欲加以严格的节制和彻底的戒绝。"完善"是通过戒色、戒酒、戒荤、不工作、不占有和严格的斋戒来达到的。他们每日集体用餐,只吃一餐,只吃那些受到光照而生长的食物,如小麦面包、黄瓜、西瓜等。

相比"完善者","听众"(auditores)占多数(在卡塔尔派那里,"听众"称为居于"完善者"之下的"信奉者")。听众允许结婚、生子、经商、工作和食肉。听众留有趋向完善的义务,能够在再生的过程中分阶段地摆脱物质的东西和使自己的身体得以净化,从而迈向光明领域。

这种在"完善者"和"听众"之间的区分与原先的佛教在出家僧尼与世俗佛教信众之间的区分有类似之处,其根源在于都认为世俗的人的生活之不善不净,因此需要出离。然而,对于摩尼来说,世界之恶源于它的精神的东西与物质的东西的混合,对于佛陀释迦牟尼来说,这种恶是苦。佛陀认为,在世的人生就是苦,但也认为恶常见于世俗生活中。当释迦牟尼在菩提树下大彻大悟时,即当他成为一个佛的时候,大地为之作证,他已经克服了恶魔的种种诱惑。佛教的解脱也是一种通过"觉悟"的自我解脱,即一种通过洞见之光或认知之光的解脱。如同摩尼教一样,原初的佛教也持一种理性的自我解脱的学说。

三、托马斯·阿奎那与摩尼教的争论

托马斯·阿奎那(生于1225—1227年间,死于1273年)在他撰写于1259—1264年间的《反异教大全》第三卷中用九章篇幅(第七至

第十五章）与摩尼教二元论的基本观点展开争辩。这观点就是，与善相对立的恶有自己的实体。[1] 这一争论的大部分是本体论维度的，只是在第十章和第十二章的某些部分托马斯批评了这一观点所涉及的伦理学方面的问题。就我们所关心的而言，这些伦理学部分至关重要。然而，为了对此理解，必须从其与本体论的关联入手，即便从本文的前后关联看这些本体论部分也是重要的，因为它们涉及伦理学的基础问题。因此，以下我首先探讨有关与本体论相关联的一些思想。

首先要指出，托马斯在《反异教大全》中所依据的是理性的论证而不是基督教的启示。在这部对他而言是纯哲学的著作中，他也不依据新约和旧约的文本。因为在这部"哲学的大全"中他是在与异教作论战，即与穆斯林的阿拉伯人，但也可说与摩尼教信奉者（确切地说，卡塔尔派）作论战，在此依据基督教的圣经并无权威可言。相比而言，他的第二部大全，即篇幅更大的《神学大全》（Summa theologica），则完全不同。《神学大全》写于1266至1273年间，直至他临终依然是未完成稿。这后一部大全不是纯哲学的，而是神学的，是把理性（哲学）与基督教的启示结合在一起的，是写给基督教的信奉者看的。

在《反异教大全》的第七章中，托马斯试图表明，恶不是某种东西的本质（essentia），或不存在本身是恶的某种东西的本质。托马斯以奥古斯丁如下的一个思想开始论述：恶无非是一种缺陷（privatio），即缺少那种应该如此这般产生出来的东西。在此，所缺少的不是任何一种东西的本质，而是发生一种实体上的否定（negatio in substantia）；这也就是说，否定了那种按照其实体上的本质应该具有的东西。托马斯对此做了这样一种论证："任何一种东西按其本质都有其存在（unumquodque secundum suam essentiam habet esse）。就其所具有的存在而言，它具有善。因为，如若善就是大家都追求的，那么存在就必

---

[1] Ausgabe Marietti, Torino-Roma, 1934, Spalten 232b-240b.

须被标记为善,因为大家都向往那种存在(cum omnia esse appetant)。因此,凡是善的,都有其本质(essentia)。善和恶相对立。因而,无是恶,因为它没有本质。由此可见,没有任何本质(essentia)是恶的。"① 并且,"恶也不可能是能动的行动者(agens),因为只有当某种东西现实存在并且完善时(inquantum est existens et perfectum),它才是能动的行动者"②。再之,"上帝是完满的善(perfecta bonitas)。既然,善的结果不可能是恶,那么存在的东西,就其存在而言,不可能是恶的(impossibile est aliqud ens, inquantum est ens, esse malum)"。该书第七章以这样一句话为结语:"由此看来,摩尼教有关某些事物按其本性就是恶的观点(aliquas res secundum suas naturas esse malas)是一种错误,其绝无成立之可能。"③

该书第十章是托马斯与摩尼教论争最长的一章。④ 在这一章中,托马斯主要为以下两个论点做了大量论证:第一个论点见于该章标题"恶的原因是善"(quod causa mali est bonum),对此托马斯马上加以精确化:善是恶的首要或主要的原因(causa primaria)[并不是它一个第二位的—或辅助的—或接着发生的(偶然的)原因];第二个论点是,恶的东西只能是恶的一个偶然的(接着发生的)原因。在这一章的第一部分托马斯在自然领域内论证这两个论点,在这一章的第二部分他在道德(moralia)领域论证它们。

他在第一部分对第一个论点做了如下一种论证:"恶只有藉助善的力量才能活动起来。"⑤ 对这一点,他在第九章中已经做了论证。"原因必须是某种存在者(ens aliquod);但是恶不是某种存在者。"⑥ "凡是在

---

① Marietti, 1934, Spalte 332b.
② Marietti, 1934, Spalte 332b.
③ Marietti, 1934, Spalte 332b.
④ Marietti, 1934, Spalten 235a-237b.
⑤ Marietti, 1934, Spalte 235a.
⑥ Marietti, 1934, Spalte 235a.

原本意义上通过自身而成为原因的东西，都追求原本的结果（tendit in proprium effectum）。假如恶能凭自身是某种东西的原因，那么它就追求原本的结果。但没有这样的事情。因为我们已经在［该书第三卷的］第三章指出，任何积极的行动者都有善的目的（omne agens intendit bonum）。因此，恶不是凭自身是某种东西的原因，而只是在接着发生的方式上（per accidens）才如此。每一种接着发生的原因（causa per accidens）的源头都是自身发生作用的原因［每一种接着发生的原因只能藉助自身发生作用的原因才能发生作用］。"①

接下来，托马斯做了如下区分："恶的接着发生的（偶然的）原因性状，在自然的条件下（in naturalibus）与在伦理的关系中不同。在自然条件下，可依据行动者（ex parte agentis）或依据施加效果者（ex parte effectus）加以说明。在自然条件下，依据行动者的说明在于，当行动者削弱（退化）时，其作用力就下降（patitur defectum virtutis），因而能动性就弱化（退化）（actio defectiva），效果就减弱（effectus deficiens）。举例来说，消化器官作用力的弱化（debilis）导致消化不良，这可以说是一种自然的恶（mala naturae）。但这发生于行动者那里，是就其力量减弱（virtutis defectum）而言的。这也就是说，这不是在其作用力减弱的意义上（secundum quod deficit ei virtus）说它在行动，而是在其对某物还具有作用力的意义上（secundum quod habet aliquid de virtute）才说它在行动。如若它完全失去了作用力，那么就根本谈不上它是行动者。"② 有关从行动者的施加作用的力量减弱的方面谈自然的恶的偶然发生，托马斯还把实现行动作用力的手段、工具（instrumenta）和其他任何削弱或损坏其发挥作用所需的东西列入其中，例如：人的运动力的减弱是由于胫骨歪曲导致跛行。③

---

① Marietti, 1934, Spalte 235a.
② Marietti, 1934, Spalten 235b/236a.
③ Marietti, 1934, Spalten 235b/236a.

从产生效果方面看，自然条件下恶的偶然的原因性状（Ursächlichkeit）表现为以下两种方式：要么是质料（materia）不适宜（indisposita）行动者发挥作用，要么是行动者所产生的一种形式"在与其他形式发生必然关联方面存在缺陷"（de necessitate adiungitur privatio alterius formae），但这并非是行动者所意愿的。在这两种情况下，偶然地产生恶的结果。① 这一论证的背景是亚里士多德的质料形式说，认为一切事物都是由质料（hyle）和形式（morphe）组成的。

随后，托马斯在该书第十章的第二部分过渡到伦理领域②；他的阐述就我们的伦理议题而言很重要。他主张，"在伦理领域，恶的表现方式则有明显不同。"他清楚地区分自然领域和自由意志领域："道德上的恶（vitium）不是由于［行动者］作用力方面的缺陷（衰弱、减弱、弱化）（ex defectu virtutis）造成的，因为作用力方面的弱化（infirmitas）导致的结果即使不是完全撤消道德上的恶，也至少是消减道德上的恶的理由。因为这种弱不是增加道德上责任（culpa）从而要加重处罚的理由，反而是增加同情心和怜惜（misericordiam et ignoscentiam）的理由。这也就是说，道德上的恶（堕落：vitium）必须是自愿性的（**freiwillig**），而不是必然性的（**voluntaris** enim oportet esse moris vitium non necessarium）。"③

于是，托马斯沿用亚里士多德的方式（但亚氏并没有谈自由意志）区分了自由意志领域内的两种行为：一种是伦理行为或道德行为，亚里士多德称之为"实践"（praxis），其相应的动词为"prattein"；托马斯称其为"行动"（activitas），其相应的动词为"agere"；托马斯像亚里士多德一样认为，伦理行为具有自身的价值。另一种是生产某物或制造某物的行为，建造房子或创作诗歌；亚里士多德称其为

---

① Marietti, 1934, Spalte 236a.
② Marietti, 1934, Spalten 236a-237b.
③ Marietti, 1934, Spalten 236a-237b.

"poiesis"，托马斯称其为"factiva"（形容词形式）或"facere"（动词形式）；托马斯也像亚里士多德一样认为，生产某物的行为的价值在其所造（所生产）的东西之中。托马斯做了这样的补充：此前所说的不是由于作用力的缺陷（ex defectu virtutis）而导致的恶，只是就自由的、道德的行为而言的，而不是就自由生产的行为而言的。[①] 托马斯得出这样的结论："……道德上的恶只有在行动本身的存在中（in actione）才是可见的，而不是在任何一种所产生的效果中（in aliquo effectu producto），因为道德影响力（virtutes morales）并不创作［某物］（non sunt factivae），而在于它们的行动（activae）［即亚里士多德的实践（praktikai）］。但是技艺（artes）创作某物（sunt factivae），所以说在技艺中的坏事（peccatum）就像自然中的坏事一样。"

在该书第十章的这一部分，托马斯为了精确地定位他在伦理行为上的恶的观点与摩尼教的分歧，在伦理行为中"按照秩序"区分了伦理实践（principia activa）的**四条原理：**

第一条是"所了解的事物"（res appehensa），或如他在较后部分所描述的"所了解的对象"（objectum apprehensum）；按照我的理解，托马斯在这里指一种所设想的伦理上的善的行为（行动），如：一种正义的行动、一种仁爱的行动、一种勇敢的行动，但也可指一种所设想的伦理上的恶的行为。通过这条原理，引起（激发）行动力行动，也即引起这种行动的意愿，去执行它，或去拒绝它、回避它。托马斯在该书第十章文本的后面部分也把这种所了解的对象称为道德行为的"目标"或"目的"（finis）。[②]

第二条主动的原理是"理性（ratio）的了解能力"（vis apprehensiva）。通过这条原理，作用力（virtus）引起（促动）行动力（movetur），这

---

① 比较以上导论 10a 中有关亚里士多德的介绍。

② Marietti, 1934, Spalte 237a.

是一种掂量"所理解的事物"、"所设想的对象"的力量。按照我的理解，托马斯以这条原理表达对伦理上的善或恶的行动进行认知的力量（能力）。

我觉得可以把托马斯的第一和第二条原理合并为同一条原理，因为所设想的作为行动目的（finis）的伦理上的善的行动只能是有关所设想的行动的道德性质的认知的对象的或意向的相关项。这两者互相缺其一都不能存在，因而它们说的其实是**同一条**原理。只有依据这种认知的行为我们才能谈论这种认知的能力。这里也是一个没有另一个就不能存在的，因而它们也是**同一条**原理。伦理上善的行为作为目的，对伦理上善的行为进行认知，以及有关这种认知的能力，这三者，如果我的看法是正确的话，其实也是**同一条**原理。

第三条（按照我的理解是第二条）主动的原理是"意志"（voluntas）。我们以下将进一步论及，托马斯主张道德上恶的原因在于意志；在此，一个有意志的行动者是一个自由的行动者，他自由地想做某一件事情或不想做某一件事情。

第四条（按照我的看法是第三条）主动的原理是"执行力"（vis executiva），或"动力"（vis motiva），"通过这条原理，[身体的]四肢执行意志的支配（ad exequendum imperium voluntatis）"并且"理性地执行支配"（exequitur imperium rationis）[①]。按照我的理解，托马斯在此指，人具有身—心，基于其对某件事情的理解，基于其自由意志，经由身体对外的执行，通过伦理上善的行为，建立其实践理性的王国或支配领域。在这一领域中，伦理原理起支配作用，而不只是像自然领域中那样服从自然原理（自然规律）。

现在来到了托马斯在该书第十章的这一部分与摩尼教交锋的关键论点：有关伦理实践上恶的来源的论点。在此他把道德上的恶只

---

① Marietti, 1934, Spalte 236b.

置于他的第三条原理上,即置于意志上:"执行力的行为(virtutis exequentis)[即以上托马斯所说的伦理行为的第四条原理]是以伦理上的善恶为前提的。这样一种外在的行为(actus exteriores)仅当它们是自由意志时才属于道德方面的[这是由托马斯所区分的第三条原理决定的]。因而,外在的[执行]行为只有当意志行为是善的时候(si voluntatis sit actus bonus)才可以说是[道德上]善的;同样,只有当其意志行为是恶的时候才可以说它是[道德上]恶的(malus)。如若外在的[执行]行为因一种非意愿的故障(deficiens)而导致偏差,意志行为不会因其而属于[道德上]恶的。[在身体活动上的]跛行(claudicatio)不是一种道德上的恶劣行为,而是一种自然的缺陷(vitium naturae)。① 这样一种执行力上缺损若不能完全开脱道德上的恶也至少能减轻它。"② 托马斯把道德上的恶置于他的道德实践的第三条原理,即置于意志中,并把第四条原理,即道德行为的身体执行力,归属于自然,因而判定其在道德上无关紧要;在此之后,他说明,道德上的恶也不能置于他的伦理实践的第二条原理中,即置于了解力行为(actus apprehensivae virtutis)中,因为一旦人们观察这种行为本身就会发现:"……[在了解力或想象力上的]薄弱或无知是对罪责予以原谅或减轻的理由。"③ 此外,值得提及,托马斯在该书第十章有关道德的部分,论及道德上的恶这一主要问题,在对其秩序加以排列或安置时,只谈到他的四条原理中的三条,而且这三条在我看来都可归为这类原理。

对至此为止的讨论,托马斯以如下一段话加以总结:"由此看来,道德上的恶首先并在原则上(primo et principaliter)只有在意志行为中

---

① 有关胫骨损坏而导致跛行参见以上我们介绍托马斯在该书第十章开头部分与摩尼教的论辩(Marietti, Spalte 236a)。

② Marietti, 1934, Spalte 236b。

③ Marietti, 1934, Spalten 236b/237a。

（只有在意志中：in solo actu voluntatis）才能被发现；并且可以相当合理地（rationabiliter）说，一个行为是因为其是有意的（voluntarius）[处于意志的自由之中的]才是道德上的。因而，**道德的恶的根子和本源要在意志的行为中**（radix et origo peccati moralis）**寻找**。"[1] 联系到相关的上下文（现在我们能够明白为何该书第十章的标题为"恶的原因是善的"）我们可以补充道：这个根子和本源，即自由意志，就其本身而言，却是善的东西。对此有必要加以进一步说明。

有关这一说明的必要性，托马斯说了如下一段话："看来，这一研究遭致困难：如若有缺陷的[恶的][意志]行为（actus deficiens）是由主动的原理上的缺陷引起的，那么鉴于道德上的恶就必须承认它以意志上的缺陷（defectum）为前提。如若这种缺陷是[意志的]**自然**方面的事情，那么它就总是附着于意志，从而这意志只要有所作为（in agendo），它就总是要做道德上恶的事情（semper peccabit）；然而，这被德性的活动证明为是错误的。但是当意志上的缺陷是**有意的**（voluntarius）时候，那么这就已经是一种道德上的恶（peccatum morale）；如果再去寻找它的原因（causa），就会陷入无限倒退。因而，我们必须说，在意志中已经事先存在缺陷（defectus in voluntate praeexistens），这既不属于它的自然方面的（not sit naturalis）……，也不是某种偶然发生的东西的缺陷……。**由此可见这种缺陷（defectus）就是有意的，但它不是某种恶的东西**，只有这样我们才不会陷入无穷倒退。那么这究竟是一种怎么样的缺陷呢？对此我们需要加以进一步思考。"[2]

托马斯分三步来阐述他的思考，以便最终得出这样的结论：不仅在自然中，而且也在道德世界中，善不是因其自身或通过其自身产生

---

[1] Marietti, 1934, Spalte 237a.

[2] Marietti, 1934, Spalte 237a.

恶，而是通过某种"附加的，偶然发生的"（per accidens）东西而导致恶。

第一步："既然每个主动原理的作用力的完善性都依赖于更高的活动（ex superiori activo dependet），那么每个次级活动都是通过初级［更高层级］的活动而活动的。当第二个活动处于第一个活动的秩序之下的时候，它是没有缺陷（indeficienter）而活动的；仅当发生它偏离第一层级活动的秩序时，它才会有缺陷地活动，正如当活动的机体或器具（in instrumento）偏离活动的正常行进时所能明显地看到的那样。但以上谈到，在道德活动的秩序上有两条原理先于意志活动（duo principia voluntatem praecedunt），即了解力（vis apprehensiva）和所了解的对象（obiectum apprehensum），而所了解的对象即为［道德活动的］目的或目标（finis）。但既然每一个运动的东西（每一个具有活动能力的东西）（unicuique mobili）都对应于一种适宜的促动因素（动机）（proprium motivum respondet），不只是任何一种了解力对各种各样的促动因素（动机）都是适宜的，而是一种［了解力］适合于这一种促动因素（动机），另一种［了解力］适合于那一种促动因素（动机）。因而，正如对于感官的寻求能力（appetitus sensitivus）来说那种与其相适应的促动因素（proprium motivum）是感性的了解力（vis apprehensiva sensualis）一样，那么对于意志来说那种与其相适应的动因是理性本身（ratio ipsa）。"①

因而，按照托马斯的看法，意志作为理性的寻求能力（与感性的寻求能力相反，即与欲望相反），与其相适应的动因是理性（ratio）。对于这一观点，我认为更好的说法是：那个促动作为理性的寻求能力的意志的东西是经由理性的良知所指导的爱。因为，对此仅仅只有理性的洞察力是不够的，爱是必要的促动力，但它必须经由理性的良知

---

① Marietti, 1934, Spalte 237a.

指导。但我也可在以下情况下赞同托马斯的说法：理性指导理性的意志，但是仅当理性与"爱的力量"相结合时它才具有这种能力。

第二步："既然理性能够了解许多好的事情（multa bona）和许多目标（multos fines），并且其每一个都有一个自己特定的目标（proprius finis），以及既然这目标和意志的促动因素（primum motivum）并非是任意的一个好的事物，而是某一特定的好的事物，那么与此对应的活动就导致某一特定的好的事物。之所以如此乃因为意志通过由理性所设想的自己特定的善（ex apprehensione rationis repraesentantis sibi proprium bonum）而趋于行动（tendit in actum）。一旦意志在了解（想象）**感性的**了解力的活动中发生偏差，那么在意志的活动中就会导致道德上的错误（peccatum morale）。"①

第三步："因而，意志活动中的错误是以理性秩序上的缺陷（defectus ordinis ad rationem）和它自己的［理性］目标上的缺陷为前提的；如当意志受到感性见解的逐渐侵蚀（sicut cum ad subitam apprehensionem sensus），趋向于感性所喜悦（所诱惑）的嗜好（voluntas in bonum delectabile secundum sensum tendit）时，在通往理性的［秩序］方面显然就产生缺陷；如当理性思考某一善的东西，但在某一时刻或在某种特殊方式下它却不再是善的东西（devenit quod non est, vel nunc vel hoc modo, bonum），而意志仍然趋向于那种东西，如同当作它自己特定的善的东西（quasi in proprium bonum），［这是一种］通向真正赋予其目标上的［缺陷］。**但这种在秩序上的错误（ordinis defectus）是自愿的（是自由意志方面的事情）（voluntarius），因为它处于意志本身想做或不想做的支配之下（nam in potestate ipsius voluntatis est velle et non velle）**。同样，它在其行为中考虑（consideret）某件事情，或放弃这样的考虑，或考虑这一

---

① Marietti, 1934, Spalten 237a/b.

种或那一种事情，这也处于理性（ratio）自己的支配之下。但是这种［理性的］错误（缺陷）还不是**道德上**的恶（malum morale）。这是说，当理性没有考虑或考虑了某一种善的东西，这还不是道德上的错误（peccatum），除非意志（voluntas）倾向于一种不应该的目标（in finem indebitum tendat），在后一种情况下意志行为就发生了。"①

换句话说，按照托马斯的观点，理性的意志还没有犯道德上的错误，只要它依然处于它自己的层面上，依然处于理性（ratio）的秩序中。理性是经由某种偶然的东西，"某种附加于它的"、不属于它自己的东西，而陷入道德中的恶，即当它"偏离"其理性的秩序，感性地想象某种感性嗜好的东西，这也就是说，受到某种声色、情趣、淫欲的诱惑，去追求不属于它的事情。我们也可以说，按照托马斯的观点，当理性经由某种异于它的东西疏离了的它的理性状态，即经由一种感性的表象而变得茫然无知了，迷失了自己，自愿去做那些与其秩序不相应的事情，这也就是说，当它沉迷于肉欲（concupiscentia）的时候，理性的意志才陷入道德上的恶。

在该书第十二章与摩尼教的争论中托马斯想证明"恶不能完全剥夺（耗尽）善"（quod malum non totaliter consumit bonum）。② 在此，他也谈到善与恶的关系的道德方面的问题。就自然的方面而言他在这一章中得出如下结论："恶在自然事物方面（in naturalibus）对善的减弱（diminutio）不会一直推进下去，因为自然的形式（formae［这是与亚里士多德哲学中的'morphai'相对应的概念］）和所有的'力量'是确定的（determinatae），并且形成一个确定的整体，这是它们不能逾越的。在此，任何一种对立的形式（forma contraria）和任何一种对立的活动的作用力（neque forma aliqua contraria neque virtus contrarii

---

① Marietti, 1934, Spalte 237b.
② Marietti, 1934, Spalten 238a-239a.

agentis）都不能无限增长，因此善不可能被恶无限减弱。"①

接下来，托马斯阐述"恶不能完全剥夺（耗尽）善"（quod malum non totaliter consumit bonum）这一论题的道德的方面看法："但在道德方面，这种减弱是能够一直推进下去的。因为理智（intellectus）和意志（voluntas）在它们的行为方面没有边界。理智能在它的理智的活动（intelligendo）中无限推进下去。因此，数目的种类和[几何的]的图形可称之为无限的。同样，意志在意志活动中可无限推进下去；谁去做偷窃的勾当，他也会犯下一次，并直至无数次。意志越是倾向于不应该的目的（in fines indebitos tendit），它就越难回到它自己应该的目的上去（redit ad proprium et debitum finem）；这对于那些积恶成习、甘于堕落（habitus vitiorum）的人来说是很明显的。由此可见，道德风气上的恶能够减弱自然素养（能力）上的善（bonum naturalis aptitudinis）。但是它是不能被完全摧毁的，它总是依然连接在其所保存的[善的]本性上（semper naturam remanentem comitatur）。"②

最后，在他的《反异教大全》第三卷的**第十五章**③中，托马斯在与摩尼教的争论中论证，"不存在最高的恶"（quod non es summum malum），"[不可能存在]作为一切恶之原理的东西"（quod sit principium omnium malorum）。托马斯没有谈到这一论题的道德方面的问题。对于他论证这一论点的七个理由，我以下只引述其前两个：

"最高的恶如若存在的话，那就只能存在于一切具有任何一种的善的共同体的彼岸（absque consortio omnis boni），正如最高的善[即上帝]，其与恶完全相分离（omnino separatum a malo），只能存在于一切具有任何一种的恶的共同体的彼岸一样。然而，没有一种恶是能够与善完全相分离的，因为[在我们没有谈到过的以上的第十一章中]已

---

① Marietti, 1934, Spalten 238a-239a.
② Marietti, 1934, Spalte 239a.
③ Marietti, 1934, Spalten 240a/240b.

经表明，恶在善中有其基础（quod malum fundatur in bono）。[1]

"凡是第一原理的东西是不能以任何其他东西为原因的。所有的善都以善为原因［参见以上托马斯在该书第十章中的文本］。"[2]

托马斯在该书第十五章中的结尾以如下一句话总结他与摩尼教的争论："由此可见，摩尼教有关最高的恶是一切恶的第一原理（summum malum quod est principium primum omnium malorum）的错误主张绝无成立之可能性。"[3]

四、托马斯与摩尼教的本体论之争评注

首先，我想指出托马斯与摩尼教的本体论之争的如下七个要点：

（1）既然恶是善的东西一种缺陷（privatio），并且"这必定是以某种方式产生出来（形成）的东西的缺陷"（privatio eius quod quis natus est debet habere）（参见该书第七章），那么它就没有自己的本质（essentia）。

（2）没有任何存在的东西的本质通过自身而为恶。

（3）任何一种存在的东西（Existierendes），就其存在（existiert）而言，是不可能恶的，因为存在（Existieren）是某种善的东西。

（4）恶不能单独活动，因为只有当某物存在（existiert），才有其活动。

（5）善是恶的主因。基于善，恶能够成为恶的东西的偶然（附加）的因。因而，即便恶的东西发生作用，但也只有基于某种善的东西（借助其力量）才成为可能，因为善的东西是其发生作用的主因。

（6）恶不能完全消耗（consumere）、用尽或毁灭善。

---

[1] Marietti, 1934, Spalten 240a/240b.
[2] Marietti, 1934, Spalten 240a/240b.
[3] Marietti, 1934, Spalte 240b.

（7）在最高的善（summum bonum）旁边不存在一个最高的恶（summum malum）。换句话说，不存在两个神，其中一个是一切善的东西的起源，另一个是一切恶的东西的起源，而只存在一个善的上帝。

所有这七点在我看来显然依据如下两个前提：

第一个前提：恶是性质确定地存在的善的东西的一种缺陷（过失）（本质＝性质确定的存在），因而它没有**自己的**性质确定的存在（Sosein）。依据我自己对伦理上的恶的一些具体的考虑，也可使这一前提得以明了，以下将对此做进一步阐述。**第二个前提**：恶具有一种力量，因为它是活动的，对此没有人可怀疑。这种力量不可能来自其自身，因为它只是某种东西的缺陷，而其来自善；恶基于善的力量发生作用。它只是在如此情况下而成为恶，因为它缺失（缺乏）它应该具有的另一种善。如果恶也有这种善，它将不再是恶的东西，而是善的东西。任何一种恶都基于一种善，并且它因此而成为恶，因为它缺乏它所应该具有的善。依据我自己对伦理上的恶的一些具体考虑也有助于阐明这第二个前提，以下我将论及。

五、对托马斯与摩尼教道德问题上争论的一些思考

托马斯与摩尼教在道德问题上的争论对我有很大启发。然而，它并不能使我满意，这主要在以下两点上。

第一点：他以现象学（或心理学）去说明道德上的恶，这做得太简单了。说它太简单，是因为他对道德上的恶的心理学的说明是通过如下结构来进行的，这结构为："所了解的［东西］（apprehensum）"、"理性（ratio）的了解［行为］（apprehensio）"、"自由的理性的意志（voluntas, voluntarius）"和"经由身体的外在执行"。说它太简单，也在于他对道德上的恶的以下这样一种心理学的说明：意志自由地偏离了它的理性秩序，转向追求感觉嗜好上的感性的东西，这就是说，转

向情欲的（delectabile）东西，并追求它。在我看来，这一说明表明，道德上的恶是理性迷失了自己而引起的，这种迷失是理性经由某种异于它的东西，即经由感觉表象（apprehensione sensuali），转向某种感性所嗜好的东西，转向声色、美味、淫欲，并以此为追求目标。这样，理性就受到诱惑，异化于自己，去追求（趋向于）那种与自己的理性秩序不对应的东西。这样，理性的意志就沦落到托马斯所说的肉欲（concupiscientia）中去了。

第二点：对于托马斯来说，道德上的恶只是上述所刻画的自由的理性的意志的恶的倾向（追求），这忽视了执行，即忽视了身体方面的行动。按照我的观点，只有在行动中，在执行中，伦理上的恶才发生；并且，它发生于执行中，即便这种执行失败了。我以下将论证我对这两点不满的理由。

对于**第一**点：托马斯对道德上的恶的发生的说明给人这样一种印象，当理性的人落入任何一种感性上的欲望，从而间或失去其理性状态时，它就发生。他的理性对应于亚里士多德所说的人是与禽兽相对立的理性动物的概念。这样的一种欲望可以是贪食（馋美味吃过量）、可以是过度的性生活，但也可以是过分地使用任何一种所爱好的东西。尽管这样一类放纵于感性欲望的活动在伦理上是恶的，因为它们给自己也常常对他人造成伤害，但在我看来还不是道德上最严重的恶。

此外，在人的灵魂中并非只有理性的了解和理性的自由意志以及感性的了解和感性的欲望的一面，而且也有整个情感的领域，如嫉妒、吃醋、恨、复仇心等**坏**的甚至**可怕**的情感，但也有**高贵**的情感，这首先是同情感，以及纯情爱恋，即便这常常是短暂的，但也有长期的父母对子女以及子女对父母的爱、兄弟姊妹之间的爱、朋友之间的爱、博爱（耶稣说的对邻人的爱）、感恩的情感等等。伦理上比起放纵于感性情欲更为恶劣的行为是谋杀、欺骗、不顾及他人需求的贪婪、利用物理和心理的暴力统治他人的权力欲行为，这也包括夫妻之间的家庭暴力。这一切都专属于人的行为，并非只是动物层次上的情欲。这些行为都缺乏良知指导的爱。它们都"缺失了（privatio）人生而应该具有的东西"，我把托马斯的这一说法联系到人的方面。拿撒勒的耶稣对他的那些在某种处境下表现出权力欲的门徒说：

> 你们知道外邦人有君王为主治理他们，有大臣操权管束他们。只是在你们中间不可这样。你们中间谁愿为大，就必作你们的佣人。谁愿为首，就必作你们的仆人。（和合本《马太福音》20：25—27）

然而，这些恶的行为并非只简单地是缺乏（privatio）爱。这也关系到它们所具有的作用力。托马斯在那篇反摩尼教的论著的第十章中写道恶也产生效果，但这是基于（借力于）某种善的东西；他认为使其产生效力的主因是善的。那么，什么可能是恶所借力的善的东西呢？我认为它是自爱。自爱是某种善的东西。按照拿撒勒的耶稣的犹太传统，人应像他爱自己那样爱他的邻人。在以上所提到过的例子中可以看到，这些恶的行为立基于自身善的自爱而发生作用，但缺乏对邻人的爱。这种自爱缺乏仁爱。这样的自爱是自私的爱。但｜正如我在这第一部分的第三节所写道的那样，｜**只有当一个人也爱他的邻人的时候，他才是真正的自爱**。因而，那种给恶带来行动力量的自爱是一种凋谢的或还没有发展成为仁爱的自爱。

有关**第二点**：仅仅是一种恶的意志的倾向，倘若还没有任何身体上的外在表现，还没有一点点的行动，还不能称之为**伦理上**的恶，尽管其意愿是恶的。但是，言语已经是一种身体的行为，并且可以是伦理上恶的，正如人们所说，"言能杀人"。同样，凶恶的脸色、威胁性的姿态，也是一种身体行为，并且能够是伦理上恶的。仅仅是一种恶的意志的倾向，倘若还没有任何身体上的外在表现，只是就对自己的损害和自我摧毁而言，可以说是恶的。然而，它存在于内部，处在人的心灵之内，此时我还没**做**什么坏事，我还没有**施行**伦理上的恶。伦理上的善恶首先与行为相关。不知有多少恶的倾向会在我们人的头脑中不由自主地浮现出来：恨、嫉妒、吃醋、不好的性方面的欲望等等！在我看来，只要它们还不是一种施展出来的活动，就没有必要从伦理的角度加以处理。

我想到以下一个例子：一个妇女嫁给了一个男人，后者带有其前妻所生孩子。该妇女婚后生子。她对于她自己所生的孩子比起她丈夫前妻所生的孩子更爱一些，这是很自然的事情。从等差之爱的情感及其倾向出发，在情感上她会不同地对待这两个孩子，对一个好一些，对另一个不好一些，这在我看来是由自然所决定的事情，就此而言不能说道德上不好。但是，当这位妇人**在实践行动上**不公正地对待**这两个孩子**，这就伤害了这两个孩子，因而是一种道德上的恶，即不公正。

道德上决定性的事情总是发生在行动中。对于那些我们所做的事情，我们具有决定性的强力。对于那种发生在我们头脑内部的事情，浮现在心中的东西，还只是停留在内部，在心灵本身之中，还没有外在的身体上的施行，这还不是决定性的强力。这样的一种心灵现象还没有被我们的自由意志施之于行动，因而还谈不上伦理上的恶。

为了对我们心灵内部的恶的冲动和倾向在好的意义上施加影响，即为了减弱它们和减少它们，其中的一种方式是我们在"外部"，即在我们的身体的社会行为上，做伦理上的好事。这样，那种恶的冲动和倾向就会逐渐减弱、减少，甚至或许在某一天消逝，倘若我们长期持之以恒做伦理上的好事。对我们心灵内部的恶的冲动和倾向在好的意义上施加影响的第二种方式是一种称之为灵修或修道的实践。这种灵修或修道的实践显然也包含身体上的行为。因为，在人的任何行为中都是不能缺少身体的。最后，我们的心灵的恶的冲动和倾向能够经由某种深邃的体验和感悟而弱化。这样的一种体验和感悟不仅仅是由我们的身体的行为引起的，因而也不仅仅依赖于我们的意志。

六、自己的一些考虑

让我们在一开始停留在人的心灵内的恶的倾向和情感的层次上，按照我的看法在这里还谈不上**伦理上**的善或恶，尽管它们会伤害我们自己的心灵，并容易导致我们去做坏事，如对某人的怨恨导致对他施暴。但对于恶的倾向和情感，人们也可以做一些伦理上好的事情来抑制。

莱布尼茨在他的《以理性为基础的自然和恩典的原理》(*Principes de la Nature et de la Grace fondés en raison*) 的第16条中写道："纯粹和真正的爱在于对人所爱的对象的完善（perfections）和幸福（félicité）感到（plaisir）愉悦。"这是一种纯粹"内感的"爱；它无疑是善的，但它还不是行动着的爱，就此而言还不是伦理上的爱。嫉妒可以被视为这种爱的对立面。嫉妒在于因羡慕别人的完善和幸福而自己感到痛苦。在这一意义上，嫉妒是一种自己给自己造成的内心悲伤，它是对别人已经达到而自己没有达到的完善缺乏承认和钦佩，是缺乏决心去实现别人已经达到的成就，而实际上对此他自己只要有点才能或多或少也能达到。但也有更加平庸的嫉妒，这可以是嫉妒别人拥有（占有）而自己**不**拥有（占有）的物品。这也是某种缺乏（privatio），即缺乏满足。

恨是对所爱者缺乏爱。在此，这个所爱者甚至可以是他自己本人，因为一个人也可以恨自己。这种爱和恨的关系是非常特别的。爱可以逆转为恨，当其"失望"时，当其求爱而不能得到爱的回应时。爱和恨能交织一起，即人们所说的"恨爱纠结"（Hassliebe）。诗人歌德在一首诗中表达了他自己的一次因失恋而由爱陷入恨的经验。他在这首诗中刻画了那种恨，并也称它为治疗剂，使得自己从这样的恨的坏事中解放出来。作曲家约翰内斯·勃拉姆斯（Johannes Brahms）有过类

似的经验,他为歌德的这首诗谱曲(女低音狂想曲,男声合唱和管弦乐伴奏,作品53)①:

可是走在旁边的是谁?
他的道路迷入丛林里,
在他的身后,
灌木又合拢,
荆棘又长起,
寂寥将他吞噬。

唉,谁能治他的伤痛?
香脂对他已变成毒药。
从爱的满怀里
去怨恨人生?
先受蔑视,如今是蔑视者,
在那不能满足的
自我追求中
暗暗磨灭自己的价值。

在您神圣诗篇中,
爱之父啊,愿有
使他入耳之音,

---

① 有关勃拉姆斯的这一经历大致是这样的。他36岁那年爱上了音乐家罗伯特·舒曼和克拉拉·舒曼的第三个女儿朱莉,但他把对她深爱隐藏在自己内心中。突然,他获知朱莉与一个意大利贵族订婚的消息。克拉拉·舒曼在她的日记中写道:约翰内斯现在犹如变成另一个人,很少来了,而且沉默寡言,即使对朱莉也是那样,而以前他总是那么讨人喜欢。他真的爱恋过她吗?约翰内斯·勃拉姆斯献给朱莉的结婚礼物就是以上提到的那首激情万丈、痛苦得令人震颤又令人宽慰的歌曲。

> 鼓励他的心！
> 拨开他的眼翳，
> 让他能在荒漠之中，
> 在焦渴万分之时，
> 瞧见有无数甘泉！ ①

歌德在这首诗歌的第二节，描述了他的恨的起源及其自我摧毁的性状，但这种恨并没有表现为外在的行动，而是在一定程度上成为一种自我治疗的方式：那种自我摧毁的怨恨之毒药来自爱的满怀中的香脂。他的爱被他所爱的对象"蔑视"了。现在，在他恨的情感中转化出一种对他所爱对象的"报复性的"蔑视。通过这种蔑视性的恨的毒药，他自我摧毁"他自己的价值"，并且，这发生在一种"不能满足的自我追求"中，即发生在不能满足的自爱中。它之所以是不能满足的，因为丨正如我在该文的第一部分的第三节所写的丨，只有当一个人也爱别人时，他才真正地自爱。为了使得自己从这样一种怨恨之恶中解救出来，歌德祈求上帝，祈求"爱之父"："拨开他（被恨遮蔽）的眼翳"，让他能在荒漠之中，在焦渴万分之时，瞧见（爱的）"无数甘泉"。这表明，歌德祈求上帝，让他意识到，在他对爱的一个源泉感到失望之后，为他准备其他的爱的源泉，不仅是另外的人，而且是另一种艺术，即一种既爱自己又爱他人的艺术；这是本性，这是"爱之父"。

现在让我们转而观察什么是伦理上恶的行为，即那种真正的伦理上的恶，这也经常在于"不行动"，即缺乏善的行动，具体地说，对于一个人可以帮助的别人的痛苦视而不见，置若罔闻。然而，这种视而不见、置若罔闻，也是一种身体上的行为。这十分明显地表现在耶稣

---

① 该诗中译文可参见钱春绮译歌德的诗《冬游哈尔茨山》中的两节，《歌德文集》第八卷，北京：人民文学出版社，1999年，第112—113页。我的译文按照我对德文原文理解对此做了较大改动。——译者

所举出的有关仁爱的例子上：一个犹太教的祭司和一个利未人遇到一个遭强盗抢劫、被打半死丢在路边的人。他们看见他，照样从那边过去。然而有一个撒马利亚人行路来到那里，"看见他就动了慈心，……上前［把他］伤处包裹好了，扶他骑上自己的牲口，带到店里去照应他"（参见《路加福音》10: 10—37）。在此能清楚看到：伦理上的恶的行为在于**缺乏**一种善的行为，缺乏一种使得自己投入救助行为的同情心。

在今天这个电视和世界范围信息流通的时代，我们看到太多的苦难，即便有同情心，也经常不得不掠过，因为我们不可能去帮助所有那些我们听说或在电视中看到的人们所遭遇的困苦。在此，一个有意愿去做伦理上好事的人，必须进行选择。在此，有许多因人而异的标准：有的人认识某个救援组织，完全信任它，与其建立个人的联系；有的人认为某些陷入巨大困境的人遭到忽视了，所以要自己投入行动；有的人聚焦于国际关注的正在发生的灾难，所以支持这方面的救助；有的人认为能使其自助的救助才是最好的救助，所以他特别支持这样的救助。如此等等，不一而足。

一种伦理上恶的行为也可以是一种毫无顾忌的行为，即不顾及相关的一个或多个其他人的观点，不考虑他自己的行为是否给别人造成伤害。毫无顾忌的行为是一种缺乏体谅他人的行为。奥古斯丁在他的《信、望、爱手册》（*Eincheiridium*）第十二章中说："称其为恶，因为它造成损害"（Ex hoc dicitur aliquid malum, quia nocet）。然而，在我看来，并非所有伦理上恶的行为都可以被标记为对自己或对他人造成损害的行为。不好的行为也可以是这样的：不去运用对自己或对他人好的东西，不去促进自己或他人，当自己能够对此抱有希望，或在与他人的关系中，能对此提出好的建议，但却没有这样去做。但更好的说法也许是：缺乏督促别人虽然没有直接造成对其的损害，但却会导致对其的损害。这是一种通过不采取行动而造成的恶的行为，对此我们以上已经说过了。

　　人们不仅可以说，伦理上恶的行为藉助自身是善的、但不充分的力量而发生，因而自爱可以成为自私，而且也可以说，它来自对伦理上恶的行为的自欺，这种自欺使其相信，自己在做伦理上的好事。因为有些人在私人关系中或在国际舞台上做伦理上的坏事，却在言辞上采用另一套，让周围的人称颂他们，久而久之，自己也认为自己的所作所为**在伦理上是好的**。他们**不**愿意看到他们的行为在伦理上可以是恶的，他们是固执的。他们**不**敢正视自己的行为，不愿对之怀疑，对自己的良心发问。他们在自己虚弱的良心中"知道"，他们能够自我欺骗，他们所做的在伦理上并非善，而可能是恶的；但他们不愿意让这种想法出现，**不给它留有空间**。尽管人们可以从这一角度加以考察，但这仍然适用于托马斯·阿奎那所说的：坏或恶的力量源于善，以及适用于奥古斯丁所说的：恶是对善的一种缺乏。

　　人们应该如何面对伦理上恶的行为呢？谁如果作为个人以暴力对待别人的伦理上的恶，自己也会成为暴力的，自己也会被仇恨所支配，从而处于自己做伦理上的坏事的巨大危险之中。对此的一个证据是在法国革命和其他许多革命中的一些人士的情形。罗伯斯庇尔是一位以"坚定不移"（l'incourruptible）为箴言的革命家，他是卢梭的信徒，后者教导人本性为善。罗伯斯庇尔是[法国大革命后于1793年建立的国民公会的]"福利委员会"中的领导人物，这个委员会在他领导下把在他看来伦理上恶的人送上断头台，而他自己也由此成为恶人，最终被他自己的追随者谋杀。

　　海因里希·冯·克莱斯特（Heinrich von Kleist）依据16世纪真实历史写的小说《米夏埃尔·科尔哈斯：来自陈年往事》（*Michael Kohlhaas. Aus einer alten Chronik*）①是一个为反对恶的斗争而造成自己

---

① 由该小说改编的电影中文名为《马贩子科尔哈斯》。——译者

恶的很好的文学上的例子：有正义感的马贩子米夏埃尔·科尔哈斯受到欺诈盘剥，他为此展开斗争，在法律诉讼被驳回后，便以暴力反抗不公道，自己也因此陷入非正义，最后被判处死。

这或许可以成为一条普遍的规则：人们不应以战斗反对邪恶，但人们必须面对邪恶保护自己和自己的邻人。这种自我防卫必须基于与真正的自爱相联系的仁爱。为反对自己国家的坏的政治上的当权者，人们应该以和平的、非煽动仇恨的方式进行反抗，如圣雄甘地、纳尔逊·曼德拉（南非）等所做的那样。

以下这些话可视为如何处理与自己关系相近的人的行为准则的建议：人们应该为善而斗争，因而在私人关系上，如果可能的话，即当不必对自己和自己的家属加以保护的情况下，对于伦理上行恶的人，即便他们对其自己也是伦理上恶的，要让他们有所察觉，即让他们认识到他们自己的不端行为，但不必与他们纠缠。因为这要卷入与他们恶的水准上伦理争论；再说，这没什么用，只会浪费时间。即便法律途径，除非没有其他办法，也尽可能不要进入。因为这有可能卷入漫无边际的法律诉讼，面对强词夺理的危险，并因而郁郁不乐。当在为正义斗争的时候，人们也认为要获得权利，但权利与正义性并不是一回事情。

但在有的时候，我们必须投入全力抵抗权力狂和穷凶极恶者，否则的话其行为会越来越肆无忌惮。人们不应为了家庭和睦或为了国际和平，放任作恶者，否则的话他们的恶劣行为会变本加厉。人们必须尽可能把"恶铲除在起始中"。

对此的一个例子是法国和英国对希特勒的态度。1938年10月1日希特勒通过军事威胁方式最终占领原属于捷克斯洛伐克的苏台德地区。在墨索里尼的斡旋下，在1938年9月29日至30日在慕尼黑召开会议，英国首相张伯伦和法国总理艾德·达拉第为维持和平同意割让苏台德地区给希特勒的德国。这样的一种政策被称为绥靖主义

(appeasement)。张伯伦相信慕尼黑协议可以确保我们时代的和平。但是希特勒由此变得更加嚣张了，他要的更多：他骗取张伯伦的信任，于1939年3月15日把德国军队开进布拉格，由此瓦解了捷克斯洛伐克共和国。既然英国和法国都对此不采取反制措施，希特勒就更加得寸进尺，1939年9月1日他的空军和陆军入侵波兰。直至1939年9月3日，英国和法国向希特勒德国宣战，爆发第二次世界大战。如果在1938年9月就对希特勒迎头痛击，就不会给他整整一年多时间，去准备和开始"在东部夺得新的德国领土"。

比起那些大国政府来，一些个人反对希特勒的抵抗行动要早得多。如若在超过四十次的谋刺希特勒的行动中有一次成功了，那么就可能避免不知多少的苦难。瑞士神学系的学生和天主教神职人员候选人莫里斯·巴沃德（Maurice Bavaud）早在1938年10月9日就进行了这样的行动。这可谓其中最早的之一，它发生在那年9月29/30日的慕尼黑会议后不久。莫里斯·巴沃德为其目光锐利的勇敢行动付出了生命代价。德国军官克劳斯·冯·施陶芬贝格（Claus Schenk Graf von Stauffenberg）带领的一批人于1944年7月20日谋刺希特勒的行动属于其中最后之列，那时希特勒的失败已经清晰地可预见到。

然而，在很多情况下，对于不好的要求寻求某种妥协的解决办法或许更好一些。有句瑞士的谚语："智者能屈，蠢驴蛮干"（Dr Gschider git na; dr Esel blibt sta）。在我们的时代这比起争端来或许要好一些。这常是一种很有效的处事方式。因为只有好的东西能够持久；坏的东西持续不了多久，常常几个月、几年、最多几十年，即在我们的一生之内，就要崩溃，这是因为它们没有自己的实在性，而只是好的东西的缺陷，这正如奥古斯丁和托马斯所教导的那样。当然，恶的东西会沉渣泛起，一些人会以另一种形态在另一种情况下重新作恶，但这也可以如歌德在《浮士德》诗句开头部分所描述的那样，能使人不至于落入惰性，奋起应对做好的事情。我一再感叹，人出自仁爱之心有那么多的善事要做，这不仅仅是面对自然灾害中的受难者，更为严峻的是要面对历年内外战争中成千上万的难民，这之中有许多老人和孩子，他们饥寒交迫，流离失所，在困苦中早早离世。

（张庆熊　译）

再论牟宗三先生对孟子心性论的诠释

李明辉

(台湾"中研院"中国文哲研究所)

牟宗三先生借用康德的哲学概念和架构来诠释儒家思想，是关心或研究当代新儒学的人都知道的。1984年黄进兴教授发表了《所谓"道德自主性"：以西方观念解释中国思想之限制的例证》一文，质疑牟先生借用康德的"自律"（黄教授译为"自主性"）概念来诠释儒家（特别是孟子）义理的做法。① 由于这可能是第一次有人从方法论的层面对牟先生的诠释提出批评，故此文发表之后，颇引起学界的注意。当时，笔者尚在德国求学，故未马上读到此文。1986年笔者学成返台后，始有缘读到此文。次年，笔者便撰写了《儒家与自律道德》一文，作为回应。② 黄进兴在其文中强调康德与孟子间的歧异，以证明牟先生借"自律"概念来诠释儒家义理之不当。黄进兴将孟子的"四端之心"理解成一种"具有经验意义的'道德感'"③，并由此断言："与其说

---

① 此文原先发表于《食货月刊》第14卷第7/8期合刊（1984年10月20日出刊），第77—88页；其后收入黄进兴：《优入圣域——权力、信仰与正当性》，台北：允晨文化出版公司，1994年，第3—24页。

② 此文最初刊载于《鹅湖学志》第1期（1988年5月），第1—32页；其后收入拙著：《儒家与康德》，台北：联经出版公司，1990年，第11—45页。

③ 黄进兴：《优入圣域——权力、信仰与正当性》，第12页。

儒家道德哲学与康德哲学相通，毋宁说与康德所反对的赫京生、休谟诸人的学说较为类似，后者咸认为人类具有内在的'道德感'（moral sense）以作为伦理判断的依据。"① 笔者则强调：康德系在"道德底形上学"的层面上推衍出"自律"的概念，而他与孟子间的分歧点主要存在于哲学人类学的层面，故这种歧异无碍于他们的伦理学同属于"自律伦理学"。至于孟子的"四端之心"，笔者认为：与其说它是英国伦理学家赫其森（Francis Hutcheson, 1694—1749, 即"赫京生"）等人所谓的"道德感"或晚期康德所谓的"道德情感"，不如将它归诸德国现象学伦理学所谓的"情感先天性"（das emotionale Apriori），而视之为一种先天的意向性体验。②

对于笔者的反驳，黄进兴并未立即回应。直到1994年，当他将《所谓"道德自主性"：以西方观念解释中国思想之限制的例证》一文收入其《优入圣域——权力、信仰与正当性》一书中出版时，也同时收入其旧作《孟子的"四端说"与"道德感说"》的修订稿。在后一文中，他虽于注释中提到拙作《儒家与自律道德》，但全文仍是重复其原先的观点，即强调孟子的"四端之心"与英国伦理学家的"道德感"之间的类似性。此外，他在文后附了一个简短的《十年之后：后记》，对笔者的观点作了如下的评论：

> 个人依旧不能同意康德的"道德自主性"可从康德的伦理体系分离出来。果如同李教授所示，则康德的伦理学将与其一向所反对的"道德感说"无所分辨。这无疑违逆康德哲学构作的原意，且损毁康德概念系统的完整性。③

---

① 黄进兴：《优入圣域——权力、信仰与正当性》，第14—15页。
② 参阅拙著：《儒家与康德》，第23页及37—38页。
③ 黄进兴：《优入圣域——权力、信仰与正当性》，第40页。

可惜的是，黄进兴除了重申他原先的立场之外，并无进一步的说明，也未对笔者的观点提出进一步的辩驳。所以，这场辩论也就不了了之。不过，这场辩论也在学术界引起了一些直接和间接的回响。对这些回响加以检讨，或许有助于进一步澄清相关的问题，这乃是本文的主要目的。

1994年中国大陆学者顾昕出版了《黑格尔主义的幽灵与中国知识分子——李泽厚研究》一书。由此书的副标题可知，这是一本探讨李泽厚思想的书。顾昕在讨论李泽厚对孟子伦理思想的诠释时，提到了笔者与黄进兴之间的那场辩论。为了便于以下的讨论，我们在此先阐述李泽厚对孟子心性论的诠释。李泽厚的《孔子再评价》一文中有"附论孟子"一节，论及孟子的伦理思想。[①] 其中有一段文字很扼要地说明了他对孟子伦理思想的基本看法：

> ……以孟子为代表的中国绝对伦理主义特点……在于，一方面它强调道德的先验的普遍性、绝对性，所以要求无条件地履行伦理义务，在这里颇有类于康德的"绝对命令"；而另一方面，它又把这种"绝对命令"的先验普遍性与经验世界的人的情感（主要是所谓"恻隐之心"实即是同情心）直接联系起来，并以它（心理情感）为基础。从而人性善的先验道德本体便是通过实现人世的心理情感被确认和证实的。超感性的先验本体混同在感性心理之中。从而普遍的道德理性不离开感性而又超越于感性，它既是先验本体，同时又是经验现象。孟子说，"理义之悦我心犹刍豢之悦我口"，"仁义礼智根于心。其生色也，睟然见于面，盎于背，施于四体，四体不言而喻。"先验道德本体竟然可以与感觉、生理、身体、生命相直接沟通联系，从而它似乎本身也是感性的或

[①] 此文最初发表于《中国社会科学》1980年第2期时，并不包括"附论孟子"一节。1985年此文收入李泽厚本人的《中国古代思想史论》（北京：人民出版社）时，始加上这一节。

具有感性的成分、性质了。这便是中国哲学"体用不二"、"天人合一"特征在伦理学上的早期表现。①

由此可知，李泽厚一方面承认孟子与康德的伦理思想有相通之处，即均属于"绝对伦理主义"，另一方面他又将孟子的"四端之心"理解为一种感性的、经验的情感。单就后一点而言，李泽厚与黄进兴的观点是一致的。

在分别引述了李泽厚和笔者对孟子心性论的诠释之后，顾昕借笔者的观点对李泽厚提出以下的批评：

> 事实上，李明辉的论证实际上已经指出，孟子的伦理学，是属自律伦理学，但和谢勒的实质主义伦理学更为相近了。李泽厚在论及"四端"时，依然停留在感性的道德情感这个层面上，即他所说的"心理主义"。如果我们赞同李明辉的意见，那么李泽厚不仅在伦理学的形式主义和实质主义之分际上缺乏深刻的认识，而且对孟子的"四端"也存有不够精当的了解。②

不但如此，顾昕对牟宗三先生的孟子诠释也表示怀疑。故在上一段引文之后，他加了一个注解：

> 可以推测，李泽厚对孟子与康德之差别的了解，和牟宗三有很大关系。实际上，李泽厚的有关论述，可以看成是牟宗三有关论述的一种简化表述。笔者怀疑，牟宗三对孟子与康德之差别的了解是否达到了李明辉论述的深度，因为牟宗三主要是从"心即

---

① 李泽厚：《中国古代思想史论》，台北：三民书局，1996年，第42—43页。
② 顾昕：《黑格尔主义的幽灵与中国知识分子——李泽厚研究》，台北：风云时代出版公司，1994年，第230页。

理"这个自孟子以来到宋明"心学"得到大发展,也是牟宗三及狭义的"当代新儒家"着力弘扬的思想,来批判康德的二元论。牟宗三是否从哲学上证成了"心即理",例如像李明辉那样借鉴谢勒的现象学伦理学来"创造性地"解释孟子的"四端说",还是很可怀疑的。①

李泽厚对孟子与康德之差别的了解是否受到牟先生的影响,笔者在此无意(亦无须)揣测。但是他们均在孟子的"四端之心"看到差别之所在,则是可以断言的。牟先生在《心体与性体》第一册《综论》部论及康德所说的"道德感"(moralischer Sinn/moral sense)或"道德情感"(moralisches Gefühl)。依康德之见,"道德感"或"道德情感"本身是感性的,故无法建立具有普遍效力的道德法则。针对这点,牟先生认为:"道德感、道德情感可以上下其讲。下讲,则落于实然层面,自不能由之建立道德法则,但亦可以上提而至超越的层面,使之成为道德法则、道德理性之表现上最为本质的一环。"②从超越的层面上,他论及一种普遍的而又具体的道德之情与道德之心。他写道:

> 这种心、情,上溯其原初的根源,是孔子浑全表现的"仁":不安、不忍之感,悱恻之感,悱启愤发之情,不厌不倦、健行不息之德,等等。这一切转而为孟子所言的心性:其中恻隐、羞恶、辞让、是非等是心,是情,也是理。理固是超越的,普遍的,先天的,但这理不只是抽象地普遍的,而且即在具体的心与情中见,故为具体地普遍的;而心与情亦因其即为理之具体而真实的表现,故亦上提而为超越的、普遍的,亦主亦客的,不是实然层上的纯

---

① 顾昕:《黑格尔主义的幽灵与中国知识分子——李泽厚研究》,第294—295页。
② 牟宗三:《心体与性体》第1册,见《牟宗三先生全集》第五册,台北:联经出版公司,2003年,第131页。

主观，其为具体是超越而普遍的具体，其为特殊亦是超越而普遍的特殊，不是实然层上的纯具体、纯特殊。这是孟子磐磐大才的直悟所开发。①

此外，在《心体与性体》的其余各册、《智的直觉与中国哲学》、《现象与物自身》，以及他所译注的《康德的道德哲学》中，他一再重申此意。职是之故，笔者针对黄进兴的质疑而强调："黄先生所发现康德与孟子伦理学之歧异，牟先生早已了然于心，而且早已在其著作中有所分辨。"② 这是完全有根据的。

在此我们不难看出：牟先生与李泽厚在对"四端之心"的诠释上存在重大的分歧。因为诚如顾昕所说，李泽厚在论"四端"时，"依然停留在感性的道德情感这个层面上"，而这也正是黄进兴的观点。（不过，既然如此，就不宜说："李泽厚的有关论述，可以看成是牟宗三有关论述的一种简化表述。"）但是这种诠释会面临很严重的质疑。对于李泽厚，我们要问：果如他所言，在孟子，道德本体是先验的，四端之心是经验的、感性的，这两个异质的部分如何能"合一"呢？由于"先验的"与"经验的"这两个概念是互相排斥的，普遍的道德理性如何能"既是先验本体，同时又是经验现象"呢？难道是孟子的思想含混不清吗？或许是鉴于这个问题难于回答，黄进兴干脆否定孟子与康德之间的类似性，而将"四端之心"理解为赫其森等人所说的"道德感"。这样的诠释固然使孟子的思想得以保持一贯性，但是孟子却必须要面对康德对道德感学派所提出的质疑：普遍的道德法则如何能建立在经验的基础上？这个代价不可谓不大。

面对以上的难题，我们很自然地会想到：或许有一种超感性的

---

① 牟宗三：《心体与性体》第 1 册，见《牟宗三先生全集》第五册，第 131—132 页。
② 拙著：《儒家与康德》，第 42 页。

"情",可以作为普遍道德的基础,因而有别于一般的情感。一般的情感是被动的,是由对象所引发的,而这种超感性的"情"则是主动的,发自主体本身的活动。其实,朝鲜儒者李退溪的"四端七情"之论便已包含这种洞见。其《答奇明彦·论四端七情第二书》云:

> 愚尝妄以为:情之有四端、七情之分,犹性之有本性、气禀之异也。然则其于性也,既可以理气分言之,至于情,独不可以理气分言之乎?恻隐、羞恶、辞让、是非,何从而发乎?发于仁义礼智之性焉尔。喜、怒、哀、惧、爱、恶、欲,何从而发乎?外物触其形而动于中,缘境而出焉。①

李退溪强调:情亦可以理气分言,并非一说情,就一定属于气。用现代的语言来说,情亦可以不是感性的,如四端。四端是"发于仁义礼智之性",可说是发于理;这种"情"自然与一般属于感性的"情"——七情——在本质上完全不同。"七情"之说虽始于《礼记·礼运篇》,在《孟子》书中并未出现,不过这只是对一般情欲的归纳,并非一套独特的理论。它可以归诸《孟子·告子上》第十五章所说的"小体":"耳目之官不思,而蔽于物。物交物,则引之而已矣!""物交物,则引之而已矣"正相当于李退溪所说的"外物触其形而动于中,缘境而出焉",均表示一般情欲的被动性。

其实在后期的康德,道德情感亦有其理性根据,即道德法则;就此而言,它与一般的情感有别。尽管如此,康德仍将道德情感归诸感性层面,仅承认它是道德法则在感性上产生的结果,而非道德法则的

---

① 《增补退溪全书》第1册(首尔:成均馆大学校出版部,1991年),《退溪先生文集》卷16,第20页下至第21页上。关于李退溪的"四端七情"之说及其相关讨论,参阅拙著:《四端与七情——关于道德情感的比较哲学探讨》(台北:台湾大学出版中心,2005年;简体字版:上海:华东师范大学出版社,2008年),第6章。

基础，从而将它排除于道德主体（意志，亦即实践理性）之外。不过，在另一方面，道德情感又是"纯粹实践理性之动机"，道德法则必须通过它才能引发道德行为。康德的"道德情感"说使他陷于严重的理论难题。① 因为他坚信：人作为道德主体，必然有能力做到道德法则所要求于他的事。② 这正如同孟子相信："人皆可以为尧舜。"（《孟子·告子下》第二章）这也是"自律"概念的核心意涵。康德肯定道德的本质在于道德主体的"自律"，这包含"自我立法"与"自我服从"二义。换言之，作为道德主体的"意志"一方面能为自己制定道德法则，另一方面也有能力履行道德法则之要求；这两方面共同构成"道德责任"的概念，因为人只能为他自己所制定、同时有能力履行的法则负道德责任。孟子显然也会同意这两点，因为他不但肯定："仁、义、礼、智，非由外铄我也，我固有之也，弗思耳矣！"（《告子上》第六章）同时又强调："有是四端而自谓不能者，自贼者也；谓其君不能者，贼其君者也。"（《公孙丑上》第六章）

然而，康德为道德主体所构思的理论架构却不足以支撑其上述的洞见。因为当他将作为道德主体的"意志"仅视为实践理性，而将道德情感排除在外，将它归于感性层面时，这无异于剥除了道德主体履行道德法则之要求的能力。在此情况下，道德主体仅保有"善之判断原则"（principium diiudicationis bonitatis），其"践履原则"（principium executionis bonitatis）则旁落于道德情感。尽管康德强调道德情感是每个人均拥有的自然禀赋，但也承认这种禀赋在每个个体上所表现的强度不同，因而需要陶冶。故对康德而言，道德教育基本上是在陶冶我们的道德情感，以增强我们对道德法则的感受力，使之成

---

① 关于康德的"道德情感"说及其所涉及的理论难题，请参阅拙著：《儒家与康德》，第22—35、105—124页。

② 关于此义，请参阅拙作：《从康德的实践哲学论王阳明的"知行合一"说》，收入王中江主编：《中国观念史》，郑州：中州古籍出版社，2005年，第507—529页。

为一种习性；一旦养成了这种习性，我们对于道德法则的意识便很容易转化为道德行为。[1] 以宋、明儒者惯用的话头来说，康德的"道德情感"显然属于"气质之性"。在此我们不妨引用一个康德自己所举的例子，来显示其"道德情感"说必然要面对的难题。他在《纯粹理性批判》中提到一个因恶意说谎而在社会中引起混乱的人。[2] 为了了解他说谎的原因，我们发现他受到恶劣的教育，交友不善，具有"一种对羞耻无所感受的禀性"，为人轻率鲁莽等等。依康德之见，尽管有这些因素，此人仍要为其恶行负完全的道德责任。因为这些因素均属于其"经验的性格"（empirischer Charakter），而他尚有另一个"智思的性格"（intelligibler Charakter）；就他拥有"智思的性格"而言，他是完全自由的道德主体，可以为其行为负道德责任。但问题是：道德情感显然属于"经验的性格"，它也是使我们对于道德法则的意识得以转化为具体行为的真实力量。这个说谎者具有"一种对羞耻无所感受的禀性"，意谓其道德情感天生就很微弱（即使不是完全没有）。他的后天环境显然也不利于其道德情感之陶冶。对于这种情况及其说谎的行为，其"经验的性格"并不能负责，因为它本身并无自主性。同样地，其"智思的性格"亦不能为其说谎的行为负责，因为它本身欠缺足够的力量，将道德法则的意识转化为具体的行为。这样一来，"道德责任"的概念势必两头落空。反之，如果我们将道德情感上提到道德主体的层面，使之与实践理性相结合，便可以解决上述的理论难题。

康德的后辈席勒（Friedrich Schiller，1759—1805）便已发现康德伦理学中的这项困难。故他在承认康德的"自律"原则之前提下，有

---

[1] 参阅 I. Kant, *Kritik der praktischen Vernunft*, in *Kants Gesammelte Schriften* (Akademieausgabe), Bd. 5, S. 160f.；亦参阅 Paul Menzer (Hg.), *Eine Vorlesung Kants über Ethik*, Berlin: Rolf Heise, 1924, S. 55f. & 174f.。

[2] I. Kant, *Kritik der reinen Vernunft*, hg. Raymund Schmidt, Hamburg: Felix Meiner, 1976, A 554/B 582.（A = 1781 年第 1 版，B = 1787 年第 2 版）

意打破康德的情感与理性二分之哲学架构，而提出"对义务的爱好"（Neigung zur Pflicht）之概念，并因而引发了一场论战。[①] 席勒的思考方向后来为德国的现象学伦理学所继承，并且提高到方法论的思考层面。德国现象学家谢勒（Max Scheler, 1874—1928）在其名著《伦理学中的形式主义与实质的价值伦理学》中将康德的二元性哲学架构归纳如下：

$$\frac{先天的 = 形式的（=理性的）}{后天的 = 实质的（=感性的）}$$

谢勒认为：这种二分法并未穷尽一切可能的领域，而是应当还有第三个领域，即"先天而又实质的"领域。[②] 依他之见，我们的"价值感"（Wertfühlen）即具有这种"先天而又实质的"特性。他特意使用 Fühlen 一词，来凸显"价值感"的主动性，以与一般的"情感"（Gefühl）加以区别。尼可莱·哈特曼则据此将谢勒的伦理学观点称为"情感先天主义"（Emotionaler Apriorismus）[③]。在此，"先天的"（a priori）一词系表示对价值的直接的、第一手的、直观的意向性把握。[④] 这与孟子对"四端之心"所作的描述若合符节。

对于康德的"道德情感"说所包含的困难，牟先生亦知之甚详。譬如，他在《实践理性批判》的注解中写道：

---

① 参阅拙著：《儒家与康德》，第 31—34 页；亦参阅 Ming-huei Lee, *Das Problem des moralischen Gefühls in der Entwicklung der Kantischen Ethik*, Taipei: Institute of Chinese Literature and Philosophy/Academia Sinica 1994, S. 293-307。

② 参阅 Max Scheler, *Der Formalismus in der Ethik und die materiale Wertethik*, Bern: Francke, 1966, S. 72f. & 81f.。

③ Nicolai Hartmann, *Ethik*, Berlin: Walter de Gruyter, 1962, S. 116。

④ 哈特曼说："一切道德态度毋宁都是直觉的、直接而当下的，并且自始就已包含在对现有事态（无论是情境还是已完成的行为方式）的把握中。它并不先等待判断的知性。"（同上注）

如康德所说，凡是情即是感性的，凡是心亦是感性的（所谓人心）。是则理性处本心义并未点出。如是，则理性处无心，无情。但它可以影响于情而引生尊敬之情，此则非感性的，而是实践的。这是把**理性**与**敬情**拉开分成两层说，**敬情**只是一个**结果**，是**后得**的。但理性底法则何以就是动力，何以能引生这敬情，则不可理解，因为对于此法则以及自立此法则的意志无**任何直觉**故。若如此，则人心之悦法则而起敬意全成偶然，它亦可以悦，亦可以不悦，亦可以敬，亦可以不敬。法则摆在那里，我接受它的影响，才可以起敬意。我若不接受它，它毫无办法。而我之接受或不接受，则全无定准，全是人心之偶然，因为人心是感性的（属于气的）故。若说**法则之意识**是**理性底事实**，即使最未受教育的人亦能知之，如是，人心**必能悦**，**必能尊敬**。若如此，则必能悦必能尊敬之心即是吾人之**本心明觉**，此则不是**感性的**（不属于气），为何必是**结果**，而不可翻上来作为**原因**与理性为一？①

由康德伦理学的内在逻辑及其后的发展，我们可以发现一条清楚的线索，指向"情理合一"的主体性架构，这决非偶然，而是有理论上的必然性。与此相对照，朝鲜儒者提出"四端七情"之辨，宋儒有"以觉说仁"之辩，以及陆、王提出"心即理"之说，亦非偶然。在东西方伦理思想的发展之间存在如此明显的一致性，岂非证明这套主体性架构有其普遍的意义？因此，问题的关键不在于牟先生是否借用现象学伦理学来支持他对孟子心性论的诠释，而在于他的诠释是否能把握孟子心性论的这种普遍意义。事实上，牟先生对于现象学的兴趣不大。他尝说：胡塞尔（Edmund Husserl，1859—1938）、海德格尔（Martin Heidegger，1889—1976）、维特根斯坦（Ludwig Wittgenstein，1889—

---

① 牟宗三译注：《康德的道德哲学》，见《牟宗三先生全集》第15册，第335页。

1951）等人的思想都是"世纪末衰世的'纤巧'哲学"[1]。他似乎也从未注意到现象学伦理学。但这并无碍于我们将他对孟子心性论的诠释与现象学伦理学所代表的思考方向相提并论。

继顾昕之后，注意到笔者和黄进兴的辩论的还有杨泽波。1995年杨泽波出版了他的博士论文《孟子性善论研究》。这是"文革"结束以后中国大陆第一部讨论孟子哲学的专书，特别值得注意。他撰写此书时，显然参考了牟先生的著作，故书末有一章题为《附论牟宗三性善论研究的贡献与缺失》。在此章的一个注解中，杨泽波写道：

> 黄进兴的论文对我有很大的启发。我在修订本书的过程中，又看到了牟门高足李明辉对黄进兴的文章进行的全面的反驳。……李明辉认为，虽然孟子和康德略有不同，但其主旨是一样的，仍然可以说是道德自律。由于李明辉专攻康德，文章系统有致，影响较大，从而维护了牟宗三的主张。我既不完全同意黄进兴的看法，也不赞成李明辉的反驳，但限于篇幅，不能在本书具体展开，拟它文详述。[2]

杨泽波何以不赞同笔者的看法，由这段话中无从揣测；但是由其口气看来，他似乎也不完全否定黄进兴的看法。这可由这一章的其他文字得到证明，因为他对牟先生的相关论点之批评基本上与黄进兴如出一辙。[3] 譬如，杨泽波虽然明知牟先生已指出孟子与康德在道德情感问题上的不同观点，却仍然写道：

---

[1] 牟宗三：《中西哲学之会通十四讲》，见《牟宗三先生全集》第30册，第67页。
[2] 杨泽波：《孟子性善论研究》，北京：中国社会科学出版社，1995年，第294页。
[3] 杨祖汉教授曾撰《牟宗三先生对儒学的诠释——回应杨泽波的评议》一文，反驳杨泽波的若干论点，读者可自行参考。此文收入笔者所编：《儒家思想的现代诠释》，台北："中央研究院"中国文哲研究所，1997年。

> 康德尊重理性，孟子尊重良心本心……因为本心本体包涵丰富的情感性，所以本心本体并不同于道德理性。例如，十分著名的"今人乍见孺子将入于井，皆有怵惕恻隐之心"，其中显然有众多的情感因素。再如"四端"当中，除"是非之心，智之端也"一句尚待讨论外，其余无疑都是道德情感，或者说起码包含浓厚的情感成分。康德重理性轻情感，并把道德情感纳入他律之中。以这个标准看孟子，孟子是很难戴上道德自律的桂冠的。①

上述的批评牵涉到一个重要的诠释学问题，这个问题往往为牟先生的批评者所忽略。以牟先生对康德伦理学的娴熟（他甚至翻译了《实践理性批判》和《道德底形上学之基础》二书），他岂会不知康德的"自律"原则排除了感性（连同情感）因素？既然如此，他仍然坚持用"自律"概念来诠释孟子的心性论，自然不会没有理由。牟先生在《现象与物自身》中强调：哲学文献的解读须由"依语以明义"进至"依义不依语"，或者说，由康德所谓"历史的知识"进至"理性的知识"②。关于牟先生的哲学诠释方法，笔者曾撰有《牟宗三先生的哲学诠释中之方法论问题》一文详论之，此处不再重复。③简言之，在哲学诠释中，牟先生要求由文字训解的层次进至义理衡定的层次，并且以理性思考为诠释的最后判准。因此，我们在诠释康德哲学时，探究某个概念（譬如"自律"）在康德著作中的意义是一回事，从哲学的理据来说明这个概念的意涵是另一回事。康德自己也曾表示：一个人

---

① 杨泽波：《孟子性善论研究》，第294页。
② 牟宗三：《现象与物自身》，见《牟宗三先生全集》第21册，第11—12页；亦参阅第8、10、18、19页。
③ 《中国文哲研究集刊》第8期（1996年3月），第175—196页；亦收入笔者所编：《牟宗三先生与中国哲学之重建》，台北：文津出版社，1996年，第21—37页。关于此一问题，亦请参阅郑宗义：《知识、思辨与感触——试从中国哲学研究论牟宗三先生的方法论观点》，《鹅湖学志》第18期（1997年6月），第23—52页。

即使对吴尔夫（Christian Wolff，1679—1754）的整个哲学系统了如指掌，也不意谓他真懂得吴尔夫哲学，因为一旦我们质疑其中的一项定义，他便可能不知如何回答。此人所得到的只是吴尔夫哲学的"历史知识"，而非其"理性知识"[①]。牟先生将孟子的伦理学归入"自律伦理学"，自然是根据康德哲学的"理性知识"，而非其"历史知识"。事实上，将康德的"自律"原则与他的伦理学系统分开处理，牟先生并非唯一的例子。德国学者亨利希（Dieter Henrich）便指出：康德以后德国伦理学的发展，从席勒、费希特（Johann Gottlieb Fichte，1762—1814）到黑格尔，均可视为康德伦理学的"自律"原则之进一步发展——尽管他们自己的哲学系统已不同于康德的系统。[②] 谢勒虽然批评康德伦理学中的形式主义，却依然承认"自律"原则，只是他主张以"人格之自律"来取代"理性之自律"[③]。

杨泽波对牟先生的另一项批评则显示出他对牟先生的思想与概念使用有所隔阂。杨泽波在书中写道：

> ……牟宗三……反反复复强调本心本体是理性，并依此与康德的理性主义伦理学进行比较。既然是理性，就应当按理性的规矩进行分析综合、逻辑判断。但这样一来，逆觉反证就成为不可能了。一方面讲本心本体是理性，一方面又讲本心本体可逆觉反证，这之间显然有重大的矛盾：或是理性，或是逆觉反证。本心本体到底是什么？牟宗三没有讲清楚，由此引申出无休止的争论。[④]

牟先生使用的是"逆觉体证"一词，而非"逆觉反证"，因为"逆"字

[①] I. Kant, *Kritik der reinen Vernunft*, A 836/B 864.
[②] 参阅 Dieter Henrich, *Selbstverhältnisse*, Stuttgart: Reclam, 1982, S. 42-54。
[③] 参阅 Scheler, *Der Formalismus in der Ethik und die materiale Wertethik*, S. 486ff。
[④] 杨泽波：《孟子性善论研究》，第 302 页。

已包含"反"之意,毋须重复。但这犹是小事,更严重的是:杨泽波并不了解牟先生所说"本心本体是理性"究竟是什么意思。杨泽波所理解的"理性"是非常狭义的。以他在此赋与"理性"的功能——分析综合、逻辑判断——来看,他所理解的"理性"仅限于康德所谓的"理论理性",并不包括"实践理性"。但牟先生说"本心本体是理性",却是就"实践理性"(牟先生有时称之为"道德理性")来说。然而,与康德不同的是,牟先生认为:人类的实践理性即是"智的直觉"(intellektuelle Anschauung),理性与直觉在此是合一的。对牟先生而言,"逆觉体证"即是智的直觉,故同时也是实践理性。众所周知,康德认为人类不具有智的直觉,只有上帝才有这种直觉;但至少对他而言,"智的直觉即实践理性"的说法在概念上未必是矛盾的。菲希特不但不否认人有智的直觉,甚至主张:康德所谓的"定言令式"(kategorischer Imperativ)之意识其实就是智的直觉。[①] 就这点而言,牟先生与菲希特的立场是一致的。牟先生关于"智的直觉"的说法或许会有争议,但是从他的观点来看,一方面讲本心本体是理性,一方面又讲本心本体可逆觉体证,两者之间并不存在任何矛盾。因此,杨泽波的这项批评并非基于对牟先生的观点之正确理解。

此外,杨泽波还批评牟先生没有对"本心本体到底是什么?"提出说明。在书中的另一处,杨泽波针对牟先生以"凡固有而定然如此者即说为是天"来解释《孟子·告子上》第十五章所说"此天之所与我者",提出了同样的要求:"作为现代理论,要建构道德形上学,发掘儒家道德形上学的底蕴,必须对性善之本心本体的来源,作出合理的解释,否则不足以解决问题。"[②] 暂且不论这个要求是否合理,杨泽波本人倒是花了不少篇幅来说明良心本心的来源。他将良心本心理解

[①] "Zweite Einleitung in die Wissenschaftslehre", in: *Fichte Werke*, Berlin: Walter de Gruyter, 1971, Bd. 1, S. 472.

[②] 杨泽波:《孟子性善论研究》,第302页。

为一种"伦理心境"。他自己解释道:"伦理心境是社会生活和理性思维在内心的结晶,正在成长的儿童和思维健全的成人内心都有这种结晶。"① 但他也意识到:这套"伦理心境"之说与孟子本人的说法并不相符,因为孟子明明说:"此(心之官)天之所与我者。"又说:"人之所不学而能者,其良能也;所不虑而知者,其良知也。孩提之童无不知爱其亲者,及其长也,无不知敬其兄也。"(《尽心上》第十五章)为了化解这种文献上的牴牾,杨泽波只好说:"的确,孟子曾把心的根源上溯到了天,以天作为良心本心的根由。但对这种说法的理论价值不宜过于认真。"② 对于《尽心上》的这段文字,杨泽波则说:"虽然孟子的意图很明显,但这种说法却不能成立。"③ 然而,文献诠释可以如此任意而粗暴吗?在笔者看来,杨泽波的"伦理心境"之说与其说是对孟子性善论的诠释,不如说是他自己所创的理论,未必与孟子相干。④

面对杨泽波的质疑,牟先生当会如此答复:良知本心是固有而定然如此者,这是康德所说的"理性底事实"。在此,你不能再要求进一步的说明,因为任何进一步的说明等于是对此一事实的否定。康德在《道德底形上学之基础》一书的结尾写道:

……我们对道德底最高原则的推证并无差错,而是受到一种我们必须加诸一般而言的人类理性的指摘,此即:人类理性无法使一项无条件的实践法则(定言令式必然也是如此)之绝对必然性可理解。因为我们不能责怪人类理性不愿藉一项条件(即藉某种作为基础的兴趣)去做到这点;因为这样一来,这项法则就不

---

① 杨泽波:《孟子性善论研究》,第78页。
② 杨泽波:《孟子性善论研究》,第78—79页。
③ 杨泽波:《孟子性善论研究》,第79页。
④ 笔者对孟子的性善论提出了另一套诠释,请参阅拙著:《康德伦理学与孟子道德思考之重建》,台北:"中央研究院"中国文哲研究所,1994年。

是道德法则（自由底最高法则）了。是以，我们固然不理解道德令式之无条件的实践必然性，但我们却理解其不可理解性。这就是我们按理能对一门力求在原则中达到人类理性底界限的哲学所要求的一切了。①

康德的意思是说：道德法则对于我们何以是绝对必然的，这是我们的理性无法说明的，因为唯一可能的说明是将道德法则纳入因果关系中，指出它所以产生的条件；但这样一来，就等于否定了道德法则的无条件性，亦即其绝对必然性。同样地，面对杨泽波的质疑，牟先生当会说：你把将良知本心解释为"社会生活和理性思维在内心的结晶"，即是将它纳入因果关系中；这等于是否定了它的无条件性，它还算是良知本心吗？

此外，杨泽波还批评牟先生忽略了孔、孟之间的差异，而将孟子视为儒学正宗，并据以分判宋明儒学。② 关于这个问题，杨祖汉教授已有所辩正③，故本文不再讨论。不过，根据以上的讨论，笔者同意杨祖汉对杨泽波及其他批评者的论断，故引述于此，借为本文之结论：

> ……杨氏对牟先生的哲学理论，是有相当严重的误解的。杨氏相当有思辨力，对牟先生的著述，亦似尽力求了解，但似乎不容易相应。……吾人并不是认为牟先生所论都是对的，都不可以批评，但批评必须基于恰当的理解上。而这点，杨氏（及其他许多批评当代新儒学理论的大陆学者）似乎是未能做到的。④

---

① 康德：《道德底形上学之基础》，李明辉译，台北：联经出版公司，1990年，第96页。
② 杨泽波：《孟子性善论研究》，第304—308页。
③ 参阅杨祖汉：《牟宗三先生对儒学的诠释——回应杨泽波的评议》，前引书，第201—206页。
④ 杨祖汉：《牟宗三先生对儒学的诠释——回应杨泽波的评议》，前引书，第206页。

革新伦理学：胡塞尔和孔子[*]

李南麟

（韩国国立首尔大学哲学系）

在《危机》中，胡塞尔断定当下的世界正处于深深的危机之中。依照他的看法，当下世界危机的起因就在于实证主义。实证主义，例如物理实证主义，宣称：世界和真理只有一个，亦即物理世界和物理真理，由此它否定世界和真理的诸种形式的实存。在当下，实证主义对人的生活产生了巨大影响，由此在诸种人类生活领域产生了各种各样的危机形式。其一就是伦理危机，它否认了人作为道德生物的实存。非道德论或反道德论的呼声遍及整个世界，异常响亮。在此情景之下，革新伦理学（Ethik der Erneuerung）——其任务在于说明伦理革新的各个方面——

---

[*] 本文的原文标题为"Ethik der Erneuerung bei Husserl und Konfuzius"。本文的一个较早版本发表在 2014 年 6 月 13—16 日在台湾高雄举办的"现象学作为亚洲和西方的桥梁"会议上，感谢游淙祺盛情相邀。此后，本文发表在 2014 年 7 月 1—4 日在德国图青举办的"中德哲学的哲学方法"会议上，感谢郭沂、Claudia Bickmann、Christian Krijnen、Michael Spieker 的盛情邀请。本文的德文版在 2014 年 7 月 7 日发表于乌珀塔尔哲学系学术研讨会上，题为"Ethik der Erneuerung bei Husserl und Konfuzius"，感谢 Laszlo Tengelyi 和 Klaus Held 的盛情邀请。本文还在"身体与生命·生态学的视角"会议上发表，会议于 2014 年 9 月 20 日在利比里斯举办，以庆贺汉斯-莱纳·塞普的六十岁生日，感谢 Karel Novotny 的盛情邀请。感谢所有会议和学术研讨会参会者的提问和讨论。译文曾经中山大学哲学系硕士研究生蔡勇骏对照原文通读，并提出诸多修改意见，特此致谢！

对于克服人的道德危机和当下世界的整个危机能起到巨大的作用。

20世纪20年代，胡塞尔（1859—1938）发展出一门革新伦理学，并就此主题撰写了五篇文章。其中的三篇于1923—1924年发表在日本杂志《改造》（Kaizo）上，随后收入出版于1989年的胡塞尔全集第27卷；余下的两篇在胡塞尔死后收入胡塞尔全集第27卷。[1] 接下来对这五篇文章的分析将会表明：革新伦理学是胡塞尔后期现象学中的重要主题。

在中国，先于胡塞尔2400年的儒家创始人的孔子（551—479 B.C.）已处理过革新伦理学的问题。在其《论语》或《大学》[2]这样的主要著作中，有许多处理伦理的革新这个主题的地方。伦理革新问题是孔子伦理学的重要主题。

在本论文中，我为自己提出的任务是：重建、评价和比较胡塞尔和孔子的革新伦理学，并且描述革新伦理学未来的任务。在头两章，我会重建胡塞尔和孔子的革新伦理学。在第三章，我会指出革新伦理学的四个维度，亦即经验的、质料的、形式的以及超越论的维度。此后我会指明：胡塞尔和孔子的革新伦理学是不完满的，因为它们没有发展出全部的四个维度。未来的任务之一就是对胡塞尔和孔子的革新伦理学加以补全。与此相应，在第四章我会指出：胡塞尔和孔子的伦理学如何能够通过彼此间的对话转换为更为完满的形式。在第五章，我将指示革新伦理学的若干更进一步的未来任务，以此作结。

一、胡塞尔的革新伦理学

在发表于《改造》的前两篇文章中，胡塞尔致力于界定革新伦理

---

[1] 这五篇文章收在《胡塞尔全集》第27卷的第3—94页。

[2] 孔子是否为《大学》的作者，这一点是有争议的。在这方面我追随朱熹，他持这样一种观点：《大学》文本是由孔子所写，而对文本的注释则是由哲人曾子所写。

学问题以及探讨作为革新伦理学方法的本质还原。为了阐明伦理革新的本质结构,胡塞尔随后在第三篇文章中试图去说明"革新的起源"(Hua XXVII, 20)。按照他的观点,伦理革新的产生由以下几个要素构成:(1)对人的整体生活的概观;(2)对生活的普遍伦理评价;(3)伦理追求;(4)伦理决断;(5)伦理革新的重复;(6)至善和定言命令;(7)理性;(8)满足;以及(9)由个体的伦理革新向社会伦理革新的飞跃。① 现在,我将逐一说明这些方面。

(一)对人整体生活的概观

伦理革新始于"对当下的人的整体生活的统一概观"(Hua XXVII, 26)。"虽然人的整个生活有着不同的确定性和明晰性,但人能够对其进行统一的概观……"(Hua XXVII, 26)人能够通过省察各种行为对其当下生活加以概观,比如说:对感知、判断、意志、感受、各种行为模式(如主动性和被动性)、天性和本能、习惯性、性格特征、职业生活等进行省察。人不仅能够概观当下生活,也能够概观过去和未来生活。对生活的统一概观并不限定于现实生活之上,它能够延展到人的可能生活中去。

(二)对生活的普遍伦理评价

伦理革新的下个步骤是对整个生活的伦理评价。通过对整个生活的统一概观,人们就能够从伦理的立场出发对整个生活作出评价。这里涉及的不是对个别行为的个别伦理评价,而是普遍的伦理评价,它把人的整个生活当作其对象。

---

① K. 黑尔德将实践的实现解释为伦理革新,此外,他还讨论了伦理革新的重要成分,例如满足、理性、伦理追求。K. Held, „Intentionalität und Erfüllung", in C. F. Gethmann, P. L. Oesterreich (Hrsg.), *Person und Sinnerfahrung. Philosophische Grundlagen und Interdisziplinäre Perspektiven*, Darmstadt, 1993.

从完全的满意到完全的不满,可能有着各种各样的伦理评价结果。假使某人对其整个生活完全满意,那么他就没有了在伦理上进行革新的动机。对自身生活的不满正是伦理革新起源的可能性条件。

(三) 伦理追求

同无生命之物不同,有生命之物追求着更好的生活。凭借着对伦理上更好生活的追求,人在有生命之物之中得以凸显。追求伦理上更好的生活是人的本质:"然而,这里合乎本质地存在着这样的动机的可能性,这动机导向对完满生活一般的普遍追求,也就是说导向这样一种生活:这种生活在其一切活动中都能被证明为是正当的。"(Hua XXVII, 30)

(四) 伦理决断

伦理追求会将人们导向于此:依据整个生活作出一个伦理决断。这里涉及的是"对整个生活的决定性决断","借此他在伦理上就是成人了,他源初地将他的生活建立为伦理的生活"。普遍伦理决断不同于各种个别伦理决断。后者相关于个别的伦理事件,比如同他人的伦理关系,而前者则关涉人的全部生活。普遍伦理决断改变了诸个别伦理决断来"面对新的和真正的人,他拒斥旧人,并向自身先行勾画出新的人性形态"(Hua XXVII, 43)。①

(五) 伦理革新的重复

在首次伦理决断之后,"新人"又会退回"旧人",因此伦理革新必须得到重复。"只要伦理生活就其本质而言是同'下扯倾向'的

---

① 新人是基督教的关键概念之一。它指的是通过圣灵在精神上重生之人,而旧人是尚未经历过圣灵的人。在此语境中,《新约》中的一段话如是说:"又要将你们的心志改换一新,并且穿上新人。"(《以弗所书》4: 23—24)

斗争，那么它也就可以被描述为持续的革新。通过对源初的、变得无力的伦理生活意志的彻底思义和实行以及对此时变为无效的原创造（Urstiftung）的更新，在特殊意义上沉陷于'伦理奴役'的人革新着自己。"（Hua XXVII, 43）伦理决断之重复的必然性恰好是作为不完满生物的人的本质。假如人是上帝，那他就不须重复伦理革新。

（六）至善和定言命令

伦理革新预先设定了至善和定言命令的实存。至善是伦理上自我革新的目标，自我决定者致力于此。定言命令是最高的形式实践法则，它调节作为向至善接近的过程的伦理革新的过程。有着各式各样的定言命令的表达，其中之一是："在诸种可达到的善中选择最好的，这是绝对正确之事，因而也是绝对被要求之事。"（Hua XXVIII, 137）每个想要在伦理上革新自己的人，必须听从定言命令，如胡塞尔所写的那样："每个人都处于……'定言命令'之下。他能够成为'真的人'，即作为能够全然地被评价为善的人，仅当人有意地遵从于定言命令，这定言命令无非是在说：成为真正的人……。"

（七）理性[①]

没有理性，伦理革新是不可能的。它通过理性的各种样式，如理论理性、价值理性、实践理性，而得以进行。譬如说，对生活的统一概观主要是通过理论理性来进行的，而对生活的伦理评价、伦理追求、伦理决断、伦理革新的重复主要是通过价值理性和实践理性来进行的。

理性是人的自由和自律的源泉。因此，经由理性得以进行的伦理革新显示为自由和自律的过程。没有任何伦理革新能够通过强迫而得

[①] 对胡塞尔《改造》文章中理性概念的详尽分析参看：T. Nenon, "Husserl's Conception of Reason as Authenticity", in *Philosophy Today* 47(2003)。

以进行。

理性也是知识和行动的明见性源泉。因此，经由理性而得以进行的伦理革新就表现为明见的过程。伦理革新不能盲目地进行。作为明见的过程，它使作为"'有方法（Methode）的'生活"的"真正地人性的生活"成为可能（Hua XXVII, 38）。因此，胡塞尔将"真正的人的生活之理想结构"规定为"泛循道主义"（Panmethodismus）（Hua XXVII, 38）并认为"泛循道主义"是"人的普遍本性的必然后果，人要成为超过动物、有着更自由和更理性的行为的生物"（Hua XXVII, 38）。

（八）满足

伦理革新导向"完满的生活一般"，"它保证了一种纯粹的、持久的满足"（Hua XXVII, 30）。它是真正意义上的幸福生活的可能性条件。有多种多样的人类生活的形式，但是，"伦理人的生活形式"（Hua XXVII, 29）由于"不仅是相对的有最高价值之物，而且是唯一的绝对有价值之物"（Hua XXVII, 29），就同其他的人类生活形式区别开了。

伦理人的生活形式相对于其他形式有绝对的优先，这种说法的根据何在？如胡塞尔所言，根据就在于："对提升到伦理层面的人来说，一切能被评价为积极的生活形式只有通过这种方式才是有价值的：它们顺应于伦理的生活形式，无论是进一步的构型还是范式和最终权利的法则都能从中获得。"（Hua XXVII, 29）成为科学家、政治家、艺术家能够使人对自身感到满意，但是只要人在伦理上不满意，他就不能在真正意义上对自己满意。在此意义上，胡塞尔写道："真正的艺术家还不是最高意义上真正的人。但真正的人可以是真正的艺术家，当且仅当伦理上的自身规定要求他这样。"

（九）从个体伦理革新向社会伦理革新的飞跃

伦理可以划分为个体伦理和社会伦理。与此相应，伦理革新划分为个体和社会的伦理革新。就此而言，胡塞尔在"作为个体伦理问题的革新"（Hua XXVII, 20）和"作为社会伦理基本问题的革新"（Hua XXVII, 22）之间作出了区分。相应地，个体革新伦理学构成了社会革新伦理学的基础。

在撰写于1923—1924年、但并未在《改造》上发表的两篇文章中，胡塞尔试图发展社会革新伦理学。就此，他探讨了"在人类发展中的文化形式类型"（Hua XXVII, 59）。同时，他区分了"宗教文化层次"（Hua XXVII, 59）和"科学文化层次"（Hua XXVII, 73）。存在着各种各样的宗教文化类型，如："自然发展的宗教"（Hua XXVII, 59）、"宗教自由运动的形态"（Hua XXVII, 63）、"中世纪宗教文化形态"（Hua XXVII, 68），正如存在着各种类型的科学或哲学文化；在这些之中有"哲学自由运动的形态"（Hua XXVII, 73）、"希腊哲学的文化形态"（Hua XXVII, 79）、"中世纪哲学文化形态"（Hua XXVII, 89）、"近代哲学文化形态"（Hua XXVII, 89）等。

根据胡塞尔，哲学文化形式比宗教文化形式具有更高的价值，因为它产生"于纯粹自律的理性并且更确切地说产生于科学的理性"（Hua XXVII, 73）。在哲学文化的各种形式之中，近代哲学文化比其他哲学文化形式要好，因为它被打上了"绝对正当化观念"或"理性批判"（Hua XXVII, 94）的烙印。

二、孔子的革新伦理学

不同于胡塞尔，孔子并未留下系统的革新伦理学。但是在他的著作——例如《论语》或《大学》——中，孔子处理了革新伦理学的问题。[1] 首先我想对《论语》中的革新伦理学加以考察。

---

[1] Han-Woo Lee 讨论了孔子革新伦理学问题，参见 H.-W. Lee, *Lesen des großen Lernens mit Hilfe des Buchs der Gespräche von Konfuzius*（以论语解大学）（由韩语写成），Seoul: Heaneam, 2013。

（一）《论语》中的革新伦理学

在《论语》中，有许多处都是在处理革新伦理学的问题。一个典型的例子是第 12 卷的第 1 章："颜渊问仁。子曰：'克己复礼为仁。一日克己复礼，天下归仁焉。为仁由己，而由人乎哉？'"（《论语·颜渊》）这一章处理的是对有私欲的自身的控制以及向美德的回返。这一过程无非是上文讨论过的伦理革新发生的过程。我想更进一步阐发这个要点。

首先孔子赞同这样的可能性：人能在某一天控制自己以及返回到美德那里。这种可能性无非就是伦理决断的可能性，这种决断是由受制于有私欲自身的状态向自制和回归美德状态的转变。值得注意的是，这种转变是在某一天发生的，这一天可被称作是做出伦理决断之日。

第二，孔子隐含地将仁规定为应被追求的至善。以这种方式这一章将至善作为伦理革新的发生中的组成部分来处理。

第三，孔子说："一日克己复礼，天下归仁焉。"（《论语·颜渊》）这种说法相关于个体伦理革新向社会伦理革新的飞跃。此外，"天下归仁焉"这种说法表明了社会伦理革新发生的过程。

第四，最后两句："为仁由己，而由人乎哉？"表达了伦理革新发生的另一方面。在这两句中孔子强调：仁的实行并不依赖他者，而是要靠各个个体。这就意味着，仁的实行不是他律的，而是自律的。作为一种自律行为，它是自由的，并在理性中获得开端。由此，第 12 卷的第 1 章隐含地将理性作为伦理革新发生的组成部分来处理。

在《论语》中，有许多处都是在处理伦理革新发生的各个方面。就此而言，我想指出以下两点。

首先，在第 12 卷第 1 章并不能发现作为伦理革新发生要素的伦理追求。但在《论语》中到处充斥着对伦理追求的处理。典型的例子是第 6 卷第 10 章："冉求曰：非不说子之道，力不足也。孔子曰：力不足者，中道而废，今女画。"（《论语·雍也》）很明显，孔子在此处是要强调伦理追求的重要性。以这种方式第6卷第10章将伦理追求作为伦理革新发生的一个组成部分来处理。

其次，如上所述，第12卷第1章将理性问题作为伦理革新发生的组成部分来处理。事实上，在《论语》中还有好多处在处理作为伦理革新发生要素的理性问题。典型例子是第12卷第6章，这章强调了对伦理革新的明察的重要性："子张问明。子曰：'浸润之谮，肤受之愬，不行焉，可谓明也已矣。'"

（二）《大学》中孔子的革新伦理学

《大学》由两部分构成，即孔子的文本和曾子的哲学注释。① 在两部分中，人们可以发现革新伦理学的不同方面。首先我想处理孔子文本中的革新伦理学。

孔子的文本可以划分为两个部分，即所谓的"三纲领"和"八条目"。孔子文本的第一部分是这样来描述三纲领的："大学之道，在明明德，在亲民，在止于至善。"如文本中表明的那样，三纲领是"明明德"、"亲民"（die Erneuerung der Leute）和"止于至善"。它们阐述了人们通过《大学》应当达到的目标。像第一条纲领表明的那样，大学的目标之一是明明德。第二条纲领则在于亲民。明明德之人应当试着去亲民。第三条纲领在于止于至善。明明德和亲民的过程最终应使得所有人都止于至善。

第二部分处理了"八条目"，它们应当致力于达到作为《大学》目标的三纲领。八条目是："格物、致知、诚意、正心、修身、齐家、治国、平天下。"孔子是这样描述八条目的："物格而后知至，知至而后意诚，意诚而后心正，心正而后身修，身修而后家齐，家齐而后国治，国治而后天下平。"

---

① 如上所述，《大学》文本是由孔子所写，而对文本的注释则是由哲人曾子所写。

由三纲领和八条目组成的孔子伦理学正是一门革新伦理学。我想进一步探讨这些要点。

就像作为革新伦理学目标的至善一样，三纲领将个体和群体伦理学革新的过程描述为整体。如果没有明明德之人的伦理革新，那么第一纲领，即明明德，将是不可能的。如此的这第一个纲领囊括着个体伦理革新的整个过程。第二纲领，即亲民，处理的是社会伦理革新的过程，因为只要民众未被革新，社会伦理革新的过程就是不可能的。第三纲领，即止于至善，在其核心包含着作为伦理革新的发生的组成部分的至善。

八条目也描述了伦理革新的过程。前五条描述了个体伦理革新的发生过程，而后三条则描述了社会伦理革新的过程。我想进一步澄清一下这些要点。

首先，前两个条目，即格物、致知，包含着伦理革新发生的如下组成部分：（1）对人整个生活的统一概观；（2）对人整个生活的伦理评价；（3）理性。就此，我想指出：经由格物所应达致之知包含一切形式的知识。[①] 不管是道德的知识还是非道德的知识，对个别之物的知识还是对原理的知识皆属于此。那种应使对人的生活概观和伦理评价成为可能的知识也属于此。因此，前两个步骤恰好包含作为伦理革新发生的两个组成部分：对人的生活的概观和伦理评价。此外，如没有理性活动，那致知便是不可能的，因此就表明：前两个信条包含着作为伦理革新组成部分之一的理性。前两个信条描述了个体伦理革新的基础。

其次，第三条目，即诚意，包含着作为个体伦理革新的发生的要素的伦理追求、定言命令、满足。在此，诚意味着人应当在他所支配的各种实践可能性中，追求去践行至善。因此，诚意就暗示着对伦理上更善者和定言命令的追求。此外，不断追求至善的意诚者能够满足

[①] 朱熹持此说。

于自身。以此，诚就意味着满足。

再者，第四条目，即正心，包含着作为个体伦理革新的发生的组成部分的理性。在此，正心将导致精神的正确性这一后果，它使得事物通过理性得到正确理解，而不是被怒、怕、爱、畏等各种各样的感受所干扰。正心因而包含着作为伦理革新发生的组成部分的理性。

第四，正心会通向作为个体革新伦理之完成的修身，这符合第一条目，即明明德。由此就表明：前五条目处理的是个体伦理革新的主题。在此我赞同这样的看法：它们是对第一纲领即明明德的详细描述。

第五，个体伦理革新通向社会伦理革新。后三条目，即齐家、治国、平天下，展示了社会伦理学的各个维度，它们符合第二纲领，即亲民。

第六，社会伦理革新奠基于个体伦理革新之上，在作为伦理革新最终目标的平天下那里得到完成。如果平天下没有达到，那么并不是所有人都能止于至善。如上所述，止于至善是《大学》的第三条目。

（三）曾子哲学注释第二章中的革新伦理学

注释有十章，第二章对孔子革新伦理学有着决定性的意义。事实上，第二章四段话中的每一段话都是在处理伦理革新的主题。第二章说道：

"汤之《盘铭》曰：'苟日新，日日新，又日新。'"（段落1）

"《康诰》曰：'作新民。'"（段落2）

"《诗》曰：'周邦虽旧，其命维新。'"（段落3）

"是故君子无所不用其极。"（段落4）

这四段包含着像"新"（erneuern oder neu）这样的字眼，这些字指示出：它们都同革新伦理学相关。事实上，如果人们进一步观察这些段落，就会表明：它们处理了伦理革新的发生的几个组成部分。

段落1处理了伦理革新的两个组成部分，即伦理决断和伦理革新的重复。段落 1 划分为两部分,即"日新"和"日日新,又日新"。"日新"符合伦理决断这个要素,而"又日新"和"日日新"符合伦理革新重复这个要素。

从第一段向第二段的飞跃符合由个人伦理革新向社会伦理革新的飞跃。

段落 2 和 3 处理的是社会伦理革新的一些要素。段落 2 教的是:伦理革新不能被局限于个人,而是应扩展到一切社会成员之上。段落 3 则讲了周朝重复革新的事情。

最后,段落 4 描述了作为伦理革新发生的组成部分的定言命令,因为它讲的是:人们每时每刻都要践行至善。段落 4 中得到处理的定言命令几乎完全符合于上文讲到的胡塞尔的定言命令。

考虑到曾子哲学注释中所发展的革新伦理学,我想指出:虽然第二章是曾子的哲学注释,但它代表了孔子的观点。段落 1—3 在孔子出生之前就被写出,他一定读过它们。因此,奠基于前三段的段落 4 不但给出了注释者的观点,也给出了孔子的观点。

三、对胡塞尔和孔子革新伦理学的评价

为了理解胡塞尔和孔子革新伦理学的一般特点,我想将各种维度纳入观察。胡塞尔在伦理学的不同维度间做出了区分,这能够为我们理解革新伦理学的不同维度提供一个导引。

根据胡塞尔,在理论科学和伦理学之间有着类比。理论科学最多可被划分出这几个不同的维度:经验科学、质料本体论、形式本体论和超越论现象学。[①] 同样,伦理学最多也可以划分出这几个不同的维度:

---

① 在 1910—1911 年所作的关于"现象学基本问题"的讲座稿(Hua XIII, 11ff)中,胡塞尔区分了理论科学的这四个维度。

经验伦理学、质料伦理学、形式伦理学和超越论伦理学。①

因为伦理学有不同的维度，相应地，革新伦理学最多可划分出四个不同的维度：经验的、质料的、形式的和超越论的革新伦理学。

经验的革新伦理学处理的是伦理革新的经验方面，它关系到生活世界的情景。由于一个社会的生活世界情景会变得不同，一个社会的经验的革新伦理学就会变得不同。因为有着许多不同的社会，因此也就可能有着许多不同的经验革新伦理学的类型。

质料的革新伦理学处理的是伦理革新的质料本质。可能存在着各种质料革新伦理学的形式，它们符合于至善是如何被规定的方式。至善有着许多候选项，如：爱、正义、知识、同情、上帝、道、涅槃等，相应的也就能有各种形式的质料伦理学。

形式的革新伦理学处理的是伦理革新的形式本质。只有一种形式的革新伦理学。形式的革新伦理学并不会随社会变为其他，因为它处理的不是伦理革新的内容，而是形式本质。

最后，超越论的革新伦理学从超越论现象学的视角出发处理伦理革新。比如说，它试着去澄清在伦理革新之前和之后的超越论主体性或被其构造的世界间的区别。有可能发展出各种形式的超越论革新伦理学。

在对革新伦理学各种维度的讨论基础之上，现在我想规定胡塞尔和孔子革新伦理学的一般特点。

在革新伦理学的四个维度之中，胡塞尔只发展出一门形式的革新伦理学。上文考察过的胡塞尔革新伦理学就是形式的革新伦理学。在此他强调：由他发展出的革新伦理学"作为原理学说是形式的"（Hua XXVII, 50）。他并未发展出革新伦理学的其他维度，如：经验的、质料的或超越论的革新伦理学。

---

① 参见 Hua XXVII, 20, Hua XXVIII, 126ff。

如上所述，孔子和胡塞尔不同，他发展出了革新伦理学的不同维度，如经验的、质料的、形式的革新伦理学。孔子的革新伦理学可以被称作是这三个维度的混合。他的这样一种革新伦理学远比胡塞尔的丰富。

与胡塞尔不同，孔子并不试着去系统地发展革新伦理学。他在革新伦理学的不同维度间并不做出区分。孔子有时处理革新伦理学的两个维度，而不在两者间做出任何区分。典型的例子是孔子的文本《大学》，在那里他同时发展出形式的和质料的革新伦理学。

四、胡塞尔和孔子关于革新伦理学的对话

像孔子一样，胡塞尔的革新伦理学并不完满。通过相互对话使两者加以补足，这是革新伦理学未来的任务。现在我想指出，一方通过与另一方的对话，如何能够转变为更为完满的革新伦理学形式。首先我要探讨的是，通过与孔子的对话，胡塞尔的革新伦理学如何能够变为更为完满的革新伦理学。

如上所述，在革新伦理学的各种不同维度之中胡塞尔只发展了形式的革新伦理学。系统地发展出形式的伦理学，这是胡塞尔的一大成就。但我的观点是：胡塞尔的形式伦理学有几个难点。我想择其二来加以考察。

首先，被胡塞尔看作是形式的几个伦理革新发生要素，并非是形式的。比如说，胡塞尔将"上帝理念"（Hua XXVII, 34）规定为至善。但在孔子的革新伦理学中，上帝并不被看作是至善。因此，上帝并不能被看作是伦理革新的发生的形式组成部分。

还有另一个例子。如上所述，胡塞尔将"人类发展的文化形式类型"（Hua XXVII, 59）看作是社会伦理革新的问题。此外他将"科学［或哲学］的文化层次"（Hua XXVII, 73ff）看作是文化的最高层次。

有着哲学文化的各种层次，其中最高的层次是近代哲学层次，它受作为严格科学的哲学的理念之引导。可惜，引导着近代哲学层次的作为严格科学的哲学的理念，不仅是形式的，而且有其自身的内容。因此，胡塞尔纳入考察的"人类发展的文化形式层次"就不能被称作是"形式的"。它们仅仅是质料的类型。在此要指出：无须将科学文化看作是文化的最高层次。

这些例子表明：胡塞尔的形式革新伦理学包含一些质料要素。这些质料要素应当被清除，以使得胡塞尔的形式革新伦理学转变为真正意义上的形式革新伦理学。

其次，在《改造》的第二篇文章中，胡塞尔在"本质研究的方法"名下处理了作为形式革新伦理学方法的本质还原（Hua XXVII, 13ff）。不可否认的是，本质还原是形式革新伦理学的方法，但要想展开形式革新伦理学，单靠它还不充分。为了完全展开革新伦理学，我们还需要其他方法。

在此要指出：孔子在《大学》中屡次强调秩序的重要性，不管是学习过程中的秩序，事物产生过程中的秩序，还是事情的秩序："物有本末，事有终始，知所先后，则近道矣。""其本乱而末治者否矣。"

对秩序的思考构成孔子形式革新伦理学方法的重要部分，因为伦理革新的每次发生都是按照秩序实行的。孔子所考察的秩序让我们回忆起笛卡尔《方法谈》中的第三条方法规则："第三条是：按次序进行我的思考，从最简单、最容易认识的对象开始，一点一点逐步上升，直到认识最复杂的对象；就连那些本来没有先后关系的东西，也给它们设定一个次序。"[①] 我赞成这种观点：在《方法谈》被处理的四条方法规则应被看作形式革新伦理学的方法。

---

① 原文给出的是德语翻译，这里采用王太庆先生的译文，参看〔法〕笛卡尔：《谈谈方法》，王太庆译，北京：商务印书馆，2000年，第16页。——译者

孔子的革新伦理学也能通过和胡塞尔伦理学的对话变为更完满的革新伦理学。如上所述，每种革新伦理学都能划分出四个维度。就此而言，孔子的革新伦理学并非例外。它也划分出四个维度。孔子发展出其中之三，即经验的、质料的、形式的革新伦理学，然而他并未发展出超越论的革新伦理学。把孔子著作中处理革新伦理学之处划分为三组，这是完全可能的，这三组即：处理形式革新伦理学的第一组，处理质料革新伦理学的第二组，处理经验革新伦理学的第三组。我想进一步阐明这些要点。

首先，人们能够在《大学》中找到处理形式革新伦理学问题的几处。如上所述，将在学习、事物、事情过程中的秩序当作主题的那些地方处理的是形式革新伦理学问题。此外，三纲领展示了形式革新伦理学的主题。如上所述，着眼于三纲领孔子以如下方式讲道："大学之道，在明明德，在亲民，在止于至善。"显而易见，第一条和第三条纲领处理的是形式革新伦理学的主题，因为第一纲领中的"明德"和第三纲领中的"至善"并没有具体内容。第二纲领也是形式革新伦理学的主题，因为着眼于亲民的方式（Wie），它根本什么内容性的东西也没说。

在《大学》中还有几处处理形式革新伦理学的主题。典型的例子是上文考察过的出于曾子哲学注释第二章之处。

"苟日新，又日新，日日新。"

"作新民。"

"是故君子无所不用其极。"

这些地方根本没有谈及伦理革新的内容。它们只是在处理伦理革新的形式方面。就此而言，可以指出：这些地方得到处理的形式革新伦理学同上面所述的胡塞尔的伦理革新的发生的组成部分完全一致。

其次，还有着一些处理孔子的质料革新伦理学主题的地方。孔子的质料革新伦理学处理的是孔子伦理革新的质料性本质组成部分。出自上述《论语》第 12 卷之处是典型的例子。

"颜渊问仁。子曰：克己复礼为仁。一日克己复礼，天下归仁焉。为仁由己，而由人乎哉？"

在此处，作为孔子伦理学德性的仁以及几个孔子革新伦理学的质料性本质组成部分得到描述。因此此处可被看作是处理孔子质料革新伦理学之处。下面这处出于孔子《大学》、处理八条目之处，也能被视作是处理孔子质料革新伦理学问题之处，因为它将孔子革新伦理学的质料性本质结构当作主题：

> 物格而后知至，知至而后意诚，意诚而后心正，心正而后身修，身修而后家齐，家齐而后国治，国治而后天下平。

第三，还有几处处理的是孔子的经验革新伦理学问题。典型的例子是上面提到的选自《论语》第 6 卷那个地方。

> 冉求曰："非不说子之道，力不足也。"子曰："力不足者，中道而废，今女画。"

在此处，冉求承认：虽然他喜爱孔子的学说，但却不能践行它，因为他没有足够的力量。于是孔子就为此责备他：他限制了自己，由此他就没有做到最好。就此而言，此处孔子教导冉求伦理革新，这可以展示孔子经验革新伦理学的一部分。

还应当留意的是，以下出于哲人曾子《大学》中注释的第二章之处也能被看作是处理孔子经验革新伦理学之处："周虽旧邦，其命维新。"可以指出：此处处理的是和旧邦周国相关的伦理革新问题。

我们将孔子著作中处理伦理革新主题之处划分为三组的尝试，已经展示了孔子革新伦理学体系化的开端。由此，孔子的革新伦理学变为一门形式上更为完满的革新伦理学。

五、革新伦理学的未来任务

胡塞尔和孔子的革新伦理学能够为克服人的道德危机以及当下世界的整个危机发挥巨大作用。可惜，如上所述，它们并不完满。革新伦理学有着许许多多的未来任务。最后，我想提及其中几个。

由于胡塞尔只发展出形式革新伦理学，他眼中的革新伦理学有着怎样一种具体形式是不明晰的。在写作《改造》的文章期间，胡塞尔似乎试着发展两种革新伦理学，即把"上帝理念"（Hua XXVIII, 34）看作至善的基督教革新伦理学和把"理性批判"（Hua XXVIII, 94）之源的理性看作至善的智性革新伦理学。胡塞尔革新伦理学的一项任务就是系统发展出这两种革新伦理学。

如上所述，孔子革新伦理学是经验的、质料的、形式的革新伦理学的杂糅。孔子对革新伦理学的不同维度不作区分，他并未发展出超越论的革新伦理学。孔子革新伦理学的一项任务是：对革新伦理学的不同维度做出明晰的区分，将其中每个维度都系统地发展，就像我们在第四章中部分地尝试过的那样。

此外，可以有其他几种革新伦理学，如：佛教的、伊斯兰教的、道教的等等。革新伦理学的一项未来任务是，使其中的每一个都系统地发展。

为了使各种革新伦理学得到系统发展，系统地对其方法加以澄清就是必要的。因为有四个革新伦理学维度，相应地就需要四组革新伦理学方法。现象学还原方法及其各种特殊形态能作为革新伦理学的一般方法得到使用。此外，我们必须思考，除了现象学还原我们必须使用何种方法，以使革新伦理学系统发展。

在我们生活于其中的全球时代，革新伦理学的一项重要任务是：

实行各种革新伦理学间的对话。在革新伦理学的各种维度之中，形式革新伦理学的维度对于一切革新伦理学都是一样的，而其他维度则可以在各种形式的革新伦理学之间不同。应当通过各种伦理学间对话得到解决的有趣问题之一是：一种普遍质料革新伦理学是否是可构想的？它对于所有革新伦理学都是一样的，能够为一切世界主义的革新伦理学建立基础。

（罗雨泽　译）

论由丁若镛与费希特的对话所展显的道德本能现象学[*]

李南麟

（韩国国立首尔大学哲学系）

2012 年是丁若镛（Chong Yak-Yong, 1762—1836）和费希特（J. G. Fichte, 1762—1814）诞辰 250 周年。丁若镛是实学——韩国 18、19 世纪朝鲜王朝的一个儒学实践派——的最重要的代表；费希特则是德国观念论者，以知识学名世。二人都出生于 1762 年。有趣的是，他们也在道德哲学方面发展了相似的理论，亦即道德本能的理论。

本文旨在通过丁若镛与费希特的对话勾勒道德本能现象学的基本观念。第一部分，我想勾勒费希特的道德本能理论；第二部分，我想讨论丁若镛的道德本能理论；第三部分，我想评价他们所发展的道德本能理论；第四部分，我想勾勒道德本能现象学的基本观念；第五部分，作为结论，我想就我未来的研究任务谈两点看法。

---

[*] 本文译自 Nam-In Lee, Toward the Phenomenology of Moral Instinct Developed through a Dialogue with Chong Yak-Yong (1762-1836) and J. G. Fichte (1762-1814)。该文系李南麟教授 2015 年 4 月 18 日于广州中山大学"现象学与东亚思想"工作坊所作的会议报告。

一、费希特的道德本能理论

费希特在《基于知识学原理的伦理学体系》(1798)中发展了他的道德本能理论。道德本能是其伦理学的核心概念之一。他区分了三种不同的本能,即自然本能(Naturtriebe)、纯粹本能(reiner Triebe)和道德本能(moralischer Triebe)。[1] 为了澄清道德本能概念,他首先对自然本能和纯粹本能概念进行说明。

自然本能在作为一种自然存在物的人当中有其起源。人具有自然本能,因为他们是自然存在物。人的自然本能表现为"发展的本能"(Bildungstrieb, Fichte 1971: 121)和"自我保存的本能"(Triebe der Selbsterhaltung, Fichte 1971: 122)。就这两方面而言,应注意的是,像我们周围的自然整体一样,每一个人都是"一个有机的整体"(Fichte 1971: 115)。作为有机的整体,人必须发展和再发展自身,而且这是自我保存实际实现的方式。发展和再发展自身的过程是由发展的本能完成的;因此,发展的本能和自我保存的本能原是自然本能的两个方面。

作为"一种有机的自然产物"(Fichte 1971: 122),人这种自然包含许多不同的成分,而与这些成分相应的是不同种类的自然本能。诸如睡欲、食欲、性欲,等等。每一种本能都有自己的对象,作为其指向的对象和能够满足其需求的对象。何者具有优先性,本能还是它所指向的对象(Fichte 1971: 124),有人可能认为,本能的对象优先于指向它和被它满足的本能,但实际上,本能优先于它的对象,因为只有当存在一个指向它的本能时,对象才能具有它所具有的意义。

人具有反思的能力,因此,人的自然本能具有能够成为"反思的对象"的特性(Fichte 1971: 124)。在这方面,反思不是指由方法论意

---

[1] 在本文中,本能与费希特所说的本欲(Trieb)相同。我已在《通过批判盖伦(A. Gehlen)的本能还原理论对本能概念的现象学澄清》一文中(韩语)澄清了本能概念,该文将刊于国立首尔大学哲学学会的杂志《哲学思想》上。

识所实行的理论的反思，而是一种前理论的反思。因此，人的自然本能不同于植物的自然本能，因为植物没有反思的能力，其自然本能不可能成为反思的对象。

在人中，指向自然本能的反思使其可能产生新的意识类型。最初对自然本能的原始的反思可能在意识领域内产生"一种渴望"（Sehnen）（Fichte 1971: 125）。在这一点上，"渴望"意味着"一种朦胧的感觉"（Fichte 1971: 126），"对其所不知道的某种需要的感受"（Fichte 1971: 125）。这种对自然本能的初始反思是"渴望"的发生性起源；反之，"渴望"则是这种对自然本能的初始反思的发生性产物。现在，一种第二性反思能够接踵这种初始的反思而至。这种对自然本能的第二性反思使得意识领域内可能产生"一种欲求"（Begehren）。在这一点上，"欲求"指的是一种明确的意识，而与作为一种"朦胧的感觉"的渴望相对（Fichte 1971: 126）。与渴望相比，欲求有其对象（Fichte 1971: 126），就此而言，我们可以谈论"低级的欲求权能"（Begehrungsvermögen）（Fichte 1971: 127）。这种对自然本能的第二性反思是欲求的发生性起源；反之，欲求则是这种对自然本能的第二性反思的发生性产物。

那么什么是纯粹本能呢？纯粹本能是与自然本能相反的力量。为了理解什么是纯粹本能，我们有必要考虑刚才所讨论的对自然本能的反思。如前述，有两种对自然本能的反思，亦即作为渴望（作为一种朦胧的感觉）之发生性起源的第一性反思和作为欲求（带有一种明确的对象意识）之发生性起源的第二性反思。如果我们注意到这两种反思之间的区别，我们就能理解纯粹本能意味着什么：作为一种无意识的反思，第一性反思是盲目的和不自由的，而第二性反思却不是盲目的，因此，它可以被称为"一种自由的反思"（Fichte 1971: 127）。第二性反思是一种"自由的反思"，因为其发生性产物，欲求，具有一种"明确的意识"，这种"明确的意识"既带有区别对错的力量，也带有在某种情境中自由决断去行动的趋向。这就是为什么费希特主张"自由已在欲求中显明"的原因（Fichte 1971: 127）。

那么区分对错的力量和做自由决断的趋向是什么？在欲求中已能观察到什么特征？恰恰存在"一种新的力量"（Fichte 1971: 141），它"抗拒"（Fichte 1971: 141）自然本能的力量，并且使我们可能做出一种自由的决断。这种"抗拒"自然本能的新的力量是自由的真正起源。由于这种力量是自由的起源，所以它可以被称为"一种为自由而自由的本能"（Fichte 1971: 139）。费希特将这种本能称为"纯粹本能"（Fichte 1971: 141 ff.）。

与"自然本能"相比，纯粹本能自身并不显现为"一种触发"（Affektion）（Fichte 1971: 144）。当纯粹本能起作用时，自我不是被纯粹本能所驱动，而是"自身驱动"（Fichte 1971: 144）。纯粹本能与作为自然本能的一种本质成分的触发无任何关系。就此而言，应当注意的是，纯粹本能的产生并非因为自我被它触发，而完全是因为自我直观到其自由的活动。

对纯粹本能本质性的东西不是触发，而是对自我之自由活动的纯粹直观。这并不意味着，纯粹本能缺乏任何感受。毋庸讳言，作为一种本能，它也具有自己的感受，亦即"赞成的感受"和"反对的感受"（Fichte 1971: 145）。如果自我发现自身的行为与纯粹本能相一致，那么自我就会有一种赞成的感受；反之，如果它发现自身的行为与纯粹本能的命令相反，它就会有一种反对的感受。与纯粹本能相关的赞成或反对的感受就是"良心"（Gewissen）（Fichte 1971: 147）。作为纯粹本能的感受，存在着各种不同的良心。诸如"良心的安宁或不安，良心的责备，良心的宁静"（Fichte 1971: 147），等等。与触发——作为自然本能的感受，它具有一种低级感受的权能的特征——相比，良心作为纯粹本能的感受可以被称为一种高级感受的权能。

现在，让我们转向道德本能。道德本能是驱使我们这样的道德行为者践履道德行为和克制不道德性行为的力量。存在许多类型的道德本能，诸如"同感的本能（Sympathie），同情的本能（Mitleides），仁爱的本能（Menschenliebe）"（Fichte 1971: 154）。所有这些不同种类的道德本能都是"道德本能的表现"（Fichte 1971: 154）。

费希特认为，道德本能应是一种由自然本能和纯粹本能组成的混合本能（Fichte 1971: 152）。作为一种混合本能，道德本能一方面与纯粹本能具有亲和性，另一方面又与自然本能具有亲和性。道德本能的形式应归因于纯粹本能。因此，像纯粹本能一样，道德本能具有绝对的特征，而且命令自我无条件地去行动，而不考虑自身以外的任何东西。但与纯粹本能不同，它关涉着作为自然本能对象的自然物。作为自然物的总体，自然是道德本能展现的领域。在此意义上，它有别于纯粹本能，纯粹本能与自然无关，它不断地在完全纯概念性的世界——作为一个由完全纯概念性的存在物所构成的世界——内起作用。只要道德本能在自然内起作用，它就与以自然为对象的自然本能具有亲和性。毋庸讳言，道德本能与自然本能之间存在一种差异，因为与自然本能不同，道德本能并不以自然为对象。

什么是道德本能的对象呢？道德行为是自由的行为，因为它是驱动我们去自由行动的力。"道德本能为自由而要求自由"（Fichte 1971: 153）。只要道德本能是为自由而要求自由，道德本能与纯粹本能之间就没有区别。正如业已表明的，纯粹本能也被规定为"一种为自由而自由的本能"。然而，道德本能又不同于纯粹本能，因为后者始终拥有一种展现在纯概念性的世界内的完美理想的自由，因而无须去要求自由。这种为自由而对自由的要求是道德本能的显著特征。

道德本能要求自由的行为，乃是一种"义务"（Pflicht）（Fichte 1971: 154），这种"义务"是作为道德存在物的我们不得不履行的。这里的义务意味着遵循康德的道德哲学中所讨论的绝对命令的义务。因此，它表明，道德本能是绝对命令的真正起源。如果没有道德本能，就不可能有绝对命令。道德本能是驱动我们去发展一种绝对命令的力量（Fichte 1971: 156）。应当注意的是，绝对命令是"我们自己的产物"（Fichte 1971: 155）。它是某种由作为具有道德本能的道德存在物所构造起来的东西。

按照费希特的观点，绝对命令由两种成分组成，第一种成分是，我应当"审慎地和自觉地而不是依凭盲目的冲动"去行动，应当"特别带着义务意识"去行动（Fichte 1971: 156）。第二种成分是，"我绝不应当违背我的信念去行动"（Fichte 1971: 156）。这两种成分可以被结合起来以产生绝对命令："始终按照你对你的义务的最好的信念去行动，或者按照你的良心去行动。"（Fichte 1971: 156）

像绝对命令表明的那样，作为绝对命令的发生性起源，道德本能不是一种"盲目的本能"（Fichte 1971: 154）。它不同于自然本能，自然本能在它没有审慎地考虑其是否正确地指向了它的对象这种意义上是盲目的。与自然本能相反，道德本能是一种驱动我们去审慎地考虑什么是自由的行为的本能。盲目性是一个与道德本能概念相矛盾的概念。

每一种本能都与其本己的感受有关，在这方面，道德本能也不例外。它也有其本己的感受。尊奉与否导致它体验到赞成或反对的感受，自我满意感或最痛苦的自贱感（Fichte 1971: 152）。道德本能的感受与纯粹本能的感受相似。它是基于这一事实，即它与后者具有相同的形式。

二、丁若镛的道德本能理论

与费希特相反，丁若镛并未写过详细探讨道德本能问题的著作。他的道德本能理论散见于他的许多著作中。我们不应期望他可能像费希特那样已发展了一种系统的道德本能理论。但这并不意味着他没有探讨道德本能问题。事实上，他探讨了"嗜好"问题，正如下面将要澄清的那样，这与道德本能问题恰恰具有相同的内涵。

丁若镛是一位儒学家，而在儒家哲学中，人性论占有核心地位。作为一位儒学家，他在其人性论的普遍框架内探讨了嗜好问题。他主张人性即嗜好。嗜好的字面意义是"喜好"，而作为一个标识人性特征的名词，嗜好是喜好感或愉悦感。然而，如果我们考虑到这个术语被使用于其中的各种不同的语境，那么我们发现它不仅具有愉悦感的含义，而且首先具有本能的含义，正如下面将要讨论的那样。

按照郑素伊（Chung So-Yi）的观点，丁若镛最初是在其哲学发展的中期（1801—1818）发展了其作为嗜好的人性论。事实上，他在这一时期所发展的作为嗜好的人性论是我们在其哲学发展中所能发现的最广泛的理论。在中期，他主张，属于人性的唯一嗜好正是道德嗜好。然而，在晚期（1819—1836），他改变了其立场，进而主张人有两种嗜好，亦即"形躯之嗜"和"灵知之嗜"，这可以从如下段落看出："性者嗜好也，有形躯之嗜，有灵知之嗜，均谓之'性'。"（丁若镛的自撰墓志铭，丁若镛 2010: 55）毋庸讳言，"形躯之嗜"是感性嗜好，而"灵知之嗜"是道德嗜好。

虽然丁若镛在其后期仍坚持人有两种嗜好，但他认为形躯之嗜应次于灵知之嗜或道德嗜好。这就是为什么即使在其后期我们也不可能发现一种对形躯之嗜的详尽分析。然而，却存在着许多关于道德嗜好的分析，首先是在其中期的那些著作中。

那么什么是"道德嗜好"呢？为了理解什么是道德嗜好，我们首先必须澄清嗜好观念的本原意义。因此，我将分析《心经密验》中的一段，《心经密验》是丁若镛的文本，它探讨心的结构（丁若镛 1999: 156—192）。在这一文本中，他区分了两种嗜好，这一区分不同于前面所讨论的身体嗜好与道德嗜好之间的区分。这种在两种嗜好之间新的区分既可以在道德嗜好方面做出，也可以在身体嗜好方面做出。换句话说，后者的每一个范畴都可以被区分成两个不同的种类。就这两种嗜好之间新的区分，丁若镛如是说：

> 嗜好有两端。一以目下之耽乐为嗜好，如云雉性好山，鹿性好野，猩猩之性好酒醴。此一嗜也。一以毕竟之生成为嗜好，如云稻性好水，黍性好燥……。此一嗜也。（丁若镛 1999: 158）

为了理解此段中这两种嗜好之间的区分，我们应当注意的是，相应于不同的嗜好主体，作为喜好的嗜好具有两种不同的含义。通常，嗜好主体是一个有感觉力的存在物，譬如，人或动物，而且我们说，一个有感觉力的存在物喜好某种东西，这是引文中第一个例子的情况：雉性好山，或鹿性好野，或猩猩之性好酒醴。在这些情况下，"喜好"意味着"对某种东西有一种愉悦的感受"。例如，"雉性好山"意味着"雉在山中有一种愉悦的感受"，而"鹿性好野"意味着"鹿在田野里有一种愉悦的感受"。因此，嗜好的第一种含义原来是愉悦的感受，或者像丁若镛说的那样，嗜好的含义之一是"目下之耽乐"（丁若镛 1999: 158）。

就嗜好的第二种含义而言，应当注意的是，情况并非是，只有一个有感觉力的存在物才能被看作嗜好主体。一个没有感觉力的存在物，诸如一株秧苗或一棵树，也可以被看作嗜好主体。例如，我们可以说，稻性好水或黍性好燥，就像前面所引段落中嗜好的第二种含义的例子中那样。在此情况下，稻性好水和黍性好燥似乎都没有一种愉悦的感受。谅必这类没有感觉力的存在物没有体验到感受，无论是愉悦的感受还是不愉悦的感受。因此，在没有感觉力的存在物的情况下，不可能是一种愉悦的感受。

那么嗜好在没有感觉力的存在物的情况下具体意味着什么呢？在此情况下，作为"喜好"的嗜好恰恰意味着"毕竟之生成"，就像丁若镛在前引段落中说的那样。例如,"稻性好水"意味着"稻性好水是无法避免的",或者,"黍性好燥"意味着"黍性好燥是无法避免的"。一个生命体喜好某种东西是无法避免的是什么意思呢?这意味着它被一种无法避免的力量所驱动,而黍性好燥是无法避免的,因为它也被一种无法避免的力量所驱动。那种驱动一个生命体去喜好某种东西的无法避免的力量是什么呢?它就是本能。因此,嗜好的第二种含义原来是本能,它是驱动一个生命体去喜好某种东西的无法避免的力量。

这样一来,作为本能的嗜好不是某种只有一个没有感觉力的存在物才具有的东西;不仅没有感觉力的存在物而且有感觉力的存在物都具有作为本能的嗜好。然而,应当注意的是,与一个没有感觉力的存在物相比,一个有感觉力的存在物具有两种嗜好,亦即作为愉悦感的嗜好和作为本能的嗜好。

这两种嗜好在有感觉力的存在物中如何协调共属呢?而且从发生现象学的视角看,它们中的哪一个是更本原的形式呢?毋庸讳言,作为本能的嗜好比作为愉悦感的嗜好更本原。作为本能的嗜好正是作为愉悦感的嗜好之发生的可能性条件。在一个主体中,作为本能的嗜好必须首先起作用,然后,如果它被其所指向的对象所满足,主体就会体验到愉悦感。例如,一只雉具有作为本能的嗜好。如果作为本能的嗜好得到满足,那么雉就会体验到作为愉悦感的嗜好。因此,从发生现象学上看,作为本能的嗜好原来是作为愉悦感之嗜好的发生性起源。如果没有作为本能的嗜好就不会有作为愉悦感的嗜好。它是后者的发生性的产物。

现在我们能理解道德嗜好具体意味着什么了。至此关于嗜好的讨论表明,道德嗜好可以被区分为两种,亦即作为道德本能的道德嗜好和作为一种愉悦感的道德嗜好。

道德嗜好作为道德感受是愉悦,它是作为道德行为者的我们能在我们自己的或他人的道德行为上体验到的。如果我们做了某种善事,我们就会感到愉悦,而如果我们干了某种坏事,我们就会感到痛苦(丁若镛 1999: 158)。丁若镛举了很多可能表明作为道德感受的道德嗜好存在的例子。当一个人未有任何善举而被别人赞誉其做了某种善事时会感到惬意。当一个人未有任何恶举而被别人谴责其做了某种恶事时会感到愤怒(丁若镛 1999: 158)。一个作案的贼回到家中向其家人辩解说,他别无选择。或者一对通奸的男女耻于自己的作为,咕哝说别人不可能宽恕(丁若镛 1995: 184)。丁若镛把这些例子看作这一事实的证据,即实际上存在着作为道德感受的道德嗜好。

那么作为道德本能的道德嗜好是什么呢?它是驱动作为道德行为者的我们去做善事和克制做坏事之无法避免的力。丁若镛主张,上天在其出生时赋予每个人以道德本能,并且驱动我们"违恶以趋善"(丁若镛 1999: 159)。他把作为人性的本能比作水之就下的本性或火之就上的本性(丁若镛 1995: 77)。[①]作为道德本能的道德嗜好和作为道德愉悦感的道德嗜好如何协调共属呢?道德本能是作为道德愉悦感的道德嗜好的发生性起源。它可以被比作作为道德感受的嗜好流出的源泉。如果人体验到他们的道德本能得到满足,他们就会体验到一种道德愉悦感。在此情况下,人的行为与道德本能的要求相符,而且对其道德行为满意。满意感正是道德愉悦感。当然,如果我们的道德本能没有得到满足,我们也会体验到道德痛苦的感受。

此外,道德本能是"积善"和"积义"的基础(丁若镛 1999: 158)。在这方面应当注意的是,在其首次显露在人那里后,道德本能并未消失。在其首次显露后,它一再出现。就此而言,道德本能不同于大多数其他本能,诸如性欲或食欲。它一再出现这一事实是道德本能与大多数其他本能的共同的基本特征。这种重复激发人一再行善举,使得他们积善和积义。作为这样的东西,它是"浩然之气"的发生性

---

① 丁若镛的这种观点录自告子,参见《告子》。

起源（丁若镛 1999: 158—159），这种"浩然之气"是儒家哲学中人的理想精神状态。

三、对丁若镛和费希特所发展的道德本能理论的评价

虽然丁若镛和费希特生于同一年（1762），但他们并不知道彼此的存在。令人振奋的是，他们彼此独立地发展了其道德本能理论。更令人振奋的是这一事实：在他们所发展的道德本能理论之间存在着根本的相似性。

丁若镛和费希特二人都认为，道德本能应是伦理学的核心概念。我同意他们的观点，因为从发生现象学的视角看，道德本能是其他一切道德现象的起源，诸如道德感受、良心、自由、道德意愿、实践理性、道德感知、道德想象、道德判断和道德推理，等等。为了从根源上理解其他一切道德现象，必须澄清道德本能概念。

事实上，由丁若镛和费希特所发展的道德本能理论对于当代道德哲学的探讨具有重大意义，而且能够给予这个领域中的许多问题以新的阐明。费希特那里关于道德本能的讨论能够给予康德的绝对命令问题以新的阐明，因为后者原本就是道德本能的作用，这在康德的伦理学中没有得到探讨。同样，在丁若镛那里关于道德本能的讨论能够给予道德愉悦感的问题以新的阐明，因为后者也原本是道德本能的作用。

然而，这一点也是清楚的，即对于当代道德哲学的探讨来说，由丁若镛和费希特所发展的道德本能理论会呈现出一些疑难。原因之一是，在发展他们自己的道德本能理论时，他们使用了某些不可能为当代探讨所接受的神学的或形而上学的预设。例如，丁若镛在发展其作为道德本能的道德嗜好理论时，将上天说成是在其出生时赋予每一个人以道德本能的主体（丁若镛 1999: 158）。这时，他在使用儒学的形而上学预设为其立场作论证。相似地，费希特在讨论婚姻问题时似乎

依赖基督教神学的预设（Fichte 1999: 333），尽管作为一位哲学家，他非常审慎而未将它作为一个明见的事实加以接受。这是这两种道德本能理论的一个消极方面。（由于篇幅所限，在当下的论文中不可能讨论所存在的其他一些疑难。）

当然，在由丁若镛和费希特所发展的道德本能理论之间存在某些差异。例如，他们在发展其道德本能理论时运用的是不同的方法。费希特运用的是作为先验方法的抽象方法，而丁若镛则运用了多种方法，诸如解释他人精神状态的方法、语言分析的方法和文本批评的方法。此外，在作为道德本能对象的善的问题上，他们是否具有相同的观点，这一点是不清楚的。费希特认为，自由的行为应是善，而丁若镛则认为，儒家的四种基本德性——仁，义，礼，智——应是善。一方面，应当探讨的是，丁若镛是否像费希特一样，也认为自由的行为应是善；另一方面，我们也应当探究，费希特是否像丁若镛一样，认为儒家某些或所有的基本德性应是善。为了澄清这一点和其他一些重要的问题，我们需要在丁若镛与费希特之间进行对话。

一方面吸取积极方面，一方面批评消极方面，同时，在丁若镛与费希特之间展开一场对话，我们能够把关于道德本能的现象学发展成为一门严格的科学。下一节，我将勾勒道德本能现象学的基本观念。

四、道德本能现象学的基本观念

我将首先澄清道德本能现象学在伦理学史中所具有的意义。在这方面，我想指出如下几点。

（一）费希特的道德本能理论是康德道德哲学的一个延续，同时也是一个批评。一方面，他接受了康德的道德哲学的主要观念，诸如绝对命令、自由、义务，等等，在这个意义上，他的道德本能理论是康德的道德哲学的一个延续。另一方面，他认为康德的道德哲学不够彻底和具体，因为它没有探讨作为自由和绝对命令之发生性起源的道德本能的问题。在这个意义上，他的道德本能理论是对康德道德哲学的一个批评，而且它表明自己是一种具体的伦理学。通过与费希特的一种哲学对话发展起来的道德本能的现象学也可以被看作康德的道德哲学的一个延续，同时也是一个批评。它表明自己是一种具体的伦理学。

（二）一种具体的伦理学是引导由胡塞尔、舍勒、莱维纳斯等等所发展的各种不同的现象学伦理学发展的观念（Husserl 1988; Husserl 2004; Scheler 1966; Levinas 1971）。在这方面，与作为一种形式的伦理学的康德的伦理学相对，舍勒将他的现象学伦理学称为"质料的价值伦理学"（Scheler 1966）。因此，道德本能现象学表明自己是现象学伦理学传统的一个延续。与过去所发展的各种不同的现象学伦理学一样，道德本能现象学也运用现象学还原的方法。此外，道德本能现象学能够得益于业已产生的各种不同的现象学伦理学的各种有价值的洞见。然而，道德本能现象学对于过去形式的现象学伦理学采取一种批判的姿态，因为后者没有给予道德本能以应有的重视。藉此，道德本能现象学试图成为一种真正意义上的具体的伦理学。

（三）道德本能现象学表明自己是对丁若镛的道德本能理论和儒家哲学传统的一个延续和批评。在这里，我想强调这一事实的意义，即道德本能现象学是亚洲道德哲学传统的工作的一个延续。在这方面应当注意的是，亚洲的道德哲学传统尚未在当代的道德哲学探讨中扮演一个重要角色，尽管它有着丰富的有价值的洞见。

现在，我想勾勒道德本能现象学的一些重要方面。

1. 道德本能现象学旨在研究作为意向性的道德本能。换句话说，道德本能现象学研究道德本能的意向方面。由丁若镛和费希特所发展的道德本能理论的许多部分都是道德本能现象学的先例，因为他们聚焦于道德本能的意向方面。毋庸讳言，他们的道德本能理论的某些部分不可能是道德本能现象学的组成成分，因为它们超出了后者的范围。

在这里，一个典型的例子也许是那些属于前面已提及的儒学的或基督教的神学或形而上学的成分。

2. 道德本能现象学不局限于对道德本能的澄清。它必须就其与道德本能的关系澄清其他一切种类的道德意向性，诸如道德感受、良心、自由、道德意愿、实践理性、道德感知、道德想象、道德判断和道德推理，等等。原因在于，从发生现象学的视角看，道德本能是道德意向性的最本原的形式。就像前面业已表明的那样，道德愉悦感是道德本能的发生性产物。不过，应当注意的是，其他一切种类的道德意向性也都是道德本能的发生性产物。因此，关于道德本能的现象学研究必然导向对其他一切种类的道德意向性的研究。事实上，还有一种试图澄清道德本能与道德判断之间关系的研究（倪梁康 2004）。

3. 道德本能现象学不局限于对道德本能和奠基于这种本能之上的其他种类的道德意向性的分析。它还必须探讨道德本能一方与其他种类的本能另一方之间的关系，诸如自然本能、本能的求知欲和审美本能，以及奠基于这些本能之上的各种类型的意向性。原因在于，道德本能的主要任务之一就是在道德上规整这些不同种类的本能的各种作用方式。在这方面应想到的是，丁若镛和费希特业已探讨了道德本能问题以及自然本能问题。

4. 道德本能现象学不局限于对道德意向性的澄清，而且也试图澄清道德意向性的对象。众所周知，现象学试图澄清意向性的意向活动—意向相关项的结构，而道德本能现象学在这方面也不例外。它必须澄清作为道德本能之对象的善的结构，以及与各种不同的道德意向性相应的其他一切种类的道德对象的结构。最后，它必须就作为所有不同的世界之普遍视域的生活世界来澄清道德对象之总体的道德世界的结构。

5. 道德本能现象学可以有三个不同的维度，亦即道德本能的经验性现象学、道德本能的现象学心理学，以及道德本能的先验现象学。

道德本能的经验性现象学和道德本能的现象学心理学开展于自然态度中，而道德本能的先验现象学则开展于先验现象学的态度中。道德本能的经验性现象学探讨作为经验事实的道德本能；道德本能的现象学心理学研究道德本能和其他种类的道德意向性的本质结构；而道德本能的先验现象学澄清道德本能构造道德世界和生活世界的功能。

6. 就道德本能现象学旨在研究作为意向性的道德本能而言，它有别于探讨道德本能、但却不聚焦于其意向性方面的其他科学。例如，有别于像生物学、脑科学或道德心理学这样的科学，这些科学从自然科学的视角探讨道德本能，它们不聚焦于意向的方面，而是聚焦于道德本能的自然科学的方面（Haidt, Joseph 2004; Pinker 2008）。这并不意味着，道德本能现象学与道德本能的自然科学无关。道德本能现象学与道德本能的自然科学必须彼此协作，因为他们是从两种不同的视角探讨同一现象。

7. 为了发展一门道德本能现象学，它不仅应当区别于神学或独断论的形而上学，而且应当区别于道德本能的自然科学，我们必须运用各种不同的现象学方法。首先，我们必须运用各种不同的现象学还原方法。在这方面，现象学还原可以被具体地称作道德现象学还原，因为它所研究的实事本身是道德现象。由于存在三种不同维度的道德本能现象学，我们需要三种不同的道德现象学还原，亦即经验性的道德现象学还原、道德的现象学心理学还原，以及道德的先验现象学还原。此外，为了发展道德本能现象学，我们需要一种现象学性的解释方法，因为存在大量不能用先验反思澄清而只能用解释性的现象学方法澄清的道德现象。例如，为了澄清在他人（或在我生活的同一世界中，或在另一个世界中）中起作用的道德本能的结构，我们需要一种现象学性的解释方法。应当注意的是，在发展其道德本能理论时，丁若镛已经运用了一种现象学性的解释方法；这种解释的方法之所以被称为现象学的方法，是因为它旨在解释和澄清他人之道德本能的意向结构。

我想强调道德的现象学还原对于道德本能现象学发展的意义。现象学还原恰恰是那种通过将其与道德本能的神学领域、道德本能的独断论的形而上学领域或道德本能的自然科学领域分离开来而使我们能够达到道德本能的现象学领域的方法。正是这种方法使我们能够专注于各种道德现象，而将道德本能的现象学发展成一门严格的科学。

五、结束语

我想以如下两点评论作结。

（一）在这篇论文中，由于篇幅所限，我只是十分简要地探讨了费希特和丁若镛所发展的道德本能理论。上面所讨论的诸方面应当得到更详细的探讨。也应当指出的是，在他们的著作中还有许多其他相关问题未在上文探讨。这些相关问题也应该得到详细探讨，以作为发展道德本能现象学的出发点。

（二）在第四节，我已勾勒出道德本能现象学的一些重要方面。毋庸讳言，它们只被简要地探讨，而我的任务则是更详细地探讨它们。此外，有许多与道德本能现象学相关的重要问题未在第四节得到探讨。例如，道德理性问题是一个与道德本能问题密切相关的重要问题。在我看来，若是道德理性能在任何人那里起作用，则道德本能必然已在她/他那里被唤醒。另一个例子是道德盲的问题。我认为，道德盲是一种道德本能于其中要么尚未被唤醒要么已失去活力的状态。所有这些问题也应该作为道德本能现象学的部分而得到详细探讨。

参考文献

Chong, Y.-Y. (1999), *Yoyudang chonso* 1 (Complete Works of Chong Yak-Yong in Korean Translation 1), Seoul: Yeogang Publishers.

Chong, Y.-Y. (1995), *Yoyudang chonso* 5 (Complete Works of Chong

Yak-Yong in Korean Translation 5), Seoul: Yeogang Publishers.

Chung, S.-Y. (2010), "Chong Yak-Yong's Theory of Human Nature – Its Development and Significance" (Ph.D. Thesis, Seoul National University).

Fichte, J. G. (1971), *Das System der Sittenlehre nach den Principien der Wissenschaftslehre* (1798), in *Fichtes Werke. Band IV. Zur Rechts- und Sittenlehre II*, Berlin: Walter de Gruyter & Co.

Haidt, J., Joseph, C. (2004), "Intuitive Ethics: How Innately Prepared Intuitions Generate Culturally Variable Virtues", *Daedalus* 133(4): 55-66.

Husserl, E. (1988), *Vorlesungen über Ethik und Wertlehre, 1908–1914*, Dordrecht: Kluwer Academic Publishers.

Husserl, E. (2004), *Einleitung in die Ethik. Vorlesungen Sommersemester 1920/1924*, Dordrecht: Kluwer Academic Publishers.

Levinas, E. (1971), *Totalité et infini: Essai sur l'extériorité*, Dordrecht: Kluwer Academic Publishers.

Ni, L. (2009), "Moral Instinct and Moral Judgment", *Front. Philo. China.*, 4(1): 238-250.

Pinker, S. (2008), "The Moral Instinct", *The New York Times*, January 13, 2008.

Scheler, M. (1966), *Der Formalismus in der Ethik und die materiale Wertethik. Neuer Versuch der Grundlegung eines ethischen Personalismus*, Bern: Francke.

(陈庆德 译 / 李云飞 校)

"致"良知与"信"良知

——良知教的实修方法及其难点

刘海滨

（上海古籍出版社）

题　解

王阳明的致良知教是实修的工夫，不是理论的架构和辨析，这是毋庸置疑的。工夫究竟如何用——它具体的操作方法是怎样的，入手点（入处、把柄）是什么，受用（得力）处在哪里，要达到怎样的境界，如何防止偏差和杜绝流弊——这才是当时阳明学者关心的问题，他们之所以讲学、讨论，乃至辩难，无非是就这几个方面，依据自己的实修体验而发言，是为了解决实修过程中所遇到的困难，并非为了理论而理论。本文写作的目的也是基于此，即回到阳明学的出发点，回到明儒本身，弄清楚上述几个问题究竟是怎样的，然后用现代人容易理解的语言，尽可能简明地说出来，以期对于想实践致良知工夫的人有所帮助，说得大一点，也希望对于阳明学乃至儒学真正"活"在当下有所助益。[①]

[①]　本文是应"耿宁《人生第一等事》国际学术讨论会"的要求而作，本文所涉及的方面，

在弄明白了上述问题的时候，我们就会理解阳明弟子或后学在哪些方面对于致良知教有所发展，是什么原因使得他们不满于既定的说法（教法），而要阐发新意，甚至是另立新说，这当然不是为了理论创新或者标新立异，而是基于同样的出发点，即是针对修习过程中碰到的问题和难关，因为要解决实际的困难，不得不寻求新的解决办法。同时，明白了阳明后学的动机和解决方案，也会使我们对致良知教有更深入的理解。

一、如何致良知

如"良知"二字字面所显示的，良知首先的含义，是天然之知，其特点是不虑而知。换言之，良知就是人的本心所具有的分辨是非善恶的明觉。[①]这里含有两个含义：一、人人本来具有，不是后天习得的。二、其明辨是非的作用不是通过思维分别，或者逻辑推理，而是当下的、直接的获取，一照即了；借用佛学概念，良知是现量，而非比量。所以说良知"知来本无知，觉来本无觉"[②]。由此可见，良知不是我们通常所说的"意识"，即不是第六识，也不是前五识（因为前五识只是纯粹的感觉，不具明辨的能力）。这里不从唯识学的角度继续分析。简单

（接上页）耿著（〔瑞士〕耿宁著，倪梁康译：《人生第一等事：王阳明及其后学论"致良知"》，北京：商务印书馆，2014年）中大多已有涉及，在笔者看来，就其总体而言，耿著理解准确，分析精辟，在现有的相关学术著作中，罕有其匹。耿宁先生是从现象学的视角，用学术化的语言，非常详尽和面面俱到地描述和阐明了明代阳明学的整体面貌，这一点上虽与本文立意不同，但很多相关的问题耿著对笔者都颇有启发，可资参照。

① 阳明所说的是非善恶，与一般伦理意义上的善恶概念并不在同一层面，而是其根本的含义。良知即是本体的明觉，凡是起心动念，良知自然会对之有一个判断，看它是否直接发自本体，"非本体之念，即是私念"（《传习录下》，吴光、钱明、董平、姚延福编校：《王阳明全集》卷三，上海：上海古籍出版社，2011年，第104页）。如果"非本体之念"，此念与因之而起的行为即不是善念、善行，即便此行为表面上看是善行。譬如见孺子入井，而起"要（邀）誉"之心，并因此发出施救行为，此时邀誉之心即是私念，此施救行为也就不能称为善行了。

② 《传习录下》，《王阳明全集》卷三，第106页。

地说，良知是本心的作用，用一个阳明经常使用的比喻，本心就像太阳，良知就像太阳的光芒，对于一般人而言，这个太阳被云层遮蔽了，但阳光依然透过云层照射出来。致良知的方法，就是依照良知的这个知道是非的明觉，对的去做（或保留），不对的就不做（或去除），逐渐减弱妨碍明觉的力量，同时也就是扩大明觉的作用。这里面包含两层含义：一、依靠明觉的分辨力，知道了是非，就努力去为善去恶，就像扫除云层，阳光就会更强烈；二、明觉本身就是动力，具有自我增长的秉性和能力[①]，不断地发现和确认这个明觉，明觉就自然不断增加自己的力量。人心中都有阴阳或者正反两种力量，此消彼长：消减遮蔽，良知的力量就加强了；反之，加强良知的力量，遮蔽的力量就弱了。致良知的工夫同时具有这两方面的含义。

可以看到，第一层含义里，除了来自明觉本身的力量，还包含了意识层面的力量，明觉本身虽然不属第六识，但顺着这个明觉的作用——知善知恶——去努力行动和克治念头，这里面包含有意识的作用。在阳明的教法里，为善去恶包括身、心两个方面，即从行动上坚持善行，制止恶行；内心里克除私念，并且克除私念占有核心的地位。[②] 所谓省察克治之功，一方面是用良知本身的力量，"这里一觉，都自消融"[③]；另一方面，如果遮蔽较厚，良知本身力量尚微弱，就不得

[①] 耿宁先生将良知分为三种含义：向善的秉性（本原能力）、本原意识、良知本体（见前揭书第一部分"王阳明的'致良知'学说与他的三个不同'良知'概念"）。我认为是恰当的。这里已经出现了两种：分辨是非的明觉（相当于耿著的"本原意识"）、向善的动力（本原能力）。接下来还会说到第三种：良知即是本心、本体。这三种含义在阳明那里是统一的，不是一个历史发展的概念，只是根据不同的语境需要而有所侧重而已。

[②] 阳明解释其"知行合一"的宗旨："今人学问只因知行分作两件，故有一念发动，虽是不善，然却未曾行，便不去禁止。我今说个知行合一，正要人晓得一念发动处，便即是行了。发动处有不善，就将这不善的念克倒了，须要彻根彻底，不使那一念不善潜伏在胸中，此是我立言宗旨。"（《传习录下》，《王阳明全集》卷三，第109—110页）行为的根源和发端在于一念，须从根源、发端处彻底克治，才是圣贤之道。

[③] "人若知这良知诀窍，随他多少邪思妄念，这里一觉，都自消融。真个是灵丹一粒，点铁成金。"（《传习录下》，《王阳明全集》卷三，第106页）

不借助意识的助力，用阳明自己的话说，开始时"且去着实用功，便多这些着想也不妨，久久自会妥帖"①。同时，毋庸赘言，在为善去恶的行为里，开始阶段也是有"坚持"、"努力"之类的"有意为之"的意思的，此亦是意识的作用。就是说，致良知的工夫一方面以良知明觉为依据，另一方面又不离第六识（至少开始着手时是如此），不过最终是要超越第六识。

现在我们可以来回答前面提出的几个问题：一、致良知的入手点在于认识良知（明觉），然后依据这个明觉所得的判断去做为善去恶的工夫。二、致良知工夫的受用处在于，首先能明确地认识到良知（明觉），其次，经过一段时间的用功，能真实感受到内心光明的力量在增强，遮蔽的东西在减少，同时信心也逐渐增强。三、致良知教要达到的境界就是彻见良知本体②，然后依靠良知本体做进一步的保任工夫，直至私欲尽净、天理流行的大化之境。

二、致良知的难点

由上述入手点可知，致良知的可能的难点有二：第一个难点是，不能了知何为良知。良知即知善知恶的明觉，这个明觉本身无法捕捉，而是通过"知善知恶"这个事实体认到良知的存在。因此，这个问题其实可以转化为：如果不能分辨善恶，怎么办？对于阳明来说，其实这是个伪问题。因为明觉始终存在，从道理上是说，不论何时明觉都存在，内心对于善恶始终都已分辨，就像是云层再厚都会有光透出来，

---

① "问：'近来妄念也觉少，亦觉不曾着想定要如何用功，不知此是工夫否？'先生曰：'汝且去着实用功，便多这些着想也不妨，久久自会妥帖。若才下得些功，便说效验，何足为恃？'"（《传习录下》，《王阳明全集》卷三，第140页）

② 这里所说的良知本体即是良知的第三种含义。良知既指本体之发用，即明觉，又用来指称本体自身，因为"心无体，以天地万物感应之是非为体"（《传习录下》，《王阳明全集》卷三，第123页），就是说所谓本体并没有一个像某种东西那样的实体，只能从他的发用处觉知他的存在。

即便是昏黑天，毕竟还有光，还能见物。①那么为什么有时候我们会感觉无法分辨善恶呢？这是因为两种错误存在：一种错误是用意识去分辨。如上所述，良知（明觉）是现量，不属第六识，不但良知的分辨善恶是现量，良知对于自身的觉知也是现量，如果起个意识去分辨善恶，或者去捕捉良知，本来的明觉反而被遮蔽了。第二种错误是以欲望冒认良知。其产生的原因主要是由于欲望和良知有一个共性，都属直接的反应，不经过意识。但"欲"与"知"的来源不同，良知来自本心，或者说属于义理之性；欲望来自人的肉体、气血，或者说属于气质之性。前一种错误是因为不明良知的"良"字，后一种错误是误解了良知的"知"字。前一种错误的结果是不得其门而入，后一种错误则可能导致猖狂恣肆的严重后果，如何心隐之流，成为时人和后人诟病阳明学的口实。其实这两种错误是由误解而起，严格地说不属于良知教本身的问题，只能算是良知教的流弊。

致良知的第二个难点是，虽然良知能分辨善恶，但难以去除恶念、习心；或者由于良知（明觉）时明时暗，工夫不能接续，则恶念去而复生。

> 一友自叹："私意萌时，分明自心知得，只是不能使他即去。"先生曰："你萌时这一知处，便是你的命根。当下即去消磨，便是立命工夫。"②
>
> 九川问："自省念虑，或涉邪妄，或预料理天下事，思到极处，井井有味，便缱绻难屏。觉得早则易，觉迟则难，用力克治，愈觉扞格。惟稍迁念他事，则随两忘。如此廓清，亦似无害。"先

---

① "圣人之知如青天白日，贤人如浮云天日，愚人如阴霾天日，虽有昏明不同，其能辨黑白则一。虽昏黑夜里，亦影影见得黑白，就是日之余光未尽处；困学功夫，亦只从这点明处精察去耳。"（《传习录下》，《王阳明全集》卷三，第126页）

② 《传习录下》，《王阳明全集》卷三，第140页。

生曰:"何须如此!只要在良知上着功夫。"九川曰:"正谓那一时不知。"先生曰:"我这里自有功夫,何缘得他来?只为尔功夫断了,便蔽其知。既断了则继续旧功便是,何必如此?"九川曰:"直是难鏖,虽知丢他不去。"先生曰:"须是勇。用功久,自有勇。故曰'是集义所生者',胜得容易,便是大贤。"[1]

由以上两例可以看到,致良知工夫的易或难,在于对私意觉察得早或晚,私意初萌即觉,此时私意的力量弱,良知的力量直接可以克除之;如果觉察得迟,则私意力量增强,良知的力量就显得难以对抗("直是难鏖,虽知丢他不去")。阳明指出的解决方法是,一方面工夫不能脱离良知单用意识(如九川所谓"迁念他事"),并且工夫的重心应该放在不断地发现和确认良知明觉上("你萌时这一知处,便是你的命根","只为尔功夫断了,便蔽其知。既断了,则继续旧功便是"),此即上述致良知的第二层含义;另一方面,起始阶段允许意识的辅助作用,加以"消磨","用力克治",用功久了良知的力量逐渐增强("用功久,自有勇"),克治之功就会变得容易了。但是,这个对抗的过程毕竟是艰难的,甚至是漫长的。

并且,如果因为对抗难以取胜,而过于依赖意识的作用,会导致工夫的偏差。有罗汝芳(近溪)的亲身经历为证。罗近溪年轻时因为工夫操持太过,得了"心火"之疾,后来遇到颜钧(山农),颜钧指出近溪先前的工夫"是制欲,非体仁也",又说了一番如何体仁的道理,近溪始醒悟,并拜颜钧为师。[2] 十多年后,近溪赴会试途中得了重病:

剧病恍惚,见[一]老人语之曰:"君自有生以来,触而气每

---

[1] 《传习录下》,《王阳明全集》卷三,第107页。
[2] 见黄宗羲著,沈芝盈点校:《明儒学案》卷三十四《泰州学案·罗汝芳》,北京:中华书局,1985年,第760—761页。

不动，倦而目辄不瞑，扰攘而意自不分，梦寐而境悉不忘，此皆心之痼疾也。"先生愕然曰："是则予之心得，岂病乎？"老人曰："人之心体出自天常，随物感通，原无定执。君以凤生操持强力太甚，一念耿光，遂成结习。不悟天体渐失，岂惟心病，而身亦随之矣。"先生惊起叩首，流汗如雨，从此执念渐消，血脉循轨。①

这个偏差的产生，主要是因为人为地增加意识的作用，使得致良知教法中的原本以良知为主导力量的工夫，变成以意识为主导，用意识的强力去压制私念和欲望，结果本心的自然天机反而因此受到压抑，如王龙溪所说"若是非分别太过，纯白受伤"②，甚至造成心理疾病（心火）。

这第二个难点，即修学者感到自身良知的力量微弱，不足以去除垢蔽，才是致良知教所要面对的问题，而阳明后学便主要是为了解决这个问题而对阳明的教法有所发展甚至是改变。其中代表人物有罗近溪、罗念庵、聂双江等，他们都从自身的实践体验出发给出了自己的解决方案③，但力求解决问题，同时又不离阳明矩矱，并真正将良知教的内涵完全开显出来的，是王龙溪。

三、王龙溪的路径——信良知

龙溪将致良知工夫分为先天和后天两种：

---

① 《明儒学案》卷三十四《泰州学案·罗汝芳》，第 761 页。
② 《书先师过钓台遗墨》，吴震编校整理：《王畿集》卷十六，南京：凤凰出版社，2007 年，第 470 页。据龙溪说，此乃严滩送别时，阳明所告语。
③ 近溪承泰州家风，就常人日用不知处指点良知的当下发用，浑沦顺适，不着力气，别是一功，与阳明、龙溪之洁净精微工夫有所不同。念庵学经数变，最终确立了"收摄保聚"的工夫重心，然与阳明内外无别、动静一如的致知工夫尚隔一尘。双江则走得更远，专于静中求"未发之中"，工夫分为两橛，当时却遭到多数王门弟子的反对。念庵、双江与龙溪工夫的渊源和差异，张卫红《罗念庵的生命历程与思想世界》（北京：生活·读书·新知三联书店，2009 年）辨析详明，可参阅。

先生谓遵岩子曰:"正心,先天之学也;诚意,后天之学也。"遵岩子曰:"必以先天后天,分心与意者,何也?"先生曰:"吾人一切世情嗜欲,皆从意生。心本至善,动于意,始有不善。若能在先天心体上立根,则意所动自无不善,一切世情嗜欲自无所容,致知功夫自然易简省力,所谓后天而奉天时也。若在后天动意上立根,未免有世情嗜欲之杂,才落牵缠,便费斩截,致知工夫转觉繁难,欲复先天心体,便有许多费力处。颜子有不善未尝不知,知之未尝复行,便是先天易简之学;原宪克伐怨欲不行,便是后天繁难之学。不可不辨也。"①

在龙溪看来,后天工夫之所以繁难费力,是因为落在意识层面,"在后天动意上立根",虽然以良知为依据("立根"),但因为此时良知(明觉)的力量较弱,且加了意识的作用,为善去恶就成为两种同一层面力量的对抗。龙溪曾著有《意识解》,论述良知与意识的区别:"直心以动,自见天则,德性之知也。泥于意识,始乖始离","意胜则心劣,识显则知隐","故圣学之要,莫先于绝意去识"。② 为此,龙溪给出了自己的解决方案,即所谓"先天工夫",此种工夫"在先天心体上立根",此时致知的动力完全来自心体的发用(良知),它与意识、情欲不属同一层面,其力量绝大,世情嗜欲根本构不成对抗。

如何在心体上立根呢?龙溪与阳明的工夫路径的差别又在哪里呢?王慎中(遵岩)自言近来工夫:"终是世情牵绕,割截不断。日逐体究,不无少见,终落知解,不能觌体光明透脱。"龙溪说:"此是吾人通病,然此亦是一病两痛。惟其世情牵绕不断,所以未免包裹影响,不能直达光透;惟其本体不能直达光透,所以世情愈觉缠绕周罗。"③ 这

---

① 《三山丽泽录》,《王畿集》卷一,第10页。
② 《王畿集》卷八,第192页。
③ 见《三山丽泽录》,《王畿集》卷一,第13—14页。

里所谓一病两痛，可以用来说明阳明和龙溪工夫路径的区别。第一条路：因为"世情牵绕"的遮蔽作用导致心体的力量不能直接呈现（"本体不能直达光透"），所以阳明的路径是从去蔽入手——依据心体所透露的明觉（良知），用去恶为善的工夫，通过去除遮蔽以扩充良知的力量。它的方向是顺着心体之光（明觉、良知）向外推致。第二条路：因为心体的力量不能直接呈现导致世情牵绕难去，所以龙溪选择了另一个路向："若此一真当下自反，即得本心，良知自瞒不过，世情自假借不去。所谓赤日当空，群晦自灭。"① 这个路向是就着当下不掺杂意识欲望的这一纯真之念（"一真"，即良知、明觉），逆着它的来路，回光返照，当下即真实见到这一念发自心体（"即得本心"），此时心体的力量随着这一照见心源打开的通道，瞬时贯通（"直达光透"），如太阳一出，阴晦消散，世情遮蔽不待除而自灭。从逻辑上说，龙溪的路径有两个步骤，先向内返照心源，再向外驱散遮蔽，但实际上二者是一次完成的：一得本心，即贯通了整个通道，遮蔽即同时不见了（所以下面的图示中，表示龙溪工夫路径的箭头是双向的）。下面借用太阳云层的比喻，以图示之：

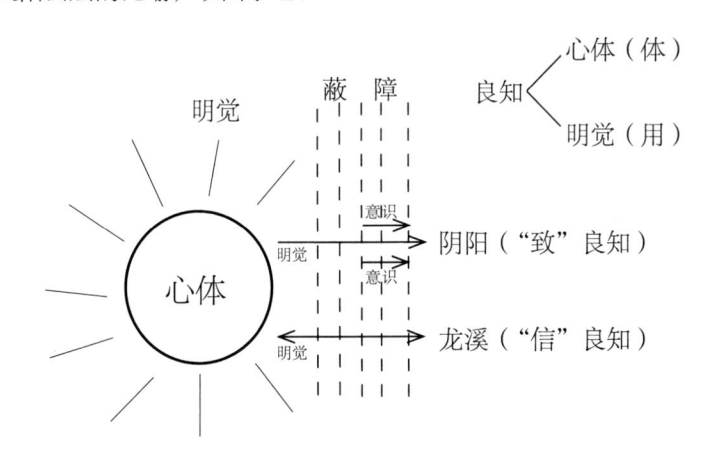

①《三山丽泽录》，《王畿集》卷一。

综上所述，良知首先是指心体透过物欲的蔽障所发出的光（即明觉，为了形象表达，以下简称为心体之光），致良知的工夫就是要依靠这个心体之光，这是阳明和龙溪的共同点，不同的是，阳明是依靠心体之光直接去照射物欲遮蔽，但在常人的状态下此光是微弱的，为了对抗遮蔽，需要借助意识的力量增强冲破蔽障的力量，在阳明看来，这时不得已可以借助一下外力，随着遮蔽越来越薄弱，心体之光的力量也在增强，等到一定的时候自然不需要意识的参与了。但在龙溪看来，透过蔽障的心体之光本身力量较弱，并且由于意识的参与使得心体之光下落到了意识的层面，工夫变成了同一层面的较量，这样的对抗自然繁难费力。龙溪的方法是逆着心体之光去找它的源头，借以打通通道，然后依着心体的力量去驱散遮蔽，此时不成对抗，工夫自然易简省力。

至此，龙溪工夫的路径已大略可见，但还缺少画龙点睛的一笔。龙溪工夫的要诀在于打开通道，即"得本心"。前述"一念自反"是其方法，但此自反的"一念"并非是"意识"的一念，而是良知之自反自照。如何使良知自照，这里完全用力不得，如果这个问题不解决，工夫还是缺少下手处。对此，龙溪给出一个诀窍——"信得及"良知。

> 良知是斩关定命真本子，若果信得及时，当下具足，无剩无欠，更无磨灭，人人可为尧舜。[1]

> 良知即是独知，独知即是天理。独知之体，本是无声无息，本无所知识，本是无所粘带拣择，本是彻上彻下。……吾人今日见在，岂敢便自以为无欲？然须信得万欲纭纭之中，反之一念独知，未尝不明，只此便是天之明命不容磨灭所在。[2]

---

[1]《答吴悟斋（二）》，《王畿集》卷十，第251页。
[2]《答洪觉山》，《王畿集》卷十，第262页。

"信"有虚信（或相似信），有实信（真信），前者指的是观念层面的或经逻辑推论而来的，未经实践的相信；后者是修行实践意义上的"信"，是指随着真实体验的增加而逐渐加深的，经过实践积累而获得的信，孟子说"有诸己之谓信"①，龙溪亦云"有诸己始谓之信，非解悟所及也"②，这种"真信"本身就是一种力量，力量的强弱直接跟"信"的真实程度成正比。③龙溪意谓，首先真信万欲沸腾之中，良知本体始终完完全全，未曾损坏，不曾污染，并且真实相信当下这不夹杂的一念（不经过意识计较，亦无欲念掺入的当下一念）即是从本体而来，更准确地说，当下这一念即是心体本身④（因为体、用只是从不同角度立名，所谓"体用一原，显微无间"，并非"用"之外另有一个"体"，其发用处即是体），对此真信实信，信的力量瞬间可以打通障碍，当下一念即与本体连通，然后"时时保守此一念"⑤，"习气自无从而入，杂念自无从而生"⑥，从此向上，直侪圣境。

至此，总结一下龙溪工夫的要点：龙溪的工夫的特质是纯用良知，不许意识掺入；其路径是就当下一念，返照心源；其下手处和动力是对于良知的"信"。如果说阳明的教法强调的是对于良知的扩充、推致，因此称为"致"良知；那么龙溪的路径拈出一个"信"字为动力和工夫下手处，不妨称之为"信"良知。

接下来回答龙溪工夫的得力处的问题。这一问题的关键在于如何

---

① 《孟子·尽心下》。
② 《三山丽泽录》，《王畿集》卷一，第10页。
③ 佛教讲"信为道源功德母"，一念净信是根本性的力量，属"表德"法门，其力量之强，收效之速，绝非枝节对治的"遮情"法门可比，有过类似宗教或心灵实践体验的人就感知到这个力量的存在和强度。
④ 龙溪正是在此意义上说"昭昭之天与广大之天原无差别"（《与狮泉刘子问答》，《王畿集》卷四，第81页），"毫厘金即万镒金"（罗洪先：《松原志晤》，《念庵文集》，收入《文渊阁四库全书》集部册1275，卷八，第181页）。
⑤ 此亦龙溪常用语，例见《桐川会约》，《王畿集》卷二，第53页。
⑥ 《答李渐庵（一）》，《王畿集》卷十一，第271页。

理解龙溪所谓"一念自反，即得本心"，此"得本心"究竟是何种境界。龙溪的工夫相当于佛家的"观照"：以"解"（从义理上对良知的透彻理解）为基础，以"信"为动力，以"当下一念"为着眼点，起一个观照。如前所述，此观照的目的在于打通一念与本心连接的通道，而在此打通的瞬间，即真实"感觉到"当下这一念彻天彻地、无始无终，万事万物都不出这一念。这里之所以用"感觉"一词，是因为一般的情况下，此时所得的只是一个相似境界[①]，并非真实证悟的境界。获得这个相似境界，即谓之"得本心"，得此即"如驭之有辔衔，射之有彀率，如舟之有舵，一提便省，一切嗜好，自然夹带不上；一切意见，自然挽搭不入"[②]，此即龙溪工夫之得力处。明确了这一点，我们才可能澄清关于龙溪工夫路径的误解。

四、龙溪的悟与修

因为龙溪直截明快的工夫风格，时人往往诟病龙溪高谈妙悟，脱略工夫。聂双江致诘龙溪：

> 尊兄高明过人，自来论学只是混沌初生、无所污坏者而言，而以见在为具足，不犯做手为**妙悟**，以此自娱可也，恐非中人以下之所能及也。[③]

龙溪答：

[①] 唐君毅说："只此'信得及'，即龙溪之工夫之根本。……然龙溪于此中之所言者，皆要在发人之哲学的观解。人闻其言，而真发得一观解，亦自皆可有此自悟自信。唯此观解之本身，却是一先行之工夫。"（唐君毅：《中国哲学原论·原教篇》，北京：中国社会科学出版社，2006年，第十四章之七，第246页）以"观解"指称"信得及"的结果，庶几近之。

[②] 《与唐荆川（二）》，《王畿集》卷十，第267页。

[③] 《致知议辩》，《王畿集》卷六，第133页。

愚则谓良知在人，本无污坏，虽昏蔽之极，苟能一念自反，即得本心。譬之日月之明，偶为云雾之翳，谓之晦耳，云雾一开，明体即见，原未尝有所伤也。此原是人人见在具足、不犯做手本领**工夫**，人之可以为尧舜，小人之可使为君子，舍此更无从入之路、可变之几，固非以为妙悟而妄意自信，亦未尝谓非中人以下所能及也。①

双江认为龙溪的方法在于"妙悟"，非中下根器的人所能及；龙溪则强调他所说的只是不掺杂意识（"不犯做手"）的"工夫"，此工夫人人可用，甚至是必由之路。

这个误解的根源在于将龙溪的"一念自反，即得本心"等同于"悟"，因此有必要全面梳理一下龙溪对于悟和修的认识：

楚侗耿子曰："吾人讲学，虽所见不同，约而言之，不出两端：论本体者有二，论工夫者有二。有云学须当下认识本体，有云百倍寻求研究始能认识本体。工夫亦然：有当下工夫直达、不犯纤毫力者，有百倍工夫研究始能达者。"先生（龙溪）曰："此可两言而决：顿与渐而已。本体有顿悟，有渐悟；工夫有顿修，有渐修。……"

楚侗子问："先生当下亦有未认处否？"先生曰："当下亦难识，非上根不能。吾人只是挨门就白，挨来挨去，忽然得个着落，便是小歇脚，从此脱化，自有触处逢源时在，不但当下认识而已。若夫无缘起悟、无法证修，非上上根不能也。"②

---

① 《致知议辩》，《王畿集》卷六，第134页。
② 《留都会纪》，《王畿集》卷四，第89页。

这里可以比较清楚地看到龙溪工夫路径和修证过程。龙溪认为："本体有顿悟，有渐悟；工夫有顿修，有渐修。"耿定向（楚侗子）问："先生当下亦有未认处否？"意谓："您难道不属于'当下认识本体'的'顿悟'吗？"龙溪答：只有上根人能够顿悟（"当下亦难识，非上根不能"），上上根人才能顿悟顿修（"无缘起悟、无法证修，非上上根不能也"），一般人只能走渐修渐悟的路子。龙溪强调自己的路径是先用"挨门就臼"的渐修工夫，"挨来挨去"，功夫纯熟，"忽然得个着落"，这时才是"认识本体"，此时工夫即有了根基（"小歇脚"），再进一步保任"脱化"，才能到达"触处逢源"的彻悟之地。

龙溪用"挨门就臼"描述自己的入手工夫，与"一念自反，即得本心"这样的用语给人造成的明快直截印象显然不同，但其实并无两样工夫。如前述，一念之间的"得本心"只是一种瞬间打通通道的相似境界，此相似境界即龙溪所谓"门"或"臼"，时时保守此一念，使得念念保持这种打通的状态，或者发觉中断了立即提起自"信"，即立刻回到打通的状态，此即是"挨门就臼"。如此用功，渐渐纯熟，忽然得个悟处，心体朗然呈现，即所谓"认识本体"，此时方可称为"悟"，从此悟后起修，可直侪圣境。至此，我们可以明白为什么龙溪不认同"高谈妙悟"的指责，也不认为自己的路径只适合上根人。

一般人往往将"得本心"的瞬间相似境界，与"认识本体"的"悟"等同，进而将"一念自反，即得本心"等同于"顿悟"。这样一来，龙溪的工夫路径就被认为是以"悟"为起点，从而取消了其悟前工夫。这是引起误会的根本原因。

另一方面，因为"悟"（认识本体）在龙溪的工夫路径中确实占有重要的地位，所以龙溪喜谈"悟"，曾谓"君子之学，贵于得悟，悟门不开，无以征学"[①]，此等话语也容易给人造成龙溪重"悟"轻"修"的

---

① 《悟说》，《王畿集》卷十七，第494页。

印象。因此，龙溪当时即引起种种误会诘难，后世亦相承因袭，以致其工夫路径对于良知教的作用和意义被明显低估了。

五、分与合

对于龙溪路径的优缺点，阳明生前即有明确的判断，此见于"天泉证道"。王龙溪和钱德洪因为修行路径的争议去请阳明裁断，阳明首先说本有此两种教法，二君须相取为用，这是说明龙溪的方法是良知教题中应有之义。但话锋一转，阳明又告诫龙溪，不可轻易以此教人，如果不是上根之人，工夫没有下手处，悬空想着一个本体，容易养成虚寂之病。① 这里已经透露了龙溪方法的难点和可能的流弊。

需要注意的一点是，天泉桥上龙溪只是从悟后境界发问②，并未涉及悟前工夫，而阳明所谓"只去悬空想个本体，一切事为俱不着实"③ 的担忧，应当对龙溪颇有警示作用。因此可以推论，上述龙溪"一念自反"、"信得及"等悟前方法的提出，是天泉证道之后，龙溪在实践和"教学"中不断提炼而成的，是其教法成熟的标志，这应该看作龙溪为避免"悬空"之弊而苦心孤诣的成果，也是龙溪大有功于良知教的所在。

前述"致"良知路径可能遇到的困难，阳明不是没有察觉，他之所以允许起步阶段意识的辅助作用，某种程度上可以看作是"两害相权取其轻"的选择，因为与"悬空虚寂"比起来，"着意"毕竟弊害尚轻，而且可以随着修学的深入逐步消除，因此他确立了"四句教"的晚年定论。另一方面，正是由于看到了自己教法上存在的难点，在阳明后期的教学中也更多地出现"当下承当"、"信得及良知"等意思，此即前述阳

---

① 虽然钱德洪和王畿对于阳明的这段话的三种记载互有出入，但大体有这两层意思是没有问题的，详尽的对照和分析见前揭耿宁书，第 590—604 页。
② 王畿："若悟得心是无善无恶之心……"，见前揭耿宁书，第 581 页。
③ 《年谱三》，《王阳明全集》卷三十五，第 1443 页。

明致良知的第二层含义：不断地发现和确认良知的明觉作用，良知的力量即随之增强。龙溪的路径正是发挥阳明的这些思想的内涵，并且在实践中拈出一个"信"字，作为根本的动力和用功的抓手，增强了"确认良知"的主动性（接通心体），并奠定了此点在其工夫中的根本地位。就此而言，良知教经龙溪发其蕴，真正"更无遗念矣"[①]。

另一方面，"信"良知的路径虽经龙溪的完善，尽量放低身段，让更多的人够得着，但它毕竟还是有门槛的。"信得及"是龙溪工夫的动力，因此是其关键所在，能不能走龙溪的路径即取决于此。但是，如上所述，"信"本身即是一种实力，是由实践体验积累而来，一般人要想获得这个信，非先经过一番苦功不可，同时"信"的力量的强弱也与天资有关，因此龙溪又将上根人与先天工夫对应，并将先天工夫与后天工夫统一到自己的教法中[②]，这大概是看到，对于普通人而言，"信得及"这个"把柄"并非是那么容易掌握的。

至此，良知教的开展始分而终合，还是走了阳明所说的"相资为用"的路子。如果我们能够先从理路和方法上厘清其中的来龙去脉，避免误解，进而付诸实践，克服困难，少走弯路，良知教在当代的"重生"庶几有望矣。

[①] 《年谱三》，《王阳明全集》卷三十五，第1442页。

[②] 龙溪给友人的复信中说："来教谓区区以正心为先天之学，诚意为后天之学，若过于分疏，非敢然也。人之根器，原有两种。意即心之流行，心即意之主宰，何尝分得？但从心上立根，无善无恶之心，即是无善无恶之意，先天统后天，上根之器也。若从意上立根，不免有善恶两端之抉择，而心亦不能无杂，是后天复先天，中根以下之器也。区区先后合一之宗，正是不可分之本旨。兄之所言是也，不得已而有分者，乃为两种根器而发，亦权法也。"（《答冯纬川》，《王畿集》卷十，第243页）其说似与前述龙溪的言论相矛盾。这一方面可以理解为立言的角度不同：前述龙溪认为自己的方法不限于上根人，是从悟前工夫而言，强调的是对良知的"信"是必由之路；此处是从效果上说，真正走上这条路还是需要条件的。但也显示了龙溪立言的某种"随意性"，容易引起误解。

胡塞尔的发生现象学转向
—— 其方法在应用现象学中的可能性与局限性

马爱德（Eduard Marbach）

（瑞士伯尔尼大学哲学系）

显而易见，如果你想了解一个思考着的生物有什么想法，则必须站到它的位置上去，并因此将你自己的主体性置于思考对象之后（而对于其他任何一种研究而言，则并非如此）。

——康德：《纯粹理性批判》（1781 年）

一

大约从 1916 年起，胡塞尔**不再把主体性仅仅看作**是处于纯粹非时间性自我和客观综合统一（"事物"、"世界"）的构造多重性之中的一种静态的、由杂多体验意识组成的、主体方面两极化的"统一""**系统**"。对**构造的关联性先天**的阐释引领他深入到现象学分析中去思考关于构造自身的源泉及发展的发生观点。意识生活虽然在纯粹自我同一性中被统一，却也是这个作为"人格自我"的自我的生活；**纯粹自我必然也始终是一个人格自我**，即，一个有"习性"、"能力"、"信念"的自我，有其"特性"等。这个人格自我是"**一个不断生成的统一体**"

（Einheit unaufhörlicher Genesis）。具体说来，主体性"必然具有一个生成统一体（Werdenseinheit）的形式"。**与此相关**，从这个角度看，也存在**周围世界**（Umwelten）及一般通过"统觉史"①而构成的世界之**发生**。

统觉指的是意识超出自身（über sich hinausmeinend）、超出其自身中真正呈现②之物进行意向。这个现象在静态分析中已经存在，但这里胡塞尔"除此之外"（dazu）还要求这些统觉的"**一个普全发生理论**"③。

然而胡塞尔并非意指"这种意识的'历史'（所有可能统觉的历史）"是对事实意识流中的**事实**发生所作的阐释，因而与"动植物物种的发展相关"，而是想揭开关于意识的"**普全发生形式**"或类型的历史。他认为，这种类型有其先天的、"**本我论——时间性共存与演替的本质规律**"，它在意识生活中形成的不是因果性的而是动机引发式的关联。④

静态的描述现象学是一种对**纯粹意识中可能的本质构型**的分析（"Phänomenologie der möglichen, wie immer gewordenen Wesensgestalten im reinen Bewusstsein"），它并不在意后者存在的方式及其在可能的理性王国中的目的论秩序，但**发生分析**却想成为一种关于"**人格自我——周围世界**"（personales Ich – Umwelt）以及交互主体性具体关联中的"**合规律性发生**"的"说明现象学"（erklärende Phänomenologie）。⑤

限于篇幅，本文不可能全方位论证胡塞尔"发生现象学"难解的

---

① 参看例如 Hua XIV, Beilage II(1921); HuaXI: 336 sq.。
② Hua XI: 同上。
③ Hua XI: 340.
④ 参见例如 Hua I: §§ 36-37; Hua XI: 339, 345。
⑤ Hua XI: 340.

方法论地位。显然人们普遍认为这是一个浩大工程！接下来笔者将主要讨论一系列问题，关于它们，一方面，**静态现象学分析可给出真正的结果**；但另一方面，它又会**遇到局限性问题**，因为有些问题仅基于反思—本质性方法无法得到很好解决。实际上，胡塞尔本人已清楚表明自己意识到了这种局限性，并暗示了切近这些问题的方法。在此，笔者认为，**向经验发展心理学的诉求**自身凸显。但这里的经验发展心理学会带有胡塞尔式超越论意义。如果不考虑经验性结果，则无论胡塞尔本人还是任何其他现象学家都难逃陷入非直观的（unanschaulich）危险，即，回退地**构建**超越论主体性，或至少是仅仅停留在"**空乏的一般性**"（leere Allgemeinheit）层面因而仅只是"**模糊的规定性**"（vage Bestimmtheit）。

关于**胡塞尔发生现象学**与经验发展心理学合作而**引发的问题**，笔者在此再作一点补充。可以确定地说，"**人格自我—周围世界**"的发生性关联属于后期胡塞尔的"核心问题"。**它的一个任务就是明确各种周围世界**、各种本体论结构的**先天可能性条件**。其中，每个周围世界都形成了一个**相关各种人格主体**的统一体。在这方面，胡塞尔主要关注对不同于低级或高级动物世界的、主要是**人类**周围世界的现象学规定。而**在人类世界中**，他又格外关注这些世界之间的区别：例如"得到充分发展的人"、"成人"、"正常人"的世界；身体或心理上"有病"和"非正常"人的世界；所谓"原始人"（他主要是通过列维-布留尔的著作了解到他们的"心理状态"）的世界；以及**"儿童"**或**"早期儿童"**（婴幼儿 [Frühkindlichkeit]）的、新生儿及其出生前的发育过程中的**世界**。[①]

胡塞尔所问的那个**一般性问题**指的是"非常态（von der Normalität

[①] 参见例如 Hua XV: Nr. 10, Nr. 11, Nr. 35; Beilagen VII, IX, X, XI, XIII; Hua XIV: Nr. 6, Beilagen XII-XIV。

aus）[1]世界的**超越论构造**问题"。他意在阐释所有那些主体对这个"**经验世界**"（die **eine** Welt der Erfahrung）、这个"大家的世界"（die Welt für alle）的**构造性贡献**，这个世界的"存在不断地继续在构造主体性始终常新的表现中进行构造"（ihr Sein ist ständiges sich in immer neuer Leistung der konstituierenden Subjektivität Fortkonstituieren）[2]。在持续的现象学—主体性分析——这种分析从"成人"以及与其相关的"正常人"（实际上是从"处于20世纪的事实在场"的胡塞尔）[3]出发——中，对不同构造性贡献的阐明与此相关："**意向变异问题……在其中，它们的超越论特性的表现方式**可以且必须归因于**所有这些意识主体**，即我们的'类比物'。"[4]

因此，**所有这些相对而言正常与非正常的主体**对世界构造或世界有效性（Weltgeltung）的**贡献**"依据被纳入考虑的主体的类型而同时包含着**本质不同的类型之间的**'同感'（Einfühlung）问题"[5]。本质上讲，在其心理生活**可被直观理解**（anschaulich nachverstehbar）的主体之间存在着同感，但这种同感不同于那种**变异的同感**（bgewandelte Einfühlung），后者首当其要的是提供一种与成人的相似性。但我们接着会面临关于**解释的变异或变更的一般性问题**，这种解释建基于不同程度的确定与不确定的同感。尤其是，存在这样一种变异**同感，它相关从孩提到成年的各个发展层面、婴幼儿各层面、动物的种类**（tierisches Sein）及成年动物的常态世界（reif-tierische normale Welt）的层面，以及与其相应的、"仍然作为人类心理物理类比物的"整个动物世界中每个种类的儿童期与幼儿期的次级层面。接下来就是"**变异**

---

[1] 参见例如 Hua XV: Nr. 11。

[2] Hua XV: Beilage IX, „Wichtige Betrachtung über konstitutive Genesis", 1931, p. 172; 或者 Nr. 11: 149。

[3] Hua XV: Nr. 11, p. 161.

[4] Hua VI, Krisis, § 55.

[5] Hua XV: Beilage IX, p. 172.

的有限性"以及"符号性重构"发展层级的不可避免性两个问题,所谓符号性重构即不再直观地重构。一方面,胡塞尔在此考虑的是**人类胎儿**,"未出生的小孩,它出生前的心理发生",以及例如"**子宫里的胎儿已具有动感及可以动感性移动的'对象',因此它在建立出生前的'经验习得'**(Erfahrungserwerbe)"这一事实。另一方面,胡塞尔也考虑**低等动物领域**,并问过例如"**单细胞生物**(Einzeller)不也是心理物理的吗?它们不也拥有作为它们'自我极'之器官的身体吗?当然**这种类比是有限度的**"①。从现象学角度看,"动物(作为仍可通过同感被体验为具有动物性身体[als Leibwesen]的存在)的局限性在于","与我们的身体(Leiblichkeit)的某些类比仍然可统觉为有效的",只要例如,"这种类比是通过皮肤敏感性与反应性移动而作的"②。这种观点紧密相关这一事实,即,从现象学认识论看,"我所能遵从并理解(nachverstehen)之物,**我所能强调的程度,恰恰就是由人类原型**(Urtypus Mensch)**的观念变异所决定的**"。最后,"**在'内体验'**(Innenerfahrung)**中的我的身体**(Leib)……是**原型统觉**(Urapperzeption),它构造了那个**必要构型**。其他所有事物都是这个构型的变异(Abwandlung)"③。至此笔者已概述了一部分与对这同一个经验世界的构造性贡献相关的所有**变异同感问题**。胡塞尔认为,"这一切都包含在我这个自我的世界构造中。物种、原始细胞等的发展"④。

下面我要描述一下胡塞尔用以论证他关于世界构造的超越论观点的**方法**,这个观点植根于这一原初事实:"我存在。……"以及由于反思地思考自身,"我始终已拥有被前给予的世界"⑤。胡塞尔不断指出,

---

① 参见例如 Hua XV, Beilage IX: 172 sq.; Beilage XLV: 605。
② 参见例如 Hua XIV: 118。
③ Hua XIV, Beilage XIII. 126。
④ Hua XV: 172。
⑤ Hua XV, Nr. 38; 另外例如 Nr. 10, Nr. 11。

在其所有回指自我的"生成性起源"、回指其"原初构造"的层面上系统而具体地确定这种生成是极度困难的。①

核心的方法论理念是这样的。相对作为"**构造性构建**"（konstitutiver Aufbau）的"体验过程"（Gang der Erfahrung）观，胡塞尔提出了"**构造性拆解**"（konstitutiver Abbau）的方法以从成熟的正常统觉角度阐明统觉的历史。② 这一方法自身与事实被给予的非常态和例如贯穿整个儿童时期或动物领域的事实发展没有直接相关性。首先，"**构造性拆解**"观念是对静态的"本质变更"的现象学—生成性延展。因此，首当其要的是，这一方法与"**可能变异系统**"及统觉层面相关，例如现象学家们曾尝试通过想象性变化来确立它们。

但本文对这一方法的兴趣在于它**在变异同感行为中的应用**，这本身给各种相对"非正常"主体的构造性贡献提供了一个现象学入口。按这种构造性观点，尤其是**儿童与动物**被看作是"**在特定意义上'非正常'但又属于正常的世界体系**"③。

（在这一点上，或许应像胡塞尔自己那样作出强调，"没有人也没有任何物种先天地可以说在其经验体系中拥有所有心理事物特征（Dingeigenschaften）都可在其中被再现的最佳经验"。没人可断定存在"一种像观念一样绝对正常的主体性，它与一种动物身体有关，后者以终极完美的方式将这个世界体验为绝对的真（schlechthin wahre）"。也许"'会有更高级'的生命存在……，它们也许作为无限高级的生命以多维同感的方式来到我们面前，就像我们以同样方式来到动物们面前一样"。关于被实在给予的事物特征，没有什么指涉体系"自在地更真，它们之间只是存在着丰富程度上的差异"。如胡塞尔所说，"对于事物（的特征），人类比水母有更多体验！"但他也

---

① Hua XV, 例如 Nr. 10, Nr. 11, Nr. 35; Beilage XLV。
② Hua XV, Beilage XVIII, 1931: 307；同时也可参见注解 6 引用的内容。
③ Hua XIV, 例如 Beilage XII: 120。

好奇，想知道"如果我是一只水母"，那我对这个世界会有怎样的体验……）①

为论证更完整起见，笔者须讨论**人类**与**动物**身体（Leib, Leiblichkeit）在同感类型上的差异。胡塞尔曾在阐释**变异同感中"构造性拆解"的应用**时仔细考虑过这个问题。由于同感的确从本质上讲建立在对身体的统觉（Auffassung）上，我们大可"合理地"（rechtmässig）仅作如下强调：基于"我们所拥有的明示"，我们将那个"与其不同于我们身体的变异相对应的"（die der Modifikation seiner Leiblichkeit gegenüber der unseren korrespondiert）的统觉层面归因于一个身体。②

但这里要强调的是**"构造性拆解"作为一个具体规定发生超越论主体性的方法，其真正的可能性在哪里**，它是否像在人类世界中那样适用于基于"完全同一类型的、具有同样有机'物种'的身体"③，或者是否适用于更高级的、以及尤其是更低级的其身体仅只允许一种"格外模糊的"同感的动物世界。

胡塞尔是在专门讨论了低等动物的情况之后总结出的**这一方法的核心要点**，但他在"我的胚胎或儿童发展"（meine embryonale oder kindliche Entwicklung）案例中也暗示过这一点。他从根本上提出这一观点：**在变异同感中"对一种细致统觉的创造"一定是既要依赖拆解方法中的想象变更又要依靠经验**。它不可能借助"单纯经验"的进展而发生，因为那将意味着"获得一个在本原生产（ursprünglicher Zeugung）中的真正统觉"，而是要"通过一种对我们自身身体—周围世界统觉的直观'拆解'方法中的构造"（durch eine Konstruktion in der Methode des anschaulichen'Abbaus'unserer eigenen Leib-Umwelt-Apperzeption）而发生。但是，当这种拆解被应用于变异同感时，它却

---

① 参见例如 Hua XIV, Nr. 6 (1921).
② Hua XIV, Nr. 6: 116.
③ Hua XIV, Nr. 6: 117.

"不仅仅是想象"（nicht blosse Phantasie），例如我们并不仅只考虑"对其视域的感知是如何不得不由此来规定的：我们是否从发生中排除了特定经验，并因此认为特定的经验群体从来都是不可能的"。**然而，拥有这样一种在想象中改变我们的事实经验的可能性**——即"我们可在一定意义上系统地拆解我们的充分经验"——**是一个条件，它可使主体更相即地理解被事实给予的变异身体—周围世界—统觉**。即如此，如胡塞尔所说，**拆解的想象变更必须要复合经验性明示**。"在经验中被给予的依据"（erfahrene Anhalte）对拆解的描述不再仅限于想象，而是**基于经验性地被给予的明示或暗示中的"信念"**。为了在对各种事实被给予的主体的构造性贡献的解释中"尽其所能地达到科学规定"，现象学必须依赖我们自己"正常"统觉的想象变更，但这种变更又必须在经验范围内实施："通过排除缺乏经验依据（für die in der Erfahrung der Anhalt fehlt）的我们统觉的动机引发，我们的动机引发体系发生了一种变异……这样，动机引发原被抑制（verkümmerten）的体系之统一体就得到了直观建构。"①

行文至此，笔者已对胡塞尔的现象学认识论思路作出了描述，在其中——并不像胡塞尔所认为的那样属于康德式描述——对"心理学"的诉诸起到了关键作用，笔者试图表明，**在相关认知的发生性问题上**，胡塞尔是基于自己的方法讨论这个问题，而现象学"工作问题"可以说应借助经验发展心理学，例如皮亚杰的著作，得到阐述。

二

现至少举几例予以说明：在想象变更中，胡塞尔会思考"世界"对一个例如没有步行动觉（Gehkinästhese）的存在者会是什么样子，

---

① Hua XIV, Nr. 6; 以及 Beilage XIII。

以及它因此永远不能接近或从一个对象那里退开、而只能在视觉上拥有一个"眼球运动的事物世界"。他接着转向经验一面,指向某个事实被给予的身体,我们在观察这个身体时,的确没有发现它有任何动觉。关于这种存在,例如婴儿,胡塞尔说:"也许这个婴儿和我看到的是同样的东西,但它还未完全形成对它们的统觉,它仍缺乏更高的视域,还不能组织自己的经验以采取如此这般的新动机,而通过这种动机它可以像我们一样看出正在讨论的这些问题。"他又补充道:"同样,低等动物也是如此。"①

或者,胡塞尔会对身体在所有外在经验中的必要的共在场(Dabeisein des Leibes)进行深度反思:关于身体的构造与外在事物的构造是如何紧密统一的。他再次在想象中变更这些状况,例如,关于运动与休息,关于各种形式的动觉,关于触觉,关于一个近处(Nahding)或远处(Fernding)的事物的位置等,并指出其他事物中"可逆转性"在"事物统一性"的构建过程中是起构造作用的。在转向经验时,他接着讨论诸如"已构建起可把握的接近性(Konstitution der greifbaren Nähe)"的儿童,且它正在"把握那些或许在其显现方式(erscheinungsmässig)上被移出(nach dem Ferneren)这种接近性而因此表现出显现变异的东西,这些变异是持续的,且与那些出现在最狭义接近性中的事物有相似之处";"但是",胡塞尔特别指出,"在把握它的时候,这个儿童会感到失望",且会逐渐不得不"在体验(作为构造性构建)过程中""获知",借助特定的视角扩展,通过被移到那里或自己过去,可把握性(Greifbarkeit)可重新复原,如此等等。②

最后,1934年之后的一篇文本中记载着胡塞尔的反思,在这里,他几乎确定了人类婴儿在**当下拥有**(Gegenwärtigung)与**当下**

---

① Hua XIV, Nr. 6.
② Hua XV, Beilage XVIII, 1931: 295 sq.; 以及 Hua XIV, Nr. 34 sq., 1927。

化（Vergegenwärtigung）行为方面的早期发展，笔者认为，这些行为出色地例证了对认知的主观先天的现象学分析。胡塞尔似乎认为，人类的这种异于动物的特殊发展依赖于作为**一种重复能力**（Vermögen der Wiederholung）的当下化行为，它使婴儿能够超越当下拥有活动的"此时此刻"。因此，当下化被看作是构建事物同一性（Selbigkeit）的一个可能性条件，不仅以原初认知的形式，这种认知并不要求在回忆行为中回到过去（重新感知），还以将时间与空间位置等同的形式进行构建，这种同一性首当其要会使实存事物的个体性成为可能。但是，关于动物，胡塞尔问道："动物……有真正直观重复的记忆（Wiedererinnerungen）吗？有与我们同样意义上的直观想象（Phantasievorstellungen）吗？"排除了动物具有这种**真正的当下化行为**之后，胡塞尔提出，"动物因此对我们通过素朴同感将其划归其中的周遭世界（即，作为客观实存的世界）一无所知。它没有能力意识到或知晓一个拥有永久性对象的实存世界，这些对象得以永久实存的条件为：时间，生成，依赖周遭环境等的生成的因果性……，以及时间与空间位置之间、过去与预期会当下化的未来之间的同一性之可能性……"。胡塞尔问道："**人类婴儿期**（Urkindlichkeit des Menschen）的本原时间化恰恰就是这（种）动物性的时间化吗？……在婴儿（Urkind）那里，这是一个真正实存之物的时间化吗？"[①]

笔者认为，这些例子显然表明，我们将不得不仔细考虑将诸如皮亚杰（1936，1938，1945）已经提出的、针对从人类婴儿的感觉运动期一直到向当下化智力过渡期的经验发展研究作为一条线索

[①] Hua XV, Beilage X, p. 183f. 以及例如 Beilage XLV (July 1935), p. 605, 胡塞尔在这里讨论了"新生儿"，与"胎儿"（das mutterleibliche Kind）相比，它"已经是一个更高层级的在经验着的自我了……已经是一个拥有更高习性却没有自身反思、没有成形的（ausgebildet）时间性、没有唾手可得的记忆、拥有前摄与滞留的流动着的当下的自我了。原初'事物'的构建、原初身体（Leib）的构建、依次分离的个体器官、动觉性可移动的。母体作为原初的身体（körperliche）统一体？但这样进行有点太快了……"。

（Leitfaden），从而克服胡塞尔本人也意识到的"空乏的一般性"及不必要的不确定性，即，尽可能直观地"构建"一种适用于在人类婴儿身上进行世界构造的变异统觉。构造性拆解依赖于这种知识，关于它们，我们"正常"统觉的那部分在经验中恰恰找不到依据，因而必须被"拆解"以获取对这一时期身体的超越性的合理解释，即，对他们现实被给予的世界之可能性的主观条件的理解。在其对事实被给予的身体—周围世界—统觉形式的超越论解释中，现象学不能依赖关于儿童发展的仅只是偶然性的观察或者多少带点轶事性的证据。相反，要作出可靠的解释性陈述，现象学必须尽力依靠经验性证据，因为后者已达到最大可能的确定性。①

但同样不言而喻的是，我们这个以经验为导向的项目作为一种解释预设了**特殊的现象学观点，即，对"关于主体性事物的现象学"的反思—本质性阐释**。②这种关于主体先天的现象学首先"**必须得到阐释**"（muss durchgeführt sein），因为它构成了对经验性证据的全面超越论解释的固有基本线索。如胡塞尔所说："**我们必须把经验地被给予之物置于放大镜下。**"③

三

> 探索性研究很重要。
>
> ——大卫·马尔（David Marr）

行文至此，笔者勾画了一个意在一般意义上现象学与经验发展心

---

① 比较例如出自 1912 年的 Hua V 中的《观念》III 第 8 节 "理性心理学与现象学——实验心理学"，p. 40。
② Hua XV, Beilage XLV, p. 606.
③ Hua XIV, Beilage XIV (1921): 136.

理学之间合作的论证框架，它与胡塞尔的构造性拆解及其在变异同感行为中的应用相关。为展开与具体进行论述起见，下面将首先给出一个与精神相关的观点，在其中，本文对3至10岁儿童的**想象力**、并对笔者将如何尽力使其经得住经验性研究的检验作出**解释性发展研究**。在这一研究中，笔者将尝试把"本质放大镜"具体运用到经验地被给予的直观当下化（anschauliche Vergegenwärtigungen）行为中，以对胡塞尔提出但却从未展开讨论过的"经验现象学"或"应用现象学"尽一己之力，就像把纯粹数学运用于经验物理科学中那样。

具体说来，**在我们这个解释性研究中发生作用的方法论观念**基于以下观点：关于**可能会与当下化某物**（etwas vergegenwärtigen）**的意识体验相关之物的现象学知识能够**，而且应该能够，被应用到**对各年龄段儿童现实给予之行为的解释**中。这样说的逻辑是，人们倾向于把这种现实案例解释成一种意识体验形式，即，在其可能性范围内将其定义为如此这般的，因为现实、实在地发生之物更是可能的。换句话说，现实的经验案例可被现象学地解释为一种关于如此这般可能的意识体验之**本质形式的例子**。

总之，笔者以**对想象概念的反思性现象学澄清**为线索锁定了一系列问题，并将借助经验心理学来对其展开研究。核心假设，即，对经验性工作的设立而言其结论最重要的假设在于这一观点：**在想象与所谓的图像感知或意象意识之间存在一种固有关系**。它们都是某种直观当下化，因此都意向地意味并由此彻底修正着对某物的基本直观**感知**行为。我们把对某物的想象行为之本质结构或形式用 IMA x 标示，把观看图中某物的行为标示为 PIC x。笔者认为，这两种作为基本感知当下拥有之变异的直观当下化之间的内在关联可以得到最佳把握，并可以如下方式变得可见：一方面，**现实想象**，即使对象 x 可见：被反思地分析的（**IMA**）x 给出

（1）　　　　　　　i _____ (REP – [**PER**]) – /| – x
　　　　　　　　　(PRE) s

即，某个虚构的或实在的对象 x 在我通过当下化（复现）一个对 x 的中立化感知而现实当下化的 x 中被给予我，而与此同时，我的周围环境通过我身体的在场而被现实当下拥有。

相反，看一个对象 x 的**图像**或拥有对 x 的**意象意识**：被反思地分析的 (PIC)x 给出

（2）　　　　　i _____ (REP – [**PER**]) - x|| – / – x
　　　　　　　(PRE) s　　　(**PER**)　p

即，某个实在的或虚构的对象 x 被给予我或显现给我，在我通过当下化（复现）一个对 x 的中立化感知而现实当下化的 x 中，就被看作是非实在的 x 在图像 p 中显现而言，这个 p 是我现实感知到的，而与此同时，我的周围环境通过我身体的在场而被现实地当下拥有。

这一反思性发现结果，即在真正的看图行为的任何被给予因素中都包含一个想象的心理活动作为不在显现之物（即图像）中显现自身（被描画的对象）的某物之当下化，而之后正是以其实在性为代价，使我们得以使用图像来研究想象的某些特定方面。这种事实看起来好像即使不是微不足道也很烦琐，即，存在**某个关于图像的非实在的东西**，它要求在看图行为中有潜在的**想象**活动，因为仅仅在只构成**当下现实性**的感知过程基础上，要想遇见任何**非实在**之物，那是根本不可能的。

此外，在**经验性工作**中使用图像展示有一个好处，它可给我们提供一种**外在的、普遍可得到的来自想象活动**的"刺激"，因此至少在这个对象或那些内在活动的相关项方面，我们可处理掉一种可控的持续性。但它也会带来不便，使我们面临一些特定问题，这些问题对于看

图行为来说尚可接受，但对于想象行为则并非如此。虽如此，在对作为主体的儿童进行的研究中，这种主要源自解释的困难对笔者而言似乎没有完全依赖儿童对其"纯粹想象的"、看不见的"景象"（对象、事件）的口头报告那么让人没有成就感。

在最一般的意义上，对有关儿童问题的解决取决于**想象（当下化的）世界与实在世界之间的各种关系**。笔者曾尝试从一个极其有限的视角切近这个最复杂的论题，设计了一系列图像，它们都含有至少一个另外的图像视角。这里只能报告一幅图的情况（见图1）。

图 1

> 这很有意思。我喜欢，因为它是一幅画着画了一幅画的人的画。
> ——《约拿书》（8：8）

我们可对这种图示背后的观念作如下简短描述。假设"看图与想象密切相关"这个观点有效，则这种可重复的图像展示在笔者看来尤其容易引发一些心理活动，这些活动具有特定的、可以某种方式被外在化的，即显化的，多样性与复杂性，也就是说，它们可在儿童中间观察到，因而可进行比较。再具体一点，笔者认为：正常情况下，一个通过图像被给予的"世界"（对象、事件等）就像任何纯粹内在想象的世界一样在它**自身的时空**中显现，而**与现实环境没有任何直接关系**。也就是说，这个图像世界与其现实的周围环境之间**通过视觉被给予的关联**在看图行为中**分成**按其**现实性-值**（Wirklichkeitswert）而互不相同的各种关联。现在，在当下这个使用**画中画**的展示中，这个现象可以说又占据了一个"较高层面"：**一阶图像**的视觉上被给予的关联——一个房间以及里面一个叫吉姆的人——分成那个房间的**准现实性**以及一个**纯粹的图像世界**，即这个起居室墙上左边的**图像所显示**的那个世界。（如此等等，原则上讲，经过了适度修正，再想想胡塞尔喜欢细致分析的所有那些意向复杂性吧！例如回忆或内在地想象看过一幅内含着另一幅图像的图像等等。）

因此，鉴于这种可重复性展示，相对现实环境而言可被仅看作一幅画（"整个事物"，即，一阶图像空间，S）的东西又会变异为一种准现实性，与其相关，一个二阶世界于是被看作"只是一幅图像"（这个二阶图像空间，S'，等）。笔者认为，主要是这个允许人们观点、注意力以及对这个世界的"信念"态度进行某种程度的"外在化"**转移**这一事实，使得这种可重复性展示成为一种可用以**区分想象世界与实在世界**的有用工具。

下面我们要讨论一个更重要的方式，想象可以这种方式对图像发生作用。也就是说，并非仅仅走向通过图像显现的世界，人们还可以始终——倘若有一种合适的动机引发——**在想象中"进入"这些世界并一定程度上自由转变画中的风景**，当然，在当下的任务中，我们还是要紧扣画中的世界，以免失去控制！

在与儿童打交道的过程中，笔者特别强调与画中不同人物（起居室中的吉姆，窗户外一个穿蓝衬衫的男人［MB］，起居室墙上图像中可以看到的一个穿黄衬衫的男人［MY］）的**移动之可能性**相关的一系列问题，这些问题也因而与 S、S' 中、S—S' 之间的移动之可能性，或更少见的，进入访谈过程中与儿童共享的那个现实世界之可能性相关。笔者极为依赖"在想象中进入"图像甚至进入画中画的可能性。需要注意的是，笔者绝非是说能控制儿童"多么逼真地"想象所有这一切。这里的关键仅仅是，**如果没有任何潜在的想象行为** ——因此，如果这种展示仅只被看作是对儿童面前之物的**感知**的一个相关项——，则关于人们以及四下移动的人们等的问题将对这些儿童而言毫无意义。我们面对的将只是处于一个平面上的不同尺寸与排列等的颜色与形状。但是，尽管这幅图像比较繁复，比如一定程度上讲几近荒唐的比例，别扭的景深等，**但孩子们总的来说都能立刻看到画中的风景**，接受里面的变形，且与此同时或多或少潜在地**意识到当下在视觉上显现之物并非"真是真的"**。

的确有证据表明，当儿童介入这种图像展示时，他们似乎从一开始就能清晰意识到"**现实性的层级**"。他们会认为某些事物比其他的"更真"，关于这个他们在其中进行访谈的"此时此刻的房间"，一阶图像（"整个事物"）以及"画中画"，他们会**分别辨识"这个真是真的"，"这个应该是真的"以及"这个只是一幅画"**。

但还存在更加根深蒂固的问题，涉及到儿童在多大程度上也能清晰意识到，"某个真的地方"与该地方和"另一个真的地方"之间的**时空持续性**的潜在被给予的可能性之间存在着固有关联，这种持续性与相关"某个不真的、想象的地方"的**非持续性**相对。因此，一个完整的、在这些通过图像显示的空间之中或相互之间的时空关系网络被带入对话过程，这样可以就儿童们的回答之逻辑连贯性（或不连贯性）对其展开分析，这些连贯性与由儿童对这一问题的回答而初步确立的情境有关——吉姆，即房间里的这个男人，他能否走到房间桌子上的书那里。在得到"能"的答案之后，笔者接着又提出诸如这样的问题：吉姆是不是也能走到其他地方，而你还能再看见他（在这整幅图像中）？如果吉姆走向那个蓝衣人（MB，在窗户外），他也会遇见那个黄衣人（MY，在墙上的二阶图像中的路上）吗？那个黄衣人（MY）能走近这位画家并看看他在做什么吗（在墙上的二阶图像内）？如果黄衣人走到画家那里，他也能再走远点与吉姆（在一阶图像的起居室里）相遇吗？等等。正是联系到这种问题，孩子们也必须就所讨论的想象事件应该发生的**地点**、在哪种地方（真的还是想象的）以及**时间**作出决定。在对被给予的展示的想象生成意义上，其他可能的情境依赖于任何这种应该为真或仅仅是想象的情境。

现在，如果一个儿童的谈话是逻辑上可接受的，则他／她必须就那些可能的情境以特定方式进行回答。例如，之所以对吉姆遇见蓝衣人（MB，一阶图像中窗户外的那个人）的效果的回答会看起来可接受，正是因为它是连贯的或适合的，即，起居室的时空被置入与窗户外的那个"世界"的持续关联中，或者反之亦然。**从现象学角度讲，这种持续性得以确立是因为直观当下化的统一活动是完全可能的**。也就是说，相对个别准感知的即当下化的观点，不论它是从吉姆到蓝衣人（MB）还是相反，持续地在想象中将门外与门内的空间关联起来，这是可能的。

我们收集了对大约 150 名 3 至 10 岁儿童（分布在牛津、伯克利、纽约以及新西兰）进行的解释性研究结果，已开始探索这种关系，探索方式是提问关于**移动可能性**的问题。从现象学视角看，关于分析意识体验，这种相关展示**人**的（或**动物**的，例如给 3 至 4 岁幼儿看的图那样）图像的问题在整个对话过程中都凸显了**歧义性**，即，在**意象意识**中流行的意向力量，要么相关**被描画的对象**，要么相关如这些对象在物理图像中所显现出的那种**意象**。此外，在**区分这个现实性世界与想象世界**[①]上起最终**决定**作用的**时空个体化问题**也得到了凸显，就此，笔者认为，关于显示给儿童的、整个图像展示的空间组织中的关系之

[①] 提出这个观点，说明笔者支持由 J. N. Mohanty（1982）所提出的一种胡塞尔式"与世界绑定的个体理论"。

可能性与非可能性的正确解决方法，的确依赖于**对相关时空个体化的现实性-值的理解，或者相反**：这两方面指涉的是同一个问题，都是关于区分实在性（现实性）与想象的。

为告知至少一星半点这种问题在访谈过程中是如何出现的，笔者将从与斯蒂芬（9.9岁）的一次长对话中摘取几句。这次对话是用瑞士德语进行的！

对话 1：

EM：……吉姆（在起居室内）能不能走到桌边读这本书呢？

Stefan：能。

不，嗯（否定）。但如果有人摹画了这个的话……那么或许……吉姆也能遇见……这个黄衣人和画家。但是，这几乎是不可能的……，因为画肯定是很久以前画的，或许不是？……现在人们没法看到它，就是说没法真正看到它。

EM：这个黄衣人也能走近画家看看他在画什么吗？

Stefan：你是说真正的还是在画中？……他不能，他不能走到画家那里，反正在这幅画上是不能的。

EM：……还有……吉姆能不能走过去读那本书，能不能走出门去呢？

Stefan：呵呵……唔，这可真是，嗯，呵呵，这整个，呵呵，也是幅……画而已，那是真的，没错，但是，但是如果现在这是真的，那么他就能走过去，可是，如果是在画上，那当然不能。你看那里（二阶图像：pwp）几乎一样。……如果这个现在是真的，就是这幅画（pwp），如果它不是一个简单的想象的画，而是，呵呵，从一个地方摹画过来的，那么，可能会是这么回事……就是说，这个人（MY）会遇见这个画家，真的遇见……而不是相反。

对话 2：（继续）

EM：……你说如果它是真的，那么他（黄衣人）也会去……那么，他在这条路上还能再走远点，还有，他能遇见吉姆吗？

Stefan：……嗯，我想，我不确定，这个现在有点难，唔……如果它是真的图画，不是想象的……那么他或许能，但你不知道（这个二阶图像）这是不是离得很远，比如说如果这个（一阶图像）现在是在瑞士，而那个（S'，即，二阶图像）是在美国……或者非洲画的，哈！

EM：……如果这是一幅想象的图画，你的意思是……？

Stefan：嗯……如果让我现在画……只是一只想象的母鸡，那么这只母鸡也不能遇见我，不能真实地遇见，这只想象的母鸡。

EM：……那么这只母鸡在哪儿……？

Stefan：在哪儿？嗯，在图画里呀，它在这个，这个，呵呵，在我画画的那张纸上，有只母鸡，然后……很显然啊！如果它是只想象的母鸡的话。

* * *

最后，我们回到**经验或应用现象学**的方法论方面。在探索性研究中有证据表明，基于对观察者——访谈者或儿童——来说看起来**非常相像的当下被给予的视觉输入**或刺激，结果证明，对看图者而言，在其关于图像的谈话中所指涉的其活动的意向对象是这种或那种方式。笔者认为，被给予看图者之物之间的差异可通过**与他／她的意识体验观点有差异之物**得到最佳理解。因此，关于前反思进行的、对相关一个人的当下化意识之差异的意识体验的、基于反思的现象学知识，可在以这种或那种方式意识地体验客观某物的可能形式方面指导我们对事实的发展资料进行解释。

然而，这里似乎会强行闯入一个**严重的问题**。这种意识体验，比如想象或观看画中某物的体验，其**发展可能性**是怎样的呢？根据其可能性而对这种或那种对某物的体验进行的现象学反思分析所得到的结果不正是这样吗——某种特定**体验形式或结构**（例如想象或看图——见前面的公式（1）和（2））被揭示为总是如此这般？这不正是胡塞尔**对意识体验的本质分析**的要旨吗？笔者认为正是如此。**那么，意识体验的发展形式，即，一定的变化、变更形式，其可能性又是怎样呢？**

笔者认为，从现象学角度看，似乎的确不可理解特定的意识体验**形式**会随着**时间的发展**而发生改变。意识体验形式看起来是一种"**要么—要么**"**的物事**：要么对某人而言存在着观看画中某物的意识体验，它因而由如此这般的东西构成（被描述为其关于这种体验的可能性条件，见公式（2））；要么不是如此。这里似乎没有什么会对一种真正的经验研究打开大门。

但是，如从与儿童的对话中可收集到的，事实上，从一开始就存在转移一个人的注意力、警惕歧义性这些可能性，之后还存在对一个人的意识体验本身进行多方面反思的可能性。在这些方面，通过经验研究将会发现和证明笔者所看到的**意识在时间中的渐进过程之可能性**，即，在这个过程中，会有越来越多的生活经验，尤其是与越来越先进生活经验[①]的社会交往。笔者再次强调，要解释这种作为意识相关资料的资料，对意识体验的不变形式进行现象学分析是首当其要的。换言之，要这样解释（或许甚至要收集）作为对心理进行当下化的资料的资料，从现象学角度讲，需要一种关于意识体验形式的理论，例如胡塞尔现象学所提供的那种。

对资料最终的**现象学解释**可被看作是一种对把意识纳入考虑的现实情况的全面心理学解释，即，一种**基于同感**与通过实在地**把各种意识体验归因为现实实例而进入他者观点的移位**的解释，现象学根据这

[①] 还可参见 Iso Kern & Eduard Marbach, "Understanding the Representational Mind: A Prerequisite for Intersubjectivity", in Evan Thompson, ed., *Between Ourselves. Second-Person Issues in the Study of Consciousness*, Imprint Academic, 2001, pp. 69-82。

种实例的可能性而对它展开研究。这里谈论关于意识体验的现实主义，因为笔者认为这些意识体验是实在地，或许读者会喜欢"功能性地"，被包含在从不同角度观看图像的儿童的观察行为中。笔者认为这样说是有意义的：一个儿童对各种意识形式的实例的实在体验有助于我们理解，且在这个意义上解释，他/她相关图像展示的口头上或其他方面的观察行为。诚然，如笔者所指出的，原则上讲，归因错误总是可能发生的。要作一名对他人行为甚至自身行为进行解释的意识体验的现实主义者，当然不会排除在实例中做出错误归因的可能性。笔者极力建议在心理学语境中采纳的现实主义与这一观点紧密相连：意识现象体验不仅仅是某个心理学理论中对说明性目的有所裨益的、或许不可或缺的结构。相反，意识体验是意识上被个体所体验、拥有或经历的，对这个个体而言，它只是实在地是其所愿是，例如，这样体验：把某物看成它在画中所显示的那样；而不是这样体验：把某物看成它在画中画里面所显示的那样，如此等等。因此，在关于把现象学结果纳入考虑的再现性心理的心理学理论中，关于当下化的意识心理状态也即当下化某物的意识体验之归因的观点不会仅只是工具主义的，而是审慎的现实主义的，其原因简单但又难解——当意识体验发生，当它们经验地、实在地发生时，仅仅将其假设为理论实体没有任何意义。

（张琳　译）

观·物
——唯识学与现象学的视角[*]

倪梁康

（浙江大学哲学系、浙江大学现象学与心性思想研究中心）

上篇："观·物"的静态结构

观·物：从唯识学的角度来看，"观"是看的行为，即"能识"或"见分"；"物"是所看见的对象，即"所识"或"相分"。它们构成一个心识行为的两个最重要成分；这里暂且不论心识行为的其他方面。而从现象学的角度看，"观"是意识的活动，即意向的"能识"或"意向活动"（noesis），"物"是在意识中呈现的对象，即意向的"所识"或"意向对象"、"意向相关项"（noema）。这个意义上的"观"或"见"，不仅仅是指眼睛的、视觉的看，而且更多是指精神意义上的看，与佛教中"观音"之"观"含义相似，可以是指对颜色、形状的**观看**，也可以是指对声音、对酸甜苦辣、香臭冷暖的**观察**。这个意义上的"物"，也不仅可指"物品"、"物件"、"物质"，而且也可指"我

---

[*] 本文系提交北京大学美学与美育研究中心于2013年11月21—22日召开的"观·物——哲学与艺术学术研讨会"的发言稿。

以外的人",如此等等;其中与佛教的"相分"或现象学的"意向相关项"最接近的含义是"内容、实质",一如"言之有物"的"物"。①

可以说,"观·物"是对具有认识作用之主体与被认识的客体的一种表达方式。就此而论,远在近代的主客体思考模式及其问题产生之前,与主客体相近的认识范畴就已经在佛教唯识学中出现,而现象学则是西方哲学彻底解决近代主客体模式及其问题的一个当代尝试。② 它们就时间而言代表着前—主客体思维模式的与后—主客体思维模式的另外**两种**思维可能性,而由于它们在义理方面基本一致,因此也可以说是另外**一种**可能性。

现代意义上的"主—客体"概念是在笛卡尔之后一百多年才出现的。与此相关的思维模式不仅是笛卡尔心物二元论的思考结果,而且也是从公理出发演绎出其他法则的纯粹逻辑系统的产物,在他这里具体地说,是出自从我思的主体明见性中演绎出所有客体的明见性的思想过程的产物。

唯识学与现象学都不会把自己理解为一种逻辑演绎系统。这意味着,在它们这里,意向对象的范畴不是从意向活动范畴中演绎出来的,而是构成心识本质的两个不可进一步还原的要素。唯识学确定,一切心识行为都含有至少四个要素,即唯识学的四分说:见分、相分、自证分和证自证分;现象学则基本确立意识的最基本的、亦即无法进一

---

① 关于"物"的含义,还可以参考宋明理学中的相关讨论:朱熹将儒家的"格物致知"的要求理解为对外部事物及其秩序的研究,以此获得关于世界的知识(参见《朱子语类》,北京:中华书局,1986年,第1935页)。以后的王阳明则通过其龙场大悟而明察到:这里的"物"所指的东西已经不在人心之外,而是指人的思想、言语和行为;"格物致知"是指纠正自己的行为,从而实现自己的良知(参见《传习录》卷下,第201条,载于《王阳明全集》,上海:上海古籍出版社,1992年,第91页)。

② 如海德格尔所言,胡塞尔的《逻辑研究》"扭断了"主—客体的虚假问题的"脖子",而在此之前"任何对此模式[主—客体模式]的沉思都没有能够铲除这个模式的不合理性"。参见 Heidegger, *Ontologie*, GA 63, Frankfurt a. M.: V. Klostermann, 1993, S. 81。

步还原的三分：意向活动、意向对象、自身意识。①

至此为止，我们所涉及的主要还是心识的认知活动，即现象学意义上的最基本表象行为，或客体化行为。唯识学将它们称作"心"或"心王"，以此表明它们相对于其他心识现象的主宰地位，例如相对于审美感受、道德感受等等。感受活动是在认知活动基础上形成的另一种心识活动，唯识学将感受活动称作"心所"，即隶属于"心王"的心识现象。②现象学将它们称作"非客体化行为"。这个名称并不意味着，具有这些名称的心识活动没有客体，或不朝向客体，而只是意味着，它们并不构造客体，也无法构造客体，因而只能借助已有的客体。所有客体都是由客体化行为或心王构造起来的。就"观·物"的意识结构举例来说，我看见美丽的风景，或听到美妙的音乐，同时产生审美的感受。这里的看风景或听音乐是心王或客体化行为，审美的愉悦感是心所或非客体化行为。与此同理，不可能在没有相应客体的情况产生出爱和恨的感受。

因此，无论对唯识学而言，还是对现象学而言，心所或感受活动都不是从心王或表象活动中演绎出来的，但心王构成心所的可能性条件。换言之，客体化行为不一定有非客体化行为伴随，而非客体化行为则一定有客体化行为伴随。即使我们常常谈到"莫名的悲哀"和"无名的喜悦"，即某些一时间没有相关客体的感受，但这些感受原则上最终还是可以回归到一定的表象活动或心王之上。

唯识学认为心王有八种：阿赖耶识、末那识、意识、眼识、耳识、鼻识、舌识、身识；心所则有五十一种，并分为六类：遍行、别境、

---

① 关于意识分析中的现象学三分说与唯识学四分说的区别，可以参见笔者在《唯识学中"自证分"的基本意蕴》一文中的讨论，载于《学术研究》2008年第1期，第16—26页。
② 《成唯识论》卷五："恒依心起，与心相应，系属于心，故名心所。"

善、烦恼、随烦恼、不定。①所有的心识活动，无论心王、心所，按照唯识学的教义都有四分。②现象学也认为，意识总是关于某物的意识，无论这意识活动是表象或客体化行为，还是感受或非客体化行为。除此之外，意识在意指自己对象的同时也以非对象的方式内意识到自身的活动，因此在胡塞尔现象学这里可以确立意识三分之说。③

至此为止的所有这些确定都还只是与对心识的基本结构的静态描述有关。所谓"静态"，指的是在心识中存在的因素以及它们之间相互关联的相对稳定不变，它们构成意识分析与语言分析中的结构主义理论的基础。以这里的静态描述分析为例，在心王、心所之间，或在客体化行为与非客体化行为之间存在一个奠基关系：只有在心王或客体化行为已经进行的情况下，心所和非客体化行为才会发生。

具体落实到我们的艺术作品欣赏，以凡高的"一双旧鞋"④为例：只有在观看到（或在已经看过的情况下重新回忆起）凡高的画作《鞋》的前提下，各种附带的感受才能产生，或者以自身意识的方式，或者以反思的方式。无论这些感受或感悟是否会导致向着一个新的源初性突破的海德格尔式现象学本源描述，或是导致德里达的相关发生现象学诠释，甚或导致弗洛伊德式的心理病理学分析，它们都须以对《鞋》

---

① 在这些包含情感、感受在内的非客体化行为中，虽然找不到美丑感受的类型，但在"遍行"中的"受"心所之种类中原则上包含了美感和丑感的可能性。

② 《成唯识论》卷二："心、心所，若细分别，应有四分。"

③ 参见胡塞尔《内时间意识现象学》附录十二："每个行为都是关于某物的意识，但每个行为也被意识到。每个体验都是'被感觉到的'，都是在内在地'被感知到的'（内意识）。"

④ 从目前在艺术史研究界对凡高的这幅作品的讨论结果来看，我们无论如何也不能像海德格尔那样再将这幅被确认为其作品第 255 号（参见 J. B. de la Faille, *The Works of Vincent van Gogh: His Paintings and Drawings*, New York: Reynal & Co. in association with William Morrow & Co., 1970, no. 255）的绘画称作"一双**农鞋**"（ein Paar Bauernschuhe）。首先不能将这幅画以他的说法称作"**农鞋**"乃至"**农妇的鞋**"，因为一方面，在凡高此前的农民画中农民所穿的都是木鞋而非皮鞋，另一方面，画中的鞋实际上很可能是凡高在巴黎时期（1886—1888）在旧货市场买回来用于下雨天穿的鞋；其次，它甚至都很难被称作"一**双**鞋"，因为如德里达所言，它们看起来更应当是两只左脚的鞋，甚至还有可能是一只左脚的女鞋和一只左脚的男鞋，因为它们的鞋带的系扎方式也不尽相同，如此等等。

作品的观看为前提。这个状况既适用于对文化作品的观看或聆听等等表象活动与相应感受,如凡高的《向日葵》、莫纳的《睡莲》,也适用于对优美的自然世界的观看或聆听等等表象活动与相应感受,如山明水秀、鸟语花香、丽日皓月。

这里已经有一个问题需要进一步展开:对优美的风景的观赏究竟是两个行为,即对风景的表象与对风景之优美的感受,还是一个行为的两个部分,即对风景的看与一同伴随的美感(审美的自身意识)?

对于这个问题,胡塞尔在《逻辑研究》中曾有过思考和讨论,但并未给出确定的结论。[1] 现在看来,这两种事实上都可能存在。就第一种可能而言,在听到一段音乐的同时,感受到由这段音乐引起的愉悦或振奋,这里的感受虽然依据了对音乐的听,但却可以在音乐消失后依然存在一段时间,这是所谓的"余音绕梁,三日不绝"(《列子·汤问》)。事实上绕梁的并非声音本身,而是由声音引发的相关感受。按照马克斯·舍勒的现象学情感分析,这种感受的相关项(noema)或相分已经不再是"余音"本身,而是由它引发出的"价值",因此,同时形成的价值感受与对象表象可以是由两个意识行为组成的。在唯识学的意义上,这两者的关系为心所—心王,各有见分、相分等四分。以凡高的《鞋》为例,海德格尔对它的阐释显然是立足于此类感受和联想之上。

当然我们也有充分的理由将对一个事物的感知或表象与一同伴随的审美感、道德感等等视作一个行为的两个成分,例如孟子所说"今人乍见孺子将入于井,皆有怵惕恻隐之心"(《孟子·公孙丑上》),便应当是指在看见孩童有可能落入井中而产生的同感和怜悯。此外,在

---

[1] 笔者在拙著《现象学的始基——胡塞尔〈逻辑研究〉释要(内外编)》(北京:中国人民大学出版社,2009年)的第六章中曾对此问题做过较为详细的讨论。

发现自己做错时的羞耻感、面对某个崇高事物时的敬畏感、观看惊悚影片时的恐惧感,如此等等,在许多情况下都是直接和间接感知(直观行为)的一个部分,而非通过对感知的反思而形成的另一个派生行为。这些感受包含在感知或直观中,构成其中自身意识的部分,或者说,它们构成伴随着见分和相分的自证分。继续以凡高的《鞋》为例,对它的观看大都会伴随着一种非反思的直接感受,即将它感受为不足为奇的、极为寻常的,甚至粗糙丑陋的[1],当然也有可能将它非对象地感受为亲切的、熟悉的,如此等等。这些不假思索的、非课题化的、通常未被注意到的感受,往往是我们最多称之为"感受"的东西。

我们应当可以将通过对艺术作品的观赏所获得的感受分为两类:作为自身意识的直接感觉因素,以及作为非客体化行为的被引发的感受活动。这个分类不仅仅适合于我们的审美活动,而且也适用于所有的心王—心所的关系,或者说,适用于所有客体化—非客体化行为的关系。

这两类感受的产生都有其发生的背景。在观看凡高的"鞋"时究竟会有何种非反思的直接感受伴随,感觉它不足为奇、极为寻常,甚至粗糙丑陋,还是感觉它亲切而熟悉无比?这是一种可能性。

另一种可能性在于,对凡高"鞋"的观看或是唤起了海德格尔式的带有大地礼拜和农民礼拜的畅想:"从鞋具磨损的内部那黑洞洞的敞口中,凝聚着劳动步履的艰辛。这硬邦邦、沉甸甸的破旧农鞋里,聚积着那寒风料峭中迈动在一望无际的永远单调的田垄上的步履的坚韧和滞缓。鞋皮上粘着湿润而肥沃的泥土。暮色降临,这双鞋底在田野小径上踽踽而行。在这鞋具里,回响着大地无声的召唤,显示着大地对成熟谷物的宁静馈赠,表征着大地在冬闲的荒芜田野里朦胧的冬眠。

---

[1] Dietrich Schubert, „Van Goghs Sinnbild ‚Ein Paar alte Schuhe' von 1885, oder: ein Holzweg Heideggers", in Frese, Tobias und Annette Hoffmann hrsg., *Habitus: Norm und Transgression in Bild und Text*, Berlin: De Gruyter, 2011, S. 330-354.

这器具浸透着对面包的稳靠性无怨无艾的焦虑，以及那战胜了贫困的无言喜悦，隐含着分娩阵痛时的哆嗦，死亡逼近时的战栗。"[1] 或者可以引发梅耶·夏皮罗（Meyer Schapiro）在一个艺术史家、犹太流亡者的立场上给出的解读："他［凡高］将自己的旧鞋孤零零地置于画布上，让它们朝向观者；他是以自画像的角度来描绘鞋子的，它们是人踩在大地上时的装束的一部分，也由此能让人找出走动时的紧张、疲惫、压力与沉重——站立在大地上的身体的负担。它们标出了人在地球上的一种无可逃避的位置。'穿着某人的一双鞋'，也就是处于某人的生活处境或位置上。一个画家将自己的旧鞋作为画的主题加以再现，对他来说，也就是表现了一种他对自身社会存在之归宿的系念。"[2] 这两种解读都是建基于由非客体化行为所引发的感受活动以及对此感受活动的反思之上。

德里达（Jacques Derrida）曾对这两种针锋相对的理解和诠释做过评论，他看到它们之间的共同点：尽管前者看到的是对自然的浪漫沉思，后者看到的则是流浪者的足迹，但它们都代表了艺术作品的诠释者向画像之中的自身投入，而不是对艺术家之创作本意的再现。[3]

我们在这里并不想讨论德里达在艺术史思考中运用的解构方法是否合理，而是只想指出他对艺术理解者和诠释者的意识分析实际上与胡塞尔的发生现象学的思考相一致。事实上我们在这里已经进入到意识分析的另一个层面或向度：意识的发生与积淀。这个思考的向度在

---

[1] Martin Heidegger, „Der Ursprung des Kunstwerkes (1935/36)", in ders., *Holzwege*, GA 5, Frankfurt a. M.: Vittorio Klostermann, 1977, S. 19, 中译本参见〔德〕海德格尔:《林中路》，孙周兴译，上海：上海译文出版社，1997年，第17页。

[2] Meyer Schapiro, "The still life as a personal object - a note on Heidegger and Van Gogh", in: Marriane L. Simmel ed., *The Reach of Mind Essays in Memory of Kurt Goldstein*, New York: Springer Publishing Company, 1968, pp. 203-209；中译本：梅耶·夏皮罗:《描绘个人物品的静物画——关于海德格尔和凡高的札记》，丁宁译，《美术世界》2000年第3期，第65页。

[3] 参见 Jacques Derrida, *La vérité en peinture*, Paris: Flammarion, 1978, p. 291f.；德译本：*Die Wahrheit in der Malerei*, Wien: Passagen Verlag, 1992, S. 303f.。

佛教唯识学中也被称作缘起论。它在欧洲近代以来的哲学发展中主要是通过黑格尔—狄尔泰的动机而得到体现的。与此相对，前一个意识分析的向度，即意识的静态结构分析，则主要通过由笛卡尔—康德（包括英国经验论）的动机而得到展现的。

下篇："观·物"的缘起发生

这里首先需要提到，海德格尔对于胡塞尔的意识现象学分析从一开始就持有一个重要的批评意见：意向性分析虽然提供了克服主客体的思维模式的可能，但它没有深入到起源于人的实际性的生存层面。他认为自己对人的生存状态的此在阐明与分析要比对人的意识的意向性分析更为本源，更为原初。[①] 他在早期的讲座中主张："意向性建立在超越性的基础上，并且只是在这个基础上才成为可能，——人们不能相反地从意向性出发来解释超越性。"[②] "从作为此在的基本结构的烦的现象出发可以看到，人们在现象学中用意向性所把握到的那些东西，以及人们在现象学中用意向性来把握这些东西的方式，都是残缺不全的，都还只是一个从外部被看到的现象。"[③] 即使在后期的讨论课上，他

[①] 因此，在1923年题为"存在论"弗莱堡讲座中称赞胡塞尔"扭断了"主客体思维范式的"脖子"之后，海德格尔在同年5月致他和胡塞尔共同的学生勒维特（K. Löwith）的信中还可以说：他的亚里士多德研究的发表会将胡塞尔的脖子扭断。海德格尔的信转引自：Martin Kusch, *Language as Calculus vs. Language as Universal Medium: A Study in Husserl, Heidegger and Gadamer*, Dordrecht: Kluwer Academic Publishers, 1989, p. 294; 其原文如下："……我的'存在论'还时不时地有所滑动——但明显越来越好。其中有对现象学的主要打击——我现在已经完全立足于自身了……我正在认真考虑是否不应当将我的亚里士多德文章撤回来。——在[马堡的教授职位]'聘请'方面恐怕不会有任何结果了。而如果我一旦将它发表出来，甚至可能就毫无指望了。或许老头子（der Alte）真的会注意到，我扭断了他的脖子——这样继任[胡塞尔的教椅]的事情也就完结了。"相关论述可参见 O. Pöggeler, *Der Denkweg Martin Heideggers*, Pfullingen: Günther Neske, 1990, S. 354。

[②] M. Heidegger, *Die Grundprobleme der Phänomenologie (1927)*, GA 24, Frankfurt a. M.: Vittorio Klostermann, 1975, S. 230.

[③] M. Heidegger, *Prolegomena zur Geschichte des Zeitbegriffs*, Frankfurt a. M.: Vittorio Klostermann, 1979, S. 420.

依然一再强调:"从其根本上透彻地思考意向性,这就意味着,将意向性建立在此—在的超越性基础之上。"[1]——海德格尔在这里触及了一个发生分析意义上的奠基问题,尽管他与胡塞尔都未曾使用过这样的概念。

但事实上,当胡塞尔在1913年发表的《纯粹现象学与现象学哲学的观念》第一卷的第115节中将意识行为概念做了扩展,使它不仅包含行为的进行(Aktvollzüge),而且也包含行为的引发(Aktregungen)时,他已经触及海德格尔在十多年后才提出的想法。至迟自20世纪20年代初,他也已开始系统地思考这个意义上的发生现象学问题。此后,胡塞尔在30年代将静态现象学理解为对意识行为中的意义构造的研究,将发生现象学理解为对其中的意义积淀的研究。概言之,在确定了意识活动中表象行为对非客体化行为,例如对感受行为的结构奠基作用之后,胡塞尔进一步得出:客体化行为的进行受此前的意识活动以及它们的意义积淀的制约,由此回溯到最初的前客体化行为对客体化行为的制约作用上。如果我们回到凡高之"鞋"的例子上,那么发生现象学的研究所要讨论的问题是:为什么我们在看到"鞋"时会有不同的感触和联想产生,甚至要讨论:我们为什么会去看"鞋",而不是去看另外的东西?是什么规定着我们的看,包括看的对象和看的方式?

这个回溯的进程与佛教唯识学关于心识的缘起和转变的说法相符合。所谓心王有八识之分,并非指它们是相互并列的横向的意识类型,好像有八个人并排而立,而是指它们是前后相继的纵向意识发展变化阶段,类似一个人从婴儿到成人直至老人的各个生命成长历程。从第八阿赖耶识到第七末那识、再到眼耳鼻舌身意前六识的转变,在唯识学中被称作"三能变"。用现代的现象学或心理学的语言来说,它们基

---

[1] M. Heidegger, *Vier Seminare*, Frankfurt a. M.: Vittorio Klostermann, 1977, S. 122.

本上代表了人格形成的三个基本阶段。胡塞尔在其发生现象学研究中也区分出原自我（Ur-Ich）、前自我（Vor-Ich）和本我（Ego）的三个阶段，与唯识学的三能变学说十分相似。或许这并不是一个巧合。类似的确定与划分在弗洛伊德那里也可以找到。海德格尔至迟在1925年的《时间概念历史导引》的弗莱堡讲座（第13节）中已经明确地看到了胡塞尔在此方向上的思考进路，并在积极的意义上将它称作胡塞尔的"人格主义趋向"。

海德格尔可能没有看到的是，胡塞尔此后还将交互主体性现象学的研究与发生现象学的研究结合在一起，进一步开出了意识现象学的历史向度。对于个人而言，通过意识的进行而完成的意义积淀是人格的基本内涵，对于集体乃至整个人类而言，交互主体的意义构成和意义积淀是人类的总人格及其成长与发展历史的基本内涵。相对于意识分析和语言分析中的结构主义理论，我们在这里完全可以将这个意识发生领域中的相关现象学研究称之为"发生主义"，当然不是在那种将一切都化解为发生的极端发生主义的意义上。

与胡塞尔的静态结构现象学的相同思考在佛学中相当于"实相论"，而与他的发生历史现象学的相同思考则在佛学中相当于"缘起论"。

现在需要回到"观·物"的议题上来！我们对任何"物"的"观"，都已经受到我们之前的"观"的活动和所观的"物"的规定与制约，无论是以有意的还是无意的方式。对一棵具体的树，一个植物学教授与一位木匠或与一位拥有这棵树的农民的观看是截然不同的，即使他们观察的时间和角度、在场获得的感觉材料几乎完全相同，他们赋予这棵树的意义、在观看时伴随产生的感受、由此产生的回忆与联想等等也仍然会大相径庭。甚至他们为什么会观看这棵树而不是其他东西的原因也不尽相同。正如海德格尔所说，我之所以注意到教室里的这张椅子，是因为它挡住了我的路。——同样，对一双鞋子的观看以及对一幅叫作《鞋》的艺术绘画的观看也是如此。

我们以前的意识活动在很大程度上决定着我们现在的和将来的意识活动。这个事实是对佛教"业"的思想和主张的印证。如果我们一再地向意识的本源回溯，最终我们会到达一个前客体化行为的阶段，在这个阶段上见分—相分或意向活动—意向相关性的分别尚未形成，例如在前自我或原自我阶段上，或在阿赖耶识或末那识的阶段上。尽管如前所述，玄奘在《成唯识论》卷二中确认："心、心所，若细分别，应有四分。"但后人对阿赖耶识与末那识是否也有四分仍存疑义。①

至此为止可以看出，现象学在两个意识分析的结论方面有别于佛教唯识学或玄奘引入的唯识学系统：其一，意识的静态结构并非四分，而是三分；其二，这个三分仅仅适用于前六识，亦即意向意识，此前的意识行为不具有三分的结构，因此可以称作前客体化行为。

对于一个当下的意识活动来说，许多此前的意义积淀决定着当下意识中的意义给予活动，即胡塞尔所说的"立义活动"（Auffassung）和海德格尔所说的"释义活动"（Auslegung）。就总体而言，人格或人

---

① 例如可以参见李炳南：《佛学问答类编》（上海：上海佛学书局，2008年）"唯识第八"："问：八识各有四分，未知何者是第八识之见分？何者是八识之相分？何者是八识自证分？何者是八识证自证分？何者是五六七识见分？乃至何者是五六七识之证自证分？（邱炳辉）答：此问云繁，何以不及一二三四等识，若云一至四等识之四分皆已明了，便可类推以知后四。此问云简，而又求后四各个四分，观此似又对四分之义尚未明了。惟是已难置答，至此八识我辈初机所知，仅能体会到第六，七八则多杳茫矣，再论其四分，不变难乎。然既从八识下问，只有勉强搪塞。八识之'相分'为一切种子，'见分'是第七识，能知七识为八识之见分者，是'自证分'，由此再起能缘作用，证知自证七识为八识之见分不谬，是八识之'证自证分'，余仿此。"

作者在这里承认八识四分的问题"已难置答"，因此只能"勉强搪塞"；但他的回答的确是依据了《成唯识论》的说法，即把阿赖耶识和末那识的四分做纵向的理解：末那识是阿赖耶识的见分，前六识则是末那识的见分。但这个说法在霍韬晦那里已经受到质疑和反驳。他虽然没有回答阿赖耶识与末那识是否有四分的问题，但直接反对《成唯识论》用心识的能变来解释心识的四分的做法，认为这是护法一系的理解，并不一定符合世亲的原意："把识的转化就是分别理解为'分别'与'所分别'的见相二分（第十七颂），便可能是有意的改译或是受后期学说的影响所致。"参见霍韬晦：《安慧〈三十唯识释〉原典译注》，香港：中文大学出版社，1980年，第3页。

性是与本性和习性相关联的：前客体化行为更多与人格中的本性相关，而客体化行为更多与习性的积累相关。它们共同决定着当下的意识活动以及发生于其中的意义给予活动。由此我们可以较好地理解海德格尔与夏皮罗的争论的根源所在，也可以理解德里达的解释的根据所在。

当然，在海德格尔的艺术诠释中明显地存在着某种"太多"和某种"太少"：自己赋予艺术作品的意义太多，对作者赋予该作品的意义领会太少；甚至可以说，艺术家的在场被有意无意地忽略不计。因此，当人们看到海德格尔在他的艺术哲学思考中坚持"在凡高的画中发生着真理"或者真理在艺术中敞开的主张时，他们必然会提出"这是谁的真理"的问题。究竟是通过凡高自己的"鞋"所体现的凡高式真理[1]，还是通过海德格尔看到的"农鞋"所体现的海德格尔式真理。

我们在这里并无批评海德格尔艺术哲学思想的意思，因为这显然不能算是一个艺术哲学家的缺点和问题，而至多可以被视为一个艺术史家或艺术批评家的不足或弱点；一如黑格尔的世界历史思考不会受历史事实的反驳或证伪：历史事实必须服从理念，而不是反之。如舒伯特所言："对他［海德格尔］来说，重要的是大地—农民的视角，而非凡高的艺术作品；这个作品被去语境化了，被去人格化了，因而以某种方式被降级了。"[2] 对于凡高来说，鞋是其本己生命的一部分。[3] 因而海德格尔所看到和诠释的"鞋"，并非凡高的鞋，而更多是他自己

---

[1] 参见高更的回忆："画室里有一双敲了大平头钉的鞋子，破旧不堪，沾满泥土；他为鞋子画了一幅出手不凡的静物画。我不知道为什么会对这件老掉牙的东西背后的来历疑惑不定，有一天便鼓足勇气地问他，是不是有什么理由要毕恭毕敬地保存一件通常人们会当破烂扔出去的东西。'我父亲'，他说，'是一个牧师，而且他要我研究神学，以便为我将来的职业作好准备。在一个晴朗的早晨，作为一个年轻的牧师，我在没有告诉家人的情况下，动身去了比利时，我要到厂矿去传播福音，倒不是别人教我这么做，而是我自己这样理解的。就像你看到的一样，这双鞋子无畏地经历了那次千辛万苦的旅行。'"（转引自梅耶·夏皮罗：《描绘个人物品的静物画——关于海德格尔和凡高的札记》，第66页。

[2] Dietrich Schubert, „Van Goghs Sinnbild, Ein Paar alte Schuhe' von 1885, oder: ein Holzweg Heideggers", a.a.O., S. 340.

[3] 对此可以参见高更的回忆录以及前引夏皮罗文章的注15。

的鞋。易言之,他在凡高的"鞋"中看到的是他自己想要的鞋。

这里涉及的问题很多:首先是艺术的功能和诠释的权利问题:如果在艺术批评中,对具体艺术作品及其产生前提的相应审美移情和确切意义理解不是必需的,那么艺术作品对于诠释者或真理的发现者而言实际上也就不再是必需的,他完全可以撇开艺术作品:一双自然的农鞋与凡高的"鞋"作为真理敞开的场所实际上已无区别,它们都可以成为诠释者的工具。真理无须艺术作品便可以敞开自己。海德格尔的艺术论的逻辑结果就是艺术的终结,当然这最终也会导致他自己的艺术真理论的终结。

然而这些已经不是我们这里所要讨论的问题了。或许我们还可以再参考一下后人就凡高对海德格尔诠释所可能做反应的猜测:"无论如何,凡高对观看他的'鞋'的无限可能性不会感到进一步的诧异。他曾在致一位评论家的信中写道:'简言之,我在您的文章中重新发现了我的画,只是比它们更好、更丰富、更有意义。'"[①] 如果凡高在这里所说的并非谦虚之辞,那么海德格尔可以说已经获得了凡高的授权。

至此,如果我们择要言之:"观·物"的发生结构所涉及的是海德格尔或德里达意义上的"绘画中的真理"或"艺术的真理"——发生的真理,而"观·物"的静态结构所涉及的便是胡塞尔意义上的"科学的真理"或"哲学的真理"——结构的真理,那么我们还只是说出了我们之所见。

但如果我们还要进一步说:"观·物"的发生结构包含在实践哲学的领域中,"观·物"的静态结构包含在理论哲学的领域中,那么我们就有可能犯下过度诠释的错误。

[①] Uta Baier, „Wie sich Forscher über van Goghs Schuhe streiten", in *Die Welt*, 24.10.2009.

良知与自证分

——以王阳明良知学为中心的论述

张卫红

(中山大学哲学系)

佛教唯识学关于心识认知结构与功能的理论中,四分说是后世唯识家都接受的理论:相分指识所显现的认识对象,见分指识的认识作用,自证分是见相二分依托的心识自体,证自证分是对自证分的证知,用以证明自证分的存在。它与自证分相互证知,以避免向后无穷递推之过。在王阳明的良知学中,良知作为道德意识的本体,对应于心识层面,与唯识学之第六识(意识)自证分颇具一致性。学界以自证分释良知的观点早已有之,但缺乏系统分析和论述。本文以王阳明的良知学为论述中心,尝试将良知与自证分的认知结构、功能、所现境界加以比较,略伸管见,请正方家。

一、自证分释良知的学术溯源

王阳明所说的良知具有两个层面:一是通常意义上知善恶是非的良知,也即能够分别是非善恶意向的道德意识;一是纯然至善的良知本体、心体,也即道德意识的本体。对应于佛教唯识学的八种心识分类，道德意识属于第六识即"意识"的范围。当然唯识学的意识范围比道德意识宽泛得多，后者可划归前者中的一类。[①]因本文关于良知的讨论基本不涉及"证自证分"，故将道德意识套用唯识学的三分理论结构分析之。[②]先看玄奘《成唯识论》的界定：

> 相分是所缘，见分名行相，相、见所依自体名事，即自证分。此若无者，应不自忆心、心所法，如不曾更境，必不能忆故……然心、心所一一生时，以理推征各有三分：所量、能量、量果别故；相见必有所依体故。如《集量论》伽他中说："似境相所量，能取相自证，即能量及果，此三体无别。"[③]

举例来说，我生起一念孝养父母之心，父母是生起心识的对象、所缘，为相分；孝养之心是心识活动本身（行相）、能缘，为见分；同时"相见必有所依体"，心识对象及心识活动背后还有一个共同所依的心识层面——自证分，是见相二分所依的自体。并且，自证分"别有知见分之用"[④]。故自证分的功能一是统摄见相二分为一个心识自体，二是能缘见分。当心王、心所一个个生起之时，每一心识量度景象的功能都包含有三分：所量、能量、量果。玄奘延续了陈那《集量论》的说法："似境相所量"，即心识之相分似外境所现，故名所量；"能取相自证，即能量及果"，"能取相"即能取相分之义，为见分，"自证"即自证分，见分是能量，自证分是量果；"此三体无别"，见分、相分、

---

① 本文所说"道德意识"、"经验意识"、"分别意识"都在唯识学第六识的范围内。根据语境，兼用"意识"指称第六识。
② 倪梁康也认为："陈那的三分说更能体现心识的最基本要素与结构。"见氏著：《唯识学中"自证分"的基本意蕴》，《学术研究》2008 年第 1 期，第 20 页。下引此文不再注明出处，其他注释仿此。
③ 护法造，玄奘译：《成唯识论》卷 2，《大正藏》31 册，第 10 页中。
④ 丁福保编：《佛学大辞典》，北京：文物出版社，1984 年，第 378 页。

自证分之三分，无有别体，构成同一心识。那么，自证分在"孝养父母之心念"中如何体现？

尽管玄奘证明"自证分"存在的理由在于它是构成回忆行为的基本前提，但自证分一定不是通过回忆得以显现的。因为回忆已经是一个新的意识活动，而自证分证知的是当下发生的意识活动自身。倪梁康认为自证分不是对象性的意识，不是"客体化的反思"，因此"自证"应当是在"见"的同时直接意识到"见"的活动，非常类似于现象学中的自身意识。[1]瑞士现象学家耿宁诠释的良知三义中，其中一义即借用唯识自证分的理论，他与倪先生关于自证分的观点一致，将良知解释为与心之所发之"意"同时现存的"自知"，名为"本原知识"。它不再是一种特殊的意向（如具体的对父母之爱、对兄长之敬），而是"对善的和恶的意向的内意识，它是一种对这些意向的道德善、恶的直接'知识'"，"这种'本原知识'在王阳明看来是在一个本己意向出现时直接现存的，而且是必然与它同时现存的"[2]。陈立胜认为，借用唯识学的自证分和现象学的原意识来解释良知具有"同时自知"之维度，是耿宁以现象学立场研究阳明学之最重要的理论成果。他同时指出耿宁与阳明阐释良知的侧重点不同：阳明更多强调良知对于心之所发意念自知、独知的一面，并未直接点出这一"自知"与意念本身乃"同时现存"这一"内意识"的本质特征，阳明更关注的致良知工夫只能由自己致，且只能紧扣在"意念之发"上用功。但工夫入手处、用力处必有一理论上的预设，即"吾心之良知无有不自知者必须是同时现存的自知"。阳明及其后学对此理论预设并无自觉意识，是耿宁出于其敏锐的现象学意识揭示出了这一面向。[3]

---

[1] 倪梁康：《唯识学中"自证分"的基本意蕴》，第18页注释3。
[2] 〔瑞士〕耿宁：《人生第一等事——王阳明及其后学论"致良知"》，北京：商务印书馆，2014年，第217页。
[3] 陈立胜：《在现象学意义上如何理解良知？——对耿宁之王阳明良知三义说的方法论反思》，《哲学分析》2014年第4期，第32页。

事实上，以自证分解释良知的看法在学界早已有之，不过与耿宁的解释角度不同。如章炳麟就依唯识四分判释良知："孟子所说是指'见分'，阳明是指'自证分、证自证分'的。"① 又说："就'知是非善恶'言，则为意识中自证分；就'此心还见此心'言，则为真识中自证分。而所谓'致良知'者，乃证自证分耳。"② 章氏将唯识理论与良知简单比附的做法遭到熊十力的批评，认为"章氏既不解四分，又不了何谓良知"③。梁漱溟则从心性体证的角度论云："唯识学非他，不过是佛教瑜伽师修瑜伽功夫所得的一种副产物……当其渐入于深静也，则人类生命中许多隐奥精微的事实历历呈现，若相分、见分、自证分等皆不过其中事实之一耳"，又说："通常人无其功夫，心不够静，故于其相、见、自证等四分之说体认不及……良知以自证分为其根柢，大约不错的；但粗细相悬，未可等同起来。"④ 盖唯识学是佛教修行者入于深静观照心识确证而得的学说，一般人不做工夫，故难以清晰体认相、见、自证分等隐奥精微的心识层面。梁先生认肯良知以自证分为根基的同时，也指出其与唯识家的体认有粗细之别，未可等同。此外，佛学家欧阳竟无认为："王阳明'无善无恶心之体、知善知恶是良知'，得有漏心之自证分"，他以佛教修行的历程判释阳明所悟还在心识转化的有漏阶段，距离无漏的无余涅槃尚远。⑤

以上三家将良知归于意识自证分，虽然观点、立场有别，但都

---

① 章炳麟：《国学概论》，氏著：《国学概论 国学略说》，南昌：江西教育出版社，2012年，第42页。

② 章炳麟：《与吴检斋论宋明学术书·二》，傅杰编：《章太炎学术史论集》，北京：中国社会科学出版社，1997年，第299页。

③ 熊十力：《十力语要》卷1《答谢石麟》，萧萐父主编：《熊十力全集》第4卷，武汉：湖北教育出版社，2001年，第89页。

④ 梁漱溟：《人心与人生》，中国文化学术委员会编：《梁漱溟全集》第3卷，济南：山东人民出版社，2005年，第583—584页。

⑤ 欧阳竟无：《答陈真如书》，《欧阳竟无佛学文选》，武汉：武汉大学出版社，2009年，第357页。

没有对两者关系的深入阐述。而耿宁所说与道德意识同时现存的对意识本身的"自知"这一"自证"维度，在理论上是确然成立的，深化了良知的阐释内涵。那么，上述例子中的自证分就是"生起孝养心念的同时能够自知其心念"。如是，一个意识活动包含有意识对象（相分）、意识本身（见分）和同时（当下）现存的对意识本身的"自知"或"自证"（自证分）三个要素。不过，耿宁并未阐述"同时自知"在阳明学者的工夫实践中如何真实体现，它只是一个必然的理论上的预设，还是有一个相对应的心识层面或结构——尽管阳明学者们没有刻意表述为"同时自知"，这一心识层面以及相应的思想维度对于致良知工夫践履的意义何在？下文将通过对唯识自证分功能的分析，来考察作为心识的良知所具有的认知结构和功能。

二、自证分与良知之体

首先，自证分作为一种"内识"，是产生见相二分的来源，其证知方式是非对象化的。印度论师护法认为："谓诸识体，即自证分，转似相、见二分而生。"①《成唯识论》亦云："相、见俱依自证起故。依斯二分，施设我法，彼二离此，无所依故。"②自证分作为心识的"识体"转变出相见二分，心识又因相见二分之对待，产生我法二执等诸多分别执着。不过，"见分对相分的'证知'与自证分对见分的'证知'并不是同一类型的证知。前者是对象性的，后者是非对象性的"③。相应地，第六识的自证分作为统摄各种意识活动（见相二分）的意识自体，也不能够用能所对待的对象化方式来证知。而在阳明那里，他区分"良知"与"意"的关系有似于此：

---

① 窥基：《成唯识论述记》卷1，《大正藏》第43册，第241页上。
② 护法造，玄奘译：《成唯识论》卷1，《大正藏》第31册，第1页中。
③ 倪梁康：《唯识学中"自证分"的基本意蕴》，第19页。

> 意与良知当分别明白。凡应物起念处，皆谓之意。意则有是有非，能知得意之是与非者，则谓之良知。①

"有是有非"的意，指在经验世界中"应物起念"而产生的对象化、有是非善恶分别的经验意识，也即阳明所说"有善有恶意之动"。套用唯识理论，"能产生意之是与非者"为见分，"能知得意之是与非者"则类似于自证分。当然阳明强调的重点并不是单纯的"能知得意之是与非者"本身，而是与知是知非同时产生的道德判断力和主宰力，并用这种道德能力来规范经验意识活动，但其中必隐含有"自知是非"这一前提才可实现这种道德能力。自知是非与道德能力都源于同一本体，也即阳明所说"意之本体便是知"的良知。阳明就意识与良知关系的论述不多，其高足王龙溪对此有更详细的发挥，将两者的差异明确表述为"知识之别"：

> 知无起灭，识有能所；知无方体，识有区别。②
> 夫心本寂然，意则其应感之迹；知本浑然，识则其分别之影。万欲起于意，万缘生于识。意胜则心劣，识显则知隐。故圣学之要，莫先于绝意去识。绝意非无意也，去识非无识也。意统于心，心为之主，则意为诚意，非意象之纷纭矣。识根于知，知为之主，则识为默识，非识神之恍惚矣。③

这里的"知"是良知，"识"是意识，前者是能所、对待尚未分野

---

① 王守仁：《答魏师说·丁亥》，吴光等编校：《王阳明全集》卷 6，上海：上海古籍出版社，1992 年，第 217 页。
② 王畿：《金波晤言》，王畿撰，吴震编校：《王畿集》卷 3，南京：凤凰出版社，2007 年，第 65 页。
③ 王畿：《意识解》，《王畿集》卷 8，第 192 页。

之前寂然浑然的心体，后者是有能所、对待之分别的经验意识，龙溪谓"托境仗缘而知"之"妄识"。[1] 只有"绝意去识"，泯合能所对待，才能返归心体，即阳明所谓"无声无臭"之"独知"。[2] 就其超越一切分别对待而言"无善无恶心之体"，"无"的面向是心体具有泯合能所的特性所决定的。这一心性转化历程，龙溪谓"转识成知（良知）"[3]。他借用唯识学"转识成智"的说法也能说明两者在认知结构上的一致性。当然阳明、龙溪所说的"意识"并不能与唯识学之第六识完全等同，后者是一心理性与伦理性兼备、分类精细的意识系统，而前者主要与是非善恶等伦理意识相关，大约类似于唯识学六位心所中的善心所、烦恼心所、随烦恼心所。阳明、龙溪的论述重点也不在建构一个认知体系，而是如何将"意统于心"、"识根于知"的道德实践。

以此看耿宁对良知的界定，他将阳明早中晚三期的良知学思想分别阐释为向善的秉性、道德意识的自证分、良知本体三个概念，这一编年学的分类方式已遭多位学者质疑，认为三个良知概念应当是对"同一良知现象"之不同面向的描述。[4] 笔者认为，耿宁将良知概念区分为三的好处是能够清晰阐释良知不同层面的特性，但割裂了良知原本体用相互涵摄的特质。按上文分析，良知本体即道德意识的自证分，"向善的秉性"即包含见相二分的道德意识，来源于良知本体。阳明论述良知无外乎体—用两个面向，故耿宁的良知三义说合为两义足矣。

---

[1] 王畿：《答刘凝斋·三》，《王畿集》卷11，第275页。
[2] 王守仁：《咏良知四首示诸生》，《王阳明全集》卷20，第790页。
[3] 王畿：《别曾见台漫语摘略》，《王畿集》卷16，第465页。"知识之辨"也是阳明学者论学的重要议题之一，相关研究见彭国翔：《良知学的展开——王龙溪与中晚明的阳明学》，北京：生活·读书·新知三联书店，2005年，第50—69、361—378页。
[4] 见陈立胜：《在现象学意义上如何理解良知？——对耿宁之王阳明良知三义说的方法论反思》，第35页。另参林月惠：《阳明与阳明后学的"良知"概念——从耿宁〈论王阳明"良知"概念的演变及其双义性〉谈起》，《哲学分析》2014年第4期，第13—14页。

三、自证分与良知之照

其次，自证分是一现量境界，是通过心识的自我觉照功能来实现的。窥基云："夫证自体必现量摄。"①《因明入正理论疏》释"现量"："能缘行相，不动不摇。因循照境，不筹不度，离分别心，照符前境，明局自体，故名现量。"②现量指不经思虑分别计度而直接缘于事物自相的认识。吕澂就经部的自证学说论云："经部此说，也可看成从受心所具有自性受和境界受的双重意义推演出来。以心比受，应有对于自体和境界的双重了别，再加以后时的记忆，所以决定心法能够自证。它的性质与计度分别无关，属于现量。"③就意识活动而言，自证分的功能如同"自唯照境"，既能了别自体又能了别对境。在佛教观心修行的实践中，自证分是"心识对自己的活动本身的一种非对象性的'反观觉照'"，"各家各派运用'观照实相'之智乃是识体之自证分所本有"。④同样地，良知也具有当下自证自知、反观觉照的功能。牟宗三说：

> 此逆觉之觉就是那良知明觉之自照。自己觉其自己，其根据即是此良知明觉之自身。说时有能所，实处只是通过其自己之震动而自认其自己，故最后能所消融而为一，只是其自己之真切地贞定与朗现。⑤

良知之明觉自照消融了能所对待，细绎其端，有一体两面：就证知自体而言"自知"、"明觉"、"本体明觉之自然"；就观照对境（见

---

① 窥基：《成唯识论述记》卷3，《大正藏》第43册，第319页下。
② 窥基：《因明入正理论疏》卷上，《大正藏》第44册，第93页中。
③ 吕澂：《略述经部学》，《吕澂佛学论著选集》卷4，济南：齐鲁书社，1991年，第2397页。
④ 徐湘霖：《"自证分"略论》，《法音》2012年第2期，第6、8页。
⑤ 牟宗三：《从陆象山到刘蕺山》，上海：上海古籍出版社，1999年，第163页。

相二分所构之境）而言"自照"、"恒照"。① 当然，我们说觉照一体两面是为了分析言说的方便，根本上说，是觉照同时、即觉即照。这是一个明了自身的同时又能超出自身的心识状态，耿宁所说的"同时自知"在心性工夫中应当就是阳明所说的"常觉常照，则如明镜之悬"②。理学家从二程、朱熹再到阳明都喜用"镜喻"形容"觉照"的工夫和境界，阳明更是"镜喻"论说的集大成者。③ 他将二程以镜喻廓然大公、物来顺应的心境说之更透：

> 良知之体，皎如明镜，略无纤翳。妍媸之来，随物见形，而明镜曾无留染。所谓情顺万事而无情也。无所住而生其心，佛氏曾有是言，未为非也。明镜之应物，妍者妍，媸者媸，一照而皆真，即是生其心处。妍者妍，媸者媸，一过而不留，即是无所住处。④

在唯识学中，意识之见分缘相分是一个不断了别对境、不断产生二元对待的意识活动，自证分则息止了这一对象性的意识活动，是对见分的观照。良知对经验意识的觉照有似于此，如镜照物一般，明了对境的同时而不随之起分别、留滞，阳明甚至不避讳引用《金刚经》"无住生心"之说，也表明其与佛教的观照工夫颇为类似。因此，"凡意念之发，吾心之良知无有不自知者。其善欤，惟吾心之良知自知之；其不善欤，亦惟吾心之良知自知之"⑤，阳明强调的重点固然在心体对所发意念之善恶自己独知而他人不知的层面，但同时必然包含对善恶意

---

① 陈荣捷：《传习录详注集评》，台北：学生书局，1983年，第160条，第225页。
② 陈荣捷：《传习录详注集评》第171条，第245页。
③ 见陈立胜：《宋明儒学中的"镜喻"》，氏著：《"身体"与"诠释"——宋明儒学论集》，台北：台湾大学出版中心，2012年，第119—134页。
④ 陈荣捷：《传习录详注集评》第167条，第237页。
⑤ 王守仁：《大学问》，《王阳明全集》卷26，第971页。

念自身的觉照，以及超越能所对待的无执不滞。

自证的维度也决定了致良知工夫必是知行合一的"自致其良知"①。阳明说："知之真切笃实处即是行，行之明觉精察处即是知，知行工夫本不可离。"②知是心体反观自证的现量境，必显现为真切笃实之行；行作为心体的显现与外化，必有明觉精察之心体的统摄。"真切笃实"本是行的特点，"明觉精察"本是知的特点，而阳明用行之真切笃实来描述知，用知之明觉精察来描述行，表明真切笃实即是明觉精察，知行、体用、能所的二元对待结构皆融归心体自证的现量境，如熊十力所说："阳明良知即现量体，良知缘境，皆现量也。"③故阳明反复说"知行工夫本不可离"、"知行本体原是如此"④时，根本上表达的是一个立根于心体的现量境界。而知行合一说恰恰也是阳明在龙场悟得"心即理"后最早提出的主张。《年谱》正德四年（1509）条载：

> 是年先生始论知行合一。始席元山书提督学政，问朱陆同异之辨。先生不语朱陆之学，而告之以其所悟。书怀疑而去。明日复来，举知行本体证之《五经》诸子，渐有省。往复数四，豁然大悟。⑤

阳明深知，若对席书所问的朱陆同异之辨答以通常形式的"见解"，只成一"比拟仿像"⑥的比量。他采用了不同寻常的教学方法：

---

① 陈荣捷：《传习录详注集评》183条，第264页。
② 陈荣捷：《传习录详注集评》133条，第166页。
③ 熊十力：《十力语要》卷2《韩裕文记》，《熊十力全集》第4卷，第273页。
④ 陈荣捷：《传习录详注集评》第5条，第34页。劳思光也认为知行合一说作为"工夫理论"既经提出，遂涉及更根本之"本体理论"。见劳思光：《新编中国哲学史》第三卷上，桂林：广西师范大学出版社，2005年，第335页。
⑤ 《年谱一》，正德四年条，《王阳明全集》卷33，第1229页。
⑥ 陈荣捷：《传习录详注集评》第157条，第221页。

摆脱一切对象化的求取方式而直接诉诸"良知实事"本身,并以自身所悟证诸经典文献。往复数四,这种直呈心体的方式终于开启了席书对良知的体认维度。因此,"知行本体"必不是依循外在的知识规范来以行合知,自我显现的真境也必同时要求自我完成。因此阳明的言说特点"并不是一套论证系统,而是一种'启发'、'指点'与'显示'系统","旨在'唤醒'与'转化'"①,以启发弟子对良知的直接领悟。当面对弟子们在工夫践履中的种种障碍和疑问,阳明总是回归到"良知实事"本身而很少指点具体的解决方案,"所疑拘于体面,格于事势等患,皆是致良知之心未能诚切专一……亦是见得良知未透彻"②,因为一涉具体"方法",便落入将良知当作一物来求取的格套,而非对象化的现量境只能用显现、召唤的方式表达。

四、自证分与良知之境

在佛教修行工夫中,八识之自证分各自呈现为相应的离诸分别的现量境。佛学家冯达庵以自身亲证描述第六识自证分的现量境:

> 了知诸法如梦幻泡影,不复再被尘相迷惑,能将五尘尽收入心,回复净色根总相。当时五俱意识同返内心,与此总相相函,自起无分别之见。所缘成一片如如净境,即契意识自证分。一泯能所,则根本无分别智现前。生身固幻,万法亦幻。分别二执顿破,欢喜之心自然炽盛……返尘归根,一收一切收,山河大地皆入内心,打成一片焉。实乃定中意识自证分所缘之现量。禅宗之初破参,即此境界。

---

① 陈立胜:《在现象学意义上如何理解良知?——对耿宁之王阳明良知三义说的方法论反思》,第26—27页。
② 王守仁:《答魏师说·丁亥》,《王阳明全集》卷6,第217页。

加行位第六识作如实观时,以五俱意带前五归于第八识总见分,则一味如如,无所变迁。从而第七见分亦定于一,自无旋火轮式之我相发生。第六因与总净色根相应,亦无分别之见存。于是,对境之分别法执、对己之分别我执一时俱断,六七两识皆得显其自证分。①

在第六识自证的状态下,五尘融归第八识总相分(净色根总相),前五识及五俱意识归于第八识总见分,原先第六识的了别状态——受根、尘结合的扰动而不断以能所二分的形式了别——停顿下来,从而第七识的见分恒加审察思虑的功能也停顿下来(定于一),见相二分融归一体,能现的便是第六识的本来面目——无分别的纯净意识,所现之境便是山河大地融归意识自身的平等无分别境界。在佛教转识成智的修行历程中,这是六七两识显其自证分的境界(六七两识总是相伴而生),破分别我执、分别法执,也是禅宗之破初关的境界。功行至此,为转第六识为妙观察智、转第七识为平等性智的初步,并伴随有精神上的欢喜状态,即《八识规矩颂》所云"发起初心欢喜地"。意识自证分所现之境,很容易让人联想起阳明的万物一体说:

大人者,以天地万物为一体者也,其视天下犹一家,中国犹一人焉。若夫间形骸而分尔我者,小人矣。大人之能以天地万物为一体也,非意之也,其心之仁本若是。②

盖天地万物与人原是一体,其发窍之最精处,是人心一点灵明。③

---

① 冯达庵:《八识规矩颂释》,《佛法要论》,北京:宗教文化出版社,2008年,第337、346页。
② 王守仁:《大学问》,《王阳明全集》卷26,第968页。
③ 陈荣捷:《传习录详注集评》第274条,第331页。

乐是心之本体。仁人之心，以天地万物为一体，䜣合和畅，原无间隔。①

在阳明晚年的教学定本《大学问》中，以大段仁爱之语所描述的，正是天地万物融归一体之仁的境界。万物经由我之一身的呈现之所即是良知心体，阳明谓之"发窍"，王龙溪谓之"圆明一窍"："鸢鱼活泼浑常事，都入圆明一窍中。"②"窍"字形容的是无分别地承载、呈现万物的身体落实之所。尽管万物一体说意在凸显"一体之仁"的儒家价值关怀，与佛教主旨有别，但在阳明学者们经验性的描述中，这一关怀往往以无分别的意识作为根基。尽管阳明很少提及他静坐的内证经验，但据王龙溪叙述其师早年在绍兴阳明洞中修习道家导引术的经历云：

自谓尝于静中，内照形躯如水晶宫，忘己忘物，忘天忘地，与空虚同体，光耀神奇，恍惚变幻，似欲言而忘其所以言，乃真境象也。③

龙溪在他的《悟说》、《自讼问答》两篇文章中，都将阳明的这段体证经历判为"静中取证"的证悟阶段，"忘己忘物"、"与空虚同体"等语是具有典型万物一体特征的冥契（mysticism）经验描述，并非宋明儒者所破斥的"玩弄光景"，故龙溪肯定其为"真境象"。同样，江右阳明学者罗念庵的静坐经验与之颇类似：

当极静时，恍然觉吾此心虚寂无物，贯通无穷，如气之行空，

---

① 王守仁：《与黄勉之·二》，《王阳明全集》卷5，第194页。
② 王畿：《天游次马师山韵二首》，《王畿集》卷18，第554页。
③ 王畿：《滁阳会语》，《王畿集》卷2，第33页。

无有止极,无内外可指,动静可分,上下四方、往古来今浑成一片,所谓无在而无不在。吾之一身,乃其发窍,固非形资所能限也。①

美国学者史泰斯将冥契主义的体验区分为内向型与外向型两种,前者的基本特征是无差别的纯粹意识,后者是"宇宙万物浑然一体",两者共同伴随有安宁、法乐、客观、真实、神圣尊崇、不可言说等心理感受,而万物"同一无别"则是两种冥契经验的核心。② 这些描述与阳明学者们的证体经验很相似。就实现"万物一体"的工夫而言,阳明学者们强调的工夫重点在去除私欲、习气及人与人之间的"分隔陋陋"③上,但清除这些因素往往与消除意识的对待分别直接关联。因此,意识自证分所现境界与阳明学的万物一体固然宗旨有别,未可全然等同,但意识无分别、万物一体、一体之乐,这些特质的基本一致,表明两者应当来自同一意识基底。

五、结语

在唯识学中,意识自证分属于依他起性,就佛教修行历程而言只是"离识见性"目标行进过程的一个阶段。不过,意识自证分的觉知、观照功能也是转识成智之始,具有重要的实践意义。意识自证分与良知语境各别,本文也无意将两者完全等同,而是经由意识自证分诠释良知的角度,意在凸显良知作为一混合对待、无分别的清净识体,只可当下直观呈现,不可对象化地求取,即用显体,当下显现本真。以

---

① 罗洪先:《答蒋道林》,《念庵文集》卷4,收入《文渊阁四库全书·集部》第1275册,台北:台湾商务印书馆,第81页。
② W. T. Stace:《冥契主义与哲学》,杨儒宾译,台北:正中书局,1998年,第160—161页。
③ 王守仁:《大学问》,《王阳明全集》卷26,第968页。

此而言，阳明所贯持的"因用求体"工夫路径不仅是儒家济世关怀的要求，而且在根底上由本体自身的实现方式所决定。这也决定了良知的呈现必是其自身的自知、自证、自致、自照、自我圆成。良知的自知自证，意味着人性原本就是一种超越性的存在，"时时知是知非，时时无是无非"[①]，精神在当下能动地显现并创造。这是一种更高的主体性，更高意义的为己之学可以在这样的视野中呈现。

---

① 王畿:《滁阳会语》,《王畿集》卷3，第34页。

良知与孝悌

——王阳明悟道中的亲情经验

张祥龙

（北京大学哲学系）

耿宁先生大作《人生第一等事：王阳明及其后学论"致良知"》论证王阳明有三个良知学说。第一个是在贵州龙场悟道后产生的知行合一的良知说，按照它，良知是一种"向善的情感或向善的倾向〈意向〉之自然禀赋意义上的'本原能力'，例如对亲属的爱、对他人所遭遇不幸的震惊、对他人的尊敬和对不义行为的厌恶"（《人生》，344）[1]。第二个是在江西平叛并受诬陷后产生的"致良知"说，即"'本原知识'不是［！］作为某种情感或倾向（意向），而是作为直接的、或多或少清晰有别的对自己意向的伦理价值意识"（同上）。第三个则是"始终完善的良知本体"，即始终处于"本己本质"（本体）（同上）之中的良知。

耿先生承认，王阳明本人对于这"三个不同概念的陈述实际上并不明确"（《人生》，346），比如第一个概念在后两个概念出现后，仍

---

[1] 〔瑞士〕耿宁：《人生第一等事：王阳明及其后学论"致良知"》（简称《人生》），倪梁康译，北京：商务印书馆，2014年。

然存在,"以至于在这个时期[阳明晚年]的陈述中有可能出现所有这三个概念"(《人生》,344)。这是符合实际情况的。王阳明后学或研究者总愿意将阳明思想分成几个阶段,但无论是钱德洪的、黄宗羲的,还是耿先生的,似乎都不那么完满。这并不说明这类区分没有意义,相反,它们提供了我们理解阳明学说的一些把柄,促使人们在争论中深化对此学说和实践的理解。

本文想就耿先生讲的第一个概念和后两个概念、特别是第二个概念之间的关系做一点粗浅的探讨,集中在"对亲属的爱"这种自然良知与致良知及良知本体的关系。我希望能够从王阳明的人生经验和良知学说两个方面来表明,这种爱,特别是孝悌之爱,不外在于第二个良知概念,也不可能被后两个良知概念超越,而可以是、甚至就是它们的发端和导引。

一、与悟道相关的亲情经验

王阳明有过两次重要的悟道,让他获得了对良知自足性的明证体验。一次是在贵州龙场,一次是因平宸濠之乱受到猜疑诬陷之时。而我们从《年谱》等传记资料上看到,在导致这两次体验的人生经验中,孝亲经验是相当突出的。

阳明之所以能够有第一次悟道,与他自小具有的干"人生第一等事"的抱负有关系,正如耿先生所明示的。经历患难的人很多,但能够借此因缘而悟道者是罕见的。正因为这个要做圣人的志向,他无所不用其极地尝试各种求道方式,无论是"格竹子"(《人生》,96)也好,入山静修也好,与道士和尚们交往也好。

《年谱》记载,王阳明于明孝宗弘治十五年(1502)31岁时,从朝廷的官职上"告病归越,筑室阳明洞中,行导引术;久之,遂先知"

(《全集》，1225）[1]。这次修行既是为了养病，包括因格竹子一类追求导致的病，也是为了获得内在的"结圣胎"（《人生》，91）的意识体验。如他所言"养德养生，只是一事"（《全集》，187）。通过行导引术，他获得了"先知"的能力。虽然阳明后来认为它也只是"簸弄精神"（《全集》，1226），不是求道的正途，但得到这种能力于他进入自身意识的更深境界，肯定有重大意义，因为没有意识的高度专一和内敛，及在某种程度上的"廓清心体"（《全集》，1231），要先知绝无可能。所以，正是这次阳明洞的修行使他认可了"阳明"这个称号（《人生》，58—59），不但为他的龙场大悟做了意识准备，而且促使他在那之后的"居滁"期间，主教学生们"静坐"（《全集》，105）。

这次修行还让他差一点出世，"已而静久，思离世远去"。如果此"离世远去"实现了，那么我们将看不到一个儒家的王阳明。它之所以没有被实施，是因为王阳明对亲属的爱或他的孝亲良知阻止了他。"惟祖母岑与龙山公在，念因循未决。久之，又忽悟曰：'此念生于孩提，此念可去，是断灭种性矣。'"（《全集》，1226）当他于久静中得到内在的、特殊的、甚至是卓越的意识体验时，他为之吸引，觉得真理和生命意义就在其中，于是想离世远去。这时，只有一个念头让他无法做出最后决断，那就是对祖母和父亲的亲情之念。修道求佛之人会最终克服这种尘世之念，但对于王阳明这么一位要做人生第一等事、意识感受极其敏锐的人来说，这一"俗"念却无论如何斩不断，而且令他忽然有了一个"悟"，即：这个念头虽然不如"先知"那么高妙特异，却是"生于孩提"，出于人最天然、最稚气纯真的心灵经验。所以，"此念可去，是断灭种性矣"。如果去掉了这个念头，人之为人的"种性"就断灭了，那么一切高级意识能力和境界也就都会失去它们的

---

[1] 王守仁：《王阳明全集》（简称"《全集》"），吴光、钱明、董平、姚延福编校，上海：上海古籍出版社，1992年。

人性意义。

耿先生正确地指出了这里"种性"的佛教色彩。"在第八识（最深的心识，'种子识'）中原初存在的（'天生的'）向善之秉性（'种子'）。"（《人生》，105注3）由此可见阳明对佛教（这里是唯识宗）的熟稔。但他对唯识学所讲阿赖耶识（又名第八识或种子识）的无漏种因，却做了孝爱意识的解释！孝情牵念（Sorge, Besorge）乃是人的种性所在，像"瀑流"一样势不可当，自发自行，因此是不可断灭的。由此看来，这次"忽悟"与后来龙场的"中夜大悟格物致知之旨"（《全集》，1228）之"大悟"，应该是有内在关系的，后者只是对"种性"心体的更澄然完整的自觉而已。没有前者，后者不会出现。

《年谱》接着记载，阳明在一佛寺中唤醒三年坐关、不语不视的禅僧，用的也还是这个"念"。"僧惊起，即开视对语。先生问其家，对曰：'有母在。'曰：'起念否？'对曰：'不能不起。'"（《全集》，1226）这个"起念"与阳明自己在道家式的坐关中的"念"一样，乃人的良知本性的油然喷发，"不能不起"，所以阳明深知它的本体性，也就能轻车熟路地"以爱亲本性谕之"，以至该僧"泣谢"归家。阳明后来多次讲到"二氏［道家与佛家］之学，其妙与圣人只有毫厘之间"（《传习录》上；《全集》，36），而这"毫厘"处正是最要害处，失则差之千里。由此更见得那个"孝亲之悟"在阳明身上的持久效力。

引导阳明朝向龙场悟道的经历中，也有孝亲之念的关键地位。正德元年（1506），他在朝廷上仗义执言，被廷杖四十，谪贵州龙场驿驿丞。太监刘瑾衔恨不已，派人跟踪，图谋杀害。机警的阳明诈死而暂时脱困，乘一艘商船出游，遇台风至福建地界。山寺中遇到一位二十年前的故人，按《行状》所记是一位道士，但《年谱》却只说是位奇特的人（"异人"）。"寺有异人，尝识于铁柱宫，约二十年相见海上；至是出诗，有'二十年前曾见君，今来消息我先闻'之句。"看来阳明的先知能力还比不上这位能在二十年前就预晓此次会面的人。而且，正是他的先知能力助阳明再一次战胜离世远去的意图。"与论出处，且将远遁。其人曰：'汝有亲在，万一瑾怒逮尔父，诬以北走胡，南走粤，何以应之？'"（《全集》，1227）阳明要借自杀假象的雾霭而"远遁"，不然难以保全性命。但奇怪的是，这位世外高人却以"汝有亲在"为由来劝阻阳明，预测阳明的远遁会遭至父亲乃至家族的灾祸（亦可参考《行状》，《全集》，1408），于是阳明又动孝念，不忍以自己生命的保全招致父亲的不幸。这种预测是否完全准确，也难于绝对认定，但由它影响的下一步行动则关系到身家性命。于是，此异人或阳明本人就诉诸使人先知的经典《周易》来决疑。"因取蓍，得《明夷》，遂决策返。先生题诗壁间曰：'险夷原不滞胸中，何异浮云过太空？夜静海涛三万里，月明飞锡下天风。'因取间道，由武夷而归。时龙山公官南京吏部尚书，从鄱阳往省。十二月返钱塘，赴龙场驿。"（《全集》，1227—1228）《明夷》（下离上坤）卦好像就在描述阳明所处的情境，并给他以指示。《明夷·彖》这么说明"明夷"（光明受到伤害）的含义："明入地中，'明夷'。内文明而外柔顺，以蒙大难，文王以［用］之。"（《周易译注》的白话文翻译为："光明［内卦离］隐入地［外卦坤］中，象征'光明殒伤'；譬如内含文明美德、外呈柔顺情态，以此蒙受巨大的患难，周文王就是用这种方法度过危难。"《译注》，208））[①] 而此卦的卦辞还有"利艰贞"（利于在艰险中坚守正道）之语。《明夷·彖》的相应解释则是："晦其明也；内难而能正其志，箕子以之。"（"要自我隐晦光明；尽管身陷内难也能秉正坚守精诚的意志，殷朝箕子就是用这种方法晦明守正。"（同上））由此，王阳明就决意放弃远遁的计划，在看望父亲之后，"赴龙场驿"。对亲人的爱又一次改变了他的人生轨迹，也因此改变了他的思想轨迹。

阳明龙场之悟，使他"始知圣人之道，吾性自足，向之求理于事

[①] 黄寿祺、张善文：《周易译注》，上海：上海古籍出版社，2007年，第208页。

物者误也"(《全集》,1228)。而这自足之"吾性",与他早先讲的作为孝念的"种性",应该是一个性。那个孝念促他放弃了保全个人性命之谋,为了父亲和家族将自身交给随时可以降临的生死之变。而他的龙场悟,也正是在最后突破了个人的"生死一念"(同上)后达到的。"自计得失荣辱皆能超脱,惟生死一念尚觉未化,乃为石墩自誓曰:'吾惟俟命而已!'日夜端居澄默,以求静一;久之,胸中洒洒。……因念:'圣人处此,更有何道?'忽中夜大悟格物致知之旨,寤寐中若有人语之者,不觉呼跃,从者皆惊。始知圣人之道,吾性自足,向之求理于事物者误也。"(同上)看来,这次悟到的自足吾性,既是某种情感或倾向(意向),比如人的孝爱情感,**也是**"作为直接的、或多或少清晰有别的对自己意向的伦理价值意识"(《人生》,344),因为此情感的一再自觉就导致了对"吾性自足"或"对自己意向的伦理价值意识"的"知"。这就是儒家之悟与道佛之悟的不同。儒悟不止是道德价值意识,也不止是纯意识,而必有人伦情感、特别是亲子情感于其中;但这亲子情感在此又必有对自身的道德伦理价值的自觉意识、自足意识、种性意识,不然不成其为悟。阳明的第一个或情感化的良知领会之所以势必浸入第二、三个,原因就在于此。纯粹的孝爱乃至情,而至情即至性至理,而至性至理也必发乎至情,绝不会一片空寂。

就是直接引出阳明"致良知"学说的平叛蒙谤经历中,也可看到对亲人的情感。"先生赴召至上新河,为诸幸逡阻不得见。中夜默坐,见水波拍岸,汩汩有声。思曰:'以一身蒙谤,死即死耳,如老亲何?'谓门人曰:'此时若有一孔可以窃父而逃,吾亦终身长往不悔矣。'"(《全集》,1270)在这最艰险磨难之时,他想到的不是个人生死——"死即死耳",而是年老父亲的安危——"如老亲何?"而他发自深心的要"窃父而逃"的愿望,与他自己以往要"离世"、要"远遁"的愿望,完全不是一回事,后者都被放弃了,而这个窃父而逃的愿望,尽管限于情势未能在对象化层次上实现,却是他"终身长往不悔矣"的。**这就是致良知**，其念出自孩提，不会被假冒，不会走偏，至诚至真且充满了"对自己意向的伦理价值意识"。

《年谱》又记："初，先生在赣，闻祖母岑太夫人讣，及海日翁[即阳明之父]病，欲上疏乞归，会有福州之命。比中途遭变，疏请命将讨贼，因乞省葬。朝廷许以贼平之日来说。至是凡四请。尝闻海日翁病危，欲弃职逃归，后报平复，乃止。一日，问诸友曰：'我欲逃回，何无一人赞行？'门人周仲曰：'先生思归一念，亦似著相。'先生良久曰：'此相安能不著？'"（《全集》，1277）王阳明得知祖母去世和父亲病重，不顾王命在身而"欲弃职逃归"，当时身边的门人弟子们无一人赞成。虽因又收到父亲病愈的消息而没有成行，但阳明事后对弟子们还是有此一问："你们为什么都不赞成我逃回到病危的父亲身边？"周仲回答道："您的思归之念，好像还是执着于外相了。"也就是，他认为王阳明过于执着于父子之情的外相，一定要在父亲临去世前赶回其身边，而未以君臣大义、社稷安危为重，将孝情升华到为国尽忠的大孝。王阳明思忖良久，说道："这个相怎么能不执着啊？！"换言之，对父亲之孝爱发于天性，自涌自流而全不算计其他。你说它是外相，但我哪能不执着它呢？细品阳明话的意思，他并不认为孝亲之相是外相，而是与人的良知实体无别的内相，摆脱了它，不管有多么堂皇的借口，也就断灭了人的种性和良知。此处"存在者"（Seiende）就是"存在"（Sein）本身，甚至更是存在本身。

二、亲情经验即良知

王阳明的《传习录》集中表达了他对良知的见解。此集一开篇就是阳明与弟子及妹夫徐爱讨论，为什么《大学》旧本不应该被程朱改动。焦点在旧本的"亲民"应不应该被当作"新民"来念。这一段问答摘要如下：

爱问："'在亲民'，朱子谓当作'新民'，后章'作新民'之文似亦有据；先生以为宜从旧本作'亲民'，亦有所据否？"先生曰："'作新民'之'新'是自新之民，与'在新民'之'新'不同，此岂足为据？……'亲民'犹孟子'亲亲仁民'之谓，亲之即仁之也。百姓不亲，舜使契为司徒，敬敷五教，所以亲之也。《尧典》'克明峻德'便是'明明德'；以'亲九族'至'平章协和'，便是'亲民'，便是'明明德于天下'。又如孔子言'修己以安百姓'，'修己'便是'明明德'，'安百姓'便是'亲民'。说'亲民'便是兼教养意，说'新民'便觉偏了。"（《全集》，2）

阳明论证旧本的"亲民"为正解，除了文字上的一些辨析外，更从儒家义理上找根据。"'亲民'犹孟子'亲亲仁民'之谓，亲之即仁之也。"这正是孔孟、子思的一贯之论。孔子曰："君子笃于亲，则民兴于仁。"（《论语·泰伯》）孟子曰："亲亲，仁也。"（《孟子·告子下》）又道："亲亲而仁民，仁民而爱物。"（《孟子·尽心上》）《中庸》引孔子话："仁者人也，亲亲为大。"它们无可辩驳地表明，儒家正宗认定、坚持亲亲与仁德的内在关联，而其中孝悌更是达到仁德的亲亲之道，故有"孝弟也者，其为仁之本与"（《论语·学而》）之说。阳明据此来表明《大学》开篇的所谓三纲领——"《大学》之道，在明明德，在亲民，在止于至善"，正是理当要揭示这个儒家最重要纲领，无足怪也。又引《尚书·尧典》来将"明明德"和"亲民"并提，表现它们之间的相关性。而正如耿先生注意到的，"明明德"与阳明的第一个良知学说有极大关系，"明德"就相当于"良知"（《人生》，128），"明明德"就相当于阳明讲的"格物致知"（《人生》，129）乃至"致良知"。阳明印证龙场大悟的《五经臆[忆]说》如此解释《周易·晋·象》的"明出地上，晋[下坤上离；'明夷'的反对卦]，君子以自昭明德"："日之体本无不明也，故谓之大明。有时而不明，入于地,则不明矣。心之德[孝乃此德之本]本无不明也,故谓之明德。有时而不明者,蔽于私也。去其私,无不明矣。日之出地,日自出也,天无与焉。君子之明明德,自明之也,人无所与焉。自昭也者,自去其私欲之蔽而已。"(《全集》,980;《人生》,128—129)由此可见,阳明这里对"亲民"的解释——"孟子'亲亲仁民'之谓,亲之即仁之也"——与他那表现为"明德"的良知说乃至"明明德"的格物致知说是相关的。明明德,并非是在让个体的明德彰显,而首先是让仁德的根子"亲亲"之德彰显出来。所以他才会一再坚持《大学》的"亲民"的"亲"义,绝不允许它让程朱给"新"掉了。无亲之明,不是真明。

由此就可理解为何他讲到"良知"、"心之本体"、"心即理",几乎每次举的人事之例总以孝悌为首。如:"知是心之本体,心自然会知:见父自然知孝,见兄自然知弟,见孺子入井自然知恻隐,此便是良知不假外求。若良知之发,更无私意障碍,即所谓'充其恻隐之心,而仁不可胜用矣'。然在常人不能无私意障碍,所以须用致知格物之功胜私复理。即心之良知更无障碍,得以充塞流行,便是致其知。知致则意诚。"(《全集》,6)这虽可在一定程度上看作是在解释孟子的"良知""良能"说(《孟子·尽心上》)[1],但其中更充溢着阳明自家的良知领会,比如用"知是心之本体"来进一步说明良知良能的可能性,并明确点出人(而不仅是孩童)"见父自然知孝……"的良知呈现。还解释了此良知不能呈现的原因——私意障碍,以及通过致知格物来去障胜私,以致人之良知的正途。总之,这里已经有了或起码隐含了后期的致良知说,而见父知孝、见兄知悌正是引领此说的原初经验。

他阐发"心即理"时,同样诉诸孝悌经验。请看《传习录》开头

---

[1] 《孟子·尽心上》:"人之所不学而能者,其良能也;所不虑而知者,其良知也。孩提之童无不知爱其亲者,及其长也,无不知敬其兄也。亲亲,仁也;敬长,义也。无他,达之天下也。"

不久的这一著名段落：

> 爱问："至善只求诸心，恐于天下事理有不能尽。"先生曰："心即理也。天下又有心外之事，心外之理乎？"……"……今姑就所问者言之：且如事父不成，[难道要]去父上求个孝的理[？]；……都只在此心，心即理也。此心无私欲之蔽，即是天理，不须外面添一分。以此纯乎天理之心，发之事父便是孝，发之事君便是忠，发之交友治民便是信与仁。……夏时自然思量父母的热，便自要去求个清的道理。这都是那诚孝的心发出条件。却是这诚孝的心，然后有这条件发出来。譬之树木，这诚孝的心便是根，许多条件便是枝叶，须先有根然后有枝叶，不是先寻了枝叶然后去种根。《礼记》言：'孝子之有深爱者，必有和气，有和气者，必有愉色；有愉色者，必有婉容。'须是有个深爱做根，便自然如此。"（《全集》，2—3）

此段可看作阳明心学的纲领性阐述。当他论证心即理、心外无事无理时，首先依据的还是孝父经验。这已经不止于众例子中的一个例子，而更像是**范例**了。某人事父不成，问题不在他没有到作为对象的父亲那里找到孝的动机，而是他见父自然知孝的心体良知被私欲蒙蔽了。只要此心可以呈露，就像见孺子将入井而顿生恻隐之心，那么发之事父就是孝。所以原本就含诚孝的心或对父母的深爱是根，它会应机随时地发出和气、愉色、婉容的枝条。"这诚孝的心便是根，许多条件便是枝叶，须先有根然后有枝叶，不是先寻了枝叶然后去种根。"心之所以就是理，首先是因为我们的诚孝之心里边必定含藏着无数孝顺父母之理数，但不能反过来说，我们孝顺父母的理数里必定包含着诚孝之心。这是离我们最切近、最易被我们理解的心。说重些，这深爱父母之心对于阳明来说，不仅是孝顺行为的根，而且也是"心即理"

之根。① 结合上一节中陈述的孝心在阳明人生经验中的关键地位,这一断言似乎并不很过分。

阳明论述知行合一,虽然首先诉诸"好好色"、"恶恶臭",但只要涉及人事,那么孝悌就总是首选。他说道:

> ……未有知而不行者。知而不行,只是未知。圣贤教人知行,正是安复那本体,不是着你只恁的便罢。故《大学》指个真知行与人看,说"如好好色,如恶恶臭"。见好色属知,好好色属行。只见那好色时已自好了,不是见了后又立个心去好。……就如称某人知孝、某人知弟,必是其人已曾行孝行弟,方可称他知孝知弟,不成只是晓得说些孝弟的话,便可称为知孝弟。又如知痛,必已自痛了方知痛;知寒,必已自寒了;知饥,必已自饥了;知行如何分得开?此便是知行的本体,不曾有私意隔断的。圣人教人,必要是如此,方可谓之知。不然,只是不曾知。此却是何等紧切着实的工夫!(《全集》,4)

"好好色"、"恶恶臭"是生理与心理还未分裂的经验,其中的知行——"见好色属知,好好色属行"——真正地合一不二。人见到**好**色时,肯定已经**好**它了,不用再立个心去好之,因为这里好(hǎo)就是好(hào),见好知好就是好好行好。恶恶臭也是一样。中文可以当场实现出这种知行经验的合一,所以《大学》用它们"指个真知行与人看"。而"知痛"、"知寒"、"知饥"也就从中得其知行合一的理

---

① 王阳明写道:"孟氏'尧舜之道,孝悌而已'者,是就人之良知发见得最真切笃厚,不容蔽昧处提省人。使人于事君、处友、仁民、爱物,与凡动、静、语、默间,皆只是致他那一念事亲从兄真诚恻怛的良知。即自然无不是道。盖天下之事,虽千变万化,至于不可穷诘,而但惟致此事亲从兄一念真诚恻怛之良知以应之,则更无有遗缺渗漏者,正谓其只有此一个良知故也。事亲从兄一念良知之外,更无有良知可致得者,故曰:'尧舜之道,孝悌而已矣。'此所以为惟精惟一之学,放之四海而皆准,施诸后世而无朝夕者也。"(《传习录》卷中,第190条)

解契机。如此"冲气以为和"的经验理解突入人伦境域便首先是"知孝"、"知弟"。它们也不只是心理的和观念的，同时也是生理的行动的，总之是自发的、不由自主的良知良能，如果诚孝诚悌之心未被私欲隔断的话。圣人教人亲亲而仁，不是教什么道德原则，或从个别到普遍的德行，而是这等发自天良心体的知中行、行中知，一腔真情诚意。"此却是何等紧切着实的工夫！"这实在是揭示了孔孟之学的最真切处，将先秦儒学主流中的"亲亲而仁"的心性要害知痛知寒地开显了出来。

三、结语

孝悌属于耿先生区分出的第一种良知，但它与这种区分中的第二种和第三种良知——致良知之良知和本体之良知——是内在相关的。所以我们不可以说第二种良知已经"不是"（《人生》，344）第一种良知了。孝悌之情本身就有"对自己意向的伦理价值意识"，就如同"见好色"中已经有了"好好色"一样，尽管此价值意识的充分展示和自觉还须要更彻底的去私开显的功夫。孝悌也是良知本体的发动，而且是首要的发动，离开了它，并无良知本体可言。

或有人引《传习录》阳明致顾东桥书中所云，来维持第一种和第二种良知的原则区别。阳明写道："良知良能，愚夫愚妇与圣人同。但惟圣人能致良知，而愚夫愚妇不能致，此圣愚之所由分也。"（《全集》，49）这里讲的良知良能，相当于耿先生分类中的第一种良知，即"本原能力"；而所谓致良知，则相当于该分类中的第二种良知，即"本原知识"，或"对自己意向的伦理价值意识"。愚夫愚妇只有第一种良知，而圣人有第二种，所以两者有原则的不同。此论不能成立，因为圣人之所以有第二种良知，以原本地具有第一种良知为前提，此为愚者与圣人之所"同"处。因此，不能因为有圣人与愚者之别

("分")就认为第二种良知不再是第一种良知了。两者根基相同,都以孝悌为原初经验,圣人的特异只在让此良知良能成为了更完整显露的良知良能而已,或更加明白地实现其自身而已。

何况,阳明写这段话的原意,正是要反驳顾东桥分离良知与致良知的倾向,强调两者本为一体。顾于来书中言道:"所谓良知良能,愚夫愚妇可与及者。至于节目时变之详,毫厘千里之谬,必待学而后知。"(《全集》,49)他认为良知良能是愚者也有的,但唯有虞舜与武王这样的圣者能够临机变化(舜的"不告[父]而娶",武王的"不葬[父]而兴师"(同上))而不失正道,而这种时中能力却要"学而后知",不能靠良知良能达到。阳明以为不然。"节目时变,圣人夫岂不知?但不专以此为学。而其所谓学者,正惟致其良知,以精察其良知,以精察此心之天理,而与后世之学不同耳。吾子未暇良知之致,而汲汲焉顾是之忧,此正求其难于明白者以为学之弊也。"(《全集》,49—50)也就是说,圣人能够"节目时变",不是靠去学习如何能"节目时变"而达到的,因为节目时变"不可预定"(《全集》,50),并非可以学习的对象。这么去"学而后知"就是"忽其易于明白者[即良知良能]而弗由,而求其难于明白者以为学"(《全集》,49)。即忽视节目时变的源头,也就是那易于明白的良知良能,而去学那难于明白的东西。所谓致良知,就是改变这种遮蔽圣人之学千年的学而后知说,不去学那些难于明白的东西,而是要不离此良知良能地致此良知良能,就像大舜通过"终身慕父母"而行"不告而娶"(《孟子·万章上》)那样。"其[圣人]所谓学者,正惟致其良知,以精察此心之天理,而与后世之学不同耳。"(同上)这种学才是那举一反三、一通百通之学:"良知诚致,则不可欺以节目时变,而天下之节目时变不可胜应矣。"(《全集》,50)此为阳明致良知本意,即不离良知这个本原能力地达到对它和相应万事的本原知识。焉有他哉?岂有他哉!

舍勒与宋明儒者论一体感
——一项现象学的与比较宗教学的探究

张任之

（中山大学哲学系、中山大学现象学文献与研究中心）

在其《同情的本质与形式》（*Wesen und Formen der Sympathie*，以下简作"同情书"）的第二版前言中，舍勒提到，他的有关于同情（Sympathie）的研究从属于一项更大的计划，即对于"情感生活的意义法则"的探究。而这一系列探究的根本目的在于，将帕斯卡尔的"心的秩序"、"心的逻辑"或"心有其理"的思想运用到个体的情感生活的主要方面，尤其是伦理的、社会的和宗教的方面，为这一思想的真实性和深刻性提供更有力的证明。[①] 相比于1913年出版的第一版《论现象学与同情感理论以及论爱与恨》（*Zur Phänomenologie und Theorie der Sympathiegefühle und von Liebe und Haß*），在1923年出版的第二版中，舍勒增补了一些部分和章节，这些部分大多都和"一体感"（Einsfühlung，或译为：同一感）问题有关。就像舍勒自己所说，那些在第一版时期还完全未被意识到其特性的"一体感"或"同一

---

① 参见 M. Scheler, *Wesen und Formen der Sympathie/ Die Deutsche Philosophie der Gegenwart*, GW 7, Bern und München: Francke Verlag, 1973, S. 10。

感"，在第二版中却扮演着重要角色，特别是在相关于"合意的爱的秩序"（rechten ordo amoris）时，它具有的重要的文化批判和教化意义。

在"同情书"第二版新加的"历史的心性形态中的宇宙同一感"一章中，舍勒试图在对同情感之本质的现象学描述和对不同文化圈中同情感现象的比较宗教学研究之间架设一座可以沟通的桥梁。他所着重关注的是，这些同情感的"观念的本质可能性"是如何在印度、古希腊、基督教以及近代西方的文化圈中被片面地实现和显示出来的。[①] 尽管舍勒也偶尔提及了老子，但这对于一项跨文化的比较宗教学研究来说显然是远远不够的，特别是在此研究中缺失了整个的儒家传统。这无疑会限制该研究的广度和深度。

与此同时，舍勒在"同情书"第二版新增补的有关"一体感"或"同一感"的问题域至今并未得到研究者的足够重视。这一问题域对于舍勒来说究竟意味着什么，也始终晦而不明。基于此，本文将首先尝试揭示舍勒这里"一体感"或"同一感"的基本内涵（第一节），进而补充讨论宋明儒家有关"万物一体"的讨论（第二、三节），并在此基础上反观舍勒在1920年代初强调"同一感"和"宇宙同一感"的重要现实关切（第四节），最后在跨文化比较宗教学的视角下，检视补论宋明儒家工夫论的思想意义（第五节），并对有关"一体感"或"同一感"的心性现象学研究做一简单展望（结语）。

一

在"同情书"第二版中，舍勒是在对"共感现象的辨异"（Scheidungen in den Phänomenen des Mitgefühls）中引入"同一感"的。他区分出了四种不同的感受样式：相互一同感受（Miteinanderfühlen）、共感

---

① 参见 Scheler, GW 7, S. 12f.

（Mitgefühl）、感受感染（Gefühlsansteckung）、同一感（Einsfühlung）。①

相互一同感受出现在这样的情况下，如当悲伤的父母肩并肩伫立于爱子的遗体旁，他们相互一同感受着同样的悲伤、"同一种"痛苦。它不能被分解为我的感受和他的感受以及我们互相对彼此的感受。这一感受现象的本质是：他人的痛苦不是作为一个客体被给予的，因为它不能被客体化，不能被安置在离我远一点的地方。相互一同感受是最高形式的共感，它专指心灵上的相互一同感受，不可能有相互一同的感官感受。我的痒仅能是我的痒，至多会引起你的怜悯，而不会成为你的痒。

在**共感**的情况下，别人的悲伤成为了对象。在前面那个例子中，那对父母的朋友，或者在孩子遗体旁边的其他亲人的感受便是共感，或者是人们通常所说的同情感。父母的悲伤与朋友的悲伤有明显的不同。因为朋友"理解"他们的悲伤，而父母根本没有必要"理解"，父母联结在同一个悲伤之中。朋友事实上看到这对父母处在其共同悲伤中，而追复感受（Nachfühlen）这对父母的悲伤，是对父母感受状态的一种回应。共感具有意向性的指涉，在这里，他人的痛苦（或快乐）被直接给予我。它可以被我客体化。我的悲伤和他的悲伤从现象学上看是两个不同的事实。②

感受感染与前两种都不一样。与相互一同感受不同，是因为它不分担他人的体验，没有他人主动的表达参与；与共感不同，是因为它没有意向性的指涉。感受感染不以对他人体验的感知为条件。比如，当人们进入酒吧或欢度节日时，那儿的轻松、自由的气氛将那些在此之前还处在悲伤之中的人们"卷进"欢快气氛中。我可以被欢快的人

---

① 由于论述主题的相近，本节讨论"共感现象的辨异"的文字以及第四节讨论这些感受样式之间的奠基关系和同一感的伦理意义的部分文字采自笔者的旧文《爱与同情感——舍勒思想中的奠基关系》（原载《浙江学刊》2003 年第 3 期），特此说明，并向原出版者致谢！

② 参见 Scheler, GW 7, S. 24。

们"带出我的悲伤"。显然,这种情况的发生不需要人们相互之间对情绪的分享,甚至不必知道他人为什么高兴或悲伤。

同一感是许多人都有的感受感染的极端例子,是高度的感受感染。真正的同一感,是将自己的自我与他人的自我等同起来,"在这里不仅他人的、有限的感受过程被不自觉地当成自己的感受过程,而且他人的自我恰恰(在其所有基本行为上)与自己的自我被认同为一体"[1]。这个意义上的同一感具有一种认知论的意义,它主要关系到对他人的感知,或者说"陌生感知"。在此语境中,舍勒与 Th. 利普斯和 E. 施泰因联系在一起。[2]

但不同于利普斯和施泰因,舍勒还在一种形上学的意义上讨论同一感。[3] 舍勒用从不同来源得出的各种例子来说明同一感。原始人与图腾的真正同一,人与祖先的历史性认同,在这之中存在的就是原始的同一感。在古希腊、罗马的宗教神秘仪式中,司祭进入心醉神迷的、绽出的状态(Ekstasis)并达到与神灵的存在、生命和命运真正同一时,同一感便出现了。同一感还出现在催眠以及小孩子与洋娃娃"扮过家家"的游戏之中,"这种'扮演'的游戏性质,即'仿佛'是妈妈的那副样子,大概只是对成年观众而言。孩子本身在游戏的瞬间觉得自己(以自己的母亲与她自己的关系为榜样)与'妈妈'(在这儿仍然是一种个体表象,而非机遇性的一般表达)完全是同一的,洋娃娃与其自身同一"[4]。另外,诸如在性受虐狂、性施虐狂的举止中,在充满爱的性爱活动中,以及在群体性无意识行为中,甚至在母爱的表现中,人们都可以发现这种同一感的存在。

---

[1] Scheler, GW 7, S. 29.

[2] 有关讨论,可以参见郁欣:《利普斯、舍勒和施泰因论同感和同一感》,《中山大学学报(社会科学版)》2014 年第 3 期,第 106—114 页。

[3] 当然,我们后面会看到,这种形上学意义上的同一感最终会被舍勒应用到他的现象学的人格伦理学中,从而具有一种伦理学意义。

[4] Scheler, GW 7, S. 35.

根本上，对于舍勒来说，同一感具有如下几个根本性的特征：其一，从认知论上看，同一感构成了追复感受（Nachfühlen）、共感以及理解（Verstehen）等一切和他人的被给予性有关的感受或行为的最原始的基础。[①] 其二，同一感永远不会自动地发生，它是由一种特有的"生命因果性"（Vitalkausalität）造成的结果。这种"生命因果性"不同于认识论的思想动机和机械的接触原因。其三，同一感处身于人的"意向的"（noetische）的精神和理性的领域与人的身体躯体（Leibkörper）的感觉和感性感受的领域之间，即它处身于"生命中心"（Vitalzentrum）。只有精神和理性的领域与感觉和感性感受的领域都接近完全"空无"时，同一感才会出现。[②]

在此意义上，舍勒强调：

> 为达到同一感，人必须"英雄般地"超越他的身体躯体和一切对他重要的东西，**同时**他也必须"忘却"他的精神个体性或者对它不予"注意"，这就是说，放弃他的精神尊严，听任其本能的"生命"行事。我们也可以说：他必须变得"小于"人这种具有理性和尊严的存在者；他必须"大于"那种只在其身体状态之中"存在着"和活着的动物。[③]

在"同情书"第二版的"历史的心性形态中的宇宙同一感"一章中，舍勒进一步在比较宗教学的视域下拓展了对同一感的思考，所谓的"宇宙同一感"（kosmische Einsfühlung）得到主题性的关注。

舍勒在以婆罗门教与佛教为代表的印度思想中发现了第一种真正的同一感伦理（ethos）。他将这种同一感看作是一种消极的宇宙同一

---

① 参见 Scheler, GW 7, S. 29。
② 参见 Scheler, GW 7, S. 46。
③ Scheler, GW 7, S. 46。

感，即"同一受苦"（Einsleiden）。这种与宇宙原苦的受苦同一感伦理建立在两个前提上面：首先是印度人那种与西方的人与自然的关系迥然有别的人与自然的关系，因为以森林为家园的印度人并非以一种主宰和支配的观念对待自然，而是就生活在自然"之中"，即生活在与自然及其众生的同一感之中。[1]他没有在形而上学的等级与存在上将人置于动物与植物之上，而是同万物交往，并以同类相待；其次是对"意愿"（Wollen）和"实在"（Realität）之间的本质联系的一种否定性评价。整个的"此在"（Dasein）都是可以被否弃的，世界绝非极乐之乡，而是包藏着"偶在"、"不幸"以及对于追求的"抗阻"（Widerstand），因此这种同一感必定是同一受苦。[2]

舍勒也在古希腊的机体学世界观（organologische Weltansicht）中发现了这种宇宙同一感，但它不同于印度的同一感，因为与其说它是牺牲型的（Hingabetypus），毋宁说它是责令型的（oktroyierend）；它是积极的而非消极的同一感，根本上是一种透入宇宙和"极乐动物"之中的同一享乐（Einsfreuen），而非同一受苦。[3]就方向而言，与印度的同一感以一种平视的姿态不一样，这种积极的同一感是垂顾和俯视的姿态，即人俯向动物、植物和死物。这种同一感是"人在直到神的一切事物中的一种同一感着的向上之*乐*"[4]。

与古希腊不一样，基督教的世界观强调一种与同一感陌异的、甚至敌对的主宰自然的思想。在这里，作为个体的精神实体、作为上帝的肖像的人超越"自然"迅速提升，自然则被极度地非生命化和非灵魂化。自然的物质化和人的精神化最终导致了只有人和人才是"兄

---

[1] 舍勒在此引证了泰戈尔。所涉及的泰戈尔文本可参见〔印度〕泰戈尔：《人生的亲证》，宫静译，章坚校，北京：商务印书馆，2010年，特别是第一章"个人和宇宙的关系"。

[2] Scheler, GW 7, S. 89-91.

[3] 在此，舍勒将中国（老子）的思想与印度的观念并列，以区别于古希腊的世界观（参见 Scheler, GW 7, S. 93）。

[4] Scheler, GW 7, S. 94.

弟",同一感逐渐被遗忘。基督教的、无关宇宙的、精神的爱之神秘主义与印度的受苦的同一感和古希腊的极乐的同一感形成了极端的对立。① 这种对立一直延续到近现代西方的精神之中。②

在此思想运动中,阿西西的圣方济各(St. Francis Assisi)是一个极为特殊的个例。他把太阳和月亮、水和火、动物和植物即一切种类称为他的"弟兄"和"姐妹",将基督教特有的对上帝及上帝"之中"的弟兄邻人的爱"**扩展到整个低于人的自然**"。最终,他"将无关宇宙的、位格的、总之不再是俯视而是仰视的、仁慈的神秘之爱——它是基督教带来的并且与对耶稣的爱融为一体——同宇宙活力的、与自然存在和生命的同一感引入一个生命的过程,并使二者成为整体和综合"③。后面我们还会看到圣方济各的这一综合对于舍勒而言的至关重要的意义。④

总的来看,宇宙的同一感在舍勒这里代表了一种对自然的理解(Naturverständnis),更多涉及人与自然的关系问题,舍勒也将之称作一种生命论的神秘主义。⑤

---

① 参见 Scheler, GW 7, S. 94f。
② 舍勒也强调,这样一种思想运动实际上植根于古希腊思想中有关精神与生命、逻各斯与心理的分离,因为正是这种分离将同一感贬抑为一种形而上学的认识和合一途径,并藉此而开启了一种全新的、纯粹精神的人与万物、人与人以及人与上帝的关系,而所谓的"共感"或"自发的精神之爱"正是由此关系出发才得以可能。换言之,在古希腊思想中就已经存在着两种对待同一感的思想倾向,一种是俄耳普斯式的古典浪漫主义,另一种则是所谓的"阿波罗主义"(参见 Scheler, GW 7, S. 94)。而这样的两种倾向也会在近代西方以新的形态展现出来,相关的讨论可参见〔法〕P. 阿多:《伊西斯的面纱——自然的观念史随笔》,张卜天译,上海:华东师范大学出版社,2015年。
③ Scheler, GW 7, S. 97.
④ 相关的讨论,还可参见 John R. White, "Exemplary Persons and Ethics: The Significance of St. Francis for the Philosophy of Max Scheler", in *American Catholic Philosophical Quarterly*, Vol. 79, No. 1 (2005), pp. 57-90。
⑤ 参见 Max Scheler, *Die Wissensformen und die Gesellschaft*, GW 8, Bern und München: Francke Verlag, 1980, S. 64, 442。

二

舍勒的这样一种比较宗教学的梳理无疑是十分丰富且精彩的，但是除了偶尔附带地提及老子以外，他几乎没有注意到古代中国的思想传统对于宇宙同一感的讨论，特别是没有涉及到宋明儒学有关"万物一体"的思想。这在一定程度上限制了他对宇宙同一感问题思考的深度和广度。下文将尝试对此做一补充，笔者相信，同时笔者也希望这一补充会有助于推进舍勒这里所提出的相关问题的思考。

在儒家传统中，这里所讨论的宇宙"同一感"被标识为"万物一体"。或许人们一开始就会质疑这一论断的适宜性，甚至也会将之斥为肆意的比附。一个预先要做出的可能的回答在于：如前文所示，在印度、古希腊、基督教乃至近代西方的思想传统中，舍勒都发现（或者发明）了所谓的"同一感"思想，尽管在这些思想传统中未必真正出现过（遑论使用过）这个概念。舍勒的工作以及本文的努力都在于去尝试在对"同一感"之本质的现象学描述和对不同文化圈中"同一感"现象的比较宗教学研究之间架设一座可以沟通的桥梁。在此意义上，"同一感"的概念构成一个现象学意义上的观念类型（Typus），它可以包含有认知论的、形上学的、伦理学的乃至生态学和社会理论的意涵。而儒家的"万物一体"[①]则是"同一感"这一形式的观念类型在具体文化圈中的质料性展现，而对这些具体文化圈中的质料性的"同一感"

[①] 儒家"万物一体"概念在德文中被译作"die Einheit mit allen Wesen"（耿宁）、"das Einssein mit allen Dingen"或"die Einheit allen Seins"（余蓓荷），分别参见 I. Kern（耿宁），*Das Wichtigste im Leben. Wang Yangming (1472–1529) und seine Nachfolger über die "Verwirklichung des ursprünglichen Wissens"*, Basel: Schwabe, 2010; Monika Übelhör（余蓓荷），*Wang Gen (1483-1541) und seine Lehre. Eine kritische Position im späten Konfuzianismus*, Berlin: Reimer, 1986; 以及 Kenji Shimada（岛田虔次），*Die neo-konfuzianische Philosophie. Die Schulrichtungen Chu Hsis und Wang Yang-mings*, übers. von Monika Übelhör, Berlin: Reimer, 1987。

的讨论当然又能反过来发展和丰富其形式的观念类型。①

"万物一体"是儒家思想传统中一个极富特色的思想学说，宋明儒者将之用来为先秦儒学的"仁"的概念提供形而上学的论证。② 而在宋明儒者中，首先明确地提出"万物一体"思想的是程颢（1032—1085）。③ 在其著名的《识仁篇》中，程颢提到："仁者，浑然与物同体。"④ 无疑，这一思想深深植根于儒家思想传统中，程颢在此就将之与孟子的"万物皆备于我"（《孟子·尽心上》）和张载（1020—1077）的《西铭》联系在一起。⑤

实际上，"万物一体"的思想也并非儒家独有⑥，在释老两家亦有类似说法。根据岛田虔次的说法，程颢的万物一体思想很可能就受到

---

① 这一意义上的跨文化的比较宗教学的研究，就不会体现为不同文化之间的相互比附，而在根本上是与舍勒所发展的现象学的知识社会学研究同质的。

② 陈荣捷曾提到，"张载将'仁'扩展到了万物存在之境界。由此而来的结论即极为重要的'与天地万物为一体'的学说"，参见陈荣捷：《儒家的"仁"之思想之演进》，龙达瑞译，载姜新艳编：《英语世界中的中国哲学》，北京：中国人民大学出版社，2009年，第17—45页，此处参见第28页。

③ 不过，钱穆曾明确地将"万物一体"思想的提出回溯到周敦颐的《太极图说》，参见钱穆：《阳明学述要》，《钱穆先生全集（新校本）》第13册，北京：九州出版社，2011年，第2页；也可参见陈立胜：《王阳明"万物一体"论——从"身—体"的立场看》，上海：华东师范大学出版社，2008年，第27页，注释1。

有关"万物一体"思想的发展流变和基本内涵，研究界已有诸多有益成果，举其要者，兹列如下：陈立胜：《王阳明"万物一体"论——从"身—体"的立场看》；林月惠：《一本与一体：儒家一体观的意涵及其现代意义》，载氏著：《诠释与工夫——宋明理学的超越蕲向与内在辩证（增订版）》，台北："中央研究院"中国文哲研究所，2012年，第1—32页；陈来：《仁学本体论》，北京：生活·读书·新知三联书店，2014年，特别是"万物一体第七"；[日]岛田虔次：《朱子学与阳明学》，蒋国保译，西安：陕西师范大学出版社，1986年，等等。本文下述历史性叙述讨论，对上述著作多有参考，特此申明！

④ 程颢、程颐：《二程集》（上），王孝鱼点校，北京：中华书局，2006年，第16页。

⑤ 有关孟子和张载对于"万物一体"思想的深入讨论，可参见彭国翔：《儒家传统：宗教与人文主义之间》，北京：北京大学出版社，2007年，第二章"孟子'万物皆备于我'章释义"和第三章"'万物一体'的宗教性人文主义——以《西铭》为中心的考察"。

⑥ 钱穆也曾指出："'万物一体'的问题，本来也不是宋儒特有的。从各民族的思想史上看来，提出这个问题而加以讨究，也已不知几多次数了。"（参见钱穆：《阳明学述要》，前揭书，第2页）

六朝时代的僧肇（约384—414）之"天地与我同根，万物与我一体"（《肇论·涅槃无名论》）的影响，而后者则可进一步追溯到庄子《齐物论》中的"天地与我并生，万物与我为一"这一观念。[①]

耿宁则认为，宋明儒学中万物一体思想的起源问题要远为复杂得多。他区分了这一思想所扎根的四种不同的意义域（每一个意义域中还呈现出多样性）：

> 1. 对立面的相对性思想（大—小，贵—贱，长寿—短命等），见于《庄子·齐物论》，这导致扬弃对立面差别和万物平等的观念。在佛教中的一种与此类似的思想是，事物间的差别不构成它们的本质，它们的本质恰恰在于它们的无本质性或"空"（śūnyatā），在这空中一切差别都扬弃了（avikalpa）。2. 万物同根的思想。对这同一根基可作不同的理解：作为"道"（例如在庄子那里），作为"元气"，作为"无"（在王弼那里），作为最高的理（在朱熹那里），作为"一心"（例如在华严宗那里），等等。3. 佛教的"缘生"（pratītyasamutpadā）的观念：没有自立的本质，一切事物都是通过相互间的条件而维系在一起的，自我与宇宙合为一体（例如在僧肇那里）。在中国佛教中经常依据这种方式论证慈悲心（karuṇā）。4. 对其他生物的原初同情心的观念，这构成仁之端（在孟子那里）。[②]

很显然，万物一体这一思想在宋明时期成为三教共通共有的基本思想观念。程颢对此思想的开展当然可能会受到来自儒家以及释老的启发或影响，但是毫无疑问，他也赋予了这一思想观念独特的"儒家

---

① 参见〔日〕岛田虔次：《朱子学与阳明学》，第30页。
② 〔瑞士〕耿宁：《利玛窦与佛教的关系》，张庆熊译，载氏著：《心的现象——耿宁心性现象学研究文集》，倪梁康编，北京：商务印书馆，2012年，第102页，注释1。

性"。岛田虔次也曾明白指出过这一点:"尽管作为语词是同一的,然其性质有根本的差异。……明道的万物一体,是万物一体之'仁'。庄子、僧肇的万物一体,与其说把人驱使向责任和行动,不如说使倒退到冥想和死心,这不是儒家的态度。"① 程颢以及其他宋明儒者借助对孟子的恻隐之心进行本体论论证与进一步扩充,所发展出的万物一体思想根本上是相关于儒家的"仁"说的。②

程颢说:"学者须先识仁。仁者,浑然与物同体。义、礼、知、信皆仁也。识得此理,以诚敬存之而已,不须防检,不须穷索。"③ 对于儒家"学者"而言,其主要任务就在于对仁(浑然的物我一体)的把握("识")。但究竟何谓"仁"?程颢明白说道:

> 医书言手足痿痹为不仁,此言最善名状。仁者,以天地万物为一体,莫非己也。认得为己,何所不至?若不有诸己,自不与己相干。如手足不仁,气已不贯,皆不属己。故"博施济众",乃圣之功用。仁至难言,故止曰:"己欲立而立人,己欲达而达人,能近取譬,可谓仁之方也已。"欲令如是观仁,可以得仁之体。④

> "刚毅木讷",质之近乎仁也;"力行",学之近乎仁也。若夫至仁,则天地为一身,而天地之间,品物万形为四肢百体。夫人

---

① 〔日〕岛田虔次:《朱子学与阳明学》,第30页。
② 陈来教授曾指出,"仁者与万物为一体"作为"博施济众"的内在基础,要落实在社会关怀和忧患之上,"由于'以天地万物为一体'的境界指向社会责任与现实忧患,从而使它与佛老的纯粹逍遥之境区分开来"(陈来:《有无之境——王阳明哲学的精神》,北京:北京大学出版社,2006年,第248页)。彭国翔教授在论及王龙溪与佛道二教的关系时也曾论及,无论佛教如何强调其入世倾向,但缘起性空始终是其基本义,因此社会责任与家国天下对佛教而言始终不具存有论意义上的终极实在性,而儒家的万物一体则在存有论上对世界之客观实在性持肯定态度,双方在存有论上实有"有"与"无"的根本差异。儒佛之间如此,儒道之间亦如是(参见彭国翔:《良知学的展开——王龙溪与中晚明的阳明学》,北京:生活·读书·新知三联书店,2005年,第265页)。
③ 《二程集》(上),第16—17页。
④ 《二程集》(上),第15页。

岂有视四肢百体而不爱者哉？圣人，仁之至也，独能体是心而已，曷尝支离多端而求之自外乎？故"能近取譬"者，仲尼所以示子贡以为仁之方也。医书有以手足风顽谓之四体不仁，为其疾痛不以累其心故也。夫手足在我，而疾痛不与知焉，非不仁而何？[①]

因此，所谓"仁"，无非是程门高弟谢上蔡（良佐，1050—1103）后来所说的"有知觉，识痛痒"。"不仁"，即"气不贯"且不自知，"识"万物一体之仁，即为"体"仁。因此，万物一体之"体"便具有了真切的感而遂通之意，识万物一体之仁，即为"体"浑然的物我同一之感。儒家的"万物一体"之"体"就不仅仅具有名词义，同时也具有动词义，亦即"'万物一体'之'一体'并不是悬空的'命题'，亦不只是'意识'营造的'境界'（固然，万物一体之仁在人的心体那里得到彻底的朗现与自觉），而是在'身之体'得到'体现'（'体会'、'体认'），在'身体力行'之中得到'证成'（'体证'）的"[②]。换言之，儒家的万物一体既具有形上学的境界义（作为名词），同时也具有工夫论的"体知"[③]义（作为动词）。恰恰是在后面这个意义上，"万物一体"甚至就可以直接德译为舍勒所说的"Einsfühlung"（一体感/同一感）。

对于程颢来说，儒家"学者"的根本任务就在于"识仁"、"体仁"并实现仁。然而，程颢对于如何"识仁"并未细说，只是称《西铭》

[①] 《二程集》（上），第74页。
[②] 陈立胜：《王阳明"万物一体"论——从"身一体"的立场看》，第8页。
[③] 近年来，杜维明先生将"体知"这个概念发展为儒学思想的一个核心性概念，可参阅收入《杜维明文集》第五卷（武汉：武汉出版社，2002年）中的多篇论文，例如《论儒家的"体知"——德性之知的涵义》、《身体与体知》、《儒家"体知"传统的现代诠释》等等。晚近在此基础上的进一步讨论例如可参阅黄勇：《王阳明在休谟主义与反休谟主义之间——良知作为体知＝信念／欲望≠怪物》，载陈少明主编：《体知与人文学》，北京：华夏出版社，2008年，第147—165页；陈立胜的《"心"与"腔子"：儒家修身中的体知面向》，载氏著：《"身体"与"诠释"——宋明儒学论集》，台北：台大出版中心，2011年，第71—110页。

"备言此体"。在其《西铭》开篇,张载即言:"乾称父,坤称母;予兹藐焉,乃混然中处。故天地之塞,吾其体;天地之帅,吾其性。民吾同胞,物吾与也。"[1] 人之所以成为万物之灵长,能"帅"宇宙间之气,恰恰是因人之"性"。但是,何谓"性"?张载曰:"性者万物之一源,非有我之得私也。惟大人为能尽其道,是故立必俱立,知必周知,爱必兼爱,成不独成。彼自蔽塞而不知顺吾理者,则亦末如之何矣。"[2] 此"性者"乃是"万物之一源",所谓"识仁"即为"尽心知性"。更进一步的问题就在于,如何"尽心知性"?张载答曰:"大其心则能体天下之物,物有未体,则心为有外。[3] 世人之心,止于闻见之狭。圣人尽性,不以见闻梏其心,其视天下无一物非我,孟子谓尽心则知性知天以此。天大无外,故有外之心不足以合天心。见闻之知,乃物交而知,非德性所知;德性所知,不萌于见闻。"[4] 张载在"德性之知"和"见闻之知"之间做了区分,"识仁"或"体仁"根本上意味着一种"不萌于见闻"、且比一切"见闻之知"更为根本的"德性之知",一如舍勒所言,伦理意义上的"同一感"根本上构成了一切认知性的感受、理解等行为的基础。

张载还把这种"德性之知"与"良知"等同起来,如他所言:"诚明所知,乃天德良知,非闻见小知而已。"[5] 这一点深深地影响了王阳明(1472—1528)。

---

[1] 张载:《西铭》,载《张载集》之《正蒙·乾称篇第十七》,章锡琛点校,北京:中华书局,1985年,第62页。
[2] 张载:《正蒙·诚明篇第六》,《张载集》,第21页。
[3] 后来胡五峰(宏,1102—1161)也进一步指出:"万物备而为人,物有未体,非仁也;万民合而为君,有一民不归吾仁,非王也。"(参见胡宏:《知言》,《胡宏集》,吴仁华点校,北京:中华书局,2009年,第4页)
[4] 张载:《正蒙·大心篇第七》,《张载集》,第24页。
[5] 张载:《正蒙·诚明篇第六》,《张载集》,第20页。

三

"万物一体"的思想观念在宋明时期一再地被解释、扩充乃至变更,特别是在王阳明及其后学那里,这一思想观念扮演了极为重要的角色。在程颢和张载的影响下,王阳明将"万物一体之仁"的思想与他自己的"良知"以及"致良知"学说紧紧地联系起来。岛田虔次也将"万物一体"的思想视为阳明学的重要支柱之一,并且把王阳明对"万物一体"的阐发看作中国思想史上有关"万物一体"思想发展的第二个高潮。①

王阳明在其逝世前一年所著的《大学问》中集中表述了他的"万物一体"思想。《大学问》本为王阳明对儒家经典《大学》的阐发和解释。所谓"大学之道,在明明德,在亲民,在止于至善",对于王阳明来说,"大学"就是成(大)人成圣的学问,而所谓"明明德"、"亲民"云云都是成(大)人成圣的方式或技艺(Techne)。② 而所谓"大人者,以天地万物为一体者也,其视天下犹一家,中国犹一人焉",只有"小人"才是"间形骸而分尔我者"③。王阳明在此将"以天地万物为一体"视为"大人"或"圣人"的本质规定,而且"大人之能以天地万物为一体也,非意之也,其心之仁本若是。其与天地万物而为一也"④。

王阳明更进一步地试图表明,不仅"大人",即便是通常的"小人"也具有仁之本心,也就是说,也具有"以天地万物为一体"之心,只要他尚未受私欲之蒙蔽。因此,作为"大学"之鹄的的"成大人",

---

① 参见〔日〕岛田虔次:《朱子学与阳明学》,第87页。
② 陈来教授曾提及,《大学》本文并没有谈到万物一体的思想,而阳明以此思想诠解《大学》"亲民"纲领,足见其万物一体思想的重点是在"博施济众"、"仁民爱物"的亲民一面。(参阅陈来:《有无之境——王阳明哲学的精神》,第240页)
③ 王阳明:《大学问》,吴光、钱明、董平、姚延福编校:《王阳明全集(新编本)》第3册,杭州:浙江古籍出版社,2011年,第1015页。
④ 王阳明:《大学问》,《王阳明全集(新编本)》第3册,第1015页。

就意味着去私欲之蔽，以实现"万物一体"。王阳明对孟子恻隐之心的例子做了充分的扩展和发挥，以揭示其"万物一体"之思想：

> 是故见孺子之入井，而必有怵惕恻隐之心焉，是其仁之与孺子而为一体也；孺子犹同类者也，见鸟兽之哀鸣觳觫，而必有不忍之心焉，是其仁之与鸟兽而为一体也；鸟兽犹有知觉者也，见草木之摧折而必有悯恤之心焉，是其仁之与草木而为一体也；草木犹有生意者也，见瓦石之毁坏而必有顾惜之心焉，是其仁之与瓦石而为一体也；是其一体之仁也，虽小人之心亦必有之。是乃根于天命之性，而自然灵昭不昧者也，是故谓之"明德"。小人之心既已分隔隘陋矣，而其一体之仁犹能不昧若此者，是其未动于欲，而未蔽于私之时也。①

因此，儒家"学者"欲成"大人者"，根本就在于"**去其私欲之蔽**"，"**复其天地万物一体之本然而已耳**"。这里的"天地万物"包括一切的人以及动物、植物乃至无生命的死物。与它们为"一体"乃是"本然"，"大学之道"的根本就在于此种"去"和"复"，而"非能于本体之外而有所增益之也"②。

对于王阳明来说，"明明德者，立其天地万物一体之体也。亲民者，达其天地万物一体之用也。故明明德必在于亲民，而亲民乃所以明其明德也。……至善者，明德、亲民之极则也。天命之性粹然至善，其灵昭不昧者，此其至善之发见，是乃明德之本体，而即所谓良知也"③。在此意义上，王阳明将明德至善之本体视为"良知"（本体），"明明德"与"亲民"就意味着"致良知"。在其给聂豹（双江，

---

① 王阳明：《大学问》，《王阳明全集（新编本）》第3册，第1015页。
② 参见王阳明：《大学问》，《王阳明全集（新编本）》第3册，第1015页。
③ 王阳明：《大学问》，《王阳明全集（新编本）》第3册，第1015—1016页。

1487—1563）的信中，王阳明进一步强调：

> 夫人者，天地之心。天地万物本吾一体者也，生民之困苦荼毒，孰非疾痛之切于吾身者乎？不知吾身之疾痛，无是非之心者也。是非之心，不虑而知，不学而能，所谓良知也。良知之在人心，无间于圣愚，天下古今之所同也。世之君子，惟务致其良知。则自能公是非，同好恶，视人犹己，视国犹家，而以天地万物为一体。①

在此意义上，成大人、成君子之根本就在于"致良知"，而此"良知"在于人心，不虑而知，不学而能，"天下古今之所同也"，是故"致良知"也就只在于"尽心"："圣人之求尽其心也，以天地万物为一体也。……心尽而家以齐，国以治，天下以平。故圣人之学不出乎尽心。"② 这一点也体现出王阳明"万物一体"说的"儒家性"，或者更确切地说，体现了儒家和释老在"万物一体"上的不同态度。二氏之学与儒门圣人之学，"皆求尽其心也，亦相去毫厘耳"，但是"圣人之学无人己，无内外，一天地万物以为心"，而二氏之学"起于自私自利，而未免于内外之分"，因此它们之间具有根本性的差别。③

---

① 王阳明：《传习录》卷中《答聂文蔚》，第179条，第258页（编号和页码均据陈荣捷：《王阳明传习录详注集评》，台北：学生书局，2006年）。

② 王阳明：《重修山阴县学记》，《王阳明全集（新编本）》第1册，第273—274页。

③ 参见王阳明：《重修山阴县学记》，《王阳明全集（新编本）》第1册，第274页。陈来教授曾精当地概括出阳明万物一体思想的三个层面的基本含义：第一，万物一体是一种精神境界，具体表现为视人犹己；第二，万物一体还有其存有论的含义，万物本就处于"一气流通"的一体联系之中；第三，万物一体既是境界，又是本体，实现此境界的工夫则是"明明德"与"亲民"的交互为用，最终体现为"有（大）我之境"（参见陈来：《有无之境——王阳明哲学的精神》，第245—249页）。陈立胜教授更是将阳明的一体之仁说概括为六个面向，即"同此一气"、"感应之几"、"恻隐之心"、"宗族谱系"、"政治向度"和"天人相与"，具体可参见陈立胜：《王阳明"万物一体"论——从"身"—"体"的立场看》，第39—62页。无论是"三层面"（陈来）或"六面向"（陈立胜）都清晰地刻画出阳明万物一体说的深刻内涵以及其"儒家性"。相关讨论还可参见杨国荣：《心学之思——王阳明哲学的阐释》，北京：中国人民大学出版社，2009年，第109—119页；以及方旭东：《同情的限度——王阳明万物一体说的哲学诠释》，《浙江社会科学》2007年第2期，等等。

在王阳明这里,"心之本体"即为"天理",而"天理之昭明灵觉,所谓良知也"①,或曰"心即理"。而"致良知"根本而言就是"致其本然之良知"②,亦即"复"其本在心之良知本体中本具、然而却"失"或"放"了的"理"③,"圣人只是还他良知的本色"④。或如其在著名的"拔本塞源"论中所发出的振聋发聩之语:

夫拔本塞源之论,不明于天下,则天下之学圣人者,将日繁日难,斯人沦于禽兽夷狄,而犹自以为圣人之学。……夫圣人之心,以天地万物为一体,其视天下之人,无外内远近。凡有血气,皆其昆弟赤子之亲,莫不欲安全而教养之,以遂其万物一体之念。天下之人心,其始亦非有异于圣人也,特其间于有我之私,隔于物欲之蔽,大者以小,通者以塞。人各有心,至有视其父、子、兄、弟如仇雠者。圣人有忧之,是以推其天地万物一体之仁以教天下,使之皆有以**克其私,去其蔽,以复其心体之同然**。……盖其心学纯明,而有以全其万物一体之仁。故其精神流贯,志气通达,而无有乎人己之分,物我之间。……此圣人之学所以至易至简,易知易从,学易能而才易成者,正以大端惟在复心体之同然,而知识技能,非所与论也。⑤

---

① 王阳明:《答舒国用》,《王阳明全集(新编本)》第 1 册,第 203 页。
② 王阳明:《传习录》卷中《答顾东桥书》,第 137 条,第 176 页。
③ 此处的"放"—"存","失"—"复"之说,可参见王阳明:《传习录》卷中《答陆原静书》,第 152 条,第 214 页:"良知者,心之本体,即前所谓恒照者也。心之本体,无起无不起。虽妄念之发,而良知未尝不在。但人不知存,则有时而或放耳。虽昏塞之极,而良知未尝不明,但人不知察,则有时而或蔽耳。虽有时而或放,其体实未尝不在也,存之而已耳。虽有时而或蔽,其体实未尝不明也,察之而已耳。"以及参见王阳明:《传习录》卷下,第 222 条,第 300 页:"人心是天渊。心之本体,无所不该,原是一个天。只为私欲障碍,则天之本体失了。心之理无穷尽,原是一个渊。只为私欲窒塞,则渊之本体失了。如今念念致良知,将此障碍窒塞一齐去尽,则本体已复,便是天渊了。"
④ 王阳明:《传习录》卷下,第 269 条,第 328 页。
⑤ 王阳明:《传习录》卷中《答顾东桥书》,第 142 条,第 194—196 页。

无疑，王阳明的万物一体之说（以及良知与致良知之说）深深地植根于他的时代，正所谓"三代之衰，王道熄而霸术昌。孔孟既没，圣学晦而邪说横，教者不复以此为教，而学者不复以此为学。……圣学既远，霸术之传，积渍已深，虽在贤知，皆不免于习染，其所以讲明修饰，以求宣畅光复于世者，仅足以增霸者之藩篱，而圣学之门墙，遂不复可睹。"① 倡导"以天地万物为一体"的致良知之纯明"心学"既是对社会现实之批判，更是提供济世之良方。② 就此而言，王阳明为"万物一体"注入了社会政治的意涵。而王阳明的"良知"说与"致良知"说，也很容易让我们想起舍勒的"爱的秩序"理论以及"重建合意的爱的秩序"之说。③

四

让我们再次转向舍勒，看看这里对儒家万物一体之说或宇宙同一感的补充性论述可以带来什么。我们需要首先关注舍勒在1923年"同情书"的第二版中加入有关对"同一感"的讨论的核心动机究竟是什么。

如所周知，1914—1918年间的第一次世界大战给欧洲留下了一片废墟，全欧洲满目疮痍，它使人类看到了人类自身的疯狂足以摧毁自身。更为深重的是欧洲人心中的合意秩序被颠覆，舍勒打了个比喻，自从欧洲脱离上帝以后就像一位脚挂在马蹬上的落马骑手，被他自己

---

① 王阳明：《传习录》卷中《答顾东桥书》，第1423条，第197页。
② 对此也可参见 A. S. Cua, "Between Commitment and Realization: Wang Yang-Ming's Vision of the Universe as a Moral Community", in *Philosophy East and West*, Vol. 43, No. 4 (1993), pp. 611-647。以及参见吴震：《万物一体——阳明心学关于建构理想社会的一项理论表述》，《杭州师范大学学报（社会科学版）》2010年第1期。
③ 参见拙著：《质料先天与人格生成——对舍勒现象学的质料价值伦理学的重构》，北京：商务印书馆，2014年，第6.2、6.3节。

的经济、商品、机器工业、科学技术的自身逻辑以及工业战争拖着向前疾驰。它意味着欧洲人心中核心的、确定目标的精神力量已病入膏肓。世界的秩序不再和谐，一切都不再得到保障，这正是所谓的"价值的颠覆"。

但另一方面，在舍勒看来，战争虽然摧毁了很多，却也具有积极作用。战争使人们更为清晰地认识危机，战争使凝聚思想（solidarität）能被人们所认识。而基督教的"爱"的理念——"你应当全心全意地爱上帝，爱你周围的人，犹如爱你自己"——及其派生的基督教的共同体理念恰是凝聚原则的集中体现。

基督教共同体理念的第一条定理在于：作为一个理性人的永恒的理念本质是，这一理性人的全部存在和行动，既是有自我意识的、责任自负的个体现实，同样也是有处身于某共同体的意识的、责任共负的成员现实。

其次，每一个体的灵魂中都有超越的要求，他必定意向一个无限的、精神的可能性共同体，而这一无限可能的共同体须把自我的神圣化和对邻人的爱植入上帝之爱中，只有在上帝的光照中，才能形成这一可能的共同体。

第三，每一个体不仅对自我良知负责，而且在共同体中以"成员"身份自身负责，同时他们在上帝面前为共同体的一切境遇和行为共同负责。[1]于是爱上帝、与上帝一起爱邻人乃至一切造物，是舍勒的理想追求，可以说，舍勒这一时期所有的尝试都在于如何使人重回上帝的怀抱，重建合意的爱的秩序（rechten und wahren ordo amoris），构建爱的共同体。

舍勒为我们提供了许多实践途径，如通过对恭顺感、敬畏感、懊

---

[1] 参见 M. Scheler, *Vom Ewigen im Menschen*, GW 5, Bern und München: Francke Verlag, 1968, S. 371-377。

悔感、受苦感、羞耻感等情感现象的分析，旨在修复被破损的人心秩序，使上帝重返人心成为可能；又如，他提出需要"时代医生"，这种时代医生的主要工作就是剥去僭越在人的绝对领域中的所有偶像，他们的目标在于把社会从偶像的欺罔中解放出来，净化时代的精神，进行"人格救赎"。①

而这一切的道德践履实有赖于同一感的存在。舍勒认为要改变爱的秩序的失序或价值的颠覆的时弊，便要培养人的全面感受力，因为根据诸感受间严格的奠基次序，较低层次的感受力若得不到充分的发展，那么较高层次的感受力也就无法获得全面发展。

舍勒曾以现象学的方式描述了这些感受样式之间的奠基关系：

（1）*同一感为追复感受奠基*。追复感受是藉以把握和理解别人内心生活的一种行为，它从本质上说是一种回应性感受，是事后感受。换句话说，我要追复别人的感受，就必须事先获得别人感受状态的"质性"。而这种对其他主体感受状态的"质性"之获得，只能依赖于对其他主体的感受认同（同一感）。这就可以解释为什么我们不必亲身体验溺水者的体验，就可以追复他的感受，甚而对他产生共感或同情感。

（2）*追复感受为共感或同情感奠基*。为了同情某人，我们必须事先知道他的感受状态（悲伤或快乐）。因为他人的悲伤不是在共感本身中被给予的，即是说，这种悲伤事先存在，共感意向地指涉它。因此，提供有关他人悲伤状态的追复感受行为是在先发生的。在追复感受中，我们已经取得了他人感受状态的"质性"，但他人的感受绝没有进入我的自我中。所以舍勒说："我很能够追复你的感受，但我并不同

---

① 参见 M. Scheler, *Schriften aus dem Nachlaß, Bd. I*, GW 10, Bonn: Bouvier Verlag, 1986, S. 219-222; M. Scheler, *Der Formalismus in der Ethik und die materiale Wertethik*, GW 2, Bern und München: Francke Verlag, 1980, S. 481-484。

情你。"①

（3）共感为人本爱（Menschenliebe）奠基。我们通过共感，意识到"他人心灵"所拥有的实存与我们的并无二致，对于这种人我平等的认定是自发性的人本爱出现的先决条件。一种真正的人本爱的眼中是没有本国人与外国人、君子与小人、文明人与野蛮人、善人与恶人之分的，它拥抱的是"全人类"，只因他们身为人。因此，这里存在一种对人自身的定位，即在对人、动物及神进行比较后，认定人确有其独特的价值。

（4）人本爱为非关宇宙的人格爱—神之爱（akosmistische Person- und Gottliebe）奠基。神之爱及非关宇宙之人格爱之所以能实现，依靠的是人与人之间的相亲相爱。人格爱是将个人——任何的个人——当作一个人格来爱的，但如果被爱者的人格"封闭"自己，那么人格爱便无法被给予直观。而人格的自我开放，则必须以人本爱为前提，双方之间必得存有一种出自自发性善意的纯粹互爱。②

这种奠基关系在根本上构成了舍勒构建一门实践伦理学的原则通道。

在他看来，"生命和人在此'发展'中不仅'获得'而且也'失去'一些基本能力。……认识力的每一步'发展'也是它的一次'衰败'"③。原始人向文明人的发展，使文明人遗忘了原始的同一感等，比如，原始人对于祖先的同一感，演化为后来的祖先崇拜，已是对先人生命之追复感受式的缅怀。古代宗教神秘仪式中的同一感，演变为戏剧表演中对美感欣赏的追复感受。再者，母爱的原初性同一感，在孩子稍长之后，亦会被追复感受所取代，而这种追复感受也许只能是父亲对于孩子唯一所拥有的亲情。正因为此，人由于对整个自然及他人

---

① Scheler, GW 7, S. 20.
② 参见 Scheler, GW 7, S. 105-136。
③ 参见 Scheler, GW 7, S. 42。

缺乏同一感，人类渐渐发现他自身以与人类本质不相符的方式脱离了他伟大而永恒的母亲——自然。人开始破坏自然，功利主义、实用主义的工具理性占据了主导地位，生命价值对于文化精神价值的重要性被忽视。"生命中的美好不再被看得比最大生产量、最高利润（商品及文明性财物最大可能生产量的制造）的追求更为重要。"①

而要改变这样的状况，要重建合意的爱的秩序，便要培养人的全面的感受力，首要的就是要重新培养同一感的能力。舍勒说："在各种形式的同情中，生命性的万物同一感恰好根植基于上帝之爱的人格爱'两极遥遥相对'。其他形式的感受都介于这二者之间。那些想要登上爱的最高阶者，非得循序而上不可；逾阶而上，势必无法如愿。"② 在这里，我们可以回想起舍勒对于圣方济各的颂扬。

在此意义上，宗教教育首先不是要带领人类走上通向上帝的道路，毋宁说，应该首先"推翻"在绝对域里积累起来的所有个人的和历史的偶像、替代和迷乱，重新唤醒被这些所遮蔽的同一感，人在对自己的偶像感到失望时，经由同情感、人本爱而回归人格爱，人必向往接近上帝，当偶像被打碎，灵魂的空白地带不被新的偶像引入歧途，人必定回归上帝。因此同一感的被唤醒成为重归上帝怀抱的前提。

那么，人们又该如何唤醒同一感呢？舍勒自己实际上给出了一个方案："万物一体，一般而言，跟性爱中的同一感是这么的关系密切，后者乃至于看起来好像是前者必经的'门槛'。因为凡是能唤起人的万物一体感的莫不跟性爱有关"③，在他看来，表示爱意的性行为所揭露的尽管不是知识，但确是一种可能的知识、形而上的知识的泉源，性爱经验确实提供了一种解开各种万物一体感之谜的自然之钥。④ 而这样的

---

① Scheler, GW 7, S. 114.
② Scheler, GW 7, S. 137.
③ Scheler, GW 7, S. 135.
④ 参见 Scheler, GW 7, S. 117-118。

一种唤醒同一感的方式总显得有些过于神秘或者不那么具有普遍性。

五

然而，通过前文对于宋明儒者"万物一体"说的形上学、体知修身学以及社会政治意涵的讨论，我们可以看到，儒家万物一体说对于"同一感"的比较宗教学探究是深富意义的。如果说，舍勒的"同一感"和儒家的"万物一体"说最终都要面对时代的社会政治现实，都有"淑世"的精神和抱负，而且都面临着唤醒或通达"同一感"和"万物一体"感的要务，那么，相较于舍勒那里略显神秘的方式而言，儒家传统可以给我们带来什么？

在王阳明及其后学那里，"万物一体"说被赋予了很强的工夫论意涵。一种唤醒或通达万物一体感的新的方式、新的技艺（Techne）展现出来，即通过静坐或冥思的修身而达及万物一体。这样的一种技艺构成了一些儒者所追求的成圣或"人格生成"（Personwerden）的方法。

躬身体验静坐冥思以期通达万物一体之境，这在儒者修身以悟道的实践尝试中并不罕见，但愿意将此经验诉诸笔端进行描述者甚少。[①] 除去王阳明对其龙场悟道的描述，在阳明后学中，要数罗念庵（洪先，1504—1564）的对其"彻悟仁体"之体验的描述最为深切。[②]

[①] 宋、明两代的断代研究可分别参阅杨儒宾两文：《宋儒的静坐说》，载台湾哲学学会编：《台湾哲学研究（第四期）：儒家哲学》，台北：桂冠图书股份有限公司，2004 年，第 39—86 页；《明儒与静坐》，载钟振宇、廖钦彬主编：《跨文化视野下的东亚宗教传统·个案探讨篇》，台北："中央研究院"中国文哲研究所，2012 年，第 57—102 页。有关静坐与儒家修身的关联，可参阅陈立胜：《静坐在儒家修身学中的意义》，《广西大学学报（哲学社会科学版）》2014 年第 4 期。对于静坐或寂静意识的现象学反思也可参阅拙文《再思"寂静意识"——以耿宁对"视于无形、听于无声"的分析为中心》，《中山大学学报（社会科学版）》2015 年第 6 期。

[②] 诚然，关于阳明后学中的本体与工夫之辩，特别是涉及到王龙溪（畿，1498—1583）、聂双江（豹，1487—1563）和罗念庵三人之间思想关系的讨论，学界已有诸多细致之论，例如参见林月惠：《良知学的转折——聂双江与罗念庵思想之研究》，台北：台大出版中心，2005 年，第六章"聂双江、罗念庵与王门诸子的论辩"；彭国翔：《良知学的展开——王龙溪与中晚明的阳明学》，

罗念庵于 1555 年夏在经历三个月的静坐之后"彻悟仁体",并且在次年给蒋道林的信中详细记录了这一体验。耿宁将此信视为宋明儒学文献中"关于本心与万物一体的最为详细的描述和反思"①。这一描述或多或少有些神秘的色彩,因为"彻悟仁体"虽然也需在静坐中体证得,但那毕竟是极幸运、较罕见的经验,毕竟不同于可以作为日常化、常态化之"技艺"的静坐实践。但是,罗念庵相信,坚持静坐或者冥思沉定,学者终有可能体悟仁体,终有可能通达万物一体之境,"致其本然之良知"。

然而,尽管本心或良知是万物一体的,但是"'万物一体'并不只是一个客观的、对象性的实体存在(Entität),而是具有其'主观视角':对于经验主体和行为主体而言,它在自己的人格中具有其'根本'与'开端',具有'由近及远的视点'"②。也就是说,儒家"学者"

(接上页) 第六章"中晚明阳明学的本体与工夫之辩";张卫红:《罗念庵的生命历程与思想世界》,北京:生活·读书·新知三联书店,2009 年,第五章"现成良知的内涵及双江、念庵的质疑",等等。

特别是彭国翔教授对于王龙溪"四无说"含义及其与万物一体之关联的阐发深富启发。彭国翔教授指出,王龙溪提出的"四无论"("无善无恶之心"、"无善无恶之意"、"无善无恶之知"、"无善无恶之物")是对阳明的良知心体"无善无恶"之两层规定(即,存有论意义上的至善和境界论意义上的无执不滞)的继承,因此也有两层含义:其一为"存有论意义上的四无",它涉及万物一体的存有系列,四无之下的心、知、意、物是同一层面的存有,在此四无之下所呈现的(马丁·布伯意义上的)"我—你"关系以及整个世界正是"天地万物为一体"的;其二为"境界论意义上的四无",它指涉天德流行的圆善之境,在四无之下的心、知、意、物一体而化的境界正是致良知工夫所能达至和所应达至的终极境界(参见彭国翔:《良知学的展开——王龙溪与中晚明的阳明学》,第 182—207 页)。

可以看出,龙溪四无说中的万物一体之思更多还是关涉万物一体的形上学的境界义,相较而言,罗念庵则对万物一体之工夫论的"体知"义着墨颇多。耿宁曾以龙溪为形上学家,以念庵为心理学的经验论者来论及两人的为学特色,在此意义上,他也认为罗念庵更富现象学的精神(可参见林月惠:《耿宁对阳明后学的诠释与评价》,《广西大学学报(哲学社会科学版)》2015 年第 3 期)。另外,泰州王门的王心斋(艮,1483—1541)也曾在其《鳅鳝赋》中发挥了阳明的万物一体说,并特别强调博施济众与拯救苦难大众的维度(参见陈来:《宋明理学》,上海:华东师范大学出版社,2004 年,第 278—280 页)。限于本文的论旨,下文将把目光主要集中在更重"现象学体验之描述"的罗念庵身上。

① 参见〔瑞士〕耿宁:《人生第一等事——王阳明及其后学论"致良知"》,倪梁康译,北京:商务印书馆,2014 年,第 1006 页。

② 〔瑞士〕耿宁:《人生第一等事》,第 1010 页。

并不能从万物一体的随意某处开始其伦理的修习,而是必须"由近及远地"从本己的"身—体"出发去"体知"、"体认"、"体证"那"万物一体"之仁。在此意义上,罗念庵强调:

> 通天下与吾为一物,莫非物也,而身为本,有身则天下、国、家兼之矣;莫非事也,而修身为始,身修则齐、治、平兼之矣。知所先后,而后所止不疑。得其一,万事毕。……致知者,至所知也。致知何在,在吾与天下感动交涉,通为一体,而无有乎间隔,则物格知至得所止矣,知本故也。是故知所先后,真知也,所谓识仁,所谓明善,所谓知性是也。致知而不于格物,则不足以开物成务,此圣学与二氏端绪同异所由辩也。故格物而后知行合一,圣学之全功也。①

在根本上,对于罗念庵来说,"致良知"就意味着"吾与天下感动交涉,通为一体,而无有乎间隔",或者说,"体"得"万物一体"之仁。所谓"致良知"就是"识仁",就是"明善"与"知性"。作为"天德良知"的"德性之知"是为根本,但它最终也不离于"见闻",不离于"格物",于此,罗念庵再一次申明了其说的"儒家性"。② 所谓"今夫《大学》言学之大,将以别于异端,则明德、亲民是也。至善言其体也,虚寂而又能贯通,何善如之。知止则自定、静、安、虑,复其虚寂而能贯通者,是谓能得知止者,言其功也。格物以致知,知

---

① 罗洪先:《答蒋道林》,《罗洪先集》卷八,徐儒宗编校整理,南京:凤凰出版社,2007年,上册,第300页。
② 张卫红教授在其近作中强调了罗念庵因其与道家的亲缘关系以及儒道同源的一致性,而发展出独特的"一体两面的终极关怀":儒家万物一体的现世关切和道家忘情忘世的生死关切相互交融。可以看到,尽管罗念庵因其个人的生命际遇,在生死议题上,更近于道家,但是涉及社会—伦理领域的"与物同体"的入世关切时,罗洪先无疑还是儒家本位的(参见张卫红:《儒道交融:罗念庵一体两面的终极关怀》,《广西大学学报(哲学社会科学版)》2014年第6期)。

止矣"①。"止于至善",即是"止于"贯通一切的"虚寂"之体,以悟得仁体。但这却非儒家学者的止步落脚点。对于儒家学者来说,尽管他们可以与佛老二氏一样藉静坐与冥思沉定以"尽其心"②,但是这只是成大人的"由近及远的"途径或步骤,从本己"身—体"的"修身"开始,"齐、治、平兼之矣",此亦即从本己"身—体"出发"体""万物一体"之"本体",而"万物一体"又"体现"为万事万物(从无生命的死物到动物再到人,直到社会现实)。③ 罗念庵由此说:

> 故曰:仁者浑然与物同体。同体也者,谓在我者亦即在物,合吾与物而同为一体,则前所谓虚寂而能贯通,浑上下四方、往古来今、内外动静而一之者也。故曰:视不见,听不闻,而体物不遗。体之不遗也者,与之为一体故也。故曰:诚者,非自成己而已也,尽己之性,则亦尽人之性,尽物之性。宇宙内事乃己分内事,东南西北之四海,与千万世之上下,有圣人出焉,此心同,此理同,其有不同焉者,即非此心与此理,乃异端也。是故为天地立心,为生民立命,为往圣继绝学,为万世开太平,非自任也。④

---

① 罗洪先:《答蒋道林》,《罗洪先集》卷八,第300页。

② 参见罗洪先:《答蒋道林》,《罗洪先集》卷八,第298页:"当极静时,恍然觉吾此心虚寂无物,贯通无穷,如气之行空,无有止极,无内外可指、动静可分,上下四方,往古来今,浑成一片,所谓无在而无不在。吾之一身,乃其发窍,固非形质所能限也。是故纵吾之目,而天地不满于吾视;倾吾之耳,而天地不出于吾听;冥吾之心,而天地不逃于吾思。"

③ 陈立胜教授对儒家"身—体"的现象学诠释深富教益。与此文脉相关的讨论特别可参见陈立胜:《王阳明"万物一体"论——从"身—体"的立场看》,第73页:"离开'体现',万物一体就成了一种'臆想';离开'身—体'(以身体之与体之于身),万物一体就成了一种'光景'";以及参见陈立胜:《"身体"与"诠释"——宋明儒学论集》,第28页:"儒学的'身体'学不只是一本体论的学问,更是'成圣论'的学问。道德的理想就是遵循宇宙的法则,与万物同体这一本体论的真理,同时也决定了一体的践行乃是一条道德律令,本体论的原则是在身体力行的道德践履实存中、在以身度身的同情心的无限扩展中得到实现与体现的。"

④ 罗洪先:《答蒋道林》,《罗洪先集》卷八,第299页。

儒家"万物一体"说的形上学的、工夫论的乃至社会政治的意涵在此体现得淋漓尽致。而且,儒家的这种藉着静坐或冥思沉定"体""万物一体"的致良知工夫论是可以言说、传授和修习的。而且,借此技艺或方法,这些儒者所达到的万物一体感,本身就与"仁"密切相连,本身就是"仁者"或"大人"的一个本质构成性的部分。因此,在儒家这里,万物一体并不仅仅是一种最低的、非关人格（Person）的宇宙性的同一感。

与此同时,儒家的万物一体也不同于印度的消极的宇宙同一感,因为它并没有彻底地否定"此在"（Dasein）或"实在性"（Realität）,人也并不是漫无区别的与万物"一体",而是处在非生命物—植物—动物—人这个既连续又有区别的存在等级之中的"一体"。儒家的万物一体是"由近及远的"、有次第的、有差等的;另一方面,儒家的万物一体既有对人世间的苦难感同身受、一同受苦的维度,更有深深地嵌入在身体之中的一体生命的生机畅通之乐。① 这一点也使它区别于舍勒提及的各种类型的宇宙同一感。

结　语

如前所述,本文对于舍勒与宋明儒者对一体感论述的讨论有两个方面的思考意图,其一为"现象学的",其二为"比较宗教学的"。

所谓"现象学的"意图,主要体现为对舍勒本人有关"一体感"或"同一感"的现象学探究的思考,或更明确地说,体现为对舍勒在其"同情书"第二版新增补的"一体感"或"同一感"之相关讨论的思想内涵与根本关切的思考。通过回顾舍勒于 1920 年代初思想创作的时代背景,特别是通过对勘本文第二、三节对于宋明儒家有关万物一

---

① 参见陈立胜:《王阳明"万物一体"论——从"身一体"的立场看》,第 174 页。

体说的讨论，人们可以更为深切地把握到舍勒对一体感之强调背后的现实关怀，或曰一种强烈的济世淑世的情怀。对舍勒这一增补的思想动机的分析正是本文第四节的主要任务。然而，如果对于舍勒和宋明儒家来说万物一体说都关涉社会责任与家国天下，那么追究这一学说中的工夫或伦理实践意涵便为必须。本文第五节意在表明，尽管舍勒强调了一体感之重要意义，但其对唤醒一体感之"技艺"的阐发尚显不足，儒家的万物一体之体知工夫论恰能为之增益。

而所谓的"比较宗教学的"意图，主要体现为对舍勒有关诸种宇宙一体感学说之讨论的进一步检讨与补充。舍勒于其对不同文化圈中的"历史的心性形态中的宇宙同一感"之探究中缺失了儒家一维，实属遗憾。通过补充宋明儒者有关万物一体感（作为一体感之观念类型在具体文化圈中的质料性的展现）的讨论，本文在一定意义上丰富了舍勒对一体感本身的现象学的观念类型的描述。诚如第五节所展示的那样，既不同于古希腊的宇宙一体感，也不同于印度的宇宙一体感，宋明儒家所论的万物一体感具有其自身的独特性。因此，如果说，舍勒对于宇宙同一感的比较宗教学的探究根本上是为了为在"谐调的时代"（Weltalter des Ausgleichs）重建爱的秩序提供一个"谐调"（Ausgleich）的方案，那么，在此探究中补充儒家的万物一体学说无疑是重要而且必要的。舍勒曾说，"我们目前最大的需求便是在西方及亚洲式的气质上，尤其是印度的，力求一种长期的相互谐调。最好让亚洲学会建立人本爱及上帝式的人格爱的理想，而我们西方人也能在自己身上重新培养出宇宙同一感"[①]，在笔者看来，如果他曾关注到儒家对于万物一体的讨论，他一定会将儒家作为谐调的对象，甚至是（相比于印度而言）最主要的对象。笔者也愿意相信，他会比他的前辈利玛

---

① Scheler, GW 7, S. 113f.

窦更为开放地接纳儒家的万物一体。① 因为，不同文化间的相互谐调，而非相互竞争，是他理论的根本着眼点。② 儒家的万物一体说，不仅可以丰富"宇宙同一感"的理想类型（形式面），而且可以在工夫论—伦理学的层面为"重新培养出宇宙同一感"提供新的、可实践的技艺。

"现象学"和"比较宗教学"这两方面的思考实际上都可涵盖在一门跨文化的心性现象学研究之下。本文的主要工作更多聚焦于藉助儒家学说对舍勒现象学进行补充，这里笔者也想简单地从心性现象学研究的视角出发去构想，舍勒的现象学可以向儒家提出一些什么样的问题：其一，儒家的这种与修身紧密相关的"万物一体感"的现象学本质结构是什么？其二，如果说，宇宙的同一感主要涉及人和自然的关系问题，那么，儒家的万物一体观是否有可能贡献于一种生态现象学或者生态哲学？③ 其三，从现象学来看，"同一感"（Einsfühlung）与"同感"（Einfühlung）和"共感"（Mitgefühl）有着本质的联系，这种现象学的联系能否有助于人们重新审视宋明儒学的"万物一体"与先

---

① 〔瑞士〕耿宁：《利玛窦与佛教的关系》，第72—125页；以及〔瑞士〕耿宁：《王阳明及其后学论"致良知"——贵州会议之结语》，肖амина生译，《广西大学学报（哲学社会科学版）》2015年第2期。利玛窦对于万物一体的态度实际上涉及"万物一体"或"同一感"的宇宙论—形上学维度，笔者将另撰专文讨论。

② 凯利（E. Kelly）甚至认为："我认为宣布舍勒代表了东方哲学首次实际进入欧洲哲学并不牵强。我用'实际进入'指的是排除那些未受过西方哲学训练的欧洲人附亚洲思想或实践体系的情况，以及某人用亚洲哲学学说为自己的思想装饰门面的情况——包括叔本华，或者欧洲的亚洲（思想）学研究的情况。"（〔美〕欧根·凯利：《舍勒的现象学佛教和形而上学佛教》，张任之译，载杭州佛学院编：《唯识研究（第三辑）》，北京：中国社会科学出版社，2014年，第14—24页，此处见第24页）

③ 有关身体的现象学生态学的晚近讨论可参见〔德〕汉斯·莱纳·塞普：《大地与身体——从胡塞尔现象学出发探讨生态学的场所》，卢冠霖译，《广西大学学报（哲学社会科学版）》2014年第4期；而有关儒家万物一体说对于生态学的意义问题，晚近有不少讨论，例如参见陈来：《宋明儒学仁说的生态面向》，载氏著：《中国近世思想史研究（增订版）》，北京：生活·读书·新知三联书店，2010年，第41—55页；林月惠：《一本与一体：儒家一体观的意涵及其现代意义》；彭国翔：《论儒家"万物一体"的生态观——重读〈大学问〉》，《河北学刊》2013年第2期；以及〔美〕玛丽·塔克、白诗朗编：《儒学与生态》，彭国翔、张容南译，南京：江苏教育出版社，2008年，等等。

秦儒家（比如孟子）的"恻隐之心"之间的关系？[①] 这些问题，当然是笔者以及和笔者一样的儒家思想与现象学思想双重学徒的未来进一步的任务。

---

① 这一问题实际上涉及"万物一体"的认知面，亦需专文探究。

熊十力"心"学的两个向度
——对熊十力思想的静态现象学与发生现象学解读[*]

郑辟瑞

（中山大学哲学系、中山大学现象学文献与研究中心）

据我所知，在耿宁先生的影响下，张庆熊先生首次全面地对胡塞尔现象学与熊十力新唯识论做了详尽的比较。[①]在胡塞尔现象学的参照下，熊十力新唯识论的理论结构已经得到了有效的梳理。无奈，熊十力思想体系庞大、来源驳杂，且旨在"囊括古今，平章华梵"（马一浮语，见2，7），读熊十力著作，每每掩卷长叹，若有"熊十力哲学名相通释"一卷在手，定能有所助益，而不迷失于概念丛林之中。本文尝试在胡塞尔与熊十力比较研究的思路上做出一点补充，在这里，主要是引入胡塞尔思想中静态现象学和发生现象学两条路径的区分[②]，将

---

[*] 本文的初稿曾经在2014年第十九届中国现象学年会（成都）和2015年心性现象学与心性哲学学术研讨会（高雄）上宣读过，感谢倪梁康、方向红和肖德生等师友提出的问题，本文的修改是建立在此基础上的。本文系2012年度中央高校基本科研业务费专项资金资助项目（NKZXB 1259）的阶段性成果。

[①] 参阅张庆熊：《熊十力的新唯识论与胡塞尔的现象学》，上海：上海人民出版社，1995年。

[②] 参阅倪梁康：《思考"自我"的两种方式——对胡塞尔1920年前后所撰三篇文字的重新解读》，《中山大学学报》2009年第5期，和《"自我"发生的三个阶段——对胡塞尔1920年前后所撰三篇文字的重新解读》，《哲学研究》2009年第11期。

熊十力新唯识论纳入"心性现象学"的框架之中，以"心"（包括"本心"和"习心"）为主题，进一步梳理熊十力的新唯识论。

本文分五部分，第一部分界定关于"本心"和"习心"的人生论在熊十力新唯识论中的位置，人生论的枢纽位置使得它综合了对意识的结构描述和发生说明；第二部分至第四部分依次以习心、习气与本心为论题，辨析熊十力对这三个论题的论述，发掘出它们的静态现象学和发生现象学的两个向度；第五部分则尝试理解熊十力综合结构研究和发生研究的动机，以及本心习性化的动机和转习成性的可能性。

一

熊十力先生自创《新唯识论》[①]，计划分为两部分，分别是境论和量论。所谓境论，就是今天所说的本体论或宇宙论，它的研究对象是实体或者本体，以及相应的现象或者功用；所谓量论，则相当于今天所说的认识论，它的研究对象是不同类型的认识活动，熊十力通常称它们为性智和量智。

熊十力区分境论和量论，它的基本结构是能所结构，境论关心的是所量所知，量论关心的是能量能知，这个结构大致类同于胡塞尔的意向活动—意向相关项的相关性结构。这样，本体和性智对应，功用和量智对应，但是，熊十力认为，这两种对应关系存在着本质上的差异，本体和性智不是能所关系；恰恰相反，两者不可分开来看，熊十力所理解的本体不是，也不能是与认识相对之物。

熊十力做出上述规定，一个原因是他对本体的规定性的考量。依照他的说法："在宇宙论中，赅万有而言其本原，则云本体。"（3,

[①] 熊十力《新唯识论》有三个版本，分别为"文言文本"（1932）、"语体文本"（1944）、"删定本"（1953），本文以"语体文本"为主。

15）^①事物的本原被称为本体，与本体相对应的事物则是"现象"，熊十力分析了本体的六种规定性（参阅3，94），简而言之，本体是包含变易于自身之中的不变易，本体是同一，现象是差异^②，本体不是与诸现象并列或者在它们后面的另一个现象，而是使现象成为现象者；另一方面，同一也不能脱离差异，本体是在现象中显现出来的。因而，熊十力所谓"要空现象而后可见体"（3，75）则应当理解为：不是排除现象，而是要知道它不过是真实本体的呈现。熊十力常常使用麻与绳子来比喻："绳子，喻现象。麻，喻本体。"（3，74）唯有不把绳子当作绳子来看待，才能看到它是一条麻。

  基于此，熊十力引入传统哲学中"用"的范畴，并且对本体论采取一种功能主义的释义，"用者，具云功用"（3，79）。这更加有利于破除将现象执为实在的倾向，认识到笔不过是一种功用，我们就不会把它视为实在之物，对万事万物均可做如此理解。而就本体方面，熊十力也相应地做出了某种去实体主义的释义，这一点体现为对"体"的动词意义的强调，"体万物者，言即此心遍为万物实体，而无有一物得遗之以成其为物者"（2，11）。熊十力常用的比喻是"海水"与"众沤"，"大海水，可以喻体。众沤，可以喻用"（3，80），海水不离众沤，它依赖于它们而显现，众沤又各个都是海水整体的直接显现。

  熊十力持有的一元论的本体论使得他不可能将本体和对本体的认识（性智）分开来看，两者必须是统一的，而使得两者统一起来的中介性因素就是"本心"。这一点已经体现在了《新唯识论》的开宗明义上："今造此论，为欲悟诸究玄学者，令知一切物的本体，非是离自心

---

  ① 凡熊十力的引文，均引自《熊十力全集》，萧萐父主编，武汉：湖北教育出版社，2001年，体例为"卷数，页码"。熊十力基本上是在同等意义上使用"本体"与"实体"这两个概念的，在"文言文本"的相应段落中，他用的是"实体"，"赅宇宙万有而言其本原，曰实体"（2，10）。

  ② 在《原儒》中，熊十力明确使用"同一与差异"的模式来描述体用关系，"本体是无对。本体之流行至健无息，新新而起，其变殊殊，是名为用。用既万殊，便是有对。由体成用，即无对已含有对，相反在是。然赖有此反，乃以显发本体之盛德与大化"（6，318—319）。

外在境界，及非知识所行境界，唯是反求实证相应故。"（3，13）①这句话已经表明，将本体和性智（实证）联系起来的是自心。

熊十力多次将本体与自心等同，"此中真的自己一词，即谓本体"（3，15）。这个"真的自己"也被称为"本心"，以便和"习心"对举："应知有本心习心之分。唯吾人的本心，才是吾身与天地万物所同具的本体，不可认习心作真宰也。"（3，18）同时，熊十力也分别将本心、习心与性智、量智等同起来，本心是性智，"即此真己，在'量论'中说名觉悟，即所谓性智"（3，15）；习心等于量智，"量智即习心，亦说为识"（3，16）。这样，熊十力将本体、本心和性智三者等同起来。

在熊十力看来，今天的哲学只是本体论："哲学自从科学发展以后，他的范围日益缩小。究极言之，只有本体论是哲学的范围，除此以外，几乎皆是科学的领域。……哲学思想本不可以有限界言，然而本体论究是阐明万化根源，是一切智智，与科学但为各部门的知识者自不可同日语。则谓哲学建本立极，只是本体论，要不为过。夫哲学所穷究的，即是本体。"（3，14—15）从根据的秩序来看，本体优先于本心、性智，但是从论证的秩序来看，熊十力采取的步骤实际上是首先论证本心是性智，然后再由此论证本体是本心。

性智就是自身意识。熊十力对自身意识的讨论应该源自唯识学中关于"自证分"的论述，他也由此意识到描述自身意识所要面对的无穷后退和循环论证的难题，所以，他强调"性智者，即是真的自己的觉悟"（3，15）。在这里，和意向意识不同，意识与被意识者是一回事，"这个觉悟就是真的自己。离了这个觉悟，更无所谓真的自己"（3，15）。这里没有能所之分，没有见分和相分的区分，两者是一回事，本心既不是进行性智者，也不是性智的对象，而是说，本心就是

---

① 《新唯识论（文言文本）》对应的开篇是："今造此论，为欲悟诸究玄学者，令知实体非是离自心外在境界，及非知识所行境界，唯是反求实证相应故。"（2，10）熊十力是在同等意义上使用"本体"和"实体"这两个概念的。

性智。所以，熊十力说："这种自知自识的时候，是绝没有能所和内外及同异等等分别的相状的，而却是昭昭明明、内自识的，不是浑沌无知的。"（3，21）正是这一点保障了本心是"独立无匹的"（3，15），既然本心消弭了能所的分别，那么，"本心无对，先形气而自存。……自存者，非依他而存故，本绝待故"（3，20）。本心独立自存，无所依赖，"吾平生独持返本之学，唯求见自性。即本心或本体"（3，417）。本心的独立自存性使得它最能恰如其分地承担起本体的职分，因为本体正是与差异相对，又将差异包含其中的同一，而"自性一词，即是实体的异语"（2，10），实体从概念上表明了它是独立自存的。

简而言之，熊十力的论证思路是：本心因为是性智而是本体。① 对于这一思路，熊十力给出过比较明确的说明："本心亦云性智，（从人生论与心理学的观点而言，则名以本心。从量论的观点而言，则名为性智。）是吾人与万物所同具之本性。（本性犹云本体。）"（3，374—375）在熊十力的思想体系之中，本体论和认识论以人生论为中介，有效地统一起来。

二

从胡塞尔对"滞留"的分析所揭示的双重意向性出发，倪梁康先

---

① 本心类似于莱布尼茨的单子，如果类比于莱布尼茨，我们可以看到几乎相同的动机与思路，依照迪特·亨利希的分析，莱布尼茨之所以视单子为实体，他的思路是，"从每一个殊相都必定被赋予号数的同一性这种情况中，莱布尼茨得出了一个深远且令人惊讶的结论：如果同一性是一种预设了不同状态的属性，并且，如果一个殊相（也就是说，一个实体）可以显示出同一性，唯当它自身在每一种关系中和在每一种情况下都完全是同一的，那么，看起来就导致，一个实体在所有时间上都必须具有所有它的不同状态。否则它就不会是一个实体，而毋宁说是一系列不同的实体。可以从此进一步推论出，实体只能是莱布尼茨的单子：实体的所有状态从一开始就在它们之中了；它们既不能被外在影响带入新的状态，它们也不能自发地产生状态。实体中唯一实在的变化是它自身理解中的变化"（Dieter Henrich, *The Unity of Reason: Essays on Kant's Philosophy*, edited and with an introduction by Richard L. Velkley, translated by Jeffrey Edwards, Louis Hunt, Manfred Kuehn, Guenter Zoeller, Camridge/London: Harvard University Press, 1994, p. 179）。

生对静态现象学和发生现象学做出基本的区分:"所有意识现象学的分析,不是横意向性分析,便是纵意向性分析。前者是对贯穿在此河流中、在河流的流程中持续地与自己本身处在相合统一之中的'横意向性'(Querintentionalität)的研究,即对意识流中的恒定、稳固之要素的研究,简言之,对意识结构的研究;后者则是对沿河流而行的'纵意向性'(Längsintentionalität)的研究,即对意识的生成、变化、流动的研究,但也包括对它们的形式和规律的研究,简言之,对意识发生的研究。"[①]他又将静态现象学和发生现象学与佛教教理的两大系统,即实相论和缘起论对应起来,"与佛教的这两个大系统相应的,在胡塞尔现象学中是发生现象学与静态现象学,前者是对心识之发生的研究,后者是对心识之结构的研究"[②]。与此对照,熊十力思想中与发生现象学相应的内容最明显地体现在了他以"四缘说"对习心本空的说明上。熊十力的"四缘说"比较集中地阐释了本心、习心、习气以及它们之间的关系,从而构成了关于本心如何习性化而成习心,又如何能够转习成性的说明。

熊十力极为重视"缘起论",他称赞说:"佛家立义最精者,莫如缘生之说。(缘生亦云缘起。)"(2,541)缘生的意思是:"缘字的意义,本是一种凭借的意思。生字的意义,是现起的意思。"(3,51)它与自体相对,如果一物是凭借其他条件而产生的,那么它就不是独立自存的,因而不是本体。熊十力以此说明:"我们要知道,妄执的心或取境的识,根本是没有自体的。印度佛家,把这种心说为缘生的,就是说他没有自体的意义。"(3,51)这里的"妄执的心或取境的识",就是熊十力所谓的"习心"。依照佛教的阐释,熊十力否认了将习心视

[①] 倪梁康:《思考"自我"的两种方式——对胡塞尔1920年前后所撰三篇文字的重新解读》,《中山大学学报》2009年第5期,第2页。

[②] 倪梁康:《赖耶缘起与意识发生——唯识学与现象学在纵—横意向性研究方面的比较与互补》,《世界哲学》2009年第4期,第44页。

为本体的看法，其理由就在于：习心的发生是依赖于他物的，习心和外境一样，也没有自体，不是真实存在的。

沿用佛教的说法，熊十力分析了四种缘，分别为"一、因缘。二、等无间缘。三、所缘缘。四、增上缘"（3，53），本心、习心和习气分别在其中得到了说明。其中，"所缘缘"和"等无间缘"对于作为量智的习心来说具有特殊意义，它们在结构上类似于胡塞尔的"横意向性"和"纵意向性"。

"云何所缘缘？一切为识所及的对象，通名境界。识是能缘的，境是所缘的。（此中能缘和所缘的缘字，其含义有攀缘和思虑等等意思。）能缘识，不会孤孤零零的独起，决定要仗托一个所缘境，他能缘识才会生起来，因此，把境界说名所缘缘。"（3，59）这就是说，意识的本质特征是意向性，意识总是对某物的意识，不存在没有所及事物的空洞意识。熊十力辨析了所缘缘的四种意义，即有体法、为识所托、为识所带和为识所虑，前三者强调了意识的意向性，它不可能没有相关事物，"如果说心可以孤孤零零的生起，而不必要有所托，这是断然没有的事情"（3，63）。而"为识所虑"一义则强调了意识的构成性，意识与相关事物的关系不同于镜子或相机与事物的关系，熊十力所谓意识独特的思虑作用即构成作用，这样，熊十力对所缘缘的分析类似于胡塞尔对意识的意向构造结构的分析。不过，即便在这一结构分析中，熊十力也已经涉入了发生的解释，这一点表现在他对"取境"之"取"的说明上。

熊十力对作为量智的习心的分析主要源自唯识学对"识"的分析，"量智即习心，亦说为识"（3，16），而识的本质，简而言之就是"取境"。熊十力分析"取"有三种意义："一、心行于境；二、心于境起思虑等；三、心于境有所黏滞，如胶着然，即名为执。"（3，24）比照胡塞尔《逻辑研究》中对意向行为的分析，"取"的这三种意义可以分别类比于"感觉"、"立义"、"执态"。

"取"的第一种意义指的是感官感觉，也就是唯识学八识中前五识（熊十力称为"感识"）的功能。熊十力否认五识可以把握事物本身，"五识了境时必现似境之相"（3，32），即便在感官感觉中也已经有了现象与实在的差异。大概是受到罗素的影响，熊十力认为，从客观上来说，这种差异产生的原因是感官感觉的内在角度性和外在环境的差异，"大概由五识所凭借的官能和五识所了的境，以及二者间的关系，如距离和光线等等说不尽的关系，都有影响于五识了境时所现的相，而令这个相和境的本相不能全肖的"（3，32）。而另一方面，从主观上说，这种差异也源自感官感觉所包含的"了知"，或者可以说是被动的同一化活动，它的动机是对"事物本身"的追求，因而，在感官感觉中就有了"同异"的差异。熊十力将第二种意义上的"取"的功能赋予第六识，即意识，它建立在感识的基础上，并且对诸相行使"意识综合的作用"（3，27）。在这种意义上，它类似于胡塞尔所说的在"质料"的基础上对描述性内容的"立义"、"统觉"、"综合"等等，意识的主动性显示出来，在此，"能所"的差异明确起来。第三种意义上的"取"并不影响意识行为如何意指事物，并且将其意指为什么，它的作用在于是否将事物设定为独立于意识行为而外在存在的，撇开它所包含的伦理学意味，我们可以说，它类似于胡塞尔的"执态"，显然，"内外"之分由此产生，在这种意义上，量智也被称为"外缘"。

　　从静态现象学的角度来看，我们可以将熊十力所说的量智与胡塞尔所说的意向行为，更确切地说，客体化行为等同起来。取境就是客体化，而它所包含的三种意义可以对应于客体化行为包含的三个因素，也就是描述性内容、质料与质性。熊十力则更加强调三者的动机引发关系，因而，这里已经有了发生现象学的内涵。对照所缘缘的四种意义，取境的第三种意义是超出的部分，如果我们注意到，熊十力甚至承认包含感识和意识的识是本心的异名同义之物，它是本体的发用，那么，作为执态的取境则可以说是习心之为习心的根本性因素了。事实上，熊十力也常常将意识的分别作用排除出本心之外，对于这些矛盾之处，我们能够给出的解释是，本心与习心并非两个独立之物，毋宁说，两者是对心的发生秩序程度上的不同规定。

"等无间缘"谈论的是念念之间的关系，熊十力分为两义："一、等而开导义；二、无间义。"（3，57）所谓等而开导，指的是前念灭而后念生，但前念有引发后念的作用，两者之间有着联想的统一性；所谓无间，则是说念念相续、没有间隔。这两者之间似乎存在着矛盾，因为前者谈的是生灭，而后者谈的是共存。对此，熊十力给出了类似于胡塞尔"内时间意识"的分析。在《新唯识论（文言文本）》中，熊十力以听"诸行无常"为例[①]，分析这一意识流中的五心："五心者，初率尔心，次寻求心，三决定心，四染净心，五等流心。"（2，100）生灭与共存融为一体，诸念融于一念之中，"即所缘四声，从'诸'至'常'，经历多念，事绪究竟，总成一念"（2，102）。在这一分析中，熊十力强调的是念念之间的动机引发关系，这一分析与胡塞尔对"纵意向性"的分析是类似的。

三

熊十力对习气的分析同样可以从结构研究和发生研究两个方面来澄清。

从结构研究的角度来看，熊十力对唯识学"心所"概念加以改造，在他看来，习气就是心所，本心与习气的区分就等同于心与心所的区分，"故以性、习判心、心所，根本区别，犁然不紊"（3，433）。依照熊十力，心所是伴随并且依赖心而发生的，并且对心有所助益的意识因素。其中，熊十力强调心所对心的"相应"："所依心起，叶合如一，

[①] 胡塞尔也是以听为例来说明内时间意识的。

俱缘一境故。然所与心，行相有别。（行相者，心于境起解之相，名行相。心所于境起解之相，亦名行相。）"（3，432）这就是说，心所奠基于心，心所与心意指同一事物，但是它们意指事物的方式不同，这一规定类似于胡塞尔对客体化行为与非客体化行为的区分，同样，客体化行为因为具有质料而形成对事物的意指，非客体化行为对事物的意指是奠基于客体化行为之上的，但是，它具有不同的质性。如果这样来看，我们可以说，本心的发用是客体化行为，习气是非客体化行为，而这正是胡塞尔对意识行为奠基秩序的基本看法。

熊十力也从发生的角度说明了习气的生成。习心并不就是习性，在熊十力看来，"习心，则习气之现起者也。其潜伏而不现起时，但名习气"（3，374），两者互相依赖，相互转化，两者的关系犹如胡塞尔所分析的主动综合与被动综合的关系。熊十力认为，一切具体的意识活动都是习心，也就是说，都是建立在习气的基础上，而"吾人生活内容，莫非习气。吾人日常宇宙，亦莫非习气，则谓习气即生命可也"（3，271）。这一点和胡塞尔对"自我的习性化"与"世界的熟悉性"之间的相关性的讨论类似，因为"我以为，凡人意念乍动之微，与发动身语或事为之著者，通名造作，亦名为业。一切造作，不唐捐故，必皆有余势续起而成为潜存的势力，是名习气"（3，258）。熊十力曾以晚起为例，说明习气的产生以及对于具体行为的影响，正如胡塞尔对意义积淀与传递的分析。

以上述"四缘说"为关照，熊十力认为，习气与环境一道，均属于增上缘。所谓增上缘就是，"谓若乙，虽不是由甲亲自创生的，然必依着甲固有，若是没有甲，即乙也不得有"（3，68）。也就是说，增上缘虽然不是事物的构造性因素，不是使事物成为此类事物的本质因素，但却是它的实现不可或缺的因素。增上缘对事物的产生发生影响，这种影响可以是积极的，也可以是消极的，即"有顺有违"。就意识活动而言，熊十力以"作意"为例说明："我们每一念心起的时候，总有一种作动或警策的作用，和这一念的心相伴着。心是对与所思的境而了别的，这个了别，是我们本来的心。而所谓作动或警策的作用，是我们特别加上的一种努力，这个不即是本来的心，而只是和心相伴着，这就名为作意。此作意便是对于心而作一种增上缘。"（3，71）以"作意"为代表的"心所"、非客体化行为不仅仅是奠基于客体化行为之上，而且它伴随着客体化行为并且对它做出表态，它并不构成客体化行为的了别能力，但是对它具有辅助作用，是引发客体化行为，使其得以实现、具体化的因素。

四

对于熊十力关于本心，或者说自身意识的分析，我们同样可以区分出结构研究和发生研究两条思路。

在一开始，熊十力相关的讨论是围绕着唯识学的概念展开的，与"外缘"、客体化行为相对照的是"返缘"或者"内缘"。熊十力区分了两种返缘："返缘略说以二：一者于外缘时，自知知故，如方缘色而识自知色之知故。（缘者，缘知。知色之知，是识上外缘之用。）二者全泯外缘，亲冥自性故。（自性为体。冥者冥证。亲冥者，反观自体而自了自见，所谓内证离言是也。该此能证即是所证，而实无有能所可分。）"（2，100）在这里，第一种意义上的外缘类同于"自证分"，是伴随意向意识的对意向意识的意识，这种自身意识固然不是它所伴随的意向意识，但也不能脱离开它；第二种意义上的返缘才是熊十力意义上的"性智"。事实上，在《新唯识论（语体文本）》中，这一区分并没有出现在相应的位置上，而在《新唯识论（删定本）》中，熊十力甚至倾向于不再称"自证分"意义上的意识行为为"返缘"、"内缘"；恰恰相反，它实际上是一种"外缘"："内缘者，俗或妄记吾心外缘白瓶时，既知道外面白瓶，同时亦复自知正在知道白瓶，此自知其知白瓶的这个自知即是内缘云云，为此说者却是误解内缘。吾心自知其正知白瓶时，即已向外逐物，便非吾所谓内缘，吾所谓内缘者，乃专就证量言。"（6，33）熊十力思想的这一变化似乎表明，他已经明确地意识到了，"内"和"外"的区分不等于"内在"和"超越"的区分，它们都是"超越"。如果参照胡塞尔的现象学，我们大致可以说，第一种意义上的返缘是从静态现象学的角度对意识结构的分析，而第二种意义上的返缘则是从发生现象学的角度对自身意识的发生与展开的说明。

耿宁先生以古代印度哲学为例，区分了三种对"自身意识"的看法，其中第三种立场是："认识行为既不通过后继的和次生的认识行为、也不通过特殊的机构（自我或心灵）被意识到，而是在其自己之中、通过其自己被意识。"① 佛教的瑜伽行派和胡塞尔、布伦塔诺都持有这种立场，他们的立场可以称为"无自我的自身意识"；与之相对，费希特持有一种"有自我的自身意识"立场。耿宁先生强调，即便在费希特那里，这种自身意识也是"直接的，而并非偶然地、只是后续地通过次生的活动才发生的"②。无论是"无自我"还是"有自我"，它们都反对自身意识的"反思理论"，也都明确意识到后者所带来的无穷后退和循环的困境，只不过，根据后一种立场，自身意识是自我性的。耿宁先生引用费希特 1797 年的《对知识学新阐述的尝试》为证，实际上，费希特 1794 年的《全部知识学的基础》已经持有这种立场，费希特恰恰是为了应对无穷后退的困境而强调"自我就是它将自己设定成为那个东西；而且它将自己设定成为它所是的那个东西"③。如果换作我们常用的"自身意识"，则可以说"只在自我对它自己有所意识时，

---

① 〔瑞士〕耿宁：《心的现象——耿宁心性现象学研究文集》，倪梁康编，倪梁康、张庆熊、王庆节等译，北京：商务印书馆，2012 年，第 218 页，亦参阅第 128 页。

② 同上，第 221 页。

③ 〔德〕费希特：《全部知识学的基础》，王玖兴译，北京：商务印书馆，1997 年，第 13 页。

自我才是"①。

熊十力的自身意识理论中同时存在着这两种立场：当熊十力将本心理解为现量时，他的立场接近于瑜伽行派、胡塞尔和布伦塔诺的"无自我的自身意识"理论；当熊十力将本心与性智等同时，他的看法更加接近于费希特。

本心是感识。"依常途用语，即就纯粹感觉不杂记忆与推想等作用者而言。然哲学家或不许感觉为知识。但佛家则说眼等识亲得境物的自体。此时，必与物冥会为一。即心物浑融，能所不分，主客不分，内外不分，是为证会，而不起虚妄分别，乃真实的知识也。余于此处，与印度诸师，同其主张。"（3，312）"感觉唯是证会，都无分别，诸相具泯。则感觉所得者，实无杂乱可说。"（3，312）"感识冥证境物，无分别故，不起物相及空时相。"（3，313）这一描述类似于"无自我的自身意识"的立场，本心被理解为意识最初的现起，它完全没有分别意识。在这个意义上，它类似于胡塞尔的"内意识"或者"原意识"，它甚至没有内时间意识，更不用说对象化意识了。这种意识固然不再是包含在意向意识中的自身意识，但也不必具有创生其他意识的作用，毋宁说，它是中立化的意识，"即依靠着这个智的作用去察别事物，也觉得现前一切物莫非至真至善。换句话说，即是于一切物不复起滞碍想，谓此物便是一一的呆板的物，而只见为随在都是真理显现。到此境界，现前相对的宇宙，即是绝对的真实，不更欣求所谓寂灭的境地"（3，23）。

而当熊十力将本心与性智等同时，本心具有更多本体论的意义，它类似于"单子"或者"本我"，它不仅是意识的初现，而且已经涵盖了一切差异。这也是他将性智的发用称为"习心"的因缘的原因吧。

---

① 〔德〕费希特：《全部知识学的基础》，第12页。

五

综上所述，熊十力思想中的发生研究路径是和他的人生论、实践哲学的取向紧密相关的。熊十力一再强调，他的思想是"自家体认所至"（3，136），《新唯识论》亦以"欲了本心，当重修学"为结。他创立新唯识论，一方面源自自身的体悟，另一方面也为了变化气质，转习成性。从这个角度来看，我们自然会考虑这样几个问题：本心与习心的关系如何？它何以又是如何被习性化的？转习成性的动机和可能性条件是什么？

如果将本心理解为原意识，我们可以问，原意识何以产生出超越意识，何以会执影像为独立自存的？对于这个问题，熊十力表示，超越意识的萌芽不在感识，而在意识之中，但是"感识冥证中，本不起相。意识何故能忆前物而现似其相，此中未及详。留待《量论》再谈"（3，313）。但是，如果从作为性智的本心的角度出发，问题则不同，本心转变为习心的动机更应该从本心自身中寻找。尽管熊十力常常以太阳和云翳类比，本心虽一时被遮蔽，但毕竟常在，我们所要做的不过是去除染习、保存净习。但此云翳来自何处呢？熊十力强调，本心的觉是无有一点隐蔽的、完全敞亮的，这就使得习心的发生变得可疑。或许，熊十力在后期的某种转变可以回应这一问题："智是本心天然之明。知识是习种乘天明之动而起，迅应外物之感，而引心以化于物，才成知识。"（7，245）智不再等于本心，而只是它的发用："智是本心的作用，故亦名智用。"（7，246）[1] 这样，尽管熊十力由此赋予习心与量智，或者说，经验认识以更为重要的地位，但也说明，本心在智中的显现已经是一种下降，智也已经是一念，是作业，因而终于使得习

---

[1] 这里受到郭美华先生相关论著的启发，参阅郭美华：《熊十力本体论哲学研究》，成都：巴蜀书社，2004年，第107页。

心、知识得以可能。这样，本心的自觉是习性化的开端，而这种习性化活动的动机也仍然在本心之中，也就是本心自我显现的要求。熊十力曾经谈到，本心何以有所资具，是因为它要显现出来，"生命元是法尔无为的，必需资具，才得显发，譬如电力必赖有传电和发光的资具，才得呈现出来"（3，262—263）。本心自我显现的要求使得它通过习性化活动而转变为习心了。

那么习心返本的动机和可能性条件呢？熊十力提到一种不自在感："夫染虽障本，而亦是引发本来之因。由是染故，觉不自在。不自在故，希欲改造，（自己改造自己。）遂有净习创生。"（3，466）习心自身的不自在感促使它自己努力排除染习，同时培养净习。至于可能性条件，则是本心的自觉自明，"若不有性觉在，凭谁照察客尘而涤去之？"（3，416）在此意义上，熊十力认同王夫之，复礼先于克己。

熊十力学修并举，尤其强调体证的难以描述，本文却以西方哲学的概念框架强加说明，牵强附会之处良多。倪梁康先生在面对"学证"与"思证"的一致性问题时，引证耿宁先生之语，兹转引如下，聊以自辩："我在这里听凭一个直接的明见（直观）的引导，并且试图将它用某些语词表达出来并澄清它，以便能够诉之于读者的相应的明见。我对直接明见的信任要甚于对语言使用的信任，并且我试着在后者中指明前者。"[①]

[①]〔瑞士〕耿宁：《意识统一的两个原则：被体验状态以及诸体验的联系》，倪梁康译，《世界哲学》2011年第1期，第10页，转引自倪梁康：《客体化行为与非客体化行为的奠基关系再论》，《哲学研究》2012年第8期，第35页。

通往自身意识的伦理之路
——列维纳斯自身意识思想研究[*]

朱 刚

(中山大学哲学系、中山大学现象学文献与研究中心)

引 言

自身意识（Selbstbewusstsein）问题是近现代西方哲学的一个基本问题。当代自身意识理论大家 D. 亨利希（Dieter Henrich）曾说过："如果说有哪一个语词——它标志着一个基本概念——在现代哲学史中起了主导性作用，那么它就是'自身意识'。"[①]的确，从笛卡尔开始，中经德国古典哲学如费希特，直至现象学如胡塞尔，自身意识一直是近现代哲学的一个主题。在对自身意识的当代研究中，有注重意识分析路径的海德堡学派（亨利希、弗兰克等）、强调语言分析路径的图根德哈特（Tugendhat）以及侧重现象学方法的 D. 扎哈维（D.

---

[*] 本文是广东省哲学社会科学规划项目"自知、良知与不安意识：自身意识的三种模式"（批准号：GD14CZX04）的阶段性研究成果。

[①] Dieter Henrich, "Selbstbewusstsein: Kritische Einleitung in eine Theorie", in R. Bubner, K. Cramer und R. Wiehl (Hg.), *Hermeneutik und Dialektik, Festschrift für H.-G. Gadamer*, Tübingen: J. C. B. Mohr 1970, S. 257. 转引自张任之：《质料先天与人格生成——对舍勒现象学的质料价值伦理学的重构》，北京：商务印书馆，2014年，第259页。

Zahavi）等。但在这些哲学家或学者之外，列维纳斯的自身意识思想却一直没有受到重视。而事实上，列维纳斯的自身意识思想可能非常重要，因为在上述这些路径之外，列维纳斯提供出了一条通往自身意识的伦理之路——尽管他并不是最早更不是唯一从伦理角度理解自身意识[①]，但其对自身意识的伦理性理解却有其独特性：在他看来，自身意识作为一种对于自我及其存在的伦理性意识，是对自身存在之恶和对自身被他人指控从而不得不为他人负责的意识——而这很可能触及到了意识与存在的某种更为根本的特征。进而，列维纳斯认为哲学的根本问题也并不是"存在还是不存在"这样的存在论—生存论问题，或"为什么有存在而不是什么也没有"这样的传统形而上学问题，而是我如何为我的存在的权利进行辩护、如何为他人承担责任这样的伦理问题。由此，列维纳斯也为他的伦理学作为第一哲学的观念进行了论证。所以，探讨列维纳斯的自身意识思想将不仅丰富学界对自身意识的理解，而且也有助于更深刻地理解其伦理学作为第一哲学的观念。

不过为了更好地进入列维纳斯的自身意识思想，我们首先要对胡塞尔的自身意识理论作一简要考察。之所以这样做有两个原因：首先，列维纳斯的自身意识思想正是在对胡塞尔的自身意识理论的阐发和批评中提出；其次，由于其写作风格的原因，列维纳斯的自身意识思想与其整个哲学一样显得晦涩难懂，而胡塞尔的自身意识理论却因为学界长期的成熟研究，已经可以勾勒出一个清晰的轮廓，从而可以为我们理解列维纳斯的自身意识思想提供一个参照。

[①] 比如爱德华·封·哈特曼（Eduard von Hartmann）与马克斯·舍勒等，参见张任之：《质料先天与人格生成——对舍勒现象学的质料价值伦理学的重构》，第297、366—384页等处。

一、胡塞尔：作为自识的自身意识

胡塞尔的自身意识①理论既纷繁复杂又充满歧义。为了使下文对列维纳斯的自身意识思想的分析有一个比较清晰的参照系，我们将不对胡塞尔的自身意识理论中的一些疑难问题进行深入辨析，而是仅从以下几个方面勾勒出其基本轮廓：

自身意识与一般的作为独立行为的意识是何种关系？

自身意识中进行意识的"自身"或"主体"是谁或什么？

自身意识之所涉及的、那个作为宾格的"自身"又是谁或是什么？

自身意识中进行意识的自身和意识所及的自身之间的关系如何？是同一的，还是断裂的或非同一的？

自身意识在"自身"那里所意识到者为何？

自身意识作为意识，其总体性质或质性如何？是单纯认知性的，亦即中性的、无伦理价值关切的？还是伦理性的，亦即带有伦理或价值关切的？抑或原初地就是整体性的？

选择从这六个方面对自身意识进行勾勒并不是任意的：第一个方面是从大处着眼确立自身意识是不是一个独立的意识行为；第二至第五是对自身意识内部诸结构要素及相互间关系的逐一确定；第六是对自身意识总的性质的确定。经过这六方面考察，自身意识的基本轮廓就明确了。

先看第一个问题：在胡塞尔现象学中，自身意识与一般的作为独

---

① 这里所说的"自身意识"（Selbstbewusstsein），胡塞尔也称为"innere Wahrnehmen"（内知觉），"Urbewusstsein"（原意识），"inneres Bewusstsein"（内意识）。这些不同的术语是从不同角度对同一个事实的命名。本文倾向于使用"自身意识"，不是因为这一术语更清楚明确，恰恰是因为这一术语的含义更为丰富乃至具有歧义，既可以指意识对于意识自身的非对象性意识，也可以指自我对于自我自身的非对象性意识。在这个意义上，"自身意识"这一概念更有利于下文对列维纳斯自身意识思想的分析——因为我们将看到，列维纳斯对于自身意识的理解，主要是侧重于将其作为自我对于自我自身的非对象性意识。

立行为的意识是何种关系？对于这个问题，学界已有基本共识：自身意识本身并不是一个独立的意识行为，而是任何一个独立的意识行为所必然具有的非独立因素，即伴随因素——它是任何一个意识行为在其进行之中的对于自身的非对象性的、前反思的"原意识"、"内意识"或"自识"。[①]

其次，自身意识中进行意识的"自身"或"主体"是谁或什么？

这里所涉及的问题是这个自身究竟只是意识的自身，还是某个主体或自我的自身。耿宁认为，在胡塞尔的自身意识理论里，那个进行意识的"自身"就是且只能是"意识自身"，而不可能是意识之外的某个"自我"。他在《胡塞尔哲学中的自身意识与自我》一文中写道："胡塞尔刻画了意向体验的这种非对象性的'内意识'或'原意识'，而并没有谈及一个自我。就意向体验总是非对象性地自身意识到它自身而言，这种原意识也可在某种程度上被更确切地标识为'自身意识'。但胡塞尔从不把这种'自身意识'称作自我，因而也绝不会回诸于一个作为能够之根据（Ermoeglichungsgrund）的自我。……因此在某种意义上，我们已经拥有了胡塞尔的无自我的自身意识概念：意向体验、意向行为在其进行中非对象性地自身意识到它自身，而这一自身意识却不是自我意识。"[②] 倪梁康教授也持类似的观点，他在批评霍夫曼（Hoffmann）把原意识理解为一种反思类型即"不明确的反思"这一观点时说："如果我们真的有可能将原意识称作反思，那么它只能在这样一种意义上被理解：它是一种与自身有关的、不明确的对自我之意识。但从根本上说，人们只有在明确的反思进行之后才可能谈及一

[①] 分别参见〔德〕胡塞尔：《内时间意识现象学》，倪梁康译，北京：商务印书馆，2010年，第188页；〔瑞士〕耿宁：《心的现象》，倪梁康编，倪梁康、张庆熊、王庆节等译，北京：商务印书馆，2012年，第219—220页；倪梁康：《自识与反思》，北京：商务印书馆，2002年，第389—399页。

[②] 〔瑞士〕耿宁：《心的现象》，第220页。

个相关的自我,而原意识则在这种反思进行之前便已存在。就此而言,在胡塞尔那里,一个没有自我参与的意识行为是完全可能的。"① 所以,"原意识不仅不是关于某个客体的意识,而且也不是一个主体的意识。换言之,原意识是一种既无对象关系、也无自我参与的意识"②。

的确,耿宁和倪梁康的理解在胡塞尔那里有其充分的根据。但这只是问题的一方面。问题的另一方面可能要更为复杂:诚然自身意识可以不需要自我的参与,但自我对自我自身是否也可以有前反思的、非对象性的自身意识或原意识呢? 换言之,自我与自身意识的关系是非此即彼的吗? 还是说可以兼容? 就此问题而言,我们其实也可以在胡塞尔那里找到不同于耿宁与倪梁康的观点,不过这里不拟深入下去,我们将在其他地方专题讨论这个问题。这里先讨论第三个问题:在胡塞尔的自身意识理论中,自身意识之所及的"自身"又是谁或是什么? 这个问题的答案在胡塞尔那里是不言而喻的:既然自身意识的执行者是意识,那么,作为该意识之所及者的"自身"也只能是该意识自身。比如胡塞尔曾明确地说:"每个行为都是关于某物的意识,但每个行为也被意识到。每个体验都是'被感觉到的'(empfunden),都是内在地'被感知到的'(内意识)。"③ 显然,在"内意识"或"自身意识"中,意识之所及者就是每个意识行为自身。

接下来我们讨论第四个问题:在胡塞尔那里,自身意识从其所及的自身那里**意识到的**究竟是什么呢? 从刚刚所引的胡塞尔的那句话——"每个行为都是关于某物的意识,但每个行为也被意识到"——中可以知道,自身意识从自身那里所意识到的就是它自身之**正在进行这回事,即该意识行为本身,而非该行为的价值属性**(如**伦理上的善恶**等)。这是胡塞尔对自身意识之**所意识到者**的理解。用倪梁康的话说

---

① 倪梁康:《自识与反思》,第 392—393 页。
② 倪梁康:《自识与反思》,第 397 页。
③ 胡塞尔:《内时间意识现象学》,第 188 页。

即是："被意识到的是在其自身的进行之中的意识体验。"① 从这里可以看出，胡塞尔对自身意识之所意识者的理解并没有涉及这种行为本身的价值属性，尤其道德层面的价值属性（善与恶）。亦即，自身意识并不是对意识行为之是非、善恶的意识，就此而言，它并不是一种孟子讲的"是非之心"或"良知"。

现在我们再简要分析一下在胡塞尔的自身意识理论中，进行意识的自身和这种意识之所及的自身这二者之间的关系。这个关系其实从自身意识的命名中就已透露出：自身意识之所以被称为自身意识，恰恰是因为它所要指示的乃是这样一回事："每个［意识］'内容'都自身地和必然地'被［意识自身］原意识到'（'urbewusst'）。"② 换言之，自身意识所指的是意识的一种自身指涉关系，一种自己把自己给出的关系。而且这种自身指涉是前反思的、非对象性的。③ 所以自身意识是一种前反思的、非对象性的自身指涉关系，或像耿宁借用唯识宗的话说，是一种"自证分"。④ 进而，由于这里进行指涉的自身与所指涉的自身是同一个自身，所以这种自身指涉关系也就是一种前反思的自身同一关系。

于是在自身意识中，既没有由对象性反思造成的主客体鸿沟，也没有由他者带来的他异性，亦没有后反思或推论带来的历时性裂隙或距离（自身意识是当下的直接意识）。在这里，意识直接就同一于自身、安于自身，不存在任何的出离、分裂或差异以及由此造成的不安。就此而言，胡塞尔所理解的自身意识**在质性或性质上**首先是一种**和谐的、安稳的、惬意的、没有任何不安的**意识。其次，由于这种意识并不是对意识自身之是非善恶的意识，而仅仅是对自身之正在进行这回

---

① 倪梁康：《自识与反思》，第394页。
② 〔德〕胡塞尔：《内时间意识现象学》，第177页。
③ 参见倪梁康：《自识与反思》，第404—410页。
④ 〔瑞士〕耿宁：《心的现象》，第218—219页。

事的意识，所以它又是一种**单纯认知性的、中性的、无关伦理和价值或不对伦理价值做判断的意识**。这一点也为其他现象学家所承认乃至强调。比如耿宁就认为："胡塞尔……所说的'内知觉'、'内意识'等等跟行为、实践活动、道德评价之间没有必然的关系。"[①] 而恰恰是这一点，将与列维纳斯对自身意识的理解形成鲜明对比。

二、列维纳斯：作为不安意识的自身意识

与胡塞尔不同的是，列维纳斯似乎并没有一个明确的、一贯的自身意识思想。但他在后期的一些文本（比如《伦理学作为第一哲学》等）中也提出了他自己对自身意识的某些理解[②]，并将之与他的伦理学作为第一哲学的哲学观念结合在一起，甚至为后者进行论证。这里我们以胡塞尔的自身意识理论为参照，以列维纳斯后期文本尤其是《伦理学作为第一哲学》和《别于存在或去在之外》为依据，对其自身意识思想进行初步探讨。

首先看看列维纳斯如何理解**自身意识与独立的意识行为之间的关系**。

---

① 〔瑞士〕耿宁：《心的现象》，第 130 页。

② 列维纳斯在《伦理学作为第一哲学》中在两个意义上使用 "自身意识"（la conscience de soi）一词：一是在传统的 "自我意识" 的意义上使用，这时可以将其理解和译为 "自我意识"。如他在分析胡塞尔的先验还原时的这段话中所说的 "la conscience de soi"："对存在者的把握等于对这个存在者的构造。这种把除意识本身的独立性之外的任何世界中的独立之物都悬搁起来的先验还原，重新发现了一个作为**意向相关项**的世界，并导向 —— 或应该导向 —— 那种对于自我（/自身，soi）的充分意识。此自身（/自我）意识自行肯定是绝对存在，并被证实为一个穿过所有 '差异' 而自我认同的**自我**（moi），证实为它自身以及宇宙的主人，能照亮所有那些可能会抵制其主宰的阴暗角落。"（Lévinas, *Éthique comme philosophie première*, Préfacé et annoté par Jacques Rolland, Paris: Éditions Payot & Rivages 1998, p. 79）第二就是在本文所说的那种前反思的、伴随性的自身意识意义上使用。如下段文字中所说的 "自身意识"："真正说来，前反思的自身意识的 '认识'（le «savoir»），真的进行 '认识' 吗？作为先于全部意向的模糊的意识、隐含的意识 —— 或摆脱全部意向的绵延 —— 它并不是行为而是纯粹的被动性。"（Ibid, p. 85）我们下文的讨论如不特别注明，都是在第二种意义上使用 "自身意识" 一词。

他在《伦理学作为第一哲学》中谈到胡塞尔的那种"把除意识本身的独立性之外的任何世界中的独立之物都悬搁起来的先验还原"[①]时说道:"但是这种被还原的意识……也始终是对它本身的非意向性的意识,好像是一种没有任何意愿目标的剩余部分。如果可以这么说的话,非意向性的意识的进行,就像是不为自己所知的知识,或者非对象化的知识。非意向性的意识伴随着意识的所有意向过程,也伴随着在这种意识中'行动着'、'意愿着'并有各种'意向'的**自我**的所有意向过程。"[②] 这里所说的"意识对它本身的非意向性的意识"即本文所讨论的"自身意识"。由列维纳斯的上述描述中可以看出,就其与独立的意识行为之关系而言,列维纳斯对自身意识的理解与胡塞尔的理解几乎完全一致:(1)它也是一种非意向性的、非对象性的意识;(2)它因而是一种"前反思的"和"非反思的"[③]意识;(3)它是一种伴随意识,自身并不是一种独立的"行为"——"真正说来,前反思的自身意识的'认识',真的进行'认识'吗?作为先于全部意向的模糊的意识、隐含的意识——或摆脱全部意向的绵延——它并不是行为而是纯粹的被动性。"[④]

第二,就**自身意识与自我之关系**而言,列维纳斯在某种程度上也与胡塞尔一致。他说:"[这是]意识的意识,间接的和暗含的意识,**没有任何可以回溯到某个自我那里去的发端,也没有目标**;[这是]被动的意识,一如那永恒流逝的时间,使我年华老去却无待我之介入。"[⑤] 由此可见,列维纳斯所理解的自身意识作为非意向性意识也不是一种**由自我发出的**意识,亦即,自身意识中并没有一个作为开端、作为本

---

① Lévinas, *Éthique comme philosophie première*, p. 79.
② Lévinas, *Éthique comme philosophie première*, p. 80.
③ Lévinas, *Éthique comme philosophie première*, p. 83.
④ Lévinas, *Éthique comme philosophie première*, p. 85.
⑤ Lévinas, *Éthique comme philosophie première*, p. 80. 强调为引者所加。

原的自我。这一点与胡塞尔相同。

但这只是问题的一方面。问题的另一方面是：即使这种意识不是由一个作为本原的自我发出的，是否这种自身意识中也没有一个"我"作为该意识之"进行者"或"承受者"？但对此我们目前还无法直接给出肯定或否定的回答：因为在列维纳斯这里，这个问题和紧接着的**第三个问题**——自身意识中作为意识之所及者的那个"自身"是谁或什么，以及**第四个问题**——进行意识的自身与该意识之所及的自身之间究竟是何关系，都必须要在揭示出自身意识在自身那里所意识到的究竟是什么之后才能显示出答案。

因此让我们先进入**第五个问题**：在列维纳斯那里，**自身意识在"自身"那里所意识到的究竟是什么**？或者说，在自身意识中发生的究竟是何种事情？这个问题用列维纳斯本人的话说则是："我们要追问的是：在这种人们只将其当作前反思的和暗中伴随着意向意识……的非反思的意识中究竟发生了什么？这种所谓的混杂、蕴含，究竟可能意味着什么？"[①]

让我们随着列维纳斯的思路继续前行。首先，列维纳斯把这种前反思的自身意识视为"摆脱全部意向"、"摆脱自我的所有意愿"的"绵延"，并在这个意义上将之视为"纯粹的被动性"[②]。这种"纯粹的被动性"是"绝对外在于自我主动性"的，以至于它"完全像那种很可能是被动综合之典范本身的衰老过程"。"衰老"意味着什么？列维纳斯研究专家雅克·罗兰（Jacques Rolland）解释说："衰老过程是**当前之一种努力，而这种当前又是在一种相对于当前而言的延迟中的当前**。"[③]换言之，衰老意味着"当前"总是"赶不上"自己，意味着当前总已经流入过去，而且这是不可**颠倒**的："没有任何一种重建过去的

[①] Lévinas, *Éthique comme philosophie première*, pp. 82-83.

[②] Lévinas, *Éthique comme philosophie première*, p. 85.

[③] Lévinas, *Éthique comme philosophie première*, p. 116. 强调为原文所有。

回忆行为能够颠倒时光流逝的这种不可颠倒性。"① 所以正如罗兰所说："**衰老过程把时间化**实现为**时光流逝——时间的丧失**……这就意味着，衰老过程**使过去处于过去之中**，而在这个意义上，**它就实现了它的历时性（diachronie）以及它的时间性**。"② 因此，这种前反思的自身意识作为纯粹绵延，作为纯粹的被动性，在列维纳斯看来，是不可颠倒、不可当下化的时间流逝本身，是严格意义上的历时性（非同时性），是自身始终延迟于自身，无法坚持自身，来不及安于自身。

其次，在这个意义上，列维纳斯将这种作为纯粹绵延的自身意识界定为"无所坚持的存在的非介入"、"蹑手蹑脚的存在，不敢存在的存在"；界定为"那种不坚持自我、已然是流逝、'在进入时即走出'的瞬间之机制！"而这样的自身意识，最终被列维纳斯称为"不安意识"："非意向性之物的这种蕴含是一种不安意识（une mauvaise conscience）：它没有意向，没有目标，没有……安心定居之人的保护性面具。"③ 因此，这种"不安意识"在形式上就表现在它尚未来得及同一于自身或认同自身就已然后撤了，从自身那里后撤了："在它的非意向性中，在它尚未到达意愿的阶段，在所有的过失之前，在它的非意向性的同一化中，同一性就在其自己的确证面前后撤了，就在同一化向自身的返回能坚持包含的东西面前惴惴不安了。"④ 然而，它何以就不敢认同自身、坚持自身呢？因而何以从自身那里后撤或"不安"甚而"羞怯"⑤呢？

这是因为，列维纳斯接着写道："它没有犯罪，但却被指控；并要为它的在场本身负责。……"⑥ 而正是由于它自己意识到这一点——

---

① Lévinas, *Éthique comme philosophie première*, p. 86. 强调为原文所有。
② Lévinas, *Éthique comme philosophie première*, p. 117. 强调为原文所有。
③ Lévinas, *Éthique comme philosophie première*, pp. 86-87.
④ Lévinas, *Éthique comme philosophie première*, p. 87.
⑤ Lévinas, *Éthique comme philosophie première*, p. 87.
⑥ Lévinas, *Éthique comme philosophie première*, p. 87.

用列维纳斯的话说——"考虑到这一点"、"'回忆'起这一点",自我才对自己感到不安或羞愧乃至觉得自己"可憎":"那已经在存在中安置自己和肯定自己——或巩固自己——的自我,就仍处于足够模棱两可或谜一般的状态中,以至于(用帕斯卡尔的话说)在其自身性(l'ipséité)的夸张的同一性之展现本身中,以及在'说我'(dire je)中,自我认为自己是可憎的。"[1] 如果说,这种不安意识、羞愧意识乃至可憎意识,就是列维纳斯所理解的自身意识的话,那么这种自身意识**在自身那里所意识到者**就是"它没有犯罪,但却被指控;并要为它的在场本身负责"这一回事。正是因为前反思地意识到这一点,自我才不安、羞愧,乃至"认为自己是可憎的"。谁在不安、羞愧?谁在认为自己可憎?——"我"!所以如果回到前述**第二个问题**,即在列维纳斯这里,自身意识与自我究竟处于何种关系之中,那么我们可以回答说:虽然一方面列维纳斯认同胡塞尔,即自身意识作为不安意识**并不是由一个作为本原的自我主动发出的**;但另一方面,作为不安意识的自身意识**感受者或进行者**,却仍是一个**我**:是"我"在"不安"、在"羞愧",是"我"在觉得自己"可憎"。然而这里立即就引发出下一个问题:在列维纳斯这里,自身意识中的这个"我",如果不是作为本原、开端的自我,如近代哲学从笛卡尔到康德、胡塞尔所理解的那种自我,那么它又是一种怎样的"我"呢?

对于这个问题,我们在其他地方已做过讨论[2],这里简要概述如下:

在列维纳斯这里,那感到自己有罪、并为之感到不安的"我",并不是近代哲学以来那个可普遍化的主体一般,而就是我自己所是的那个主体。区别何在?在于:前者是作为普遍实体、普遍主体的大写自我,它贯穿并支配所有的小我。它是主动的,它是意识的发出者、构

---

[1] Lévinas, *Éthique comme philosophie première*, p. 88.
[2] 参见朱刚:《替代:勒维纳斯为何以及如何走出存在?》,《哲学研究》2011年第11期。

造者。它从近代以来就一直被视为最终的原则、根据。它就是笛卡尔的 Ego、黑格尔的绝对精神或胡塞尔的先验自我。它不仅是我所是之我，也是你所是之我、他所是之我。或更严格地说，它是贯穿我们所有人的我，是对这些小我进行还原之后才能得到那个自我。而我自己所是的那个小写之我呢？它就是我自己，不是你也不是他，不是任何人。它就是当他人向我呼唤时所指定、拣选的那个具体的我，那个必须要从众人中站出来说"我在此"的我，那个不可被更换的我。

由于这个小写之我是被他人纠缠之我、指控之我，所以它完全是被动之我、宾格（accusatif）之我。这个意义上的我，也被列维纳斯称为宾格形式的"自己"或"己"（se-, soi）："己……它比**自我**（Ego）更古老，而且先于诸原则。对于在其存在中的己来说，问题的关键并非存在。己超出了自我主义与利他主义，这正是己的宗教性。"①

这个意义上的"己"，由于它是在还没有来得及采取任何主动的决定或行动之前，就已经——仅仅由于其存在②——犯罪了，并因此就已经被他人纠缠、指控了，所以它就是一种绝对的宾格，即不是由主格变来的宾格："在对于他人的责任中，主体性只是宾格的这种无限被动性，而此宾格并非是其本来会经历的那从主格开始的变格的结果"；所以，"一切事先即处于宾格之中：……[这就是] 代词 Se（自，己）——我们拉丁语法本身对此词之主格形式'一无所知'——所表示者。"③

"事先处于宾格之中"！亦即，在我还没有于我的自由中做出任何决断之前，在我做出任何行动之前，我就已经被他人抓住、指控，就

---

① Lévinas, *Autrement qu'être ou au-delà de l'essence*, La Haye: Martinus Nijhoff 1974, p. 150.
② 列维纳斯曾说："存在即恶。"（Lévinas, *Le temps et l'autre*, Montpellier: Fata Morgana 1979, p. 29）
③ Lévinas, *Autrement qu'être ou au-delà de l'essence*, p. 143.

已处于宾格之中了。① 换言之，我是在完全**无辜**的情况下，被他人纠缠并指控的。② 在这个意义上，我就彻头彻尾是一个"人质"，一个什么也没做却被抓来为他人负责、替代他人的"无辜"的"人质"："己从头到脚都是人质，它比自我（Ego）更古老……"③

至此，我们也可以对前述**第三个问题** —— 在作为不安意识的自身意识中，作为自身意识之所及者的那个"自身"是谁或什么？——给出回答，即：在其存在中的我，那个虽未犯罪、却被他人指控的我，那个被他人拣选并不得不为他人负责、作为他人之人质的我。所以，如果要用一句话概括列维纳斯所理解的自身意识，那么我们可以说：**所谓自身意识，就是我意识到我的存在是恶的，我意识到我虽未犯罪但却已被指控，已经成为他人的人质。**

而正是由于我早已是他人的人质，早已去替代他人，所以在自身意识中，进行意识的自身与意识所及的那个自身之间的关系 —— 即关于自身意识的**第四个问题** —— 就不是同一的：我早已且总已是离心的，总已出离自身而走向他人。我从未到达自身，我的自身也从未属于我。我与我的自身撕裂着，被他人的纠缠所撕裂。

三、通往自身意识的伦理之路与哲学的首要问题

回到我们要讨论的**第六个问题**：在列维纳斯这里，自身意识作为意识，其总的质性或性质如何？现在我们可以回答说：由于自身意识中的自身总已是他人的人质、是对他人的替代，所以在这个意义上，自身意识实质是他异性意识，是对自身内之他异性、对自身之被他人所纠缠、烦扰、控诉、拣选的意识。也因此，自身意识从其调性

---

① Lévinas, *Autrement qu'être ou au-delà de l'essence*, p. 145.
② Lévinas, *Autrement qu'être ou au-delà de l'essence*, p. 142.
③ Lévinas, *Autrement qu'être ou au-delà de l'essence*, p. 150.

或性质上来说，就不再是自得的、自由的、安好的意识，而是——用列维纳斯自己的话说——"不好意识"或"不安意识"（mauvaise conscience）。这种不安或不好（mauvaise）有双重含义：首先是指自身不再同一于自身、不再认同于自身——这是一种中性的不安或不好，尚没有伦理的含义。其次则是一种伦理上的不安或不好：自我对自身在场本身的不安，对自身受他人指控、被他人拣选的不安，因而是对自身不得不应答他人、为他人负责的不安。它不再是对我之存在的觉知和肯定，而是对我之存在的羞愧。

显然，这与胡塞尔对自身意识的理解迥然不同：如前所说，在胡塞尔那里，对自身意识的理解首先是中性的或认识论的，即自身意识是意识行为对自身之进行的觉知，而不是对意识行为自身之伦理属性（是非善恶）的觉知。相反，在列维纳斯这里，自身意识首先是对我的存在的伦理属性的意识：我的存在本身就是恶的，我是可憎的、可耻的，我对他人负有责任，无法逃避和推卸的责任——这种无法逃避和推卸不是由于我犯了罪，而是由于我无端地被他人指控、拣选。由此可见，这是两条截然不同的通往自身意识之路：一条是中性的、认知性道路，一条则是道德性的、伦理之路。这也是两种完全不同的对于我之意识或存在的理解：一种是希腊式的存在论—认识论的理解，一种是带有浓厚希伯来色彩的宗教—伦理的理解。

于是问题在于：这两种理解中哪一种理解更合乎人的意识或存在之实事本身？

首先看胡塞尔的理解。诚然，我们的任何意识活动在进行时都带有胡塞尔所揭示出来的那种意义上的自身意识，即任何意识活动在进行时都知道自己在进行。但这种对自身的知道仅限于此吗？它难道同时不是或不包含对这种意识活动之伦理性质（是非善恶）的知道吗？换言之，自身意识究竟是一种包含伦理感受在内的整体性的自身意识，还仅仅是一种中性的、认知性的自身之知？实事本身或许更接近于前文提到的耿宁的看法,他认为,自身意识应当是一种包含有伦理性的整体性的自身之知,而非胡塞尔式的道德中立的自知:"如果意向的生活在其整体性中是追求,那么对它的意识就不可能是道德中立的,而是对其是好追求或是坏追求的道德意识。"与之相应,耿宁认为,那种道德中立的自身意识"只是一个或多或少统一的心理过程的抽象方面或要素,亦即它们只是意识之流中的涟漪或波浪"①。

如果实事确乎如此,那么看起来列维纳斯对自身意识的伦理性理解似乎就比胡塞尔的更接近实事本身。但问题在于,列维纳斯对于自身意识的伦理性理解似乎又过于犹太化了:首先,自身意识对我的存在之恶的判断是否过于独断了?难道仅仅因为我的存在必然占有一个"Da"(此处、彼处),因而就意味着对某个他人之家园的占有和剥夺?这本身就预设了我的存在是没有其权利的——然而这难道不过于独断?其次,我对于他人的无端责任又何以具有现象学上的明见性?诚然,列维纳斯所揭示出来的我对我自身之存在的不安意识具有某种明见性,但这种不安何以就一定如列维纳斯所解释的那样是由我被他人纠缠、被他人指控造成的?为什么不可以像儒家那样将这种不安解释为恻隐之心或仁心的体现与作用?

不过无论我们对不安意识可做何种解释,这种不安意识本身倒的确可以被我们明见地体验到。而如果这种不安意识就是我们的自身意识,因而是终极的、不可还原的或摆脱不掉的,那么如何理解这种不安,进而让我们由不安变得心安,就成了对于我们而言生死攸关的大问题了。列维纳斯甚至由此引出他对于何为哲学之首要问题的理解:在他看来,哲学"最初的和最后的问题"并不是人们常说的存在还是不存在的问题,而首先是我如何要为我的存在进行辩护,以及我的存在对于他人的责任问题。他说:"存在还是不存在——这就是那个问

---

① 〔瑞士〕耿宁:《心的现象》,第464页。

题吗?那个最初的和最后的问题吗?人的存在真的就在于去努力存在吗?……抑或,最初的问题难道不是源自于那种不安意识?这种不安意识……它打断了我［对存在］的天真固执所具有的那种无所顾忌的自发性,并因此对我的存在的权利提出质疑,这种存在已经是我对于他人之死的责任。"① 于是,构成哲学之"最高问题"的就不再是"为什么有存在而不是什么都没有",而是"存在如何为自己的正当性辩护"。在此意义上,构成第一哲学的也就不再是对"存在""这个非同寻常的动词进行理解的存在论,而是关于存在之正义的伦理学!"② 由此,列维纳斯也就从其作为不安意识的自身意识中引出了伦理学作为第一哲学的观念。

---

① Lévinas, *Éthique comme philosophie première*, pp. 107-108.
② Lévinas, *Éthique comme philosophie première*, pp. 108-109.

代跋　现象学在中国与中国现象学 *

倪梁康

（浙江大学哲学系、浙江大学现象学与心性思想研究中心）

方向红

（中山大学哲学系、中山大学现象学文献与研究中心）

导　言

　　自胡塞尔《逻辑研究》1900 年出版以来，现象学运动迄今为止已经走完了 116 年的旅程。在这一个多世纪的时间里，现象学从一个哲学家的构想变成了一个学派的研究纲领，从一个德国地方性的理论变成了一个横跨几代学者的世界性的哲学运动。胡塞尔开辟的这片现象学土地孕育出了海德格尔、舍勒、伽达默尔、萨特、梅洛-庞蒂、列维纳斯、德里达、利科、马里翁等一批哲学大师，如果没有他们，20 世纪的哲学一定会黯然失色。正是由于几代现象学家的努力，现象学在对意识、存在、自我、他人、时间、空间、感知、直观、理性、情感、欲望、价值、自由、身体、世界、历史等重要的哲学问题的研究上结出了丰硕的成果；正是由于他们前赴后继的批判，现象学才从意

---

　　* 本文原载《中国社会科学评价》2016 年第 4 期。

识哲学转向存在哲学，进而完成语言学转向、人类学转向、身体转向、他者转向、神学转向等等。现象学的这些成就与现象学对历史传统和现实问题的回应是密不可分的，由此产生出一连串的方法论变革和理论性突破，如现象学还原、存在论还原、本质直观、范畴直观、生存论分析、解释学循环、被给予性理论、解构主义等等。这些变革和突破逸出哲学，已经或正在向教育学、社会学、心理学、法学、精神病学、护理学、建筑学、物理学、基因工程、人工智能、艺术等学科或领域渗透并对这些学科产生了重要的影响，甚至由此催生出新的交叉学科，如教育现象学、社会现象学、存在心理学、艺术现象学甚至物理现象学等等。

现象学之所以有如此强大的繁殖力，源于它在创始人胡塞尔那里就已确立起来的现象学的几条基本的原理：意向性、还原、直观与先天。意向性是意识的根本特征，它表明了意识之中存在着一种共属一体的两类要素或两个组成部分：意向活动和意向相关项，用胡塞尔的话来说，意识总是关于某物的意识。对意识的这一结构的发现具有重要的理论意义，它突破了笛卡尔的"我思"的理论模型，它宣布了近代哲学以来在主体中寻找基质和原点的理想是一条错误的道路，它把莱布尼茨凭其天才对"微知觉"的发现引向深入，将前意识、无意识以及非觉察的意识等概念引入意识，从而彻底变革了我们对意识的看法。

意向性的这个结构须得还原才能展现出来，而还原并不是消灭和摧毁，它仅仅意味着一种理性上的自律和节制：对于不是绝对无疑的东西保持存而不论的姿态。对现实中或历史上的一切个体之物或事件的哪怕一丝丝的怀疑让我们决心将它们置于括号中，对它们的存在与否不作评论，我们只关心它们所隶属的类或本质，这样便实现了本质还原。如果我们更进一步，悬置个体之物或事件活动于其上的现实世界和历史视域本身，对它们的存在与否与价值高低不作判断，我们便完成了先验还原。胡塞尔及其之后的现象学家发现，无论怎么还原，意向性中的结构总是含有两个要素且共属一体的，不同的是，每次还原之后的具体要素并不一样。本质还原带来的是本质和意向活动及其共属一体的关联，先验还原提供的是纯粹自我和体验流以及它们无法切割的联动，存在论还原告诉我们，存在总是存在者的存在，而存在者总是存在的存在者，身体还原引出身体—自我和身体—世界两个对子，给予性还原挖掘出给予—被给予这个贯穿其他所有关联的关联。

这些关联可以通过与还原相伴而生的直观而得到明见性的证明。本质还原带来的是对本质的直观，一切隶属于本质的类、种和属都可以在它借以显示自身的个体对象被置于括号之中后为意识所直观。这里的直观不应被自然态度理解为单纯的一次性看到，而应像胡塞尔所洞察到的那样，被视为两个行为的同时发生，即含义意向得到充实。当某些体验充实了某个含义意向，就是说，充实了某个类、种或属的时候，我们便说，我们直观到这个类、种或属了。根据这个理解，哲学史上一个意义深远的突破便呼之欲出了：包括"是"在内的所有范畴也是可以为我们直观的。胡塞尔《逻辑研究》之"第六研究"指出，本质在得到体验的充实之后可以作为基础用来充实更高阶的范畴，反过来说，范畴作为含义意向可以为本质所充实——尽管本质本身也需要体验来充实。这一现象完全符合直观的定义：直观就是对含义意向的充实。这个层面的直观就是胡塞尔所谓的范畴直观。对范畴直观的肯定，对于近代哲学而言，打破了康德关于范畴不能直观的禁令；对于胡塞尔来说，开启了先验现象学的合法性；对于海德格尔来说，对此在的生存论分析获得了学理上的保障；对于法国现象学来说，它是现象学的诸种转向的不言而喻的前提。

现象学关注生命，强调体验，坚持认为在现象的背后一无所有，但现象学并不因此就雷同于实用主义、现象主义和生命哲学。现象学具有自身的独特性，这就是它对先天的认可，对先天论的构建和证明。尽管在现象的背后一无所有，但诚如海德格尔所言，那应该成为现象的东西却没有显现出来。表象和假象盛行,唯有通过还原,将其置于括号之中,我们才能"回到实事本身",回到那仅仅来自自身而绝不来自经验的先天之物。这种先天之物,在胡塞尔那里是本质或艾多斯,在海德格尔那里是存在者的存在和存在本身,在萨特那里是存在和虚无,在梅洛-庞蒂那里是身体或肉,在列维纳斯那里是他者,在德里达那里是不可解构的"过先验性",在马里翁那里是被给予性。尽管它们是如此的不同,但它们有一个共同的特点,即它们不仅不是来自经验的累积和抽象,反而是我们一切经验得以可能的前提。

带着这些异禀和特质,现象学来到中国。

一、现象学在中国的接受和传播[①]

众所周知,西方哲学进入中国人的视野始于近代著名翻译家严复(1854—1921),他于1896年将赫胥黎的《进化论与伦理学》译为中文并以后来众所周知的《天演论》为名出版。在其后的数十年内,一大批现代西方哲学著作,如意志主义、实用主义、实证主义和生命哲学等等,有了自己的汉语译本,并于20世纪上半叶在中国产生了巨大的影响。

现象学在中国的接受起步相对较晚且进展相当缓慢。20个世纪20年代,一些中国学者如张东荪(1886—1973)等在自己的著作中对胡塞尔的一些基本观点已经有所提及,甚至在个别学者那里有一些更为系统的论述,但这些介绍主要基于当时日本的现象学研究而非直接依据德国的现象学运动。

[①] 限于篇幅和主旨,本节仅仅提及胡塞尔和海德格尔的现象学在中国接受和传播的几个主要节点。一部完整的关于现象学运动诸流派及其代表人物在中国的接受史,目前尚未问世。不过,关于意识哲学、存在哲学和解释学三大流派在中国的接受和传播情况,可参见张祥龙等:《现象学思潮在中国》,北京:首都师范大学出版社,2011年。

在20世纪上半叶，与日本相比，中国研究德国现象学的学者可谓凤毛麟角。屈指数来，排在首位的当推熊伟先生（1911—1994），他属于中国第一代留学德国学习现象学的人。他于30年代来到德国弗莱堡大学，参加海德格尔的研讨班和讲座并深受其思想方式的影响。回国后，熊先生辗转于多所大学，最后在北京大学任教，成为海德格尔研究的一代宗师。他是国内介绍和翻译海德格尔思想第一人，他也培养、影响了一批海德格尔思想的研究者和翻译人，海德格尔作品的汉译绝大部分出自他的学生或追随者之手。

与熊伟同时期在弗莱堡的中国学生还有两位。一位是萧师毅（1911—1986），他在1946年与海德格尔一起尝试把老子的《道德经》译成德语，后任教于台北的辅仁大学。另一位是沈有鼎（1908—1989），他的论文是芬克代胡塞尔指导的，他可能拜访过退休后的胡塞尔。沈有鼎回国后先后在清华大学和中国社会科学院工作。

从30年代末到70年代中期，中华民族经历了一系列空前的灾难和浩劫，中国的现象学研究几近停滞，只有香港和台湾由于历史遗留下来的特殊的政治地位而成为例外。从大陆移居台湾定居在台北的牟宗三先生（1909—1995）是20世纪最重要的儒家思想家之一，他于50年代开始钻研实存哲学并因此而对现象学有所涉猎。胡塞尔现象学的第一个中文译本选译了《欧洲科学的危机与超越论的现象学》的第一和第二部分，于1980年问世，译者为移居台湾的胡秋原（1910—2004）。

改革开放以后，尤其是80年代以来，许多对西方哲学感兴趣的学子远赴欧美学习现象学，这其中也包括熊伟的弟子们。到90年代末，在国内或国外受过专业训练的新一代现象学研究者开始崭露头角。1994年，这些学者组织了中国第一次现象学会议并成立了中国现象学专业委员会，这个团体定期举办年会，定期出版年刊《中国现象学与哲学评论》；1996年，香港现象学会成立，旨在利用香港特殊的地理位置和本土的学术开放政策为跨文化和跨学科的研究提供平台，2004年，《现象学与人文科学》杂志在台北出版，成为香港现象学界的核心刊物；在台湾，一些现象学的研究机构和大学中心先后成立。从此以后，大陆、香港和台湾的现象学界逐步展开越来越密切的合作和交流。

二、现象学在中国的研究现状

中华文化圈内现象学研究的进展主要是由第三代和第四代中国现象学者们推动的，他们分布在各主要高校或研究机构，从下面的介绍中我们大致可以看出他们的学术旨趣及其对现象学的贡献。[①] 就中国大陆而言，在北京大学，靳希平主要致力于胡塞尔、海德格尔和古希腊哲学的研究，张祥龙不仅进行现象学的文献梳理，而且将现象学的精神贯彻到中国传统哲学的研究之中，陈嘉映、王庆节的海德格尔《存在与时间》翻译厥功甚伟，杜小真专注于法国现象学的翻译和诠释，吴增定则并行于现象学和政治哲学两条道路；中国人民大学的张志伟专注于从康德到海德格尔的德国思想传统梳理；在复旦大学，张庆熊尝试从现象学出发对马克思主义、分析哲学和宗教经验等多个领域内的主题展开论辩，丁耘在关注现象学的同时开始转向政治哲学的研究；在中山大学，倪梁康一边研究现象学一边在现象学与中国和印度传统文化之间的关系上投入巨大精力，朱刚和方向红在德法现象学两个领域同时展开研究；在同济大学，孙周兴的海德格尔和尼采的研究与翻译成果斐然，柯小刚已开始尝试将现象学融入传统思想与文化。

在华中科技大学，邓晓芒从德国唯心论转向现象学，张廷国专注胡塞尔现象学的翻译和研究；在浙江大学，庞学铨大力推介 H. 施密茨

[①] 这两代研究者为数众多，成果颇丰、贡献甚大者亦不少，但遗憾的是，限于篇幅，大陆方面这里只能提及中国现象学专业委员会各位委员的研究方向。

的新现象学，而杨大春则聚焦于法国现象学；在西安交通大学，张再林将现象学与文化哲学进行嫁接；在兰州大学，陈春文翻译并重新解读海德格尔的现象学；在海南大学，现象学还原反思古希腊开端至今科学主义一以贯之的自然理性的双重遮蔽性；在商务印书馆，陈小文在大力推动现象学出版事业的同时展开海德格尔著作的翻译和研究。

就台湾地区而言，在政治大学，汪文圣集中探究胡塞尔和海德格尔的现象学，蔡铮云将现象学与后现代联系在一起，罗丽君专注于胡塞尔的现象学；英年早逝的张鼎国死后留下一部简汰精当的现象学解释学研究文集；在中山大学（高雄），游淙淇在现象学、社会理论和文化理论三个领域同时展开研究；在清华大学，黄文宏关注胡塞尔和芬克的现象学及其与西田几多郎哲学的关系，吴俊业的兴趣点则从胡塞尔经过海德格尔一直到梅洛-庞蒂。

就香港地区而言，在香港中文大学，张灿辉和关子尹对德国现象学有专门的研究，刘国英则聚焦于法国现象学，王庆节同时在现象学和中国传统文化两个领域着力，而姚治华则用功于现象学和佛教。

绝大部分重要的现象学著作都已译成汉语，一些经典现象学家，如胡塞尔、海德格尔、舍勒、萨特和梅洛-庞蒂等，他们有些人的作品生前就已译成中文，他们的全集的翻译有的已经列入计划，有的已经开始，这些翻译作品深受学生和学者们的欢迎。

在汉语文化圈，现象学的影响日益增长，这种影响甚至从哲学逸出到其他学科。自1978年以来，仅在大陆出版的现象学专著就超过100部，从2000年开始，发表在各级各类期刊杂志上的现象学的文章和论文每年不下100篇，这一领域的硕博论文数量也在持续增长。很多大学开展现象学方面的研究和教学，在过去的五年，有40多项现象学研究课题得到了政府资助。目前，跨学科的研究已经扩展到文学、历史、法律、音乐、医学和教育等领域，艺术学和建筑学的专家甚至已经与现象学家们举行过几次联合会议了。

当前的现象学研究主要在三个维度上展开。第一，对现象学文本和文献的考察和探讨。这项工作主要包括对现象学重要的一手和二手文献的梳理和阐释并对现象学的传统问题重新进行反思和审查，除此之外，它还包括对国际现象学界最新发现的现象学文献的关注及其讨论热点的参与。像新出的胡塞尔和海德格尔的手稿、讲座稿或书信集的翻译和解释，对海德格尔"黑皮书"的评价，对 K. Held、R. Bernet、D. Lohmar、D. Welton、D. Zahavi、J.-L. Marion 等人著作或论文的翻译和介绍等等都属于这个维度。

第二，现象学与本土传统思想的比较性研究。这种研究主要与中国传统文化资源即儒佛道相关，例如，把胡塞尔现象学与唯识学和儒家心性哲学联结在一起的研究，在海德格尔基础存在论与道家、佛学和儒学之间展开的对话，在伦理学和道德哲学上将舍勒、梅洛-庞蒂与儒家进行比较的尝试，以及将道家与法国现象学进行互证互勘的努力等等。

第三，现象学与其他学科之间的合作和交流，尤其是文学艺术和自然科学对现象学方法的应用。在中国，现象学与艺术理论、建筑学以及科学哲学和科学史之间的相互借鉴和启发已渐成风气。不仅如此，现象学方法现在还常常用于心理学、政治学、法学、社会理论、文艺理论和教育学等学科上。

虽然近三十年以来，中国的现象学研究在广度和深度上已有极大的提升，但仍然存在一些不足之处。首先，经典现象学家的全集本的完整翻译与出版尚需时日，一些堪称经典的二手文献翻译成汉语的较少，遑论那些滋养着现象学名著的同时代的其他学者的著作了——没有那些周边性的著作，没有那些著作所激发的思考和辩论，这些名著不可能凭空产生。这样的说法也许太抽象，我们这里举几个例子。《胡塞尔全集》目前已出版至 40 卷，译成汉语的不到半数，《胡塞尔全集》"材料卷"已出版 8 辑，"档案卷"也有 4 卷面世，都还没有任何一辑出版了中译本；在现象学界闻名遐迩的"现象学丛书"（Phenomenologica）目前已出版 200 多部，但翻译成中文的不超过 10 部；《海德格尔全集》的编排已达至 102 卷，德文版已出版 90 多卷，中文版目前只有 20 多卷问世。可喜的是，胡塞尔、海德格尔、梅洛-庞蒂等重要现象学家的文集汉译已经列入国家重大项目，而且还有一些现象学家如舍勒、列维纳斯等的文集正计划申请国家重大项目。相信未来在这方面的工作会有长足的进步和可观的发展。

其次，现象学与中国哲学的比较研究早已开始并已取得一定的成就，但总体而言，这种比较还是彼此外在的，有的时候显得有些牵强附会，与真正意义上的中西会通相距甚远，以两辑《中国现象学与哲学评论》为例，除个别文章以外，2003 年出版的第五辑"现象学与中国文化"以及 2015 年出版的第十六辑"现象学与中国思想"上的大多数论文大体上就是这种状况的反映。

最后，以现象学为方法论基础的跨学科交流也出现了类似的情况。我们已经提出了艺术现象学、技术现象学、建筑现象学、教育现象学、历史现象学、科学现象学、法律现象学、现象学社会学等等这些交叉学科名称，也已经开展了相当多的研究工作，但由于我们的教育体制的问题，学科之间壁垒森严，研究者的学科视野受到严重限制，掌握现象学理论和方法的人缺乏相关的交叉学科的知识储备。反过来，相关学科的研究者对现象学也知之甚少，这使得现象学的理论成就和方法论创新在向其他学科转移和对接的过程中经常发生错位和误读，这在国内召开的历次艺术现象学和建筑现象学等会议上表现最为明显。

三、中国现象学展望

下面笔者结合中国现象学发展的成就和不足对中国现象学未来的诸种可能走向提出几点自己的浅见。

第一，重读经典，挖掘新意。即使像胡塞尔的《逻辑研究》和海德格尔的《存在与时间》这样已问世多年的汉译名著，其内在的意义和价值并不会因为我们阅读过几遍就完全耗尽。胡塞尔在《逻辑研究》第一卷中对心理主义的批判不禁让人想起当代自然主义和还原主义的横行，胡塞尔的视角和思路是否可以转用于对它们的批判？从《逻辑研究》的"第一研究"中诞生了德里达的解构主义，海德格尔从"第六研究"出发建立起基础存在论和生存论分析的合法性，这两个研究对于我们意味着什么？马里翁重读"第六研究"，竟然将直观改造为"被给予"从而完成了对海德格尔"存在论还原"的还原，这一点启发我们，深度的阅读也许会有意想不到的收获。如何理解其他四个研究？其中关于抽象与代现、整体与部分、独立对象与不独立对象之间的关系在汉语学界没有得到足够的关注。《存在与时间》中的亚里士多德向度、人类学向度、宗教向度、意志哲学和精神分析学向度都已被读出，我们该怎样阅读？难道仍然停留在对于存在与存在者、本真与非本真、历史与历事、畏与怕的津津乐道的区分？其他经典作品也应作如是观。

第二，重视早期现象学运动的研究。早期现象学运动并非胡塞尔、海德格尔和舍勒的三人行，而是由一批才华横溢的学者共同推动的，他们在自己的领域对现象学的一些命题或结论提出了质疑或给出新的解决方案，然而由于他们长期处于胡塞尔和海德格尔的阴影之下，以至于他们的思想很少为中国学者关注，其作品在汉语学术圈内也较少出现。一些现象学团体，像哥廷根学派、慕尼黑学派、弗莱堡学派等，他们的学术风格我们还不能准确地描述，一些学者如 A. 普凡德尔、A. 雷纳赫、M. 盖格、A. 柯瓦雷等，他们的创造性工作还不为我们所知，甚至胡塞尔的几个著名的学生或助手，如 E. 施泰因、R. 茵加登、L. 兰德格雷贝、E. 芬克等，国内对他们的研究也刚刚开始。

第三，引介法国新现象学。"法国新现象学"是已故著名现象学者 L. 腾格尔义（L. Tengelyi）对法国第三代现象学家的统称，这一称号代表着现象学运动在当前阶段的最新进展和最高成就。以萨特和梅洛-庞蒂为代表的法国第一代现象学家完成了对德国现象学的接受、拓展和改造，以德里达、列维纳斯和利科为旗手的第二代现象学家在此基础上提出了全新的现象学概念，突破了传统现象学的基本命题和方法，极大地扩展了现象学的研究领域和应用范围。到了 80 年代，一批新的现象学家脱颖而出，带着新的话语走入现象学运动这个舞台的中央，如"现象学的神学转向"说（Jean-Luc Marion）、现象学的"精神分析谱系学"（Michel Henry）、"意义的自动构成"论（Marc Richir）、"时间的分叉"说（Dominique Janicaud）、"现象学的时序学"（Françoise Dastur）、"现象学的艺术论"（Éliane Escouba）等等，这些新的概念和词汇的背后是整整一代哲学家的自觉努力：对现象学的边界进行反复勘探，把现象学的基本概念推向极端，重新审视现象学的基本方法，以此为基础，对传统哲学尤其是形而上学进行反思和批判，试图走出一条既不同于传统范式又拒绝后现代方案的道路。

第四，推进现象学与其他学科的深度融合。将正在进行中的学科结合，如艺术现象学、建筑现象学、教育现象学、技术现象学等等，变成有机的融合，让现象学真正为相关学科的主题论证和理论创立提供方法论上的指导和认识论上的支持；借鉴海外学者的融合思路和理念，提出并论证现象学与新兴学科乃至社会活动或现象相结合的可行性和实现路径，例如，面对新兴学科或者既有学科的新进展，我们可否提出基因工程现象学、虚拟现实现象学、脑科学现象学、神经科学现象学？面对社会现实中某些特殊的活动或现象，我们可否进行相关的现象学研究，例如，也许我们可以接纳并展开对暴力现象学、残疾现象学、护理现象学、临终关怀现象学、捐赠现象学、现象学治疗等学科的研究？[①]

由于众所周知的事实，现象学与马克思主义的融合具有特殊的意义。实际上，将现象学与马克思主义相结合的思路由来已久，现象学阵营中最有建树者当推萨特、梅洛-庞蒂和德里达，但是，如何利用汉语现象学的资源面对马克思主义在中国的解释学传统并由此建立基于中国经验的现象学马克思主义，这是一个虽然艰难却值得期待的课题，因为在这里极有可能产生激动人心的发现，而这些发现会反过来影响现象学和马克思主义。

第五，促进现象学与中国传统文化的会通。这是最后一点，也是最重要的一点。现象学对于中华文化圈有着广泛的吸引力。就方法论而言，"回到实事本身"的口号与哲学对原创性思考的基本要求完全一致；作为一门具体的工作哲学，现象学在其哲学研究中提供了一个进行对话和讨论的公共平台；由于现象学的方法把哲学建立在对直接直观的分析之上，它替代了对精致理论和抽象概念的建构；严格的事实描述和分析是现象学独具特色的思想方法，它让人以最简洁的方式切近地关注问题本身。

就主题和内容而言，现象学首先被看作是一门意识哲学，这个观点与胡塞尔的原本想法是一致的。胡塞尔的这条进路不仅在欧洲传统哲学与内在性哲学或心灵哲学之间架起了桥梁，而且使现象学与中国的两个本土思想，即佛教的唯识学和儒家的心性论，有可能建立联系；现象学同时也被看作是一门存在哲学，海德格尔对存在、在世、本有、时间和语言等等的思考与中国的道家、佛学和儒学之间有着天然的亲和性。其次，现象学还可被看作是一门伦理学，舍勒的价值哲学与儒家对价值秩序的推崇异曲而同工；最后，现象学也是一门艺术哲学，

[①] 上述这些学科名称有的尚未成型，有的在美国、日本和台湾等国家或地区早已出现并产生了相当成熟的理论和实践。

法国现象学家的艺术理论和空间学说与道家思想虽属不同时代，但仍然给人一种遥相呼应之感。

所有这些都让现象学在中国找到属于它的精神共同体，让它最终有可能在汉语文化中落地生根开花结果。

心性现象学正是这样一朵正在绽放的花朵。心性现象学曾经度过了一个比较长的孕育期，以耿宁和倪梁康为代表的兼通现象学、唯识学和儒学的学者以论文、专著或会议的形式对三门学问的关联概念之间的联系和区别作过激烈的辩论和深入的探讨，其标志性成果浓缩为作为心性现象学前身的"现象学心学"[①]。自2011年倪梁康发表纲领性论文《心性现象学的研究领域与研究方法》[②]以来，心性现象学的花蕾开始绽放。2012年第一届国际心性现象学专题研讨会正式召开，同年，耿宁心性现象学论文集《心的现象》出版，2014年耿宁的巨著《人生第一等事：王阳明及其后学论"致良知"》问世，关于心性现象学的研究专栏开始出现，一批论文着眼于微观的概念构成方式和细节的思路成型过程对现象学与唯识学和儒学的交融和会通进行深度的梳理、互勘和批判，一些建基于三门学问之上但又无法归入其中任何一门的研究成果和理论创见开始涌现。在不远的将来，心性现象学有可能做出重大的理论创新，我们有理由相信，这朵心性现象学之花终将结出丰硕的果实。

心性现象学的问思路径为现象学与中国传统文化的全面接触提供了成功的范例，沿着这条路径，我们可以创建或重建一系列与传统思想相关联的交叉学科，如中医现象学、易学现象学、天道现象学、诸子现象学、书法现象学、诗经现象学、楚辞现象学等等。当然，需要

[①] 这从倪梁康著作的标题中可见一斑。参见倪梁康：《心的秩序：一种现象学心学研究的可能性》，南京：江苏人民出版社，2010年。

[②] 参见倪梁康：《心性现象学的研究领域与研究方法》，《华东师范大学学报（哲学社会科学版）》2011年第1期，第1—23页。

说明的是，这些名称之间并没有严格的逻辑关联，有的已经存在相关的论文，有的还未见端倪，有的相互重叠，我们这里把它提出来，旨在强调现象学与中国文化方方面面相结合的可能性。

现在的问题是，如何把这里的种种可能性转化为现实性呢？如何让两者的比较不再流于形式而成为彼此外在的排列组合呢？我们还是必须借鉴心性现象学的成功经验，从微观的角度显示概念的构成方式，从细节出发考察思路和论证的成型过程，然后进行深入的比对、互勘和批判，以期直接"面向实事本身"。

也许有人会说，这种方法对一切比较性的研究都适用，关键的问题在于如何达到这一点。我想说，现象学的优势恰恰在于这里。现象学不仅与中国的传统文化有着相近的主题，它还有一套逼近这些主题的基本原则和方案，这就是我们在文章一开始便提及并略加说明的四条基本原理：意向性、还原、直观与先天。借助这一套原则和工具，以心性现象学为楷模，现象学一定会证明自身有能力重新激活中国传统文化的问题意识和思考逻辑，创造性地实现从传统到现代、从历史到当下的过渡。我们相信，现象学终将有一天会以自己的方式洗去中华传统文化几千年以来覆盖在身上的尘埃、混在肌理中的杂质，重新焕发她本有的容光。

结　语

当这一天到来的时候，现象学开始离开中国，返回它的发源地。这时的现象学已不是那带着原初的异禀和特质来到中国的现象学，它在深刻地影响汉语学术和传统的同时也深深地烙上了汉语思维的印记，在中国人对现象学经典的阅读中、在早期现象学运动的研究中、在法国新现象学的引介中、在现象学与其他学科的深度融合中是这样，在现象学与中国传统文化的会通中更是如此。会通，是他者之间相互的照亮。没有意向性之光,传统文化中的形而上学部分也许始终处于黑暗之中;缺乏现象学还原这颗钻头,传统文明中那令人叹为观止的理论和匪夷所思的方法可能永远隐藏在历史的沉积层的深处;不懂得现象学直观,将无法激活古人的原初体验;否认先天之物的存在,又会使刚刚激活的原初体验沦为经验论和相对主义的囚徒。然而,传统文明的某些特质又抵制着现象学的探照和钻探,现象学也许需要改造自身的某些原理才能通达这些特质,现象学的这些改造实际上正是对自身的某些缺陷的克服,而这些缺陷在它的发生地是无法看出来的,因为它所从出的西方文明就包含着这些缺陷于自身之中。

也许有一天,来自中国的现象学会在它的出生地得到悦纳,西方哲学乃至西方文明本身因此而得到某种改造和纠偏,因为它的光芒照进了西方文明的幽暗之所。

那时,我们不再展望现象学在中国的未来。那是一个开始书写中国现象学史的时刻。